Prologue

Le garçon aux Malt Balls

W0381747

Jessica McTennard. (2025)

Sept ans passés à faire la cruche à Hollywood. Sept ans de supplications pour être mutée sur la Côte Est. Ou ailleurs aux États-Unis. Ou ailleurs dans le monde. N'importe où, en fait. Même le Moyen-Orient ferait l'affaire. D'ailleurs, il lui semblait de plus en plus qu'elle préférait finir émiettée sous les bombes islamo-kremliniennes que fréquenter, pour le reste de sa carrière, l'insupportable gotha de Los Angeles. Dans son courrier annuel, elle avait même demandé si son changement de poste nécessitait qu'elle s'agenouille pour une raison ou une autre. Bizarrement, elle n'avait pas encore reçu de réponse.

Dave effectuait les derniers réglages caméra, Jessica se massa discrètement le philtrum. Le métier de potiche auprès des personnalités les plus belles et les plus lisses de la planète avait sa part de risque. À côté d'autant de perfection, impossible de passer à côté de vos premières rides et taches décolorées. On forçait d'abord sur le maquillage, mais l'orange Donald Trump faisait mauvais genre à Hollywood. Alors les patrons demandaient gentiment un peu de respect pour le public, et comme une bénie-oui-oui de service, on faisait ce qu'il fallait. Quitte à devoir tenir un direct avec une lèvre boursouflée par l'acide hyaluronique. "Vous en avez pour la journée", avait décrété le chirurgien en contemplant son raté. Trois jours auparavant.

– Tu *checkes* ? demanda-t-elle à Dave.

Dave effectua son inspection en faisant éclater une bulle de chewing-gum.

– Poils de chat sur la veste.

Jessica se tordait le cou pour repérer les intrus quand la Voix de l'oreillette l'informa qu'elle était à l'antenne dans cinq secondes.

– Et meeeeerde !

– On retrouve notre correspondante Jessica McTennard devant la propriété de l'acteur où, quelques heures après l'annonce accablante, des fans viennent déjà se recueillir par centaines. Jessica ?

La reporter adopta la mine solennelle de circonstance, s'efforçant de ne pas penser à son master en politique internationale qui prenait la poussière, à son œdème disgracieux, aux foutus poils de chat.

– Comme vous pouvez sans doute le constater depuis les studios, Ed, c'est une atmosphère lourde et silencieuse qui règne ici à Beverly Hills, devant la résidence de Jake Longfield. Des centaines de personnes se sont donné rendez-vous par les réseaux sociaux pour honorer la mémoire de celui qui les aura fait rêver pendant plus de trente-cinq ans. Je faisais le tour tout à l'heure de l'autel improvisé au pied des grilles, sans voix devant la quantité de bougies, de fleurs, de photos, de lettres déjà déposées là par une communauté en deuil. Car au-delà des tweets de personnalités qui déferlent sur la Toile depuis des heures, c'est bel et bien le cinéma et tous ceux qui le regardent, qui sont touchés en plein cœur par cette perte immense.

– *La Présidente elle-même s'est exprimée sur le profond chagrin que lui inspire la disparition tragique de la star. Un tweet dans lequel elle invite la nation entière à allumer une bougie ce soir "pour éclairer", je cite, "le chemin de Jake vers la maison de son Créateur." Jessica, serait-il possible d'avoir quelques réactions parmi les fans ?*

Jessica adressa un sourire crispé à la caméra. Mais avec plaisir, Ed, comme toujours. Pas de bon reportage sans un minimum de sensationnalisme.

Elle se promena donc dans la forêt des cœurs brisés, faisant aller son micro ça et là, une mère de famille qui avait écrit les initiales de son idole sur ses joues au marqueur baveux, des adolescents un peu égarés, un type gros et acnéique portant un tee-shirt à l'effigie d'un personnage emblématique. L'Amérique des années 2020, incarnée par une meute aussi paumée que disparate.

– C'était une personne rare. Dieu lui avait donné pour mission de faire sourire le monde. Il profitait de sa notoriété pour donner de la visibilité à de grandes causes. Des comme lui, on n'en aura plus. Non, madame. Oh, ça ? Je ne sais pas si c'est vrai. Vous ne pouvez plus rien croire de nos jours. Je suis certaine que ce n'est pas vrai, on l'aurait su depuis le temps, non ?

– Je le connais à cause de *Farrell Cosma*. C'était des films vachement cool, non ? On le voyait souvent à la télé. Vraiment sympa, je pense. S'il était drogué, j'en sais rien. Ils le sont tous un peu. En tout cas, c'est triste. C'est trop jeune pour mourir.

– Vous n'avez rien d'autre à foutre que de parler de ça sur votre chaîne de merde ? Il est mort. Un grand homme est mort, et vous ne pensez qu'à salir sa mémoire avec vos conneries d'overdose. Laissez-le reposer en paix. Putain de boîte à merde.

Et bla, et bla, et bla. L'ennui ralentissait dangereusement le pouls de Jessica quand le garçon arriva, quelques pas derrière une trentenaire qui déversait au micro ses fantasmes avec le mort.

Son visage était partiellement caché par la capuche de son sweater gris et bleu aux couleurs des Los Angeles Dodgers. Jessica ne distinguait pas grand chose de ses traits sinon sa peau noire et quelques courtes tresses indomptées, ornées de perles de couleur.

Sous son bras, il tenait un paquet de Malt Balls. Elle flaira le scoop.

Comme la dame à son micro continuait à déblatérer des propos de plus en plus gênants, le garçon se retourna vers la foule et se fendit de quelques gestes sibyllins. Puis, avec une lenteur telle qu'il devait forcément vouloir ménager le suspense pour la caméra, il ouvrit le paquet de confiseries.

– Monsieur ! Monsieur !

Jessica n'y tenait plus. Elle reprit le contrôle de son micro, fit signe à Dave de lui coller aux basques et se précipita vers le garçon, piétinant au passage le peu de dignité qu'il lui restait. Ce dernier venait de déverser les Malt Balls sur le mémorial, provoquant quelques exclamations stupéfaites. Les billes de chocolat se répandirent sur le sol comme des fourmis fuyant la maison mère, roulèrent sous le portail, fondirent dans les flammes des cierges, furent écrasées avec force craquements sous des pieds maladroits.

Le garçon, quant à lui, repartit aussi furtivement qu'il était venu. La foule se referma sur lui et l'engloutit, un mystère irrésolu pour les spectateurs incrédules de CNN et pour Jessica, plus frustrée que jamais. Dépitée, elle ramassa un bonbon et l'enfourna. Juste un chocolat normal.

Jessica se retourna vers la caméra et haussa les épaules.

– Comme vous pouvez le voir, Ed, chacun a sa façon de faire son deuil. À vous les studios.

1

Vous avez un nouveau message

Quinton Hayes.

Quelques heures plus tôt, dans les rues de Thousand Oaks, banlieue nord de Los Angeles, sous le soleil brûlant d'un mois de juillet, un homme dansait.

Ses sneakers bas de gamme laissaient à chaque pas un fragment de semelle caoutchouteuse sur l'asphalte amolli. Il portait un polo des magasins d'électro-ménager Sears, tout humide de sueur aux aisselles et au col. Ses bras et son visage luisaient d'une pellicule de transpiration qui reflétait le jeu des rayons espiègles sur sa peau noire. Un Eastpak vintage sur les épaules, il évoluait dans l'espace avec une grâce étrange, traversant la ville autant que la ville le traversait. La respiration qui gonflait sa poitrine, ses pieds qui battaient le bitume, ses bras qui s'emportaient dans de grandiloquents étirements, son corps fonctionnait tout entier au rythme des palpitations urbaines.

Sa démarche extravagante faisait dévier piétons et automobilistes de leur route. Il ne prêtait guère attention à ce que les gens voyaient : un jeune homme du centre-ville que la fumette avait égaré dans les banlieues chic et qui vagabondait au gré d'un quelconque hip-hop revendicatif à fond dans son casque.

Il souriait seul en pensant à leur tête s'ils apprenaient que les notes enjouées de *Girls Just Want to Have Fun* noyaient ses oreilles. Cyndi Lauper.

Quinton avait bien une destination, d'ailleurs il était déjà en retard, d'ailleurs sa danse n'en était pas une : c'était un échauffement. Échauffement qu'il prolongea par une routine vocale qu'il s'était construite seul, au fil d'années passées à apprivoiser cet appareil longtemps jugé indomptable. Aujourd'hui, par un enchaînement complexe de brouettes, de trilles légères et de sirènes louvoyantes, il prenait totale possession de sa colonne d'air récalcitrante. L'esprit cuirassé, il tirait des balles perforantes avec des mots qui faisaient peur. La terreur que pouvaient lui inspirer ces consonnes aux claquements féroces, aux sifflements sournois ou aux roulements destructeurs, il la crachait en même temps qu'il se débarrassait de ces mots d'apparence anodine. Boulgour, lunatique, pulvérisateur, dromadaire, sérénissime, cartilage, mesquinerie, Terminator, rectification, gracile, nanoparticule... Il les envoyait dans l'air tremblotant de chaleur, les regardait revenir à lui comme des boomerangs, les attrapait au vol pour les lancer à nouveau. Ils ne luttaient pas. Ils étaient siens.

Comme il accomplissait ses exercices, on éloignait avec méfiance les enfants et les petits chiens. Ce n'était pas grave. Le temps avait passé. Ça ne le dérangeait plus de se sentir différent. Spécial.

Ses collègues l'attendaient quand il parvint enfin au théâtre, confortablement installés dans les premiers rangs de l'auditorium.

Sekai Mpeba aimait à se parer de couleurs vives et d'atours clinquants ; à travers elle ressurgissait tout une mode vingtenaire prétendument inhumée. Son excentricité douteuse grimpait jusqu'au bout de ses cheveux bleu électrique, dressés en crête sur son crâne, et de ses ongles dont elle était occupée à gratter le vernis craquelé. Quint la soupçonnait d'afficher ainsi ses crimes contre le bon goût pour compenser son manque cruel d'autorité. Il avait imaginé, en intégrant un projet dirigé par le seul nom incontournable dans le monde quasi-clandestin du théâtre à L.A, travailler sous la direction d'un tyran absolu. Plus souvent qu'à son tour, il devait au contraire lui porter secours pour "canaliser les excès d'énergie", comme Sekai l'exprimait en un euphémisme éloquent.

Avec un retard de presque une heure sur le planning, il ne serait pas dans ses petits papiers aujourd'hui. Il tenait le rôle principal, ils ne pouvaient littéralement rien faire en son absence. Levant des yeux dédaigneux du smartphone greffé à sa main, Greg ne manqua pas l'occasion de le lui faire remarquer.

– Qu-Qu-Qu-Quinton daigne nous faire l'honneur de sa présence.

Comme l'humour était subtil. Greg avait encore la mentalité d'une petite frappe adolescente, de celles qui avaient persécuté Quint sans relâche du jardin d'enfants au diplôme de fin d'études. Quint eut assez de jugeote pour ne pas répondre à la provocation. En revanche, impossible d'éluder les reproches de Sekai.

– Répétition générale, peut-être le jour le plus important de ta vie, et tu te permets d'être en retard ?

Quand l'émotion prenait le dessus, son accent nigérian réapparaissait sans prévenir, au point qu'on pouvait croire à une déformation volontaire. Mais le cerveau recelait d'étonnants circuits sous ses couches superficielles de néo-cortex. Des structures cachées, énigmatiques, capables d'abattre une main omnipotente sur le reste de la matière grise. Quint ne le savait que trop.

– Je sssssssuis d-d-d-désolé, Sekai. Jjjj'avais un collègue en arrêt mmmmaladie.

Il relâcha sa respiration et plaça toute sa frustration dans un mot qu'il pensa très fort. Merde. Boulgour, lunatique, pulvérisateur, dromadaire, sérénissime, cartilage...

Il avait vingt-quatre ans, il n'était plus un enfant. Et pourtant, chaque fois qu'il devait s'exprimer sous le joug d'une émotion forte, il redevenait ce petit garçon impuissant de la parole. Sa langue et ses lèvres tremblaient, sa mâchoire se crispait, ses cordes vocales se scellaient l'une à l'autre, ses yeux se fermaient dans la tentative horrifiée d'échapper à l'instant présent, quand son propre corps se retournait contre sa pensée.

Quinton bégayait. Mais ça, quand il était sur scène, personne ne pouvait le deviner.

– Si tu mets autant de temps à vendre un aspirateur qu'à t'excuser, pas étonnant que tu sois débordé.

Quint esquiva l'offense et rit avec Greg. C'était la meilleure façon de faire disparaître le sourire de

sa vilaine figure.
– Je me suis échauffé sur la route, on peut y aller.
– La prochaine fois, décroche ton téléphone quand je t'appelle. Je voudrais que tout le monde m'écoute un instant. Tout le monde, Greg.
L'intéressé leva brièvement un regard nonchalant vers Sekai.
– Yep, j'écoute.
Quint le vit tout aussitôt baisser à nouveau le menton et faire défiler son fil d'actualité. Pendant que Sekai discourait, il entreprit de retirer son polo Sears trempé et le fourra dans son sac à dos.
– Rappelez-vous ce qui est en jeu ce soir. Ce n'est pas la pièce, ou moi, ou le théâtre qu'il faut rembourser. C'est une première à Los Angeles. Des gens importants seront de la partie. Des producteurs, des directeurs de casting, des agents...
Des sifflements et exclamations enjouées retentirent dans leurs rangs. Quint enfila un sweater propre des Dodgers. Un porte-bonheur, approprié pour un jour de première. Il y avait en fait des années qu'il n'était pas allé voir un match.
– ... que vous n'impressionnerez aucunement si vous vous contentez d'un bon travail. Ils cracheront sur du bon travail. Montrez-leur de l'exceptionnel, de l'incontournable.
– Putain de merde !
Greg avait sauté sur ses pieds, bouche bée devant son téléphone.
– Vous allez pas le croire ! Jake Longfield est mort !
Un Mentos dans une bouteille de Coca. Les conversations éclatèrent, une partie de la troupe quitta aussitôt son siège pour suivre les nouvelles avec Greg ; les autres plongèrent dans leurs sacs à la recherche de leur propre téléphone, prompts à envoyer des textos effarés en espérant décrocher la palme des premiers au courant.
Délaissée, Sekai ne chercha même pas à recapter leur attention. Elle s'assit sur le bois ciré de la scène et sirota son *moon juice* avec une paille en bambou, le regard dans le vague. Peut-être revivait-elle en mémoire ses brèves rencontres avec Jake Longfield, à une avant-première, un festival, une inauguration quelconque. Sûrement avait-elle eu l'occasion d'échanger une poignée de mains, voire quelques mots avec lui.
Silencieux, Quint rejoignit les trois personnes penchées derrière les épaules de Greg pour grappiller un aperçu de l'onde de choc. Jessica McTennard, l'officielle Madame Gotha de CNN, commentait les événements devant le Cedars-Sinaï Hospital. Derrière elle, plusieurs dizaines de personnes s'agglutinaient déjà devant le centre médical. Des agents de sécurité et des aides en blouse blanche luttaient pour empêcher les fans les plus dérangés de pénétrer dans l'enceinte.
Le gros titre en bas de l'écran ne laissait planer aucun doute. Quelques mots en majuscules

impitoyables, de celles qui n'évoquaient plus de théories, mais exposaient des faits.
"LA STAR DE CINEMA JAKE Longfield MEURT A L'AGE DE 57 ANS."
En dessous, des caractères plus timides laissaient entrevoir ce qui relevait encore de la rumeur.
"Des sources non officielles évoquent une overdose de drogue."
Une vague glacée avait submergé la poitrine de Quint. Ses jambes tremblaient, comme celles d'un vieillard à qui l'on aurait, par malveillance, retiré sa canne. Que venait-on de lui faire ? Qu'avait-on arraché, déchiré, écrasé et dispersé aux quatre vents ? La nausée montait au creux de son ventre. Il tenta de se concentrer sur les propos de la reporter, sans y parvenir. Ses collègues parlaient tous en même temps, ses oreilles bourdonnaient de vertige. Deux voitures de police arrivaient sur les lieux. Puis, sur un plan filmé depuis un drone, une rue de Beverly Hills se remplissait d'Angelenos en deuil convergeant vers un imposant portail en fer forgé.
Quint se souvenait de ce portail. Le contact froid du métal, l'interphone surmonté d'une caméra et la voix familière qui sortait de la boîte, le grincement doux de la grille.
L'image bascula encore sur une archive datant de trois jours. Quelques centaines de personnes étaient amassées dans une salle de bal, défilant dans leurs plus belles parures pour un gala de charité. Sur la scène, un homme svelte, de taille modeste, vêtu d'un élégant smoking à nœud papillon, assurait le divertissement des personnalités présentes et leur faisait cracher des centaines de milliers de dollars. Ses cheveux bruns avaient entièrement grisonné et les rides s'étaient creusées autour des yeux et de sa bouche, mais le temps avait épargné le charme dans son sourire éclatant, l'étincelle espiègle dans son regard sombre, la classe dans son allure débonnaire. Une main était négligemment enfoncée dans la poche de son pantalon, sa langue pointait un bouton rose entre ses dents à chaque plaisanterie.
Plus de trente-cinq ans après le début de sa carrière, il n'avait pas changé de modèle de lunettes.
Un sanglot sec étreignit la gorge de Quint. Monture en acétate gris métallisé, verres teintés bleu clair polarisés, faites sur mesure par l'opticien des stars. Il en sentait encore le poids dans sa paume – elles étaient étonnamment lourdes. À l'extrémité des branches, il frôlait le logo de la marque en reliefs d'or. À l'intérieur, un filigrane formait les initiales de Longfield. JAB, qui signifiait aussi "direct" pour un ancien boxeur.
– Quint ! Oh, Quint ! Je te parle !
On l'arracha à un souvenir bien trop palpable en le secouant par le bras. Par réflexe, la main de Quint se referma, sur du vide, de la fumée de mémoire.
– Tu savais que c'était un toxico, toi ?
Quint cligna des yeux à plusieurs reprises, dans un effort pour dissiper la brume qui le paralysait, et secoua la tête. Qui lui parlait ?

– Moi non plus. C'est fou. Cinquante-sept ans, c'est si jeune. OMG. Je suis juste tellement triste. Le monde est soudainement plus gris.

En cet instant, la simple idée de prononcer le moindre mot bloquait ses poumons et verrouillait sa bouche. Sa seule échappatoire fut de prendre son portable comme tout le monde, afin de se trouver un prétexte à l'isolement.

Trois notifications clignotaient sur l'écran de veille. La première concernait les cinq appels manqués de Sekai, tout au long de la matinée. La seconde notification l'informait qu'un numéro inconnu avait tenté de le joindre, la dernière, que ce numéro inconnu avait laissé un message sur sa boîte vocale.

Numéro inconnu.

Peut-être un agent, un manager, un réalisateur. Quelqu'un qui serait tombé sur sa bande démo, qui aurait été assez intéressé pour la visionner jusqu'au bout. Un miracle, en somme. Mais pouvait-on vivre plusieurs miracles au cours d'une seule existence ? Il fallait bien répartir les dons de chance.

Non, Quint se rendit à l'évidence avec un mélange amer d'espoir et de terreur. Ce n'était pas un second miracle qui faisait irruption dans sa vie, seulement le premier qui revenait frapper à la porte, de la pire manière qui soit. La sorcière tendait le trognon de la pomme empoisonnée dans laquelle il avait croqué trop goulûment, des années auparavant.

Les affres de l'enfance lui avaient enseigné qu'il ne fallait gâcher aucune nourriture. Dans sa cour d'école, quand venait l'heure de la collation, les pies ne volaient pas les trognons de pomme. On mangeait toujours tout le fruit, jusqu'au dernier pépin. Réflexe acquis, jamais désappris.

Il appela sa messagerie et colla le téléphone contre son oreille.

Vous avez. Un. Nouveau message. Reçu. Aujourd'hui à. Neuf heures. Quarante-deux.

Biiiip.

Hey, cookie.

Quint fut secoué par un nouveau sanglot, qui noya son pharynx dans un jet de bile. La voix n'avait pas changé. Une tonalité chaude et rassurante, le même accent californien qu'il s'était fabriqué de toutes pièces et qui avait fini par lui devenir naturel. Le résultat d'un besoin vital d'épouser une nouvelle peau, de se muer en Autre, que Quint avait connu tout aussi bien que lui.

Mais au-delà du soleil et de la chaleur, il entendait déjà la marée de poison dans ses veines, et plus loin encore, quelque chose qui l'ébranla plus que tout. Du remords.

C'est moi. N'essaie pas de comprendre comment j'ai eu ton numéro. Tu sais bien que j'ai mes petites astuces.

Ses lèvres s'étirèrent en un sourire tremblant, juste une fraction de seconde.

Une minute s'écoula avant que la voix robotique n'annonce la fin du message. Une poussière d'univers. Le temps pour le cœur d'un être humain au repos de battre soixante-dix fois.

Quint ne pouvait plus compter les battements de son cœur. Ils résonnaient contre ses tympans, prodigieusement erratiques. Sa respiration elle-même s'y perdait. Il toucha son visage, surpris d'y sentir tant d'humidité. Pourtant combien de fois, depuis que Jake Longfield avait opéré son miracle, s'était-il éveillé en pleine nuit les joues inexplicablement mouillées de larmes ?

La main qui tenait son portable trépidait avec vigueur. Il rangea l'objet dans sa poche, tenta d'attraper un peu d'air. Ses collègues ne devaient pas voir le sel qui lui piquait la peau. Il remonta la capuche de son sweater des Dodgers sur sa tête.

Son sweater des Dodgers... Le jeune homme sentit ses jambes se dérober, suffoqua, s'agrippa au strapontin le plus proche pour ne pas s'effondrer, comme assommé par ce fameux direct sur la tempe.

En deux-mille-vingt, il avait parcouru les rues de Los Angeles avec les autres, après la mort de George Floyd. Dans son esprit maintenant comme alors sur le bitume marchait une foule soudée, digne, debout face aux forces envoyées par un pouvoir autoritaire pour les faire taire.

Des émeutes éclataient. Des bâtiments brûlaient. Des poings se levaient. Des drapeaux se balançaient à la lumière des flammes. Des bouches scandaient. Réveille-toi.

Tu es important.

Tu es important.

Et il est temps d'être le véritable maître de ta voix.

Quint s'empara de son sac à dos et remonta les marches du théâtre quatre à quatre.

– Quint, où est-ce que tu vas ? On a toujours une répétition ! Quint ! Quint !

Il ne se retourna pas. S'il se retournait maintenant, ils sauraient tous. La vérité était inscrite en lettres trempées sur son visage. Peut-être y aurait-il un temps pour eux, plus tard. Maintenant, une femme aux cheveux violets l'attendait dans un appartement minable de Compton, et cette femme portait son enfant. Si Quint voulait être un père digne de ce nom, c'était d'abord à elle qu'il devait raconter.

Dans le premier bus pour rentrer chez lui, il remarqua bien tard les Blancs qui le dévisageaient avec méfiance. À regret, il abaissa sa capuche et les laissa contempler le chagrin qui sourdait de lui. Peu de choses avaient changé depuis qu'il avait marché pour George Floyd en deux-mille-vingt. Les Blancs, eux, pouvaient dissimuler leurs traits derrière un masque chirurgical, maintenant que les multiples Covid formaient la nouvelle génération de délinquants.

Dans le deuxième bus, la proportion de Blancs s'amenuisait brutalement. Dans le troisième, en entrant à Compton, il n'y avait plus que des gens de couleur, hispaniques pour la plupart, et quelques Noirs. Le chauffeur montait le volume de la pop dans sa radio pour contrer le reggaeton qui résonnait à l'arrière.

Du premier au troisième bus, on avait sorti son portable et on parlait de la mort de Jake Longfield.

Jake, lui aussi, avait marché pour George Floyd en deux-mille-vingt. Ceux qui partageaient ses opinions l'acclamaient pour ses engagements. Chouchou de l'Amérique, il arrivait d'une manière ou d'une autre à se faire pardonner des autres. Tous les passagers du bus avaient quelque chose en commun dans le regard, dans la voix. Un deuil. Une petite partie d'eux-mêmes avait disparu avec Jake.

Poussé par un masochisme sournois, Quint imaginait les minuscules lambeaux de ses congénères qui se détachaient d'eux pour voleter au loin. Son tribut était bien plus élevé ; il essayait tant bien que mal d'empêcher ses morceaux sanguinolents de planer là où il ne pourrait plus les rattraper. Luttant contre l'hémorragie, il n'ouvrit son portable que pour envoyer un texto à Sekai.

Je suis désolé. Urgence. J'essaierai d'être là ce soir.

Immédiatement après avoir effleuré la touche *Send,* il éteignit l'appareil. Il ne se voilait pas la face sur la situation délicate dans laquelle il plaçait le reste de la troupe. Son absence pouvait signifier tout un monde d'opportunités manquées, pour eux comme pour lui.

Pour autant, il descendit du bus et ne fit pas demi-tour. Il termina son trajet d'un pas vif, louvoyant entre les jeunes en trottinette et les canettes écrasées par terre, et ne fit pas demi-tour. Parvenu dans le vestibule miteux de son immeuble, il murmura un bonjour à sa propriétaire, qui restait toute la journée assise devant sa porte à attendre que la vie passe, grimpa ses deux étages et ne fit pas demi-tour. Arrivé au seuil de son appartement, il se battit avec ses clés et ses frissons enfiévrés. Le tintement fébrile de son trousseau attira dehors son voisin de palier, Charles, un quadra au chômage. Chuck tira sur son débardeur pour dissimuler sa brioche et l'interpella.

– Hey, mec ! T'as vu ça ! Jake Longfield vient de crever !

Le mécanisme de la serrure céda enfin et Quint se précipita à l'intérieur. Comme il refermait la porte, Chuck grogna :

– Ces types pleins aux as avec leurs miches blanches et leurs campagnes anti-drogue. Tu parles. Ils s'en foutent plein la gueule, comme nous ! Nous, on est juste trop cons pour cacher les seringues.

La porte claqua. Quint n'avait pas fait demi-tour.

Lisa s'était assise sur la moquette tachée, adossée à leur canapé convertible, hypnotisée par l'écran de télévision.

Quint laissa ses yeux traîner sur leur studio encombré. Le berceau, ils l'avaient collé au clic-clac, le parc était juste de l'autre côté. Il fallait déplacer la chaise haute pour accéder au frigo. Ils avaient donné une partie de leurs vêtements à des associations de quartier, afin de ranger dans la minuscule penderie les bodies de seconde main. Un mois, trois mois, six mois : ces petites choses ne cessaient jamais de grandir. Même quand on cessait de grandir, on continuait parfois, et d'autres fois on rapetissait.

Quint et Lisa devaient perpétuellement éviter de trébucher sur les peluches, les paquets de couches, les tétines de plusieurs formes et couleurs, le lait en poudre et les jouets encore emballés. Idiots, déjà trop amoureux d'un simple œuf fécondé à l'époque, ils avaient dépensé une fortune dans une boîte de Lego "Trois ans et plus".

Sans détourner les yeux de l'écran posé par terre, Lisa s'empara d'une cuillère qu'elle plongea dans un énorme pot de Ben & Jerry's à la pâte à cookie. Quint la contempla, elle, avec ses tifs violets et ses racines auburn qui s'allongeaient chaque jour, parce qu'ils avaient réduit les dépenses non essentielles. Son corps était minuscule, même avec ce ventre qui abritait un fœtus de sept mois. Pourtant, il n'avait plus jamais le temps de goûter à la Ben & Jerry's. Enfin, la vérité, c'était que quand il se réveillait la nuit avec une soudaine envie de glace, il se tournait pour regarder Lisa et il se rendormait. Parce qu'elle était si petite, mais à la fois extraordinairement plus grande que lui.

Quint laissa son sac à dos sur un carton et son mouvement attira enfin l'attention de Lisa. Tout aussitôt, ses mains se mirent à bouger à une telle vitesse qu'il n'aurait pas compris la moitié de ce qu'elle racontait, si les images obsédantes à la télévision ne lui avaient fourni le contexte.

– Tu as vu pour Longfield ? Ça me brise le cœur. J'étais fan... Je veux dire, qui n'était pas fan ?

Et elle s'arrêta, attendant sa confirmation comme la bénédiction du Messie.

Le premier rendez-vous de Lisa et Quint, deux ans plus tôt, avait été délicat. Sur son profil de rencontres, Lisa avait mentionné qu'elle était sourde et non appareillée. Sur son profil, Quint n'avait pas mentionné qu'il bégayait. C'était avant qu'il apprenne langue des signes ; Lisa devait faire l'effort de lire sur ses lèvres, et textait ses réponses sur son téléphone. Anxieux et inhibé, Quint n'avait cessé de buter sur ses mots. Dès ses premières phrases, Lisa avait plissé les yeux et pris un air embarrassé. Mortifié, il avait fini par se taire.

Ils s'étaient tus tous les deux longtemps. Il n'osait plus la regarder. Et puis au beau milieu du bar bondé, une voix bizarre s'était élevée. Grave, nasonnée, étrangement articulée.

– Je comprends. Moi non plus, je n'aime pas parler.

Il avait levé les yeux, remarqué que la moitié des clients s'était tournée vers eux et que Lisa souriait. Quint était noir, Lisa était blanche. Mais ce n'était pas pour cette raison qu'ils se sentaient fiers de se comprendre et de s'aimer. Avant de raconter à leur enfant l'histoire de leur couleur de peau, ils lui raconteraient l'histoire de leur voix.

Il s'assit à côté d'elle, saisi d'une singulière fatigue après l'urgence. CNN hurlait la même information en boucle, les sous-titres en plus. Il signa.

– Tu veux bien éteindre ? Il faut qu'on parle.

Sans discuter, Lisa éteignit la télévision. Quint réfléchit et se corrigea.

– Il faut que je parle. Et ça ne peut pas attendre.

Le visage de Lisa était détendu, sans rien de solennel. Le signe qu'elle lui adressa valait encore plus venant d'elle que le mot qu'il signifiait. Son pouce vers l'intérieur de son oreille, son index et son majeur en l'air se plièrent et se déplièrent.
– J'écoute.
Elle écouta, les mains silencieuses. Les larmes envahirent les yeux de Quint, encore. Il se savait incapable de signer un discours si abondant. Il devrait utiliser sa voix. Sa voix qui allait forcément le trahir au cours de son récit. Et néanmoins, aujourd'hui, il n'avait pas d'autre choix que de faire de cette voix son alliée.
Afin de la réparer, enfin.

2
Sois un dur, mon fils

Taisha Rogers (2010).

Taisha devait effectuer en bus une heure et quart de trajet chaque matin et chaque soir, entre son lieu de travail au Bureau des Permis de Conduire du centre-ville de Seattle et le modeste appartement qu'elle louait dans Rainier View, au sud de l'agglomération. Chaque matin et chaque soir, elle traversait à pied les cours et les squares du complexe social où elle résidait, avant de monter au septième étage de son bâtiment par l'escalier en fer rouillé et branlant, celui qu'elle craignait de voir s'effondrer chaque fois que son fils le dégringolait pour sortir la poubelle.

Au coin des grillages oxydés, chaque matin et chaque soir dévalait une avalanche de sifflets.

Le matin, ils provenaient plutôt des adolescents qui fumaient leur petit-déjeuner avec un morceau de pain de mie avant de partir au collège. Le soir, de ceux qui avaient déjà décroché et vendaient des doses d'herbe à ceux du matin. Tous affichaient dix à quinze ans de moins qu'elle.

Taisha n'y réagissait même plus, cela faisait partie du bruit ambiant. Elle souriait parfois, non qu'elle les trouve amusants ou qu'elle se sente flattée. Les ados maintenant voyaient une jeune mère afro-américaine, belle, fière de ses courbes, consciente de ses attraits. Une MILF, comme ils disaient. S'ils l'avaient vue au même âge qu'eux, menue, hérissée et maigrichonne tel un chat des rues, dépourvue de ces rondeurs que la nature lui avait abandonnées après sa grossesse comme on laisse par mansuétude un parapluie au voyageur qui doit continuer sa route, ils ne se seraient même pas retournés pour la reluquer. Elle aurait été leur pote. D'ailleurs, si l'un de ces boy scouts s'était permis une telle impolitesse à l'époque, elle avait déjà assez de caractère pour le dissuader à vie de recommencer.

Non, elle souriait parce qu'elle savait que jamais son propre fils ne sifflerait une fille dans la rue. Et elle n'hésiterait pas à lui administrer une calotte sur le crâne s'il lui en prenait l'envie.

Ce soir-là comme à l'habitude, la jeune femme parvint sur le couloir extérieur un peu plus essoufflée que la veille. Elle avait vingt-huit ans. Et quand elle en aurait trente-huit ? Quarante-huit ? Plus ? Où irait-elle le jour où elle ne pourrait plus assumer l'ascension ? Dans une des bicoques insalubres qui pourrissaient dans les rues environnantes, sans doute. Peut-être l'escalier se serait-il déjà effondré d'ici là.

Elle s'appuya sur la rambarde le temps d'apaiser sa respiration. Le petit était toujours de retour avant elle. Il étudiait à l'établissement de quartier et avait interdiction de traîner plus d'une demi-heure après la fin des cours. Alors elle ne voulait surtout pas qu'il entende sa fatigue, parce que son fils avait un cœur trop gros pour son propre bien.

Sous ses yeux se dressait, vilaine anomalie architecturale, la petite cité où elle vivait, enclavée dans la grande cité où elle n'était qu'invitée. Peuplée de Philippins, de Coréens, de Blacks, de Mexicains et de Portoricains. Débordante de rires de gosses, de disputes pour un ballon de basket, de fumée au parfum de chanvre. Pleine de faux calme et de bonheur du jour-le-jour. Pleine de coups et de pleurs derrière les portes, pleine de gyrophares d'ambulances et de sirènes de flics une fois la nuit tombée. Très peu de coups de feu, une ou deux fois par mois.

La ville dans la ville où Taisha elle-même avait grandi. Après l'infarctus fatal de son père cinq ans auparavant, les contacts avec sa mère s'étaient distendus. La carne lui en avait toujours voulu pour la naissance du petit. D'ailleurs, elle l'avait aussi blâmée pour la mort du Pap's. Elle habitait toujours quelque part dans le complexe, ses trois frères et sa sœur aussi. Ils ne se voyaient pas non plus. Eux, ils avaient les pieds collés au sol et préparaient déjà la super-glu pour leurs propres enfants.

Son souffle ralentissait. Elle n'avait pas de super-glu pour son fils, elle préférait attacher des ailes à ses baskets. Ils les fabriquaient ensemble, rien que tous les deux, depuis sa naissance. Plume par plume. Un jour, elle en avait la certitude, ils auraient assemblé assez de plumes pour que le petit, devenu grand, puisse s'envoler loin de l'immeuble de son enfance.

Taisha déverrouilla sa porte et lança son rituel chantant :

– J'ai faim ! Qu'est-ce qu'on mange ?

En temps normal, elle entendait : "Des c-c-cailloux sauce cheddar !". Cela signifiait que le bonhomme faisait ses devoirs et révisait ses leçons, comme elle l'exigeait de lui. S'il ne lui répondait pas, c'était pour une raison bien précise qui portait même un nom : Jake Longfield.

Pas de réponse. Dos à elle, l'enfant s'était attablé devant leur ordinateur portable et visionnait le passage de son idole dans *The Ellen Show*, qu'il avait raté la veille. Le son à fond : les voisins ne devaient rien manquer.

– *Quatre Oscars*, disait Ellen deGeneres, *dont celui du meilleur film, celui du meilleur scénario adapté, du meilleur acteur pour vous, trois BAFTAs, la Palme du Meilleur Acteur à Cannes...*

Le public applaudit frénétiquement, couvrant sa voix qui énumérait une liste interminable de récompenses.

– *... Je crois qu'on peut dire que le film va trouver son audience, non ?*

Taisha laissa tomber son sac sur une chaise, obtenant un tressaillement. Le rire humble de Jake Longfield récupéra tout aussitôt l'attention du gosse.

– *J'espère, je pense. C'est un pari, Ellen. Les gens sont habitués à me voir dans des productions grand public.* Within Four Walls *n'est pas pour tout le monde. S'il vous plaît, les amis, n'emmenez pas vos enfants voir* Within Four Walls. *Appelez une baby-sitter ou mettez-les au congélateur pour une meilleure conservation, mais allez-y entre adultes avertis.*

Les spectateurs sur le plateau se fendirent d'un éclat de rire orchestré. Le petit sourit de toutes ses dents. Levant les yeux au ciel, Taisha se dirigea vers la chambre de son fils, résignée.

– Ici, tout le monde sait que tu as fait tes propres cascades sur les plateaux des deux Farrell Cosma, *de presque tous tes films d'ailleurs. Est-ce que c'était aussi le cas pour* Within Four Walls *?*

Taisha récupéra le sac à dos négligemment jeté sur le lit, rangea sur un cintre la veste abandonnée à côté.

– Mais évidemment. Bon, là il y avait considérablement moins de cascades, étant donné que je suis constamment...

– Entre quatre murs ?

– Tu l'as dit. Mais oui, j'ai fait les zéro cascades tout seul, comme une grande personne.

Rires.

– Très impressionnant, comment tu as fait ?

– Oh, tu sais. J'ai mes petites astuces.

Rires... Le son de la vidéo s'arrêta.

Discrètement, Taisha revint dans le salon. Le petit avait mis en pause. Les yeux cachés derrière des lunettes de soleil en plastique vert fluo, relax sur sa chaise en métal comme dans le fauteuil d'Ellen, il prenait la pose et travaillait une gestuelle qui n'était pas la sienne. La voix aussi, la voix surtout, était tout autre.

– J'ai mes petites astuces. Oh, tu sais, j'ai mes petites astuces. J'ai mes petites astuces.

Sa mère adorait l'entendre jouer la comédie, même si elle n'osait lui dire à quel point. C'était alors comme si le cerveau du garçon avait l'indulgence d'oublier les monstres phonétiques qui le hantaient. Pas une once de bégaiement lorsqu'il se glissait dans la peau d'un personnage. Elle aimait prendre le temps d'écouter cette fluidité qui lui était si peu naturelle, et tout à la fois, l'entendre faisait un mal de chien. Il n'aurait pas dû être forcé de s'approprier une autre identité pour ne pas être otage de sa parole. D'ici un instant, elle allait l'extirper de son monde intérieur et les blocages reviendraient. En sa présence, il n'y faisait plus attention. Mais en dehors des murs contenants de leur appartement, son histoire était façonnée par la honte, la frustration et le rejet.

Taisha fit taire ses regrets et balança le sac d'école sur la table d'un geste sans équivoque.

– Les leçons. Tu regarderas le reste quand tu auras fait tes devoirs. Au boulot, tout de suite.

Elle savait qu'il la fusillait du regard de derrière ses lunettes, mais elle ne fléchit pas. Le bégaiement était de retour. Tant pis.

– Jake Longfield n'a jamais fini l'école, assena-t-il avec l'insupportable assurance d'un gamin de neuf ans sûr de son bon droit. Sa mère ne l'obligeait pas à faire ses devoirs.

Jake Longfield savait-il que sa vie était une excuse pour les fainéants ? Elle enleva gentiment les lunettes fantaisie perchées sur le nez de son fils afin de regarder ses deux grands yeux de biche, noirs, profonds, intelligents et actuellement suppliants. Elle avait toujours fait de son mieux pour ne jamais s'énerver, ne jamais crier. Le monde hurlait déjà bien trop sur lui. Aujourd'hui, plus personne n'obtenait rien de lui par la violence.

– Tu n'es pas Jake Longfield. Pas encore. Tu es Quinton Hayes, et Quinton Hayes fait ses devoirs parce que sa mère le lui demande. On est cool ?

Un instant, Quint lutta contre son tempérament d'agneau. Mais Taisha déposa un baiser sur le bout de son nez, remportant ainsi la bataille. Les armes des mères. Les épaules affaissées, Quint repoussa l'ordinateur avec un soupir dramatique et ouvrit son sac à dos.

– On est cool.

Gagné, pour le moment. Le petit se mit au travail en silence. Quant à Taisha, elle rejoignit leur cuisine ouverte. Ici, on aurait bien eu besoin de rénovations – mais les éclats qui laissaient le ciment nu, et le goutte-à-goutte au fond du seau sous l'évier, elle pouvait faire avec. Tant que Quint partait à l'école avec des vêtements propres, qu'il avait de quoi déjeuner le midi et des affaires de première main, rien n'avait d'importance. Les priorités de Taisha étaient claires : ne pas laisser aux bourreaux de récréation la moindre raison supplémentaire de s'en prendre à lui.

Le frigo désespérément vide força le constat dépité qu'une fois encore, en la matière, ils tiendraient tout juste jusqu'à la prochaine paie.

– On pourra aller voir *Within Four Walls* le mois prochain ? Le dernier film de Jake.

Ne surtout pas se tourner vers lui. Si elle s'avisait de le regarder, même une seconde, il lui tannerait la peau jusqu'à ce qu'elle dise oui, ce qui, en l'occurrence, était hors de question.

– Non, ma puce. Il est violent, tu es trop jeune pour le voir.

– Oui mais...

– Il va falloir prendre ton mal en patience, Quint. Concentre-toi sur ton travail.

Son soupir déçu fut bientôt suivi du grattement appliqué d'une mine contre un cahier. Taisha ouvrait une conserve quand on toqua à la porte d'entrée.

Enfin, toquer.

Ce fut plutôt un poing massif qui s'abattit à plusieurs reprises sur le battant. La jeune femme s'ouvrit l'index avec l'ouvre-boîte.

Quint avait cessé d'écrire et l'interrogeait avec le regard d'un animal effrayé. Une visite impromptue, exigée avec autant de violence, dans cet immeuble, ne pouvait pas être une bonne nouvelle.

Une première goutte de sang tomba sur le carrelage de la cuisine.

Les coups furent répétés, plus brutalement encore.

– Tu as fait une connerie, Quint ? chuchota-t-elle.

Il secoua la tête avec véhémence.

– Si tu as fait quelque chose, dis-le moi maintenant. Tu as fait quelque chose ? Vu quelque chose ?

– Non, je te jure. J'ai rien fait, j'ai rien vu, je te jure. M'man, tu saignes.

Une petite flaque de sang se formait à ses pieds. Taisha enroula un torchon autour de son doigt blessé et se dirigea vers la porte d'entrée à pas de loup.

– Ne fais rien, ne dis rien, reste où tu es.

Elle vint presser son oreille contre le battant. Pas de bruit de l'autre côté. Alors, serrant le torchon contre son doigt, elle raffermit sa voix, dissimulant son angoisse derrière un voile de bluff menaçant.

– Si c'est la police, vous êtes dans l'obligation légale de vous annoncer !

– Yo, mama, arrête la parano. Ils ont d'autres chats à fouetter.

Taisha passa une main d'ores et déjà fatiguée sur son visage.

Ce n'était pas la police. C'était pire.

Sayon Hayes.

Sayon sut dès que la porte s'ouvrit à la volée qu'il était bon pour une engueulade.

– Combien de fois je t'ai dit qu'il y a une *putain* de sonnette, Sayon ?

Il remonta un peu son futal et ajusta son maillot de basket des Sonics : le mieux qu'il puisse faire en termes d'excuses. Il grillerait sur la chaise électrique avant qu'on l'oblige à sonner chez la mère de son gosse. Sonner, ça se faisait chez les riches retranchés dans des grosses baraques. Mais Taisha, elle était comme ça. En vrai, la même qu'eux ; dans sa tête, bien au-dessus. Elle se cachait de sa propre misère et elle apprenait au petit à se comporter comme elle et ça, ça énervait Sayon.

– C'est déjà mieux que la dernière fois, grommela Taisha en le jaugeant des pieds à la tête, les bras croisés sur sa poitrine. Tu as frappé avant d'entrer. L'homme des cavernes est en progrès.

Sayon tchipa, évacuant son mépris d'un geste vague de la main.

– Lâche-moi, tu veux ? J'ai une longue journée de boulot dans les pattes. Va me chercher mon gamin.

– Et pourquoi je ferais ça ? Cinq mois, Sayon. Ça pourrait tout aussi bien faire cinq ans à son âge.

– Pourquoi tu ferais ça ? Parce que c'est pas toi que je suis venu voir, et parce que je suis son daron. C'est toi qui l'as voulu, tu te souviens ? Ah, ça l'ouvre moins, là.

Ils ne se voyaient pas souvent parce qu'à chaque fois, ça le démangeait de lui en coller une, histoire de lui rappeler que c'était elle qui avait exigé qu'il reste dans la vie de Quint. Il avait seize ans, elle même pas dix-neuf quand ils avaient baisé dans la chambre de Dré. Un coup d'un soir, "sous influence" comme disaient les flics, pas de capote, et vlan. Elle refusait d'avorter et jetait le mot

« père » sur la table. Bon. Il avait fallu le reconnaître, lui donner son nom, le nourrir. Il avait fait tout ce qu'elle voulait. Et maintenant, dès qu'il se pointait pour causer un peu avec son môme, elle lui faisait la morale ? Elle le menaçait de l'empêcher de le voir ? Non, ce n'était pas ce qui était écrit dans le livre de Sayon. D'ailleurs, il n'avait même pas de livre, parce qu'il n'aurait pas su le lire.

Taisha avait baissé le regard. Le jeune homme eut un nouveau geste de la main, comme pour effacer une ardoise. Il était là pour voir Quint, ce fils qu'il aimait, quoi que puisse en dire Miss Rogers. Quint avait besoin que quelqu'un lui apprenne à être un homme.

– Ils m'ont mis quelques semaines à l'ombre au comté, pour possession. Après il a fallu remettre le business en marche, je taffais. C'est à cause de la thune ? Eh ben regarde, j'ai ce qu'il te faut.

Il sortit de la poche de son survêtement quelques centaines de dollars économisés pour Quint et les agita, aguicheur, sous le nez de Taisha. Elle le renvoya dans ses plates-bandes.

– Tu l'as gagné comment, ce fric ?

– En taillant les haies des manoirs de deux, trois culs blancs. Qu'est-ce que tu crois, Taish ?

– Garde-le. Je ne veux rien avoir à faire avec l'argent de ta drogue. Et interdiction d'en donner à Quint, tu m'entends ? Tu ne peux pas acheter l'amour de ton fils.

Sayon bourra les billets au fond de sa poche. Elle n'en voulait pas ? C'était son problème.

– Bon, j'ai le droit de voir le morpion ?

Encore une fois, Taisha le gratifia d'une lente inspection condescendante, comme ces contrôleurs de métro qui rêvaient d'avoir le droit de le fouiller. Sayon la laissa faire : elle savait très bien qu'il ne partirait pas sans avoir obtenu ce qu'il voulait. Enfin, elle décroisa les bras, prête aux concessions.

– Quint ! Viens ici !

Aucune réponse, évidemment. Ç'aurait été trop facile. Sayon s'investit aussi, pour la forme.

– Yo, Quint ! Viens dire bonjour à ton vieux !

Pour tout accusé de réception, ils perçurent le son numérique de voix qui s'entrecroisaient. Quint regardait une vidéo. Les mâchoires crispées, Sayon enfonça ses mains dans ses poches pour ne pas les enfoncer dans le mur. L'ingratitude du mioche l'exaspérait beaucoup trop vite, beaucoup trop fort. Pour son propre bien, Taisha ne pouvait que s'en rendre compte.

– Je vais le chercher. N'entre pas, c'est clair ?

Le jeune homme lui chopa le bras avant qu'elle puisse disparaître.

– Hey. Il parle toujours chelou ?

Taisha se dégagea d'un coup sec.

– Ce n'est pas la grippe, ça ne va pas s'en aller avec une pilule. Fourre-toi ça dans le crâne une bonne fois pour toutes.

Elle s'éclipsa. Curieux, il tendit l'oreille.

– Non mais oh ! *Ground control* à Quint ! Et tes devoirs ?

– Jjjje ne veux p-----as le voir.

Sayon balança un coup de pied rageur dans la rambarde du corridor extérieur.

Il ne savait pas ce qui le mettait le plus en colère : l'aveu ou la façon dont les mots étaient sortis. Qu'est-ce qui faisait le plus mal, que son fils ne l'aime pas ou que son fils ne soit pas capable de s'exprimer autrement que comme un débile mental ?

On ne devait pas prendre son fils pour un débile. Manquer de respect à son fils, c'était lui manquer de respect à lui. Alors peu importait si Quint ne voulait pas le voir, peu importait s'il ne l'aimait pas. Il ne lui donnerait pas le choix.

Sayon avait conscience de ne pas être un modèle classique. Il faisait son beurre avec l'héroïne, ça ne l'empêchait pas d'appréhender que n'importe quel gosse préfère un banquier d'affaires, un avocat, peut-être même un caissier ou un ouvrier. Mais lui, au moins, était respecté dans son quartier. Il s'était creusé sa place dans la rue à la force de ses bras et au canon de son flingue, sans rien devoir à personne d'autre qu'à lui-même. Il n'était pas faible et il faisait en sorte que les autres le sachent.

Son fils était uniquement élevé par une femme et ça ne donnait jamais rien de bon. Sayon était devenu qui il était parce qu'il avait eu un père. Un foutu connard, oui, mais qui montrait l'exemple, lui apprenait à s'imposer. Un père qui avait l'audace de cogner quand il le fallait.

Sayon n'avait jamais levé la main sur Quint. Taisha ne l'aurait jamais toléré, il se serait retrouvé avec plus de problèmes qu'il ne pouvait en gérer. Mais il ne lui céderait aucun terrain sur le reste. Son fils ne serait jamais un faible, ni une pédale.

– Je ne te demande pas ton avis, Quint. Dépêche-toi.

Un raclement de chaise, de pieds qui se traînaient sur le sol. Enfin Quint apparut sur le pas de la porte, les yeux baissés, les épaules rentrées. Et la voilà qui revenait, cette frustration abominable, cette envie de le claquer, de lui faire rentrer les choses dans le crâne, littéralement. S'y prenait-il si mal que ça ? Il faisait de son mieux. Pourquoi n'était-ce jamais suffisant ?

Mais Sayon contint sa colère, comme à chaque fois. Il lui sourit de toutes ses dents dorées et présenta sa paume ouverte.

– Yo Quint, mon pote ! Alors, ça roule ? Tape m'en cinq.

Quint lui tapa mollement dans la main, les yeux toujours fixés sur ses baskets. Il demeurait silencieux. Il fallait pourtant trouver quelque chose à se dire.

– L'école, ça va ?

– Ça va. Je n'ai que des A et des B.

Sayon ne put retenir une grimace lorsque l'élocution de Quint partit en vrille. Hargneusement concentré sur ses sneakers, le garçon resta aveugle à son malaise.

– Génial ! Et des potes, tu as des potes ?

Typique illustration du problème. Au mois de mai, il n'aurait pas dû avoir à demander si son fils s'était fait des copains, comme si la rentrée venait juste de passer. Et comme Sayon le craignait, Quint secoua la tête. Puis son visage s'éclaira et il osa enfin le regarder dans les yeux.

– En fait, si ! Je m'en suis fait un. Il s'appelle Mmmmm... M--Mmmm...

Sayon attendit cinq, peut-être dix secondes. Sa patience avait des limites aisément franchies.

– M-quoi ? Michael ? Malone ? Manny ? Miles ?

Un échec lamentable. À chacune de ses propositions le visage de Quint se tordait un peu plus, sa bouche tremblait plus violemment, ses yeux se détournaient à nouveau vers le vide. Il forçait comme un dingue, comme si le diable lui-même entravait sa langue.

– Mark ? Malcolm ? Murray ?

Les yeux de Quint roulèrent dans leurs orbites.

– Mais crache-le, ce putain de prénom ! Vomis-le s'il faut !

Les lèvres du petit se scellèrent. Il regarda de nouveau ses chaussures, prisonnier de son silence.

Sayon n'avait pas eu l'intention de s'énerver, mais il avait depuis bien longtemps renoncé à combler le fossé entre ses intentions et ce qu'il en faisait. Sans camoufler son soupir, il relança péniblement la conversation.

– Donc, tu t'es fait un pote. Un vrai reuf ?

– Ouais, enfin, c'est un Bbbbbblanc. U-U-U-U-Une fois, y a ddddeux ou troiiiis mois, J... J...osh n'arrêtait pas de me bousculer, a-a-alors il est venu et il a...

Sayon frappa le mur du plat de la main, faisant sursauter son fils.

– Le temps que tu finisses cette phrase, il fera nuit. Sans déconner, on dirait que t'es possédé par un démon. Tu sais qu'au Mississippi ils exorciseraient ton cul, tu le sais, ça ?

– Désolé.

– Me donne pas de "désolé". Lève les yeux. Regarde-moi quand je te parle, putain.

Quint obéit mais son regard demeurait fuyant, apeuré.

– Qu'est-ce que tu vois quand tu me regardes ?

– Je sais pas...

– Un mec, premier truc. Les tatouages, sur les mains, sur les bras, sur le cou, tu les vois ?

– Oui.

– Et le reste ? La chaîne en or, tu la vois. C'est du vrai or, pas du toc.

– Oui. Les dents aussi.

– Les dents c'est pas du vrai, mais quand même. Tout ça, ça s'appelle une réputation. La mienne, elle est béton. Je suis pas Mike Tyson, je suis comme toi, et je calme tout le monde comme il faut.

Mais ta réputation à toi, elle est en carton. "Désolé" ? Sois désolé pour toi-même. Comment tu peux t'étonner qu'on te fasse tout le temps chier, hein ? T'as laissé un autre gars bousculer Josh à ta place !

Le garçon hocha la tête. Des larmes apparaissaient dans ses yeux. Il ne manquait plus que ça.

– Pleure pas. Arrête de pleurer, je te dis, ça fait tantouze. Ramasse tes couilles et sois un dur, tu piges ? La prochaine fois que Josh te bouscule, tu lui en fous une dans sa face de rat.

– Mais Maman dit...

– Maman dit ce que Maman dit, et c'est bien pour ça que c'est pas une dure. Et le super agent secret, là, le blanco que tu adores ? C'est quoi son nom, déjà ?

– Farrell Cosma.

– Je te parie cent billets que Farrell Cosma lui fait avaler ses dents, à Josh. J'ai raison ou pas ?

Même de ça, Quint n'était pas convaincu.

– Ben si, j'ai raison. Ne sois pas comme Maman. Sois comme Farrell Cosmo.

– Cosma.

– On s'en fout. Sois comme moi. Personne n'a rien à foutre de tes bonnes notes dans la rue, Quint. Continue à parler comme un attardé, continue à te comporter comme un attardé, et les gens te traiteront comme un attardé. Et faudra t'en prendre qu'à toi-même.

Des sanglots éclatèrent comme du tonnerre dans un ciel sans nuages. Sayon fit un pas en arrière. La police, les armes, les gangs rivaux, le sang, la violence : il frémissait à peine. Mais devant la détresse du petit garçon qui portait ses gènes, il dut reculer. Avant qu'il puisse réagir, son fils fit volte-face et se réfugia à l'intérieur.

Il fut accordé une quinzaine de secondes à Sayon pour essayer de déterminer ce qui avait tout fait basculer. Puis Taisha réapparut sur le palier, véritable furie, et il comprit qu'il n'était coupable de rien. La responsable de ce gâchis était devant lui, fulminante comme si elle avait la légitimité de l'être.

– Mais merde, qu'est-ce que tu lui as encore dit ? siffla-t-elle entre ses dents.

– Je lui ai lavé les oreilles avec un peu de vérité.

Taisha parut sur le point de répliquer, puis se ravisa.

– J'ai réfléchi. Je vais avoir besoin du cash.

– On ne veut pas de l'éducation de Sayon mais on veut bien de son fric, hein ?

– Oh, je t'emmerde. Tu me dois ce fric, à moins que tu veuilles que ton gosse crève de faim.

Il laissa tomber l'argent aux pieds de Taisha, pour le plaisir mesquin de la voir se baisser et se hâter de ramasser les billets avant qu'ils ne s'éparpillent.

– Je reviens vite. Et il y a intérêt que ce gamin soit devenu un bonhomme, tu m'entends ? Un petit mec avec une paire là où je pense, pas une foutue princesse.

Taisha planta ses yeux sombres dans ceux de Sayon. Il n'y lut aucune peur. Seulement autant de mépris pour lui qu'il en ressentait pour elle.

– Tu vas lui baisser le froc pour vérifier, crétin ?

Elle referma la porte, le privant d'une occasion de répliquer.

– Fais gaffe, je pourrais bien te prendre au mot ! cria-t-il pour la forme.

Mais même si elle l'avait entendu, ses mots n'avaient plus d'importance. Sayon rabaissa son futal sur ses genoux et circula.

Quint.

Une demi-heure avait passé depuis que le petit garçon s'était réfugié dans sa chambre. Les larmes commençaient seulement à se tarir sous le regard opalescent de Farrell Cosma.

Le super-espion l'observait depuis son poster grandeur nature, fixé au Blu Tack à côté de la tête de lit, entouré d'autres affiches de films, d'articles proprement découpés dans des magazines, de photos, d'interviews imprimées à la bibliothèque municipale. On n'apercevait plus un centimètre carré de peinture, Quint ne se rappelait plus la nuance de bleu qui avait jadis cerné son sommeil. Farrell Cosma veillait à présent sur ses nuits. Farrell Cosma ou Jake Longfield ; parfois, Quint en arrivait à oublier que Farrell n'était qu'un personnage joué par Jake. Lequel des deux le protégeait ?

Le petit garçon répondit enfin à la question silencieuse que Farrell/Jake lui posait. Un murmure que seul l'agent secret pouvait entendre.

– Le prénom de mon copain, c'est Mitch.

Quelques secondes plus tard, sa mère toqua doucement à sa porte.

– C'est ouvert, lui dit-il.

Il s'était assez repris en main pour qu'elle le voie, sans larmes de gros bébé. Juste avec une tristesse d'enfant. Taisha vint s'asseoir au bord du lit avec une fausse désinvolture.

– Encore en train de papoter, vous deux ?

Quint haussa les épaules.

– Je sais bien qu'il ne me parle pas vraiment. Je ne suis pas attardé.

– Hey, qu'est-ce que tu racontes ? Qui a dit que tu étais attardé ?

Question rhétorique. Il essayait de ne pas le lui reprocher, de comprendre pourquoi elle souhaitait qu'il maintienne une relation avec son père. Seulement voilà, chaque fois qu'il voyait son père, il avait l'impression qu'on le démolissait au bulldozer.

La poitrine de sa mère se souleva en un lourd soupir silencieux. Elle lui caressa longuement les cheveux et le visage. Il se tendit impulsivement vers la paume nourricière, son âme blessée réclamant un peu plus de tendresse.

– Oh, Quint, chuchota Taisha. Tu n'es pas attardé. Tu es l'enfant le plus intelligent que j'aie jamais rencontré. Et je ne dis pas ça parce que je suis ta mère.

– Si, quand même.

– Juste un petit peu, alors. Il y a quelque chose qui brille en toi. Tu brilles. C'est la vérité.

Le regard de Quint revint vers celui de Jake, immobile, avec ses lentilles blanches qui recouvraient ses iris noisette.

– Mais pourquoi je ne suis pas un dur ? gémit-il. Pourquoi je ne peux pas être fort comme Farrell ?

– De là où je suis assise, je vois un petit garçon aussi fort que Farrell.

Il rejeta cela avec un rire dont l'amertume collait mal avec sa jeunesse.

– Ce n'est pas vrai. C'est Sayon qui a raison. Je ne rends jamais les coups. Les autres à l'école, ils se foutent tous de moi et je ne me défends pas. Je suis faible.

Taisha continua à caresser sa joue en silence. Elle réfléchissait à ce qu'elle devait lui répondre, et si elle prenait autant de temps, c'était sans doute qu'elle ne trouvait rien. Ça le râpait douloureusement dans la poitrine, alors il se tourna à nouveau vers le poster de Farrell Cosma. Lui au moins, il pouvait l'imaginer lui dire exactement ce qu'il voulait entendre.

Quand le premier volet de la saga *Farrell Cosma* était sorti il y a deux ans, il avait sept ans à peine Un petit peu jeune à l'époque mais il avait réussi à convaincre sa mère de le laisser le voir avec elle. Ç'avait été le début d'une nouvelle vie. Il avait revu ce film des dizaines de fois.

À force, Jake Longfield était devenu le centre de son monde. Son héros. Il avait regardé tous ses films, enfin, ceux qu'il avait le droit de regarder – et même certains qu'il n'avait pas le droit de regarder, en cachette – il avait récupéré tout ce qu'il pouvait récupérer sur lui, lu, écouté et vu tout ce qu'il était possible de savoir de lui. Jake était l'homme le plus génial au monde. D'ailleurs, il avait donné un but à Quint : devenir acteur, comme lui.

Dans sa tête, il imaginait secrètement qu'en lieu et place de Sayon, c'était Jake Longfield qui sonnait à la porte, cinq ou six fois par an. Jake était un homme occupé, forcément, mais dans sa tête, il prenait tout de même le temps. Dans sa tête ils ne restaient pas sur le palier, ils allaient se promener au parc. Ils parlaient longtemps, de tout, de rien, et Quint ne bégayait pas. Parfois, Jake l'emmenait très loin d'ici. Quint devenait grand et il était un acteur, et Jake et lui travaillaient ensemble. Dans sa tête, Jake le prenait dans ses bras pour lui dire au revoir et lui promettait de revenir très vite. Et dans sa tête, ce simple câlin durait toute la vie, parce qu'il s'y sentait à sa place.

Taisha joignit ses mains sur ses genoux. Elle avait trouvé ce qu'il fallait dire et s'apprêtait à lui donner une leçon. Pas une leçon comme Sayon en donnait ; une leçon qui faisait du bien.

– Tu te souviens de ce qu'est une faille ? Tout le monde en a au moins une. Même Farrell. Quelle est sa faille ?

– Elle est trop facile, ta question, répondit-il doctement. Au début du premier épisode, les terroristes le capturent et lui mettent de l'acide dans les yeux. Il devient aveugle. Et un espion aveugle, ça ne sert à rien.
– C'est ça. Alors la NSA met fin à son service, et ils essaient même de se débarrasser de lui parce qu'il connaît trop de secrets. Qu'est-ce que fait Farrell ?
– Avec son copain, il fabrique des lunettes directement connectées à son cerveau, qui lui permettent de retrouver la vue. Et il peut voir plein de trucs cools, comme la chaleur corporelle ou...
– Comment a-t-il fabriqué ces lunettes ?
– Ils ne le disent pas dans le film, mais ça doit être très compliqué.
– Est-ce que tout le monde serait capable d'inventer une technologie qui n'existe pas ?
– Non.
– Mais Farrell l'a fait. Pourquoi lui a réussi ?
Quint se redressa légèrement sur son lit.
– Parce qu'il est intelligent.
Taisha lui adressa le plus beau des sourires.
– Très intelligent. Et être intelligent, c'est être fort. Farrell a utilisé sa cécité pour devenir meilleur. Tu dois faire pareil. Ton bégaiement, tu dois l'utiliser comme un moyen de te surpasser.
Le jeune garçon ramassa ses genoux contre lui et jeta un regard de biais aux yeux voilés de Farrell, encadrés par les mêmes lunettes que portait Jake Longfield au quotidien. Ils en auraient des choses à ruminer ensemble ce soir, en attendant le sommeil.
– Est-ce que je devrais casser les dents de Josh d'une manière intelligente ?
– Non, certainement pas. Trouve plutôt un moyen intelligent de l'éviter.
– Je sais déjà comment je peux me surpasser. Je serai acteur, comme Jake.
Les traits de Taisha s'assombrirent. Dès qu'il parlait de ce désir, il sentait une étrange réticence. Et pourtant, tout ce qu'elle lui avait jamais dit contredisait la réserve que son visage trahissait.
– Tu seras ce que tu auras décidé d'être, Quint. Bon, il est déjà tard, et tu as une émission à terminer.
– Et mes devoirs ?
– À deux, ça ira plus vite. Et puis on mangera en regardant la fin de l'émission et ensuite, au lit. On est cool ?
Quint sauta au cou de sa mère, qui l'enserra entre ses bras. Jake Longfield n'était pas le seul héros de sa jeune vie. Une héroïne valait tout autant qu'un héros, peut-être plus encore. Et il ne risquait pas de l'oublier un jour.
– On est trop cool.

3

Mission : improbable

Stephanie Sharrow.

Stephanie affirmait haut et fort à qui voulait l'entendre que puisqu'on mélangeait bien des cyanobactéries à des épinards et de la banane pour en tirer une boisson amaigrissante à la mode, alors personne n'avait le droit de critiquer son goût prononcé pour la pizza hawaïenne. Oui, celle avec de l'ananas dessus. C'était son rituel du mercredi midi, et elle se faisait un devoir de montrer son majeur à quiconque dans l'open-space jugeait son repas.

En revanche, le smoothie à la spiruline passait de moins en moins. Il finirait peut-être un jour à la poubelle sans même avoir atteint ses lèvres. Pour l'instant, elle s'y tenait. Tous les matins, elle passait par le bar à jus le plus *hype* de San Diego, et achetait une petite fortune son gobelet de cinquante centilitres d'une bouillie vert marécage qu'elle ne parvenait jamais à terminer.

Tout ça pour faire plaisir à son connard de médecin qui, à chaque visite, la sommait de perdre quarante kilos. Hypertension, diabète, infarctus, elle ne comptait plus les mots qu'il utilisait pour lui faire peur. Et il y parvenait. C'était qu'en plus, avec son métier, ses "énormes fesses" restaient vissées dans un fauteuil toute la sainte journée. Alors elle se forçait à boire ce foutu smoothie et s'affamait le reste du temps... sauf le mercredi midi, le jour de la pizza hawaïenne.

Rien ne fonctionnait. La balance n'accordait aucune clémence. En plus, à cause de son médecin, Stephanie avait tout le temps faim. Son voisin de box, Brandon, avait un bol qu'il gardait constamment rempli de *jelly beans*. C'était une torture quotidienne que de le voir piocher dedans. De temps en temps, elle se permettait d'en chiper un. Et chaque fois, elle entendait les autres ricaner. Tous, sauf Brandon.

Brandon n'était ni gros, ni maigre. Personne ne cherchait donc à le définir autrement que comme le Trekkie du Service des Relations Clients. Une espèce en voie de disparition, y compris dans le sein mondial de la communauté geek où Stephanie travaillait. Pour son premier jour, Stephanie était arrivée avec un tee-shirt orné d'un casque de stormtrooper et des stylos qui s'allumaient avec un bruit de sabre laser. Alors forcément, l'ensemble du bureau – pour la plupart d'ignares Marveleux – avait fait des pieds et des mains pour l'appairer avec le seul Trekkie du service. Ils s'attendaient à être divertis par des disputes sans fin, à prendre même les paris sur qui finirait vaincu par les abscons arguments de l'autre.

Au lieu de ça, Stephanie et Brandon effectuaient leur travail dans un calme exemplaire, échangeant aimablement ou bien se moquant ensemble des clients qui l'avaient bien mérité. Ils se considéraient comme les preuves vivantes que toutes les communautés pouvaient s'entendre à condition de trouver un bouc émissaire commun.

Aujourd'hui ne dérogea pas à la règle. Brandon portait un simple débardeur orné du logo de Starfleet tandis que Stephanie exhibait un collector de Yoda. Elle s'emparait d'une bille de gélatine rouge quand le téléphone sonna.

– Service Relations Clients.

Les coups de téléphone étaient généralement des communications internes, elle avait donc pris l'habitude de zapper la majeure partie des présentations. Elle fut néanmoins surprise par une voix de femme non familière, hésitante, frémissante.

– Euh... C'est bien le Comic-Con de San Diego ?

– Oui, je suis Stephanie et vous êtes au Service Relations Clients du Comic-Con International de San Diego. Vous pouvez trouver les réponses aux questions fréquentes sur le FAQ de notre site. Si toutefois votre question n'y figurait pas, il y a un formulaire de contact permettant un échange rapide et efficace avec nos conseillers clientèle.

– Je... Je n'ai pas accès à Internet.

La jeune femme s'écarta lentement de son bureau pour croiser le regard inquisiteur de Brandon.

– Dans ce cas, que puis-je faire pour vous, madame ?

– Je souhaiterais réserver une place pour mon fils le samedi, pour la compétition de costumes Farrell Cosma *en présence de Jake Longfield. S'il vous plaît.*

Un vacarme désagréable enveloppait la voix à l'autre bout du fil. Stephanie s'en fit un prétexte pour prier son interlocutrice de répéter. En réalité, elle avait très bien entendu. Seulement, si elle n'avait pas été déjà assise sur son cul, elle serait tombée franchement dessus. La dame répéta.

– Vous voudriez inscrire votre fils à la compétition de cosplay *Farrell Cosma* ?

– De costumes. Cosplay. Oui.

– Celle pour enfants ?

– Oui.

– Celle en présence de Jake Longfield ?

– C'est ça.

Brandon se pencha par-dessus son accoudoir, bouche bée. Un seul regard fut échangé, une seule seconde pendant laquelle la décision scandaleuse mais hélas jouissive fut prise de mettre la cliente sur haut-parleur. Brandon fit rouler son fauteuil jusqu'au poste de Stephanie, attrapant le bol de bonbons au vol, installé comme le cinéphile du dimanche sur son siège rouge, pop-corn XXL coincé entre les genoux.

Stephanie prit tout son temps pour choisir trois bonbons – un de chaque couleur – et les enfourner avant de répondre.

– Moi aussi, je rêve de m'y inscrire. Je rêve aussi qu'un nain extraterrestre vert avec des grandes oreilles soit Président des États-Unis, mais les rêves sont des rêves, ma belle. Si on les réalise, on ne peut plus les appeler "rêves".

– J'ai de l'argent.

Brandon et Stephanie haussèrent les sourcils de concert. Pas la première, et sûrement pas la dernière fois qu'on tentait de les soudoyer. La rumeur voulait que certains collègues se soient déjà laissés corrompre ; pas elle. Et puis, quelqu'un qui leur faisait miroiter des billets verts tout en prétendant ne pas avoir accès à Internet ?

– Mais ce n'est pas une question d'argent, Madame. Les inscriptions sont fermées depuis des lustres. Elle ont ouvert, quoi ? Le dix-sept, dix-huit mars. En moins de deux minutes, terminé. Et bien sûr, les candidatures n'étaient ouvertes qu'aux enfants dotés de leurs badges.

– Oh... Mais mon fils est un grand fan des films et de Jake. C'est un bon garçon, il a de bonnes notes, il... Il ne fait jamais rien de mal...

L'archet était aiguisé. Les premières larmes des violons couinèrent dans les oreilles de Stephanie. Manque de chance, la jeune femme n'avait pas l'oreille musicale.

– Voici ce que vous devriez faire. Assurez-vous d'arriver très, très tôt dans la salle pour avoir une place au premier rang du public. Mettez votre fils en costume, asseyez-le sur la barrière. Qui sait, il pourrait se faire remarquer.

Il faudrait au fils de cette dame plus qu'une intervention divine pour que Jake Longfield le remarque dans la foule. Le bruit de la mine d'un Biro grattant une feuille avait envahi l'espace sonore dans le combiné. La mère notait assidûment les instructions qu'on venait de lui donner.

– D'accord. Comment je réserve les billets pour assister à la compétition ?

Le bonbon que Stephanie avalait à cet instant passa par le mauvais trou. Le rire qu'elle tenta piteusement de retenir envoya la fève de gélatine lui tracasser l'épiglotte. Une quinte de toux repoussa le bonbon qui menaçait de l'étouffer dans le tuyau adéquat et camoufla ses ricanements.

– Vous êtes en train de me dire que vous n'avez pas réservé vos badges ?

– On peut le faire maintenant, non ?

Brandon se mit à faire lentement le tour de leur box, dos arqué, poignets tordus sur les hanches et coudes battants, mimant le caquetage d'une poule à la recherche de grain. Stephanie perdit un peu de son sang-froid. Elle pleurait – de rire.

– Madame, ça fait des mois que tous les badges ont été vendus. Nous annonçons leur mise en vente chaque année sur notre site et sur notre page Facebook. Ils sont généralement épuisés en quelques jours. Vous ne nous suivez pas sur Faceb... Ah non, forcément. Vous n'avez pas Internet.

Son fou-rire repartit de plus belle, retenu dans sa poitrine pendant que Brandon, toujours en mode gallinacé, picorait la souris de son ordinateur.

– Pensez à prendre un abonnement ADSL pour quand les ventes de l'année prochaine seront annoncées. Vous n'aurez qu'à nous googler. Vous savez comment faire une recherche Google ? Impeccable. Passez une bonne journée, madame !

– Attendez, ne raccrochez pas. S'il vous plaît.

D'ordinaire, c'était ce que Stephanie aurait fait, avant de laisser libre cours à son hilarité. Néanmoins, quelque chose dans la voix de la cliente l'empêcha de reposer le combiné. La même chose qui lui passa soudainement toute envie de rire. La même chose qui calma également Brandon et le fit se rasseoir brusquement sur son siège.

Des larmes. Et pas les grotesques et capricieuses larmes de crocodile qu'ils avaient pour habitude d'entendre lors de ce genre d'appels.

– Stephanie, écoutez... Je peux vous appeler Stephanie ? Mon fils est malade. En phase terminale.

Il y eut un moment de silence. Pour la première fois, Brandon lui lança un regard de reproche, auquel elle ne put répondre que par un mouvement impuissant des bras. Les Trekkies, ces hypocrites. Comment aurait-elle pu deviner ?

– Quand vous dites "en phase terminale"... commença-t-elle.

– Je veux dire qu'il va bientôt mourir, oui.

Brandon regagna son poste de travail et fixa obstinément son écran d'ordinateur des yeux, indiquant que le partage de la conversation était terminé. Stephanie désactiva le haut-parleur.

– Je ne sais pas quoi vous dire... De quoi souffre-t-il ?

– Une leucémie. Une forme foudroyante, presque toujours mortelle.

Stephanie s'affala dans son fauteuil.

– *Tout ce que je voulais*, continuait la dame au téléphone, *c'était lui offrir une dernière journée... Une dernière belle journée, vous comprenez. Jake Longfield est son héros. Enfin... Je ne suis même pas certaine qu'il tiendra jusqu'au Comic-Con.*

Stephanie pleurait de nouveau. Elle pleurait beaucoup.

Elle pleurait parce qu'elle pensait à ce petit garçon qui s'accrochait peut-être à ce dernier espoir, celui de décrocher l'opportunité de rencontrer son idole avant la fin. Réaliser un rêve avant la fin. Ce ne serait alors plus un rêve. Ce serait un souvenir, à chérir et emporter avec lui, l'heure venue.

– Je suis navrée de vous avoir importunée. Bonne journée, Stephanie.

– Attendez, ne raccrochez pas. Je ne veux rien vous promettre, d'accord ? Mais j'ai... Disons qu'il y a quelques ficelles sur lesquelles je peux tirer. Donnez-moi votre nom et le numéro auquel je peux vous joindre. J'y travaille et je vous rappelle dès que possible.

L'avalanche de remerciements qui suivit la laissa totalement groggy. Après avoir raccroché, elle vida dans un mouchoir toute la morve d'émotion qui l'encombrait et, par réflexe, tendit la main vers le bol de bonbons. Vide.

Avec un soupir, elle décrocha à nouveau son téléphone. Elle espérait seulement ne pas vivre assez longtemps pour regretter ce qu'elle s'apprêtait à faire.

Taisha.

Taisha raccrocha. Ses heures de travail étaient le seul moment où Quint n'était pas dans ses pattes, et il ne fallait pas gâcher la surprise.

La surprise. Ne pas s'emballer. Il lui démangeait de battre des mains comme une petite fille ou de lever les bras, poings fermés en signe de victoire. Peut-être n'était-elle pas totalement étrangère aux talents de Quint pour la comédie. Si cela pouvait réaliser le rêve de son fils, elle était prête à le faire passer pour mort.

Quint n'avait absolument aucune idée de ce qui se tramait dans son dos. Tout s'était joué à quelques secondes près, la veille au soir, quand elle l'avait trouvé de nouveau attablé devant la vidéo du *Ellen Show* alors qu'elle l'avait appelé à la porte pour voir son père.

– Non mais oh ! *Ground control* à Quint ! Et les devoirs ?

– Jjjje ne veux p-----as le voir.

– Je ne te demande pas ton avis, Quint. Dépêche-toi.

Le garçon avait obéi, parce qu'il finissait toujours par faire ce qu'on lui demandait de faire. À la moindre bousculade, au moindre cri, il se réfugiait dans une forteresse imprenable, mais il suffisait de le prendre par la douceur et il allait de l'avant. Comme un chien gentil et naïf, qui aurait tellement confiance en son maître qu'il demeurerait assis sur les rails du chemin de fer si on lui en donnait l'ordre. Quand bien même le sifflement du train se ferait entendre au loin.

Elle s'était demandé quelle sorte de train allait lui passer dessus par sa faute. Mais elle n'avait pas le choix, faute de quoi Sayon n'aurait aucun scrupule à cesser de lui fournir les sommes qui lui permettaient de boucler ses fins de mois difficiles. Elle s'était penchée sur l'ordinateur pour mettre l'émission en pause. Quint ne voudrait pas perdre une miette du show, et elle préférait pouvoir confortablement écouter ce qui se disait sur le seuil de l'appartement.

Un mot sortant de la bouche d'Ellen l'avait stoppée net.

– *... Comic-Con de San Diego à la fin du mois de juillet. Et ce n'est pas une question.*

– *Comment tu sais ça ?* avait demandé Longfield d'un ton faussement scandalisé.

– *Oh, tu sais. Moi aussi, j'ai mes petites astuces.*

Rires des spectateurs. Taisha les avait imités avec ironie.

– Très impressionnant, Ellen. Oui, j'y serai le troisième jour. Il va se passer plein de trucs, alors j'espère que vous avez bien réservé vos badges.

Taisha s'était collée à l'écran.

– Tu nous mets en appétit maintenant, vilain !

– C'est moi qui ai été mis en appétit, en fait. J'ai... entendu dire... qu'il s'organise un concours pour enfants, pour le meilleur cosplay de Farrell Cosma du monde. Et le gagnant aura l'occasion de passer le reste de la journée à profiter du Comic-Con avec votre serviteur.

Exclamations enjouées des spectateurs.

– Incroyable récompense ! Maintenant, moi qui te connais un peu, je me demande vraiment comment tu vas pouvoir choisir entre ces jeunes fans. Tu ne vas pas arriver à choisir.

– Tu sais comment ça va se finir. Je vais me désigner comme le meilleur cosplayeur de Farrell et passer la journée seul avec moi-même. Le bonheur. Ça c'est de la récompense, bon Dieu.

Rires des spectateurs.

Taisha avait appuyé sur pause. Elle entendait les voix de Sayon et Quint, mais ne parvenait pas à les écouter.

Elle et son fils, ils n'étaient rien. Pour eux, la convention de pop culture de San Diego aurait tout aussi bien pu se dérouler sur la Station Spatiale Internationale. Elle n'avait jamais eu les moyens d'emmener Quint en vacances plus loin que Bainsbridge Island, de l'autre côté de la baie. Elle-même n'avait jamais quitté sa ville natale. San Diego... L'argent pour prendre des billets d'avion aller-retour, puis l'hôtel, la nourriture, sans compter les tickets pour le festival... Non, c'était déraisonnable.

Taisha avait contemplé l'écran figé de la vidéo, et Jake Longfield immobilisé dans un rire charmant. Elle comprenait pourquoi Quint l'aimait tant. Il avait tout pour lui : la jeune quarantaine lui donnait un caractère indéniable sur le plan physique, que complétaient le style, la sympathie, le rire facile, la repartie du tac-au-tac, de l'esprit qui se percevait derrière chaque mot qu'il prononçait. Sans compter son talent indiscuté par ses pairs et déjà plusieurs fois récompensé par les plus hautes instances du cinéma.

Taisha devait admettre qu'elle était profondément tentée de l'aimer aussi. Seul un petit diable sur son épaule, ou un ange, qui pouvait savoir, osait protester contre cet abandon trop simple à la tentation. Cette petite voix lui répétait qu'à cause de Jake Longfield, Quint voulait être acteur.

Quint était un gamin tellement intelligent. S'il continuait à s'appliquer dans sa scolarité, il pouvait obtenir une bourse pour faire des études supérieures. Il serait le premier de sa famille. Elle serait si fière de montrer à sa mère qu'elle l'avait élevé comme il fallait. C'était son rêve.

Mais ce n'était pas le rêve de Quint. Et acteur ? Acteur à Hollywood ? Son fils était plutôt doué, peut-être, mais être doué ne suffisait pas. Combien d'appelés pour combien d'élus ? Combien d'espoirs brisés ? De vies éparpillées ?

Tous ses arguments étaient cependant balayés par ce constat implacable : Quint aimait tant Jake Longfield. Quel droit possédait-elle de le priver de son rêve, parce qu'elle priait en secret pour qu'il suive le parcours qu'elle n'avait pas réussi à emprunter ? Devait-elle lui faire payer le prix de son échec ?

Elle avait alors repensé au gros paquet de dollars avec lequel Sayon l'avait narguée.

Le soir même, elle avait fait ses recherches et compté l'argent sale. Il y avait de quoi payer deux allers-retours en avion. S'ils se contentaient d'un motel miteux et se restreignaient sur les repas, l'achat de deux badges devenait envisageable... Mais la totalité des badges avait déjà été vendue, et les candidatures pour le concours de cosplay étaient closes depuis des mois.

Elle avait failli abandonner.

Et puis non. Elle était déjà allée trop loin pour revenir en arrière.

Dès le lendemain matin, elle était partie déposer l'argent puis, sitôt à son poste, avait commandé les billets d'avion. Voilà, elle était engagée. Il n'y avait plus qu'à passer ce coup de téléphone au Service Clients, jouer son mélodrame tire-larmes, parler monnaie si besoin se présentait... Et bingo.

Tant pis pour son découvert.

Stephanie.

Fin juillet, la touffeur s'installait dès l'aube dans le sud californien. Assise dans un fauteuil roulant, Stephanie s'était placée au bord des gigantesques marches blanches à l'extérieur du San Diego Convention Center. De là, elle avait vue sur les escaliers surpeuplés et sur l'ascenseur incliné, également pris d'assaut. C'était par là que Taisha Rogers et Quinton, son gamin cancéreux, devaient arriver, à condition de se frayer un chemin dans la foule des mufles que la galère d'un pauvre enfant chauve et maigre n'ébranlerait même pas.

Comme chaque année, on assistait samedi à une affluence colossale. Stephanie espérait que le fauteuil – qu'elle destinait à Quint et non à elle-même, évidemment – et surtout, la pancarte qu'elle tenait à bout de bras depuis une demi-heure suffirait à ce qu'ils se retrouvent.

S'ils se montraient.

– Allez, murmura-t-elle entre ses dents, pousse ta perf' un peu plus vite, le mourant.

Accordant une pause bien méritée à son épaule, elle vérifia l'heure sur son portable et jura. Le show débutait à neuf heures et demie. Ils avaient dévoré leur quart d'heure de confort et entamaient désormais confortablement les minutes de retard pas confort du tout. Mrs Rogers et elle avaient pourtant mis au point un itinéraire au timing millimétré.

Stephanie devait être présente à une exposition à neuf heures quarante, un kilomètre plus loin. Elle envisageait sérieusement de les laisser tomber malgré toute l'énergie gaspillée, quand un jeune garçon noir parvint en courant au sommet des escaliers, affublé d'un piètre costume de Farrell Cosma. Pour tout uniforme d'infiltration, il portait une combinaison gris foncé en plastique brûlant qui, bien que trop ample pour lui, allait le faire cuire sous les spots, sans parler de ses gants en Skaï. Les fameuses lunettes de Cosma, le sel même du personnage, c'était une paire fantaisie dépourvue de verres aux branches scotchées au-dessus de ses oreilles. Une plaque de faux pectoraux et abdominaux était scratchée dans son dos et soutenait les pochons censément remplis de grenades et de gadgets plus sophistiqués les uns que les autres. En guise de gadgets se trouvaient un porte-clé lampe de poche et deux stylos. Il avait bien la ceinture avec le holster, mais il manquait le pistolet ; les armes, réelles ou factices, ne faisaient pas bon ménage avec un voyage aérien. En repérant sa pancarte, le petit garçon agita vigoureusement les bras dans sa direction.

Très vigoureusement.

Pour un leucémique, il supportait plutôt bien la chaleur et l'effort.

Derrière lui apparut quelques instants plus tard une jeune femme à la robe trempée de sueur, trébuchant dans des escarpins qui devaient lui faire souffrir le martyre. Stephanie comprit immédiatement où s'étaient évaporés le quart d'heure de confort et les minutes qui l'avaient suivi. Quint – ce devait être lui, malgré son bon teint, son allure énergique et son crâne seulement rasé deux ou trois jours auparavant – haussa les épaules en l'abordant.

– Désolé. Je lui avais dit de prendre des chaussures plates, mais elle n'a pas voulu m'écouter.

Ouch. Le bégaiement du petit était encore plus corsé que ce que sa mère avait laissé imaginer. Sa parole était aussi lente et hachée que le pas de Taisha à l'heure actuelle. Cette dernière les rejoignit enfin, préservant ce qui lui restait de dignité ; chaque enjambée engendrait une grimace de douleur. Taisha devait bien avoir conscience de ce qu'elle faisait quand elle s'était décidée pour des escarpins. Elle avait fait ce choix parce qu'elle ne voulait pas apparaître en short et baskets devant Jake Longfield. Quint, bien sûr, n'était pas au courant de tout ça. Tout ce qu'il savait, c'était qu'il participait à un concours de cosplay.

– Le condamné que j'étais censée accueillir, c'était le gosse, grommela Stephanie. Pas la mère.

Taisha eut un sourire désolé.

– Une rémission inattendue, Dieu le bénisse.

– Oh, Il le bénit, de toute évidence.

Stephanie quitta le fauteuil roulant. Trop tard pour reculer désormais. Il lui avait suffi de les regarder, Quint et son déguisement à peine digne d'une fête d'anniversaire et son sourire trop éclatant même pour une publicité pour dentifrice, Taisha et ses pieds tuméfiés, sa nervosité contagieuse. Quint n'avait aucune chance de gagner, certes. Mais ils n'avaient pas fait tout ce chemin pour ne pas essayer.

– Il est neuf heures vingt-neuf, mais ils ne démarrent jamais à l'heure. On va y arriver. Mrs Rogers, assise.

L'intéressée ne semblait pas emballée par l'idée.

– Je ne veux pas faire ça. Ce ne serait pas respectueux des personnes handicapées.

– Croyez-moi, ici avec ces tatanes, vous êtes handicapée. Posez votre cul là-dedans, où j'y mets Quint et on y va sans vous.

Embarrassée, Taisha posa ses fesses au bord du siège. Sans ménagement, Stephanie la souleva par les épaules et la tira jusqu'à lui plaquer le dos au fauteuil. Puis elle adressa un clin d'œil à Quint.

– Attention, prêts, partez.

C'était fou, l'effet qu'un fauteuil roulant pouvait avoir sur les foules.

Les gens en meute dans les files d'attente reflétaient le pire de l'humanité. Et que ça se poussait, et que ça tentait de gruger, et que ça vous marchait sur les pieds et que ça ne disait pas pardon. Et des files d'attentes au Comic-Con, il n'y avait que ça. Dans chaque hall, chaque salle d'exposition, des gens attendaient leur place, leur photo, leur autographe, leur carte papier du Convention Center où étaient indiquées les toilettes les plus proches, leur babiole sonore ou lumineuse ou les deux. Et ce qu'ils étaient venus chercher, ils ne repartiraient pas sans. Ils devenaient des loups, prompts à sauter à la gorge du moindre quidam qui se placerait sur leur chemin.

À condition qu'il soit sur deux jambes.

Il suffisait que Stephanie donne de la voix et les entassements de créatures grossières et avides se fendaient dans leur largeur pour les laisser passer. La civilité resurgissait-elle vraiment chez les monstres ? Ou était-ce simplement l'effet de son fauteuil qui, lancé à pleine vitesse, leur faisait craindre de se retrouver assis pour toujours dans un siège similaire ? Stephanie penchait sérieusement pour la deuxième solution et n'hésitait pas à rouler sur les pieds de ceux qui ne s'écartaient pas assez vite à son goût.

Si Stephanie n'était pas une Marveleuse, elle était définitivement une *Avenger.*

Entre chaque file d'attente se profilait une course d'obstacles aussi trépidante qu'un parc d'attractions. Stephanie fonçait comme une dératée, Taisha recroquevillée dans l'attente du choc qui arriverait tôt ou tard, Quint gardant facilement le rythme à côté d'elles. Ensemble, ils louvoyaient entre les gens qui allaient dans une direction, ceux qui allaient dans la direction opposée, ceux qui allaient dans le même sens qu'eux et ceux qui allaient à contre-courant, ceux qui ne savaient pas où aller mais marchaient quand même, ceux qui s'étaient arrêtés pour chercher les toilettes les plus proches sur la carte papier, ceux qui étaient engagés dans un combat de sabres laser, ceux qui vénéraient une alliance transformée en Maître Anneau et tant d'autres encore.

Lorsqu'enfin ils firent leur entrée fracassante dans la salle du concours, Stephanie riait autant que Quint et sa mère, et se dit qu'elle venait de vivre ses trois meilleures minutes de Comic-Con depuis qu'elle fréquentait le Comic-Con.

Leurs gloussements s'éteignirent rapidement à la vue de ce que Quint et Taisha allaient devoir affronter. Le Hall H. Six mille personnes surexcitées se pressaient devant une scène encore plongée dans l'ombre, bloquées par des barrières que surveillaient des armoires à glace.

Quint, bouche bée, avait pâli.

Il était temps pour Stephanie de faire son boulot, celui pour lequel elle n'avait pas été payée. Sans laisser l'occasion à Quint de se dégonfler, elle exhiba son badge de salariée pour l'un des agents qui gardaient l'entrée. Ce dernier, silencieux et efficace, y jeta un bref coup d'œil, visa ceux que Taisha et Quint avaient au cou – et que Stephanie avait volés – et omit avec indulgence la fouille au détecteur de métaux.

– Dépêche, lui dit-il simplement. On ferme dans deux minutes.

Elle fit signe à Quint et poussa Taisha dans le corridor réservé au personnel, sur le côté de la fosse.

– Pourquoi il y a autant de monde ? bégaya le garçon en trottant à côté du fauteuil. C'est juste un concours de cosplay, non ?

– Oui, mais c'est un concours de cosplay au Comic-Con, répondit Taisha. Ne te laisse pas impressionner, ma puce. Rappelle-toi ce dont on a parlé. Tu es fort.

Stephanie dégoulinait désormais de sueur alors que Taisha avait séché. Ils laissèrent leur fauteuil leurre au bas des escaliers menant aux coulisses. Parmi la dizaine de techniciens qui s'affairaient encore, elle aperçut celui dont elle avait besoin, le régisseur en chef, Barnaby. Un grand dadais à la calvitie précoce, une tête de bouledogue mais un bon fond. Ils avaient couché ensemble une fois. Pas un souvenir impérissable, mais ils avaient conservé une relation cordiale, assez pour que Barnaby consente à mettre, lui aussi, son job sur la sellette.

Stephanie porta deux doigts à sa bouche et siffla. Jetant des regards de tous côtés, comme un espion infiltré qui risquait à tout moment de se faire démasquer, il vint jusqu'à eux et accorda un coup d'œil à Taisha et Quint. Stephanie vit dans son regard tout le bien qu'il pensait du costume du garçon, mais il eut la décence de ne pas demander "Tout ça pour ça ?". À la place, il marmonna :

– Vous avez ce qu'il faut ?

Taisha sembla se souvenir de quelque chose et sortit une liasse de billets de sa bourse qu'elle tendit à Barnaby. Celui-ci les empocha à toute vitesse avec de gros yeux.

– Bon sang, agitez-les au-dessus de votre tête pendant que vous y êtes. Il y a le compte ?

– Le compte exact, intervint Stephanie. Tu peux vérifier.

– C'est bon. C'est comme j'ai dit. La moitié pour l'animateur, l'autre pour moi.

Il les défia du regard tour à tour. Quand il fut bien attesté que personne ne lui contestait sa part dans le deal, il repartit d'où il était venu en s'adressant aux invités impromptus.

– Vous deux, avec moi.

Ses grandes enjambées l'éloignèrent rapidement, obligeant Taisha et Quint à se contenter d'un signe de la main vers Stephanie, qu'elle leur rendit. Elle s'apprêtait à redescendre les escaliers quand elle aperçut Quint faire demi-tour en courant. Il l'étreignit, si brièvement qu'elle n'eut pas le temps de réagir, puis força l'allure pour rattraper sa mère et Barnaby.

Stephanie cligna des yeux, à cause de la poussière.

Elle avait fait son job. Celui pour lequel elle n'était pas payée. Elle était super en retard. Et en redescendant les escaliers, elle songea qu'elle boirait bien un godet de Coca ce matin, plutôt qu'un smoothie à la spiruline.

4

Le meilleur super-espion

Quint.

Une énième file d'attente s'étirait derrière le rideau noir qui les séparait de la scène. Celle-ci se composait uniquement d'enfants et d'adolescents et Quint n'avait pas envie de les compter : ils étaient trop nombreux et avaient placé la barre bien trop haut pour lui.

Comme les milliers de personnes du public. Il était incapable d'estimer leur nombre, mais c'était beaucoup trop.

Et puis il y avait eu cet échange d'argent entre sa mère et le régisseur. Quel avait été son sacrifice pour lui obtenir une place à ce concours ? Il comprenait désormais qu'il n'était pas censé être là mais que d'une manière ou d'une autre, sa mère avait fait en sorte qu'il le soit. Cette idée le terrorisait. Alors quand on eut demandé à Taisha de quitter les coulisses pour rejoindre le public et qu'elle saisit ses mains gantées entre les siennes, il secoua résolument la tête.

– Je ne veux plus le faire, Maman. Va reprendre tes sous et on s'en va, d'accord ?

– Depuis quand un super-espion recule devant la mission qui lui a été confiée ?

Quint retira brusquement ses mains de son étreinte.

– Arrête. C'est des bêtises, tout ça. Ce n'est pas important. Et tu as vu le nombre de gens ? Je n'ai pas peur, mais... Si, j'ai peur. Allez, on rentre.

Taisha le contempla. Finalement, elle reprit délicatement ses mains et les serra.

– Tu dois participer à cette compétition, Quint, jusqu'au bout. Ce n'est pas un concours de cosplay comme les autres.

Mais les mains d'un technicien anonyme s'abattirent sur elle et les arrachèrent l'un à l'autre. Quint adressa un regard suppliant à sa mère qu'on éloignait de force. Elle cria :

– Il est là, Quint ! Je t'aime !

Le petit garçon s'accrocha aux yeux étincelants de sa mère jusqu'à ce qu'elle disparaisse dans les escaliers. Son cœur battait toujours la chamade, mais plus pour les mêmes raisons. Se pouvait-il qu'il ait mal compris ? Qu'il ait compris seulement ce qu'il espérait entendre ?

Non loin de là, le chef régisseur tenait une conversation animée avec un vieux beau : cheveux blonds gominés et peignés en arrière, maquillage – trop de maquillage – et costume tiré à quatre épingles, de même que son visage. Il brandissait agressivement de petites fiches cartonnées sous le nez de Barnaby.

– Je n'ai rien sur ce gamin. De quoi je vais avoir l'air ? D'un pignouf, d'un guignol, d'un incompétent. Il reste en coulisses.

– Il va sur scène, comme les autres, rétorqua le chef régisseur d'un ton qui ne souffrait pas de protestation. Seize mômes au lieu de quinze, c'est tout. Si tu es aussi professionnel que tu le prétends, tout se passera bien.

– Enfin, regarde-le. Tu ne vas pas me faire croire que c'est le fils de *quelqu'un*.

Barnaby glissa discrètement un paquet de billets dans la poche du pantalon de l'animateur.

– Puisque je te le dis. Et ce quelqu'un ne te laisse pas le choix.

Quelque part, une autre voix hurla "Lumières dans trente secondes !", et le chef régisseur laissa l'animateur planté là sans lui donner le temps de répliquer. Ce dernier fixa Quint du regard avec une animosité qu'il ne tentait même pas de cacher. Puis il tâta les billets dans sa poche, et cela parut suffisant pour mettre son hostilité en veilleuse. Quint le regarda remonter la file et préparer son entrée en scène. Une voix féminine enthousiaste s'éleva dans des haut-parleurs qui crachèrent un larsen inconfortable.

– Mesdames et messieurs et chers enfants, je vous demande de bien vouloir réserver un accueil chaleureux à... Christopher F. Ross !!!

L'animateur accourut de l'autre côté du rideau sous les applaudissements épars du public. Quelqu'un savait-il vraiment qui il était ? Un ancien acteur secondaire d'une série B de science-fiction, frustré d'être tombé dans l'oubli, qui gagnait sa vie en intervenant dans ce genre de congrès et n'avait toujours pas intégré la notion d'humilité malgré tout. Quint ne le voyait plus, mais il continuait de l'entendre, et sa présentation était longue. Très longue. Trop longue. Le pouls de Quint commençait même à ralentir quand soudain, l'un des autres cosplayeurs s'exclama, hystérique :

– C'est Jake !

Tout aussitôt, la file se délita en un tas informe de jeunes qui se bousculaient pour tenter de rejoindre leur idole, empêchés en cela par un cordon de régisseurs blasés.

Bon dernier de la colonne, Quint n'avait pas réussi à se faufiler dans leur attroupement et comme toujours, les plus grands et les plus costauds s'étaient imposés au premier rang. Il n'eut pas l'occasion d'avoir ne serait-ce qu'un aperçu de silhouette. Mais les autres, ceux devant, faisaient des signes et appelaient...

Peut-être avaient-ils engagé un sosie pour amuser la galerie.

Les techniciens se bagarrèrent un moment avec les enfants pour les replacer en file. La candidate devant Quint, une fille blonde dans les douze ans, le jaugea des pieds à la tête.

– Tu es au courant que Farrell Cosma n'est pas noir ?

– Tu es au courant que Farrell Cosma n'est pas une fille, connasse ?

Il demanda pardon intérieurement à sa mère pour la grossièreté, mais au moins c'eut le mérite de la faire taire. Elle avait raison, toutefois. C'était encore un point contre lui.

Enfin, Christopher Ross hurla quelque chose d'intéressant dans son micro.

– Il est là, il est venu, il a pris sa journée rien que pour nous et pour ces enfants qui rêvaient de le rencontrer... Il sera le seul juré de cette compétition... Je vous demande de donner tout ce que vous avez pour l'un des meilleurs acteurs de sa génération, le seul et l'unique Farrell Cosma, le plus démentiel des démentiels... JAKE Longfield !

Un véritable délire là-dehors. Le cœur de Quint repartit comme les tambours d'une fanfare militaire.

– Allez vous installer, Jake, je vous en prie. À présent, mesdames et messieurs, parce que ce n'est pas un exercice facile pour eux, je vous demande d'offrir la même ovation à nos qu... seize candidats au meilleur cosplay de Farrell Cosma !

Sous un nouveau raz-de-marée d'applaudissements, le chef régisseur tapa sur l'épaule du premier participant et l'envoya sur la gauche de la scène. Et le deuxième... La troisième... Le huitième s'arrêta au beau milieu de la scène, le neuvième fut envoyé vers la droite... le dixième... le onzième... La quinzième.

Le chef régisseur tapa sur l'épaule de Quint.

– Tout au bout à droite. *Go* !

Quint émergea de derrière le rideau. Les projecteurs l'éblouirent entièrement, il marcha à l'aveuglette, noyé dans le blanc. De ses concurrents, il ne percevait plus que des silhouettes plus sombres, il s'arrêta en bout de scène et se tourna vers l'audience.

Il ne voyait rien, ni le public, ni le présentateur, ni Jake. Seulement un grand halo blafard qui faisait pleurer ses yeux. Sous la chaleur des spots, sa température grimpait à des sommets jamais atteints. Il y avait toute l'eau salée de la baie de Seattle entre sa peau et sa combinaison collante.

– Attendez une minute, Chris. Vous êtes en train de me dire que je dois choisir un gagnant parmi ces seize incroyables cosplayeurs ?

Quint étira le cou vers l'autre bout de la scène. Cette fois, il en était certain. Il avait reconnu sa voix. Ses genoux en tremblaient d'émotion. Là-bas, il distinguait quelqu'un assis douillettement dans un fauteuil rouge, et deux autres personnes qui l'encadraient. Sa vue revenait progressivement. Il n'avait qu'une hâte, voir son visage.

– C'est bien la règle de notre jeu aujourd'hui, Jake.

– La règle, la règle. Laissez tomber. Je prends les seize avec moi et on passe la journée ensemble, ça roule ? On emmerde les règles.

Des acclamations enjouées montèrent depuis la fosse. Ross lâcha un éclat de rire aussi fugazi que les lunettes de Quint.

– Je voudrais bien, Jake. Laissez-moi donc vous expliquer, ainsi qu'à notre public, ce qui va se dérouler à présent.

Quint percevait à présent les traits de Christopher Ross, de la jeune femme en tailleur d'environ vingt-cinq ans qui se tenait à côté du fauteuil, micro en main, et ceux de Jake. C'était bien lui, qui se levait soudain sans demander l'avis du maître de cérémonie. Il abordait maintenant chaque participant pour lui serrer la main avec chaleur et échanger quelques mots. Pris au dépourvu, Ross continua à réciter le discours qu'il avait appris par cœur.

– Nous aurons l'occasion d'échanger avec chaque candidat pendant quelques minutes. Chacun de ces démentiels jeunes Farrell Cosma aura toute liberté pour vous convaincre qu'il est le meilleur d'entre eux...

Jake approchait. Le huitième... Le onzième... La quinzième...

– ... Puis vous, Jake, aurez l'occasion de donner votre avis sur leur performance. On commence ?... Quand vous voulez.

Quint avait les yeux rivés au sol quand des chaussures noires au vernis impeccable apparurent dans son champ de vision. Son cœur était désormais près de bondir hors de sa gorge, il se sentait prêt à le vomir là, aux pieds de Jake. Mais il leva la tête.

Le visage de Jake était auréolé par les projecteurs, son sourire éclatant, son regard rassurant. L'acteur descendit à son niveau, posant un genou en terre devant lui comme un vassal devant son souverain, et enveloppa sa main gantée de noir dans la sienne, blanche, propre, parfaitement manucurée. Décharge électrique. Le courant passait, littéralement.

Ne pas vomir.

– Salut, mon pote.

Jamais ces trois mots n'avaient été prononcés avec autant de gentillesse et d'enthousiasme pour lui. Le garçon eut l'impression qu'il venait d'être béni par un pasteur exalté comme on en voyait dans les films. Et comme dans les films où le fidèle s'ouvrait enfin à la présence de Jésus, Quint fut subjugué, bouchée bée, yeux élargis, incapable de sortir le moindre mot. Jake rit doucement et serra son épaule avant de se relever.

Quint paniqua. Il avait distinctement entendu Jake souhaiter bonne chance aux participants avant lui. Pourquoi pas lui ? Pourquoi son Dieu lui retirait-il finalement sa miséricorde ? Cette fois, les mots lui vinrent si vite qu'ils se bousculèrent dans sa bouche et tombèrent de ses lèvres dans tous les sens, tirés vers le bas par la peur, si bien que son bégaiement passa à ses propres oreilles pour un simple bredouillement terrifié.

– Vousne sousouhaitezpaboooonne chance ?

Jake se retourna rapidement vers lui.

– J'ai l'intuition que tu n'es pas du genre à te reposer sur la chance.

Le clin d'œil que l'acteur lui adressa, de derrière ses mythiques lunettes légèrement teintées, valait plus que tous les encouragements du monde.
Jake se réinstalla dans son fauteuil rouge. Jambes élégamment croisées en équerre, doigts entremêlés sur son genou, il fit comprendre à Ross que dans sa grande magnanimité, il lui rendait le leadership.
– Démentielle ! Et on commence avec un jeune homme qui a visiblement mis tout son cœur à l'ouvrage. Comment t'appelles-tu ?
– Brian.
La suite de la conversation échappa totalement à Quint. Il allait falloir parler et ça, ce n'était pas prévu dans le contrat. Son larynx allait se bloquer, ses lèvres et son menton se crisper jusqu'à déformer son visage. Il ne pourrait prononcer la moindre syllabe. Tout le monde se moquerait de lui, y compris Jake. Ce serait une marche de la honte pour regagner les coulisses, sous les ricanements et les quolibets. On ne serait pas même assez clément pour l'oublier. On se souviendrait de lui comme de l'imbécile qui ne savait pas parler. L'attardé, faible de corps, faible d'esprit, faible, enfin.
Il chercha dans le noir par-delà la barrière immaculée des projecteurs, mais le public n'était qu'une masse obscure. Impossible de distinguer le moindre visage, de savoir si sa mère était là pour le regarder et lui donner de la force. Il se rappela ce qu'elle lui avait dit le soir où Sayon était venu, deux mois auparavant : les failles de Farrell, le bégaiement qu'il devait utiliser comme un moyen de se surpasser. Et là, tout de suite, il avait envie de lui cracher au visage que c'était que des conneries de cinéma. Son bégaiement n'était rien d'autre qu'une tare. Une déficience. Quelque chose qu'il avait en moins, et avec du moins, aucune magie ne fabriquait du plus.
Alors Quint se terra loin, très loin dans sa bulle, attendant son tour comme un condamné au pied du gibet. Plus aucune volonté d'éviter l'inévitable. Ce qu'il pressentait dans ses tripes se déroulait encore et encore dans sa tête, précis, implacable. Il le vivait déjà dans son corps. Des acidités lui brûlaient l'œsophage et lui donnaient mal au cœur et il avait chaud, si chaud qu'il se contentait de guetter le moment où son organisme lâcherait, où il s'évanouirait, s'offrant une fin prématurée à la mascarade. Dans ce cas, on se souviendrait de lui comme du garçon qui avait défailli de trouille, et ce n'était pas franchement mieux.
Il avait perdu la notion du temps, de l'espace, de lui-même. Il n'était plus qu'un jouet électronique sans piles, dans son emballage plastique, attendant qu'on lui fourre une batterie dans le dos pour dévoiler son bug. Et bim, retour à l'usine pour réparation, ou plutôt, envoi direct à la benne pour incinération.
– Et nous arrivons enfin à notre seizième participant, un jeune invité de dernière minute !
Quint ouvrit les yeux et rampa hors de sa cachette intérieure. Ross posa une main paternaliste sur

son épaule et lui sourit de toutes ses dents trop blanches.

– Comment t'appelles-tu, mon garçon ?

Il savait que ça arriverait. Et ce fut parce qu'il le savait que cela arriva.

– Qu-------

Ses cordes vocales se joignirent en un baiser fougueux. Quint comptait toujours la durée de ses blocages dans sa tête, et Ross ne lui laissa que deux misérables secondes avant de l'interrompre, l'autorisant paradoxalement à reprendre son souffle.

– Tout va bien, pas besoin d'être timide. Vas-y, c'est quoi ton prénom ?

Quint essaya encore, comme le gentil garçon qu'il était. La langoureuse étreinte recommença dans sa gorge, ses paupières papillonnèrent, ses yeux se révulsèrent, son menton dansa le flamenco... Cinq interminables secondes, et rien. Rien d'autre que ce [k]. Une vie désamorcée.

Le micro lui fut retiré, Quint respira enfin. Dans la salle régnait à présent un silence pesant. Il n'osait pas regarder du côté de Jake, de crainte d'y voir ce qu'il était persuadé d'y trouver. Pourtant, c'était Jake. Il devait être incapable d'humiliation ou de mépris... sauf envers lui. Même Jake serait en mesure de se moquer, de l'avilir, parce qu'il aurait raison de le faire.

– Soit ce nom est vaiment très compliqué, soit Jake est beaucoup trop démentieeeeel ! Allez.

La note d'impatience agacée dans la voix de Ross n'avait pu échapper à personne. Et Quint recommença, encore. Bloqua, encore. Insista, encore. C'était tout ce qu'il savait faire.

Ses yeux s'étaient révulsés quand il perçut à nouveau le retrait du micro. Son corps se détendit et ses globes oculaires reconnurent l'avant de l'arrière. La jeune femme en tailleur murmurait dans le creux de l'oreille de l'animateur. Ross pâlit sous la couche de ciment Maybelline qui tapissait son visage. Sans un mot à son égard, ils s'éloignèrent d'un pas vif en direction de Jake.

Quint fut laissé seul avec son échec. Les autres participants chuchotaient entre eux. Une rumeur perplexe enflait dans le public. Une conversation animée, hors micro, avait lieu entre les adultes sur scène. Jake semblait en colère. Les yeux de Quint, déjà rougis par la lumière, s'humidifièrent de larmes. Il serra les dents. Elles ne devaient pas couler.

Après une éternité, Ross revint vers Quint et ce dernier se ratatina sur place, déjà prêt à amortir le coup. Ce qu'on apprêtait à lui faire, le pousser en coulisses pour que sa mère vienne le chercher, ce serait pire qu'un poing dans le ventre.

L'animateur s'agenouilla à sa hauteur, et il avait quelque chose dans le regard que Quint ne s'attendait pas à affronter : de la peur.

– Okay, mon garçon, on reprend. Nous t'écoutons, Jake t'écoute...

– Hey, petit.

Quint et Ross se tournèrent comme un seul homme vers Jake, avec la même terreur, mais Jake ne faisait pas peur. Sa posture sur son siège trahissait une envie de se lever qu'il réfrénait péniblement. Le regard à la fois doux et sévère qu'il posait sur Quint était d'une telle intensité que le garçon en fut parcouru d'un frisson sublime.

– C'est à moi que tu vas t'adresser, d'accord ? Tu vas me dire comment tu t'appelles. Je t'écoute. Et j'écouterai le temps qu'il faudra. Même s'il faut que tout le monde parte sauf toi et moi, je t'écouterai. Même s'ils ont besoin de la salle, on restera là, toi et moi, et je t'écouterai. Parce que je voudrais vraiment savoir comment tu t'appelles.

Un deuxième frisson remonta le long de sa colonne vertébrale et fit trembler son crâne. C'était à Jake qu'il parlait. Il ne pouvait pas le décevoir.

– Qu------

Bloqué.

Bloqué.

Ses paupières commencèrent à papillonner. Et à travers leurs convulsions, Quint vit que le regard de Jake n'avait pas cillé une seule fois. Il écoutait.

Ses yeux cessèrent leur manège terrorisé et se verrouillèrent sur ceux de Jake. Son regard était un une insufflation d'air. Respirer. Il allait respirer. D'un moment à l'autre, il allait crever la surface et respirer.

– ---------int.

Quatre secondes. Un large sourire illumina le visage de Jake. Rien que pour ce sourire, Quint répéta, bégayant et heureux.

– Quint. Je m'appelle Quint. Et j'ai neuf ans et demi.

– Quint pour Quinton, c'est ça ? C'est un plaisir de te rencontrer.

Il allait répondre quand Ross s'interposa en riant maladroitement.

– Eh bien, waouh ! Incroyable ! On peut dire que tu es un timide, Quint !

Jake avait rendu sa force à Quint et il n'allait pas laisser Ross gâcher cette opportunité. Sa mère lui avait enseigné des tas de reparties contre ceux qui se moquaient de lui à l'école. Il tira le micro jusqu'à lui ; il allait bégayer dans ce micro et ce crétin n'aurait qu'à attendre qu'il ait terminé.

– Mon bégaiement n'a rien à voir avec la timidité. Il est apparu dans les premières années de ma vie, exactement comme votre étroitesse d'esprit.

Le public éclata soudainement de rire, lui qui tout ce temps était demeuré muré dans un silence inquiet. Tant mieux : il avait maintenant les spectateurs dans sa poche. Il avait dévié les rires de lui à Ross. *Merci, Maman.*

De son côté, Jake avait bondi sur ses pieds en riant et applaudissait.

– Mec, tu t'es fait cramer par un gamin de neuf ans ! Pardon, neuf ans et demi. Je n'ai jamais vu ça.

Ross n'avait pas d'autre choix que de maintenir un sourire de façade, mais la haine brûlait de nouveau là où personne d'autre que Quint ne pouvait la voir.

– Je suppose que je l'ai mérité ! Dis-nous, Quint, avec qui as-tu fabriqué ton costume ?

– Ma maman. Elle est là, quelque part, mais je ne sais pas où.

– Et qu'est-ce qui te fait penser que tu es le meilleur Farrell Cosma ?

Quint fronça le nez. Était-ce une question qui avait été posée à tous les participants ? Il n'y voyait qu'une réponse possible : il pointa Jake du doigt.

– Je ne suis pas le meilleur Farrell, c'est lui.

Des rires éclatèrent encore de l'autre côté des projecteurs. Jake sourit avec modestie.

– Laisse-moi reformuler. En quoi ressembles-tu à Farrell ? Tu as quelque chose de spécial à nous montrer ?

Quint aurait peut-être dû prévoir quelque chose, comme les autres candidats. Une démonstration d'arts martiaux, n'importe quoi. Il n'avait que lui et son costume pourri. Mais maintenant que Jake lui avait offert une bouée d'ancrage, même ça n'avait plus d'importance.

– Je ressemble à Farrell parce que je suis intelligent. Et être intelligent, c'est être fort.

Merci, Maman. Encore. Une seconde de silence : la foule bégayait à son tour. Puis elle applaudit à tout rompre. Les acclamations fusèrent de toutes parts. Jake s'inclina théâtralement dans sa direction et ils ne se lâchèrent plus du regard, jusqu'à ce qu'un nouveau technicien le traîne dans les coulisses. Alors seulement, il réalisa ce qui venait de se passer.

Tout en descendant une bouteille d'eau, Quint ne manqua pas de remarquer la rancune des autres compétiteurs. Ils pensaient tous qu'il venait de leur voler la victoire, presque sans effort.

Concernant le concours, ils avaient objectivement tort.

Mais il avait créé une connexion. La vie lui avait fait le cadeau d'un moment à deux malgré la foule.

En cela, il avait déjà gagné.

Il avait gagné mille fois.

Taisha.

– Excusez-moi, je suis la mère du seizième. Merci. Pardon, je suis la mère du... Merci. Pardon, je suis la... le petit qui leur a mis la pâtée, oui. Merci, c'est très gentil. Pardon...

"Je suis la mère du seizième" constituait désormais le meilleur des laissez-passer.

En revenant des coulisses, Taisha s'était tant bien que mal incrustée dans le public. Elle avait alors beau expliquer qu'elle accompagnait l'un des candidats, on ne lui avait répondu que par des épaules inébranlables, voire des cris d'orfraie lorsqu'elle parvenait à se faufiler dans un interstice et gagner un mètre. Trop loin de la scène, elle avait dû se contenter de la captation caméra, retransmise sur un grand écran. Elle n'avait pu qu'imaginer l'état de Quint lorsqu'il avait réalisé ce qu'on attendait de lui. Elle le visualisait parfaitement, présent mais disparu à l'intérieur. Tordu, ramassé, pâli, comme un pétale fané. Si elle avait su, elle ne lui aurait jamais lancé ce défi.

Lorsque l'image avait rejoint son fils, la réalité avait rejoint sa pensée et Taisha avait failli fermer les yeux. Ça, ou provoquer un scandale pour qu'on laisse Quint tranquille et en un seul morceau. Mais rien de tout ça ne l'aurait aidé. Elle l'avait mis dans ce pétrin ; lui seul pouvait s'en sortir.

Jake Longfield s'était substitué à elle. Quelque chose de fort était passé entre eux, qui avait guéri Quint de sa peur et lui avait redonné assez de contrôle pour conquérir le cœur du public. Taisha l'avait senti tout autour d'elle : le seizième était le bon. Tout le monde avait perçu ce qui avait lié Jake à Quint pendant quelques minutes, des particules si chargées que l'air en aurait crépité. Elle, avec ses banales ondes d'amour, n'avait pu rivaliser.

Maintenant, on la laissait passer. Mieux, certains s'empressaient de lui ouvrir un chemin. Taisha n'était pas sûre de comprendre ce qui se passait, mais en atteignant les barrières qui séparaient le public de la scène, elle était éperonnée par un espoir de dingue. La lumière fut rallumée après une dizaine de minutes, provoquant un remous d'excitation. Elle fut pressée contre la barrière par un mouvement enfiévré. Christopher F. Ross revint, suivi par Jake. Les participants réapparurent sous des applaudissements substantiels, mais l'arrivée de Quint fut célébrée avec engouement. Toutefois, le public n'était pas roi.

Ross remit cérémonieusement le prix du concours à Jake : un pin's en or pur représentant les lunettes légendaires de Farrell Cosma, dont le modèle avait été copié sur les lunettes de Longfield lui-même. L'acteur devait à présent l'épingler sur le bon costume. Jake porta le micro à sa bouche, le poumon de l'audience se gonfla... Puis il abaissa à nouveau le micro et le fit rouler entre ses doigts. Taisha relâcha son souffle avec les autres.

– Vous devez avoir des crampes terribles. Je me permets de maintenir un peu le suspense. Même si je prenais ma pause déjeuner maintenant, vous ne trouveriez pas en vous la volonté de me détester.

Les rires et les applaudissements secouèrent la foule. Jake rit avec eux ; mais attentive, Taisha perçut sur le grand écran que ses yeux brillants ne riaient pas avec le reste de son visage. Ça ne la faisait pas rire non plus : c'était long et elle portait de foutus escarpins.

– La vérité, c'est que je me demandais encore si ma décision est la bonne. Mais elle l'est. Je ne l'ai pas caché, j'ai accepté d'arbitrer ce concours pour faire plaisir à ces seize mômes qui ont tous donné le meilleur d'eux-mêmes. Alors je pense que la première chose à faire, c'est de les applaudir tous très fort, s'il vous plaît. Bravo à vous seize.

Les spectateurs applaudirent docilement, mais les sifflements et les cris de soutien s'étaient ornés d'impatience. Sur scène, les jeunes s'agitaient eux aussi.

– J'ai accepté, continua Jake sur sa lancée, mais j'ai prévenu que je risquais de ne pas pouvoir désigner de vainqueur. Il y a déjà assez de compétition dans ce monde pour que j'en rajoute. Ils méritaient tous de gagner. Mais vous ne serez pas déçus, il y a bien un vainqueur ce matin. Je me suis posé une seule question : pourquoi aime-t-on Farrell Cosma ? Qu'est-ce qui fait qu'on s'attache à lui ? Quelle est son essence ?
Il parcourait la scène de long en large, le regard dans le vague, comme se parlant à lui-même afin de capter l'attention des autres et ne plus la lâcher : talents rhétoriques rodés.
– Est-ce parce qu'il est sympa ? Honnêtement, on trouve des personnages plus aimables que lui. Parce qu'il est beau gosse ? J'en profite pour féliciter nos candidats qui n'ont pas parlé une seule fois de mon physique de rêve et ont réussi à terriblement me vexer.
– T'ES BEAU GOSSE !!! hurla une femme dans le public.
– Merci, rien ne vaut un compliment spontané.
Longfield continua de faire des allers et retours en souriant, pour reprendre la parole quand l'hilarité de son public se fut éteinte.
– Mais ce n'est pas pour ça qu'on l'aime. On aime Farrell Cosma... pour sa bravoure. Non ? Ses ennemis le détruisent de la pire des manières, mais il trouve les ressources en lui pour survivre à sa mutilation et s'élever au-dessus de sa condition humaine. Confronté aux pires obstacles, il regarde sa peur dans les yeux, littéralement, et il la brise. Ma conclusion a donc été sans appel : le meilleur Farrell Cosma ce matin était le Farrell Cosma le plus courageux. Quint, tu remportes le Trophée du Meilleur Cosplay Inside Pictures !
Le hurlement de joie de Taisha se noya dans la masse des acclamations. La poitrine écrasée contre les barrières, toute douleur plantaire oubliée, elle sautilla sur place sans se soucier le moins du monde des talons qu'elle risquait de casser. Le bonheur qu'elle lisait sur les traits de Quint, elle ne l'avait encore jamais vu. Ni sur lui, ni sur personne d'autre dans leur petite vie sans importance.
Des cris se mirent à retentir autour d'elle :
– La mère du seizième ! Où est la mère de Quint ? Hey, la mère de Quint !
Avant même qu'elle ait pu réagir, on la souleva et la fit passer par-dessus la barrière. Inquiets, deux agents de sécurité se précipitèrent vers elle et tentèrent de la repousser dans le public, croyant au début d'un débordement possédé.
– Restez du bon côté, madame, je vous en prie !
Piégée dans cette folie totale, tenue en l'air par des personnes qu'elle ne connaissait pas, poussée d'un côté comme de l'autre, la barrière s'enfonçant douloureusement dans sa hanche, Taisha utilisa le peu de sens qui lui restait pour coller son badge volé sous le nez d'un des gardes.
– Je suis la mère du seizième ! La mère du gagnant.

Le grand type plissa les yeux ; il devait être un peu presbyte. Son badge ne prouvait rien du tout, cela fut pourtant suffisant. Les agents se changèrent en alliés et aidèrent à l'extraire de la foule. Sans même la poser par terre, ils la hissèrent directement les fesses sur scène. Taisha se releva, secouée, vérifia qu'aucune partie de son corps ne manquait... Elle avait perdu l'un de ses escarpins dans l'affaire.

Constatant son désarroi, l'un des agents de sécurité examina le sol autour de lui. La deuxième chaussure tomba de la scène, manquant de peu de son crâne.

Taisha était enfin libre. Ses pieds étaient gonflés, ses orteils comme dix petites saucisses sur le point d'éclater sur un barbecue, mais elle n'avait plus mal. Et si Jake Longfield avait su comprendre son fils, ce n'était pas une paire de pieds nus qui allait lui brûler les yeux. Comme une abeille filant toujours tout droit vers la ruche, elle se hâta vers son fils sans jamais dévier de son chemin. Jake Longfield venait d'épingler le pin's en or sur le déguisement de Quint et lui parlait hors micro. Le sourire du garçon tenait tant du soleil qu'on aurait pu s'y griller les rétines. Puis Quint se précipita dans les bras de son héros. Le cœur de Taisha fit un bond anxieux dans sa poitrine, mais lorsqu'elle parvint enfin à leurs côtés, Jake répondait à l'étreinte avec tellement de gentillesse que ça ne la dérangea pas d'attendre son tour.

Enfin, Quint vint se musser contre elle, les bras verrouillés autour de son cou.

– J'ai gagné, maman. Pourquoi tu pleures ?

– Parce que je suis tellement fière de toi, Quinton. Tellement fière.

Quint s'accrocha un peu plus fermement à elle. Dans son dos, Jake les observait avec curiosité.

– Vous êtes sa mère ?

– Oui, Mr Longfield. Taisha Rogers.

– Appelez-moi Jake. C'est un sacré bonhomme que vous avez là, Taisha.

Elle lui accorda un sourire un poil provocateur en guise de réponse. Oui, c'était un sacré bonhomme qu'elle avait. Et bien que Jake soit la célébrité ici, c'était elle qui avait poussé cette petite merveille dans ce monde autrement si morose. Jake et elle savaient qui d'eux deux méritait les ovations : celle qui tenait maintenant la petite merveille entre ses bras.

Jake s'inclina face à cela.

– Taisha, il faut qu'on vous trouve de nouvelles chaussures.

5

Cookies et prestidigitation

Quint.

Dès le déjeuner, Quint fit une entrée fracassante dans le monde de privilèges qui accompagnaient richesse et célébrité, des privilèges auquel il n'aurait eu aucun mal à s'habituer. Sa prérogative aujourd'hui, néanmoins, surpassait tout ce qu'un nom et de l'argent auraient pu lui acheter.

Amanda Guion, la très sérieuse jeune femme en tailleur qui, sitôt la cérémonie terminée, avait troqué le micro contre un iPhone 3GS qu'elle ne lâchait presque jamais du regard, les guida jusqu'à l'établissement où ils prendraient leur repas. Jake leur présenta également Wyatt, son garde du corps en costume noir et lunettes de soleil. Wyatt n'était pas du genre bavard. Il n'était pas non plus beaucoup plus athlétique que l'homme qu'il était censé protéger : après tout, Jake possédait une expertise officielle en boxe et dans un certain nombre de sports de combat. Le garçon ne pouvait donc s'empêcher, quand il le pouvait, d'essayer de glisser un œil sous la veste de Wyatt. Il ne parvint pas à s'assurer qu'une arme était bien cachée là.

Inside Pictures, la maison de production principale de *Farrell Cosma*, leur avait réservé un restaurant de grillades sur le front de mer. Pour Quint, aller au restaurant, c'était quand sa mère l'emmenait manger chez Johnny Rockets parce qu'il avait ramené un excellent bulletin. Plusieurs choix de burgers et de shakes accompagnés de frites bien grasses, on venait chercher son repas au comptoir et on débarrassait son plateau en plastique avant de partir.

Ici, des gens étaient payés pour vous servir à table. Les menus étaient écrits sur des cartes qu'on vous donnait lorsque vous étiez installés. Mais comment faisaient les riches pour s'y retrouver dans ce bazar ? Sans parler des prix exorbitants, mais nul doute que ça ne représentait rien pour Jake.

Hébété par autant de possibilités, incapable de comprendre la plupart des intitulés qui lui étaient proposés, Quint reposa le menu devant lui.

– Comment vous faites ?

Assis en face de Quint, Jake lui sourit avec affabilité.

– Tu vas commencer par me tutoyer. Comment je fais quoi ?

– Pour choisir.

Il ne voulait pas s'étaler sur ses difficultés. Jake en avait de toutes façons déjà deviné la cause. Il ne se moquerait pas de lui, mais Quint n'en avait pas moins peur de ce qui pouvait se montrer à son insu, sur son visage ou dans son regard. À sa gauche, Taisha intervint :

– Regarde, ma puce, il y a...

– M'appelle pas ma puce.

Il entendit distinctement le grincement de ses yeux mal huilés lorsqu'elle les leva au ciel.

– Il y a un menu enfant. Steak haché et frites, c'est parfait, non ?

Seul enfant entouré d'adultes, Quint était prêt à choisir n'importe quoi sur la carte, sauf le menu junior. Quel outrage ! Jake vola à son secours avant même qu'il ait formulé son refus.

– Et si tu prenais la même chose que moi ?

La malice dans la voix de l'acteur lui fit lever les yeux. Un sourire jouait discrètement sur les lèvres de Jake. Un sourire rien que pour lui.

– Qu'est-ce que vous... tu prends ?

– Tu me fais confiance ?

Tout à l'heure, le personnel avait salué Jake en insistant sur l'honneur que c'était de le recevoir pour la première fois. Et il n'avait pas jeté le moindre coup d'œil au menu. Quand on s'appelait Jake Longfield, on pouvait demander n'importe quoi dans n'importe quel restaurant, et on l'obtenait dans le quart d'heure qui suivait.

Il opina et Jake lui tendit la main pour un *high five* qui claqua orgueilleusement au-dessus de leurs têtes.

– Démentieeeeel ! s'exclama Jake en singeant parfaitement le ton de l'animateur du concours.

Comme la serveuse venait prendre les commandes, Amanda leva soudain le nez de son smartphone et prit le contrôle de la situation.

– Une salade végétarienne et une San Pellegrino pour moi. Pour Mr Longfield, votre côte de bœuf de quatre cents grammes fera l'affaire, en accompagnement une salade verte avec un filet d'huile d'olive et des œufs brouillés. Veillez à bien enlever tout le gras de la viande. Pour le jeune homme, prévoyez la même chose en plus petit.

– Des frites en accompagnement pour le jeune homme, ajouta Jake. Ne soyons pas cruels.

La jeune femme nota diligemment, répétant chaque consigne à haute voix pour ne pas se tromper.

Taisha devait forcément avoir eu les mêmes difficultés que son fils, à la différence près qu'elle était adulte et qu'il était plus délicat d'avouer à quel point elle était démunie. Après trente secondes passées à feuilleter le menu, le regard virevoltant et de plus en plus misérable, elle le referma d'un coup sec.

– Je prendrai la même chose qu'elle.

Jake tâchait de ne pas avoir l'air préoccupé et échouait lamentablement.

– Tout est aux frais de la prod'. Les affaires de Mervin Byrd sont bien assez florissantes pour que vous vous permettiez des côtelettes d'agneau.

Mais la mère de Quint secoua dignement la tête.

– Je surveille mon poids.

Quint faillit protester, mais cette fois, ce fut la sévérité de Taisha qui l'incita à se taire. Tout de même, c'était un mensonge. Sa mère n'avait jamais accordé la moindre importance à son poids. Elle était belle comme elle était, la plus belle du monde, ou au moins la plus belle du quartier, et il n'était pas le seul à le dire. En temps normal, elle n'aurait jamais craché sur des *ribs* au barbecue arrosés d'une bonne bière. Mais enfin, visiblement il n'avait le droit de rien dire.

Wyatt était le dernier à commander. Lui non plus n'avait pas ouvert le menu.

– Un steak. Saignant.

– Quel accompagnement ?

Personne ne pouvait distinguer ses yeux derrière les lunettes de soleil.

– Un steak, répéta-t-il. Saignant.

La jeune femme hésita. Au bout de quelques secondes de flottement, Jake, pour qui tout paraissait décidément être un jeu, fut secoué par un rire silencieux.

– Il veut un steak et une carafe d'eau. Excusez son manque de courtoisie, Wyatt est un très bon professionnel. Il est limité à une centaine de mots par jour et trois sourires, dont deux me sont réservés. Mais vous avez bien mérité le troisième aujourd'hui. Qu'est-ce que tu en penses, Wyatt ?

– Si vous le dites, boss.

Et le garde du corps de faire trembloter ses lèvres vers le haut avant de se verrouiller à nouveau en mode neutre. Le regard de Quint passait lentement de Wyatt à Jake. Amanda attira son attention d'un claquement de doigts.

– Hey, surtout ne commence pas à croire tout ce que Jake raconte. Son monde est une insupportable cour de récréation.

– Alors... Il a le droit de parler autant qu'il le veut ? s'enquit Quint.

Jake lui adressa un clin d'œil.

– Amanda a tendance à dramatiser, mais elle a raison. Wyatt n'est juste pas très à l'aise pour faire la conversation. Peut-on le dire comme ça, Wyatt ?

– On peut, boss.

– Ne parle pas quand tu peux juste hocher la tête. Excusez-moi, appel de la nature.

Jake quitta précipitamment la terrasse et s'éclipsa à l'intérieur du restaurant, suivi de près par Wyatt. Un silence gêné s'abattit sur la tablée, juste une seconde. Amanda replongea ensuite le nez dans son iPhone, et tout embarras disparut comme par magie dans son écran. Quint en profita pour se tourner vers sa mère avec l'intention d'aborder les sujets qui fâchaient.

– Tout va bien pour toi ? demanda-t-elle immédiatement, le coupant dans son élan.

– Oui, tout va bien. Il est exactement comme je l'imaginais. Ou presque.

– Mais sa vie n'est peut-être pas ce que tu as imaginé.
Elle lança un regard appuyé vers Amanda. Sous couvert de plaisanteries, une lutte semblait avoir lieu entre Jake et la jeune femme. Jake étant qui il était, n'avait pourtant manifestement pas les pleins pouvoirs sur sa propre vie.
Quint attendit que sa mère lui explique quelque chose. C'était ce qu'elle faisait de mieux, expliquer. Cette fois néanmoins, Taisha était à court de mots. Elle entortillait une mèche de ses cheveux autour de son doigt, juste au-dessus de son oreille. Sa coupe de cheveux, c'était tout ce qu'elle avait conservé de son apparence habituelle. Pour Jake, le jean et les baskets avaient disparu au profit de la robe, des escarpins, de quelques bijoux bon marché et d'un maquillage léger. Mais elle n'avait pas touché à sa coupe de cheveux courts et crépus. Jamais ses doigts ne s'étaient approchés à moins de dix mètres d'un fer à lisser. Le regrettait-elle à présent ? Elle s'enfonça dans ses pensées et Quint n'osa plus rien lui demander.
Les portes de la terrasse coulissèrent à nouveau, et apparut un type qui portait un badge de bénévole du Comic-Con et une boîte à chaussures estampillée See By Chloé. Amanda désigna Taisha du doigt et le livreur tendit la boîte à la jeune femme bouche bée.
– Ce n'était pas nécessaire, vraiment...
– D'après Jake, ça l'était, rétorqua Amanda.
Taisha ouvrit la boîte pour découvrir de magnifiques nus-pieds compensés, maintenus par de sophistiqués entrelacs de cuir bleu outremer. N'osant plus protester, Taisha retira les baskets qu'on lui avait trouvées en urgence et enfila ces merveilles qui devaient coûter à elles seules son salaire mensuel. Quint siffla entre ses dents.
– Elles te vont super bien, Maman. Tu en penses quoi ?
– Elles sont superbes. Et elles ne font pas mal.
– Parfait ! s'exclama Amanda.
Sans jeter le moindre coup d'œil aux sandales, elle sortit deux billets de cent dollars d'un portefeuille Lacoste qui devait appartenir à Jake et les tendit au bénévole.
– Soyez gentil, ramenez les baskets à la réception.
Le livreur, un jeune aux cheveux roux ébouriffés, tendit la main avec un sourire en coin.
– Je pourrais être gentil avec vous pour moins de deux cents dollars, vous savez.
Amanda abaissa son téléphone pour paralyser le garçon d'un regard de Méduse. Quint pensait avoir compris ce que le jeune homme voulait dire. Et une demi-heure passée à côtoyer Amanda avait été suffisante pour apprendre que jamais, au grand jamais, il ne fallait lui parler de cette manière si on tenait à sa peau.
Sans quitter le livreur des yeux un seul instant, Amanda rangea les billets de cent et les remplaça par

deux coupures d'un dollar seulement.
– Mr Longfield vous remercie pour votre dévouement.
Elle attendit patiemment que la porte coulissante se soit refermée sur un jeune homme liquéfié pour baisser à nouveau les yeux sur son smartphone. Puissante.
– Hey, Amanda. Est-ce que vous décidez de tout pour Jake ?
Elle mit plusieurs secondes à réagir, cherchant du regard l'origine de la question avant de se rappeler la présence de Quint. Son bégaiement semblait passer loin au-dessus de sa tête.
– Oh, je ne décide de rien du tout. Je ne fais que suivre les instructions d'autres personnes. Je suis une intermédiaire, si tu préfères.
– Quelles autres personnes ? Et vous aimez faire ça, ce travail ?
– Des décideurs. Mon travail, c'est de gérer une vie très compliquée qui n'est pas la mienne, vingt-quatre heures sur vingt-quatre et sept jours sur sept. Si j'aime ça ? Je gagne dix-sept mille dollars par mois, tous frais inclus. Tu as ta réponse ?
Dix-sept mille dollars.
De sa propre admission, elle n'avait pas de vie à elle. Mais dix-sept mille dollars.
Il n'avait pas besoin de calculer combien elle gagnait chaque année pour comprendre qu'on puisse troquer tout son temps libre contre une telle somme d'argent... à condition de pouvoir en faire usage.
Quint allait continuer son investigation quand les portes de la terrasse coulissèrent. Tandis que Wyatt regagnait silencieusement sa place, Jake s'effondra sur le siège à la droite du garçon.
– Quoi de mieux qu'une série de selfies avec des fans quand on sort des toilettes ? Je n'attends pas de réponse.
Surexcité un quart d'heure auparavant, l'acteur était maintenant calme. Incroyablement calme en comparaison, un bras sur le dossier de sa chaise, une main soutenant sa tête dodelinante. Il expédia un petit geste de la main à Amanda.
– Mets-toi en face de Quint, s'il te plaît. J'aimerais regarder un peu la mer. Tu es déjà monté sur un bateau, Quint ?
– Juste le ferry pour Bainsbridge Island, deux ou trois fois.
– Je t'emmènerai, un jour. J'ai un petit yacht amarré à Los Angeles. Rien de très impressionnant, mais on peut passer une chouette après-midi au large, tu verras.
– Ce serait démentieeeeeel.
Quint injecta autant d'enthousiasme que possible dans sa réponse, mais il était un peu perplexe. Il se souvenait avec précision des mots que Jake lui avait adressés lorsqu'il avait épinglé le pin's d'or qui reposait maintenant contre son cœur.
Un instant gravé dans sa mémoire pour toujours. Indifférent à l'agitation autour d'eux, Jake s'était

agenouillé et avait pris soin de fixer la broche sans lui piquer la peau. Puis il avait posé sa main à cet endroit précis, là où son cœur tambourinait, et avait dit :

– Quint, tu es officiellement mon meilleur ami pour le reste de la journée. N'est-ce pas démentieeeeeeel ?

Son imitation de l'intonation ridicule de Christopher Ross l'avait fait rire et il avait répondu :

– Si, complètement démentieeeeeeel.

Jake avait souri, Quint avait perçu l'invitation et il avait foncé. Avec le recul, peut-être que Jake n'avait envoyé aucune invitation, mais leur embrassade lui avait paru naturelle, comme s'ils étaient deux pièces d'un puzzle qu'on trouvait enfin comment assembler.

Quint avait toutefois bien entendu ce qui avait été promis : "pour le reste de la journée". Même si l'adrénaline grimpait à l'idée d'une après-midi sur le yacht de Jake, il craignait maintenant de trop anticiper. Jake parlait peut-être ainsi pour le faire rêver. Il n'y avait pas de mal à rêver, disait Maman, tant qu'on gardait en tête que ce n'était qu'un rêve.

L'arrivée de leur repas coupa court aux évasions de Jake. Quint n'avait qu'une hâte, s'attaquer à sa pièce de viande sur l'os qu'il n'arriverait jamais à terminer, mais en posant les yeux sur le plat gigantesque qui était présenté à Jake, il sentit une grande lassitude l'envahir. À voir l'expression de Jake lui-même, l'impression était partagée. Longfield se racla bruyamment la gorge.

– Je suis déjà rassasié, je crois.

Amanda lui lança un regard d'institutrice.

– Vous avez du retard, et plus beaucoup de temps pour le rattraper. Si la balance donne un résultat trop bas dans dix jours, vous savez tout ce qui est en jeu.

– Je sais. C'est juste beaucoup de chair morte dans mon assiette d'un coup.

Il lui fallut découper un premier morceau de viande et le porter à sa bouche avant que son assistante ne consente à prêter attention à sa salade. Bouche bée, Quint regarda Jake se débattre avec sa bouchée radioactive et déglutir péniblement. Ce dernier perçut sa mine atterrée et lui donna un léger coup de coude.

– C'est sans doute la meilleure chose que tu aies jamais goûtée. Mais je suis censément végétarien depuis quatre ans. Je sens que tu as des questions et on a une après-midi chargée, alors n'attends pas pour les poser.

– Pourquoi tu manges de la viande si tu ne manges pas de viande ?

– Première question très pertinente. Il se trouve que je dois tourner un certain film d'ici quelques semaines et que je n'ai pas encore pris assez de muscle. Je dois manger beaucoup de protéines, me revoilà donc obligé d'avaler des côtes de bœuf grosses comme moi.

Dix autres questions surgirent en même temps ; Quint suivit celle qui le mettait dans un état d'excitation sans précédent.

– C'est quel film ?

– Je n'ai pas le droit de te le dire. J'ai signé un accord de confidentialité.

– C'est *Farrell Cosma 3*, pas vrai ?

– Je ne peux rien dire, vraiment. Imagine que je te dise "Oui, Quint, je commence le tournage de *Farrell Cosma 3* dans trois semaines", et que tu le répètes ensuite à tes petits copains, et que tes petits copains le répètent autour d'eux... Je serais aussi grillé que ta viande.

Quint enfourna une frite d'un air satisfait.

– Donc c'est *Farrell 3*.

Un lourd soupir se fit entendre du côté d'Amanda. Jake n'avait pas l'air le moins du monde navré.

– Jake !

– Quoi ? Pas ma faute si c'est un petit futé. Quint, ne le répète à personne ou Amanda viendra chez toi pour te faire taire. Crois-moi, tu ne veux pas que ça arrive.

Quint voulait bien le croire. Il était en fait plus effrayé par l'idée d'Amanda se faufilant chez lui pour lui arracher la langue que par Wyatt, qui mangeait son steak sans accompagnement en silence.

– Je suis bon pour garder les secrets. Mais pourquoi tu fais des trucs que tu n'as pas envie de faire ?

– Parce que... Ce que tu vois à la télé ou dans les magazines, ce n'est qu'une petite partie de mon métier. Acteur, c'est un vrai travail, comme... soudeur ou employé dans une entreprise quelconque.

– La seule différence, c'est le compte en banque, marmonna Amanda en face d'eux.

– Comme eux, j'ai des obligations. Je dois signer des contrats avec des tas de personnes qui ont plus de pouvoir que moi concernant les films que je veux faire...

– Les décideurs ? C'est ça, des décideurs ?

– On peut dire ça, oui. Ceux qui investissent leur argent dans le film. Si je ne respecte pas ces contrats, il peut arriver des bricoles. Le film que je veux faire peut se faire sans moi, ou ne pas se faire du tout. Tu comprends ?

– Mais personne ne peut te virer de *Farrell Cosma*. Tu *es* Farrell Cosma.

À cela, Jake esquissa un sourire un peu triste.

– De là où tu es, c'est ce que tout le monde doit se dire, hein ? Et pourtant, il faut mener sa barque intelligemment, parce que rien n'est jamais acquis.

La main de sa mère se posa sur celle de Quint, rappelant son attention à elle.

– Et c'est ce qu'on appelle l'humilité. Tu te souviens ? C'est la qualité qu'apprend Farrell à la fin du deuxième volet.

Il hocha la tête et cela sembla la rassurer, comme si elle avait eu peur qu'il oublie avec Jake qui forgeait la première son éducation. Mais comment l'oublier ? Quint serait perdu sans elle et elle devait bien le savoir. Élevant la voix, Taisha osa enfin intervenir dans la conversation.

– Quint veut être acteur à Hollywood. C'est bien que vous lui appreniez que ce n'est pas seulement de l'amusement. Il y a du travail et des contraintes.

– Du travail et des contraintes, confirma Jake. Et beaucoup, beaucoup de fun. Et beaucoup, beaucoup d'argent à partir d'un certain niveau. On ne va pas se mentir, ça change la vie. Alors comme ça, tu veux être acteur à Hollywood ? Tu as déjà joué ? Théâtre, films ?

Tout ce que Quint avait jamais fait, c'était se prendre pour les personnages qu'il aimait quand personne ne regardait. Il n'en informerait certainement pas la personne qu'il admirait le plus au monde. C'était trop la honte. Hélas, sa mère fit le travail à sa place.

– Non, mais il est très doué. Il est capable d'imiter n'importe qui. Il vous imite même, vous. Enfin, Farrell Cosma.

– Maman, arrête. C'est juste des bêtises.

Toutefois, Jake ne se moquait pas. Il avait l'air très sérieux, même trop sérieux au goût de Quint.

– Je n'ai pas l'impression, non. Tu me montres ?

Quint sentit ses joues le brûler violemment et secoua la tête.

– D'accord. Plus tard, peut-être. Si tu en as envie.

Le garçon le dévisagea. Il n'allait pas insister. Pas une seconde. Il lui laissait simplement la porte ouverte pour un autre moment. Même sa mère, dans ces circonstances, aurait continué à le presser. Il n'y avait pas de mots assez forts pour exprimer la gratitude qu'il ressentait en cet instant.

– Mais je peux en faire une autre, si tu veux.

Jake posa aussitôt ses couverts et se tourna vers lui.

– Je suis tout à toi.

Quint repoussa son assiette, se concentra, visualisa la scène dans son esprit. Il imita un pistolet avec ses doigts de la main gauche qu'il colla à son torse, fit semblant de porter un talkie-walkie à sa bouche et alla chercher une autre voix que la sienne dans sa poitrine.

– *Yippee-Ki Yay, motherfucker.*

Jake pouffa derrière sa main. Même Amanda lâcha un sourire indulgent.

– C'est très réussi. Je connais un peu Bruce, je lui parlerai de ça. Il sera très touché.

– C'est vrai ? Il pourra m'envoyer un autographe ? J'ai vu tous les *Die Hard* !

– Oh, ça peut facilement s'arranger.

Le regard que Jake posait sur lui était admiratif, presque fier. D'une intensité telle que Quint ressentit le besoin de détourner les yeux. C'était comme fixer trop longtemps le soleil, il n'était pas habitué.

– Je peux te poser une question, Quint ? Ne te sens pas obligé de répondre. Est-ce que tu bégaies

quand tu fais tes imitations ? Quand tu joues, de manière générale.
– Non, jamais.
Jake piqua un morceau de viande sur sa fourchette.
– On va passer une super après-midi, toi et moi.
Après trois quarts d'heure passés à des échanges enthousiastes entrecoupés par les admonestations peu efficaces d'Amanda pour que Jake mange plus vite, ce dernier se servit de leur retard pour quitter la table et sa côte de bœuf très partiellement entamée. Il remarqua alors les sandales de la mère de Quint.
– Oh, ils vous ont apporté vos nouvelles chaussures ! Elles vous vont bien. Elles vous plaisent ? On peut les changer si elles ne vous conviennent pas.
Taisha se figea. Quint la vit mortifiée comme jamais elle ne l'avait été. D'habitude, elle remettait à sa place n'importe qui, même quand elle était en tort. Mais tout était différent avec Jake. Pour la première fois, Quint se demanda si sa mère ne craquait pas un peu pour lui.
– Elles sont superbes. Seigneur, j'en ai totalement oublié de vous remercier, vous n'auriez pas dû...
– Bien sûr que si, voyons. Vous n'alliez pas traîner toute la journée dans des baskets de running.
– Elles ont dû coûter horriblement cher...
– Prenez ça comme un pot-de-vin, parce que j'ai l'intention de kidnapper votre fils cet après-midi. Une demi-heure de cette foutue conférence de presse, et nous serons libres comme l'air. Vous ne l'aurez pas une seconde pour vous. On est quittes ?
Taisha rit timidement. Timidement. Forcément, elle devait en pincer.
– On est quittes.
Le temps pour Jake de verser à la serveuse un pourboire si généreux qu'elle lui sauta au cou et de faire des selfies avec toute l'équipe, et ils purent quitter le restaurant. Quint en profita pour se tourner vers sa mère et, baissant la voix pour ne pas être entendu d'Amanda :
– T'en pinces pour lui, pas vrai ?
Il reçut une calotte sur le crâne qu'il devait avoir méritée.
La conférence de presse avait lieu dans une salle de taille bien plus raisonnable que l'immense salon de la matinée. Quint et Taisha furent installés avec Amanda au premier rang, devant une petite trentaine de journalistes triés sur le volet pour ne pas protester face à son manque de ponctualité. Jake s'assit à la table en face d'eux, Wyatt une présence toujours vigilante derrière lui.
Une forêt de mains se leva dès qu'il eut posé les fesses sur sa chaise, et l'acteur attaqua le jeu des questions-réponses avec une amabilité et un humour sans faille, comme à son habitude. Lorsqu'un doute se faisait sentir, il jetait un coup d'œil à peine perceptible à Amanda qui lui indiquait par un pouce levé ou abaissé s'il était autorisé à répondre. À la troisième question rejetée sur les prochains

épisodes de *Farrell Cosma*, il ouvrit les bras en signe d'impuissance :

– Les amis, je me fais tuer si je dévoile ces informations. Il y aura un *Farrell 3*. Je ne peux pas en dire plus, alors contentez-vous de ça, okay ? Question suivante. Oui, madame au second rang.

– Dolores Gardner, *The National Enquirer.* Nos collègues de *US Weekly* ont titré il y a deux semaines que vous entreteniez une relation amoureuse avec Eva Mendes. Des photos vous montrent ensemble dans les rues de Los Angeles. Pouvez-vous confirmer la rumeur ?

Amanda leva le pouce. Quint regarda Jake passer une main nerveuse sur son crâne, déconstruisant la coiffure à base de laque qui faisait tenir ses cheveux ondulés.

- Votre journal peut publier la vérité, ça changera des titres de tabloïds habituels. Eva et moi avons travaillé sur un film ensemble, on se croise de temps à autre, c'est un petit monde que le nôtre. J'essaie de ne pas mélanger travail et vie privée.

– Alors, toujours pas de relation de couple ? Quatre ans de célibat officiel, ça fait jaser.

– Pourquoi ça vous intéresse autant, Mrs Gardner ?

Une vague de rires contenus passa dans les rangs. Amanda lui adressa un signe d'apaisement. La journaliste levée sourit avec embarras.

– Ce n'est pas à propos de moi, c'est à propos de vous.

– Je suis du côté de ceux qui apprécient le célibat. Ce n'est pas un crime dans notre pays, à ce que je sache. Et je ne suis pas certain que ce soit ce qui intéresse le plus le public.

– Mais...

Amanda se leva brusquement, interrompant Dolores Gardner d'un ton courtois, mais assez tranchant pour la faire taire.

– Mr Longfield ne répondra pas à plus de questions concernant sa vie privée, merci.

Alors que tout le monde se rasseyait, Jake amusa la galerie avec une grimace effrayée.

– Au moins, c'est clair. Mesdames, messieurs, je vais prendre encore deux ou trois questions, ensuite je dois filer.

De nouveau, toutes les mains se levèrent. N'y tenant plus, Quint leva aussi la sienne. Au demi-sourire que Jake lui lança, il comprit que l'acteur n'avait attendu que ça.

– Oui ! Le monsieur au premier rang, je vous écoute.

Quint joua le jeu de la presse, se leva et éleva la voix pour être correctement entendu.

– Mr Longfield, avez-vous vraiment besoin de ces lunettes ?

Et il se rassit, satisfait. Jake le dévisagea cinq longues secondes avant de secouer la tête.

– Mesdames et messieurs, votre collègue ici a neuf ans. Et demi. Et il vient de poser la première question inédite de cette conférence. Tout le monde sait que je portais ces lunettes avant *Farrell Cosma* et qu'elles ont servi de modèle à celles de Farrell. Pour autant, en ai-je réellement besoin ?

Jake enleva lentement ses lunettes. Aussitôt, des flashes d'appareil photo crépitèrent. C'était une grande première. On n'avait jamais vu la star hors écran sans ses mythiques lunettes, jamais depuis le début de sa carrière, à part dans de rares clichés de paparazzi, lointains et de mauvaise qualité.
– Je vois parfaitement bien sans ces lunettes. Une dernière question, s'il vous plaît.
Il parcourut l'assemblée de ses yeux dénudés et pointa son doigt quelque part.
– Oui, vous. La dame au tailleur bleu.
L'ensemble des reporters éclata d'un rire franc. Feignant la perplexité, Jake remit ses lunettes sur son nez et son visage s'éclaira.
– Excusez-moi, monsieur. Votre question ?
Alors que les rires s'éteignaient progressivement, permettant à l'homme de l'interroger, Longfield adressa un clin d'œil à Quint.
Le jeune garçon s'était encore fait avoir. Ni lui ni les autres ne sauraient avec certitude si Jake avait vraiment besoin de lunettes ou si elles constituaient juste un accessoire de style. Mais ce n'était pas grave. Il avait pour lui la compagnie d'un magicien des mots, un prestidigitateur capable de le balader d'un endroit à un autre, d'une croyance à une autre par par sa seule force de persuasion.
Un acteur. Un vrai. Un grand.
Il voulait tout apprendre de lui.

Taisha.
Le moment d'honorer sa part du contrat était venu pour Taisha : accepter d'ouvrir la main invisible qu'elle avait toujours posée sur l'épaule de Quint, et le laisser partir au-devant d'elle, aux côtés de cet homme qu'elle connaissait à peine.
L'usage que Longfield faisait de son charme la déstabilisait : il séduisait tout le monde sans que personne ne puisse le cerner tout à fait. Comme s'il avait créé, en bon illusionniste, un écran de fumée autour de lui, et que l'écran lui-même était aussi intrigant que la personne dissimulée derrière. Taisha était troublée, dans plus d'un sens du terme. Mais Quint n'avait jamais eu l'air aussi heureux que depuis que Jake lui avait épinglé ces lunettes d'or sur la poitrine. Il bégayait peu et souriait en permanence, les yeux étincelant d'amour et d'admiration.
Et il avait de quoi se sentir heureux : Jake ne lui donnait que du respect et de la tendresse. Il le regardait. Il l'écoutait. Que pouvait-elle demander de plus ? Alors elle fit taire l'once d'inquiétude maternelle qui demeurait lovée dans son esprit et se résolut à rester en retrait.
– Quint, c'est toi le roi, annonça Jake en tendant sa bouteille d'eau vide à Amanda, qui se chargea sans protester de trouver une poubelle. Qu'est-ce qu'on fait ?
– Le grand tour, bien sûr.

Le grand tour ce fut. Près de deux heures durant, ils parcoururent des kilomètres à travers les stands, expositions et panels. La présence de Jake leur permettait d'accéder à toutes les salles et de remonter les files d'attente sans aucun scrupule, et tout le monde trouvait cela normal.

Jake recouvrit littéralement Quint de cadeaux, au point qu'Amanda et Taisha finirent par décharger le garçon de ses multiples sacs. Tout ce que Quint pointait du doigt était à lui, même des éléments de collection très coûteux. Il aurait pu claquer des doigts et le palais des congrès lui-même lui aurait appartenu. Taisha se mordait la langue pour ne pas s'en mêler. Elle avait inculqué à son fils la valeur du travail pour combler ses désirs. D'un autre côté, Taisha était pauvre, il n'y avait pas moyen de le dire autrement. Quint ne recevait de cadeau que pour son anniversaire et à Noël, et il s'agissait souvent d'un livre ou d'un film. C'était tout ce qu'elle pouvait se permettre.

Jake, lui, était multimillionnaire, un très gros multimillionnaire qui devait peser plus d'un demi-milliard à lui seul. Les milliers d'euros qu'il dépensait aujourd'hui pour Quint n'étaient qu'une encoche à peine visible sur son compte en banque. Actionnaire, investisseur, il les aurait regagnés le lendemain matin. Alors pourquoi interdire à Quint ce plaisir ? Après tout, ce n'était que pour une après-midi.

Vers seize heures, ils s'accordèrent une pause sur un banc et Amanda fit apporter des boissons et un énorme assortiment de gâteaux en tous genres. Un groupe d'adolescents déguisés, une dizaine de mètres plus loin, les reluquait avec insistance, chuchotant bruyamment entre eux. C'était ainsi depuis le début : les chuchotements sur son chemin, les portables qui se levaient pour prendre des photos ou enregistrer des vidéos de son simple passage. À douze reprises, Taisha avait compté, certaines personnes avaient rassemblé assez de culot pour venir demander autographes et selfies. Ils avaient chaque fois été refoulés par Wyatt et Amanda avant d'atteindre Jake.

Taisha se sentait fatiguée pour lui. Pourtant rien de tout cela ne paraissait l'effleurer. Cette indifférence à l'attention permanente d'autrui devait être le fruit d'un entraînement austère. Personnellement, elle ne troquerait pas sa tranquillité pour toute la fortune du monde.

– Oh, alors tu es un homme à cookies.

Taisha émergea de ses réflexions pour constater que Quint avait chipé tous les cookies de la boîte. Elle se décida enfin à remettre les pendules à l'heure : c'était exactement le genre de comportements qu'elle redoutait s'il était trop gâté.

– Quint, ne les prends pas tous, tu vas être malade. Peut-être que Jake en voudrait un.

– Jake a ce qu'il faut, dit Amanda en sortant un paquet d'amandes décortiquées de son tote bag.

– Jake est puni, corrigea Jake.

Malgré tout, Quint céda et redéposa un des cookies dans la boîte.

– J'adore les cookies quand ils ne sont pas trop cuits. La pâte à cookie, c'est encore meilleur.

– La glace Häagen-Dasz à la pâte à cookie. La plus belle invention de l'homme.
– Démentieeeeeeel.
Ils éclatèrent de rire tous les deux, et elle n'aurait pas su distinguer leurs rires l'un de l'autre. Jake avait un rire d'enfant, à la fois adorable, contagieux et il fallait le dire, un peu saugrenu venant d'un quadragénaire. Quint avala rapidement l'un de ses biscuits.
– Il faut qu'on se dépêche si on ne veut pas rater le début de *Farrell Cosma 2*.
Jake fronça les sourcils.
– Oh, ils n'ont pas besoin de moi à la projection, tu sais. On n'est pas obligés d'y aller.
– Mais je voudrais y aller.
– Pourquoi ? Il y a encore des tas de choses à faire. Tu dois l'avoir vu au moins dix fois, non ?
– Quarante-et-une fois. C'est un peu plus que le premier, parce que je le trouve meilleur. Mais je ne l'ai jamais vu avec toi.
L'acteur avala une amande de travers et se tourna vers Taisha en toussant, stupéfait. Elle haussa les épaules, désolée, et tenta de l'aider.
– Quint, peut-être que Jake n'a pas envie de regarder ses propres films. Vous regardez vos films ?
– En projection privée si on a besoin de mon avis, jamais après.
Les traits de Quint s'affaissèrent sur-le-champ.
– Ah bon. Alors on peut toujours faire autre chose.
Il y eut un silence de quelques secondes. Brusquement, Jake s'empara d'un cupcake au topping bleuet et l'écrasa sur le nez de Quint.
– On va y aller, à ta projection, Mister Cookie. C'est toi qui décides aujourd'hui, tu te rappelles ?
L'acteur retira le gâteau, laissant le visage de Quint recouvert de crème bleue, et se mit à glousser à nouveau comme un gamin de cinq ans. Le sourire de retour sur ses lèvres, Quint l'interrompit en le recouvrant à son tour d'un topping cerise. Jake le laissa étaler la crème sur son visage entier sans broncher.
– D'accord, je l'ai mérité. Il en manque un peu sur ma tempe gauche. Parfait effet lifting.
Ils partirent pour la projection en s'essuyant le visage avec des mouchoirs, hilares, laissant derrière eux la boîte à gâteaux sur laquelle la bande d'adolescents se jeta comme des rapaces, non pour manger mais pour récupérer leurs restes et en faire des trophées.
La diffusion de *Farrell Cosma: Plunging Into the Dark* rassemblait environ un millier de personnes. Ils entrèrent au moment où le noir tombait. Tandis que trois sièges étaient arrangés pour Quint, Jake et Wyatt au premier rang, Taisha et Amanda se dirigèrent vers deux sièges libres quelques rangées plus loin.
La jeune femme avait vu le film un nombre incalculable de fois, puisque Quint insistait souvent

pour qu'elle le regarde avec lui. Elle aurait profité de la séance pour se permettre une petite sieste si la lumière du smartphone entre les mains d'Amanda ne l'avait distraite. Peu à peu, elle se surprit à y jeter de furtifs coups d'œil. Elle n'osait toutefois regarder assez longtemps pour connaître la teneur des textos et des e-mails qu'Amanda envoyait sous le nom de Jake.

Une espionne bien moins efficace que Farrell Cosma, Taisha ferma les yeux dans l'espoir de trouver un peu de sommeil. C'était sans compter Amanda qui, quelques minutes plus tard, jura assez fort pour que la moitié de la salle l'entende. Les paupières de Taisha se décollèrent aussitôt : sur l'écran du portable s'étalait la photo de Jake sans ses lunettes, à la une d'un site Internet.

– Déjà, s'étonna-t-elle d'un murmure.

– Déjà sur cinq sites de presse différents, et ça doit circuler aussi sur Facebook. Qu'est-ce qui lui est passé par la tête ?

– Ce n'est pas un drame, il a juste enlevé ses lunettes.

Amanda la paralysa de son regard glacial.

– Vous ne comprenez pas le monde dans lequel vous avez mis les pieds, Mrs Rogers. Tout est une question d'image. Absolument tout. Jake Longfield n'est plus Jake Longfield s'il retire ses lunettes. Il est quelqu'un d'autre.

Derrière elle, plusieurs personnes lui demandèrent de parler moins fort.

– Je vous emmerde, dit-elle tout haut sans quitter Taisha des yeux.

Puis, plus bas :

– Et ce quelqu'un d'autre ne vend pas. Surtout, il ne vend pas Farrell Cosma, vous pigez ? C'est comme la réplique "J'ai mes petites astuces". Son contrat exige qu'il la sorte à chaque apparition médiatisée. Jake est une image de marque. Il va fâcher pas mal de monde et devinez qui va devoir réparer les dégâts.

Elle se tourna à nouveau vers son portable ; Taisha avala une goulée d'air. "Jake est une image de marque." Et elle qui croyait naïvement qu'il était acteur. Le smartphone d'Amanda se mit à vibrer discrètement. Un nom apparut sur l'écran : Charles Waterman.

– Et voilà. Qu'est-ce que je disais ? Excusez-moi.

La jeune femme se hâta de sortir, marchant sur quelques pieds et motivant quelques protestations bruyantes sur son chemin. Elle ne réapparut pas du reste de la séance. Ils la retrouvèrent tous en dehors de la salle à la fin de la projection. Elle s'était assise sur un banc et tapotait frénétiquement des textos.

– J'ai réussi à gérer Mervin, lança-t-elle à Jake, et Mervin va gérer les autres, mais Charlie veut que tu le rappelles.

– Tu ne peux pas simplement lui dire que...

– Je lui ai dit tout ce qu'il y avait à dire. Il m'a répondu, je cite : "Tu me fatigues avec tes réponses toutes faites. Dis-lui de me rappeler aujourd'hui, ou il peut se chercher un nouveau manager."
– Je l'appelle dans la soirée. Sérieusement, il me menace ? Tous ses collègues sont à ma porte. Tu fais la moitié de son boulot de toutes façons.
– Justement, j'ai bien assez de travail comme ça. Apaisez-le et gardez-le.
Quint leva un visage fébrile vers Taisha tandis que l'échange tendu continuait.
– Qu'est-ce qui se passe ? demanda-t-il à voix basse.
Elle passa une main apaisante sur son crâne rasé.
– Des problèmes de célébrité. Mon chéri, il est dix-neuf heures passées. Il va être temps de dire au revoir et merci à Jake.
Aussitôt, ce qu'elle redoutait vint à passer : les yeux de son fils se remplirent de larmes. Ses lèvres tremblaient alors qu'il tentait de dissimuler son chagrin, sans succès.
– Je v----------eux p-p-p-as.
Taisha essuya les premières grosses gouttes qui jaillissaient sur ses joues. C'était sa faute : elle n'aurait pas dû laisser autant d'attachement émerger d'une relation destinée à être brève. Elle n'avait pas assez insisté sur les termes du contrat : une après-midi, pas une vie. Quint ne faisait pas partie du monde de Jake Longfield. Il n'était qu'un petit garçon noir et pauvre, bien éloigné de l'univers doré et amoral de Hollywood, et Jake l'oublierait sitôt qu'il l'aurait hors de vue. Mais elle, Jake, tous lui avaient laissé croire que c'était possible, qu'il avait sa place parmi eux, qu'il pouvait être le "meilleur ami" de la plus grande star de cinéma au monde. Désormais, elle avait la douleur de son fils à gérer au beau milieu d'un hall, son fils à qui aucun homme n'avait jamais accordé autant d'attention, et cela valait bien tous les tracas managériaux de Jake et Amanda.
– Je ne veux pas que ça s'arrête, continua Quint sur sa lancée. C'est le plus beau jour de ma vie. Je ne veux pas que ça s'arrête.
– Je sais, ma puce. Mais tu savais que ça s'arrêterait...
– Qu'est-ce qui se passe, cookie ?
Jake s'était détourné de sa conversation pour venir s'agenouiller auprès de Quint qui, sur-le-champ, essaya de cacher ses sanglots.
– Je lui explique simplement qu'il va falloir que chacun reprenne sa route, reprit doucement Taisha. Que toutes les bonnes choses ont une fin.
Jake demeura silencieux un moment pendant que Quint reniflait et s'essuyait du mieux qu'il le pouvait. Puis il plongea ses yeux dans ceux de Taisha, à travers ses lunettes délicatement teintées.
– On a déjà entendu des dictons plus sensés. Quint, regarde-moi.
Le petit se tourna vers lui, et malgré tous ses efforts, les larmes reprirent.

– Hey. Une journée, ça dure bien jusqu'à minuit, non ? Dis-moi, toi. Tu vas à l'école, tu es futé, beaucoup plus que moi. Une journée, c'est bien jusqu'à minuit ?

Quint hocha la tête. Taisha avait compris où Jake allait en venir, et douta immédiatement de l'idée. Prolonger l'expérience ne ferait-il pas qu'en rendre la fin plus pénible ?

– Jake, nous ne voulons pas abuser...

Il balaya ses protestations d'un revers de main.

– C'est moi qui demande. Quint, tu es mon meilleur ami pour la journée. Amanda est partie chercher la voiture. Tu es d'accord pour m'accompagner dans ma suite d'hôtel, avec ta mère ? Pour passer la soirée ensemble ? Il y a une deuxième chambre, vous y serez très bien.

Timidement, Quint chercha l'approbation de Taisha. Quelle mère serait-elle en cet instant si elle lui refusait cela ? Mais quand elle hocha finalement la tête, c'est au cou de Jake que Quint sauta, pas au sien. Taisha les contempla, incrédule. Le Seigneur lui en soit témoin, c'était bel et bien de l'amour, ou Jake faisait vraiment très bien semblant. Un coup de foudre s'était produit devant ses yeux, sur scène ; pour autant, elle n'avait rien vu venir de cette ampleur.

Elle devrait tenir une discussion sérieuse avec Jake lorsque Quint dormirait, si elle parvenait à l'endormir. Elle aurait aussi à prendre le temps pour une conversation franche avec elle-même, concernant les sentiments qui se bousculaient en elle. Il y avait de la gratitude, forcément, et de l'admiration. Ça n'était que naturel. Y avait-il plus que ça ? Qu'est-ce qui semblait faire grandir son cœur chaque fois qu'elle regardait l'acteur prendre soin de son garçon comme personne ne l'avait jamais fait, malgré la défiance qu'elle conservait face au mystère dont il aimait s'entourer ?

Elle se sentait complètement ridicule.

Quint et Jake ne se lâchèrent pas avant qu'Amanda ne revienne.

– Lewis nous attend devant la sortie A, les informa-t-elle alors que Quint retouchait enfin terre – littéralement seulement. Ils ont appelé la sécurité, mais ça va être sportif.

Cinq minutes plus tard, ils atteignirent la sortie et durent laisser filer un moment avant de se lancer. La voiture, un énorme 4x4 Chevrolet Suburban aux vitres teintées, était garée à une dizaine de mètres des portes seulement. Pourtant, le chemin à parcourir paraissait interminable. De chaque côté des portes, contenus tant bien que mal par des agents de sécurité de la convention, des fans par centaines hurlaient dans la lumière à peine déclinante. Des photographes se cachaient parmi les admirateurs et des flashes crépitaient déjà, dirigés vers eux. Quint et elle seraient dans la presse demain, et elle devait s'y résoudre.

– Tu m'as bien dit que tu voulais être un acteur, Quint ? demanda Jake. Alors j'ai un exercice pour toi. Tu vas suivre Amanda et ta mère jusqu'à la voiture et faire comme si tous ces gens n'existaient pas. Il n'y a personne. Ne pense qu'à rejoindre la voiture. D'accord ? Je serai juste derrière toi.

– C'est du gâteau.

Ils échangèrent un *check*, Amanda donna le signal et ils foncèrent.

Taisha rentra la tête dans les épaules et fut pour une fois reconnaissante des nombreux sacs qu'elle avait trimballés toute l'après-midi, car ils formaient une barrière improvisée entre elle et le chaos extérieur. Elle garda les yeux rivés sur les chaussures de Quint juste devant elle, s'assurant ainsi qu'il atteignait leur destination en vitesse.

Ils furent accueillis par un homme au visage acnéique et si juvénile que son très sévère costume deux pièces lui donnait un air totalement décalé. Le véhicule insonorisé offrait un calme bienvenu après le vacarme au dehors. Ce fut le jeune chauffeur qui brisa ce silence en s'installant au volant. Il se tourna vers eux avec un sourire de guingois.

– Waouh, c'est déglingo là-dehors, pas vrai ? Moi, c'est Lewis. Je suis le chauffeur.

– Taisha. Et mon fils, Quint.

– Génial. Et... Qu'est-ce que vous faites là ?

Au fond de la Chevrolet, Amanda leva les yeux au ciel.

– Les invités surprise, Lewis.

– Ah oui, c'est vrai. Impec, impec. Bienvenue.

Ils attendirent cinq minutes supplémentaires avant que la portière arrière ne s'ouvre brutalement. Jake fut poussé sans ménagement à l'intérieur par Wyatt. Son costume était froissé, ses cheveux décoiffés. Il souffla doucement et longuement.

– Je vous jure, certains ont le diable au corps, marmonna-t-il. Lewis, pas de délai inutile !

– On est partis, boss.

Alors que Wyatt s'installait à l'avant et que le Suburban s'ébranlait, Quint tira sur la manche de Jake.

– J'ai fait l'exercice, tu m'as vu ?

– Bien sûr. Tu t'en es mieux sorti que moi, de toute évidence.

Taisha l'observa poser la tête contre la vitre, transpirant et manifestement fatigué. Elle n'avait pas la naïveté de son fils et se doutait bien qu'il n'avait rien pu voir de la "prestation" de Quint. Il avait dû signer des feuilles à la chaîne, sourire quand il parvenait à réaliser qu'on le prenait en photo. Être sympathique et disponible, toujours. Une image de marque, dont seule l'intimité d'une voiture était témoin de l'usure.

Derrière les portes, Jake Longfield n'était pas celui qu'il paraissait au dehors.

6

Saupoudrer un peu de magie

Jake Longfield.

Là, tout de suite, Jake aurait cédé sa fortune pour une dose de cocaïne.

La fiole qu'il avait toujours sur lui n'était pas tout à fait vide, mais impossible de la sortir en toute discrétion. Il n'avait pu changer son patch de fentanyl qu'en début d'après-midi, dans les toilettes du restaurant ; il atteignait maintenant un pic qui aurait dû se produire plusieurs heures auparavant, et ce timing malheureux commençait à se voir. Il avait désespérément besoin de compenser avec quelques traces, ou c'était une escapade de plusieurs heures dans le flou opiacé qui menaçait de le faucher sous les yeux de ses invités.

Amanda avait remarqué. Amanda remarquait toujours tout. C'est pourquoi elle choisit prudemment les premiers mots de son briefing du soir, tandis que le petit groupe prenait l'ascenseur jusqu'au dernier étage de l'hôtel le plus luxueux de la ville. Ils séjourneraient dans la suite présidentielle, avec vue sur l'océan qui s'échouait à trente mètres de là.

– Vos *affaires* sont dans la salle de bain, pensez à aller vous rafraîchir en arrivant. Je vais vous commander un repas en room service. N'oubliez pas d'appeler Charlie. Demain, réveil à sept heures pétantes. Il faut qu'on soit sortis d'ici à huit heures trente si vous voulez être à l'heure pour votre séance de yoga. Ensuite, déjeuner protéiné avant votre session de trois heures avec Matt. Vous aurez quartier libre jusqu'au dîner avec Charlie et ce réalisateur irlandais, Addison.

Il appuya sa tête contre la paroi, lutta pour garder les yeux ouverts. Un nuage cotonneux se formait autour de lui, filament par filament. Ce putain d'ascenseur devait arriver avant qu'il ne cède à la tentation de s'enfoncer dedans.

– Jake, tout est clair ?

– Tout est parfaitement clair, sergent.

Ding ! La secousse accompagnant leur immobilisation l'arracha péniblement à sa léthargie débutante. Il laissa Amanda les guider jusqu'à l'entrée de la suite. À l'intérieur, la climatisation le soulagea quelque peu. Sans même jeter un coup d'œil à son environnement, il jeta sa veste sur un canapé et se dirigea en ligne droite là où il supposait qu'il trouverait ses recharges.

– *Home sweet home*, faites comme chez vous ! s'exclama-t-il. Je reviens dans cinq minutes. Il y a une deuxième salle de bains en cas de besoin.

Il avait fermé la porte à clé avant même d'avoir terminé sa phrase. Comme promis, sa sacoche de produits de toilette – de produits tout court – trônait à côté du lavabo, sur le meuble en marbre moucheté. Il l'ouvrit et trouva immédiatement la bouteille de fond de teint qui ne contenait pas de fond de teint, mais sa réserve de blanche. Ses mains tâtonnèrent encore jusqu'à son miroir à maquillage et la paille en or plaqué qui y était fixée. Tremblantes, elles rendaient difficile la confection de ses rails. Un gémissement extatique s'échappa de ses lèvres lorsqu'il sentit de familières mains d'éther le tirer gentiment en arrière pour l'inciter à s'allonger.

Il sniffa trois traces épaisses avant de se laisser tomber sur le sol.

Assis contre le mur, Jake s'obligea à garder les paupières ouvertes jusqu'à ce que son cœur accélère le rythme. Les mains traîtresses disparurent, l'énergie regagna ses membres et il se remit debout sans effort. Sa chemise était trempée de sueurs froides. Il la retira, ainsi que le débardeur qu'il portait en dessous, et passa dans la chambre principale.

Toutes ses affaires avaient été soigneusement rangées sur les étagères ou pendues à des cintres. Il laissa ses vêtements humides dans un coin et choisit une nouvelle chemise immaculée. De retour dans la salle d'eaux, il retira ses lunettes pour s'asperger longuement d'eau froide, puis entreprit de changer son patch le plus ancien. Délicatement, il le décolla de son avant-bras, laissant une marque écarlate et douloureuse. En grimaçant, il en colla un nouveau. Ce rituel biquotidien lui permettait de garder trois patchs en fonctionnement permanent, et un état de bien-être contrôlable. Mais le roulement était trop rapide pour que la peau guérisse correctement. Les irritations profondes laissées par les patchs le démangeaient constamment et devaient désormais être maquillées à chaque plan qu'il effectuait bras nus.

Un jour viendrait l'infection. C'était un miracle qu'elle n'ait pas encore surgi. Jake n'avait jamais réellement envisagé de s'arrêter, et était prêt à en subir les conséquences. Il conserva précieusement le patch usagé dans une boîte de fard vide. En en mâchonnant un morceau, il pouvait encore se donner un flash digne d'une injection. Son péché mignon.

Il se regarda longuement dans les yeux avant de remettre ses lunettes. Le miroir lui renvoya un reflet neutre de ses pupilles dilatées. L'ombrage sur les verres empêchait quiconque de distinguer ce détail. Il enfila sa nouvelle chemise, vérifia que ses narines ne conservaient aucune salissure trahissant sa consommation. Prêt.

Jake termina de boutonner sa chemise dans le couloir, d'où il pouvait observer une partie du salon sans être vu. Le petit allait et venait dans la suite, aussi surexcité que s'il avait lui-même absorbé quelque chose de costaud. Il n'avait pas quitté son costume ridicule de toute la journée.

À son âge, Jake n'aurait pas eu la force de caractère de se présenter au concours avec un costume de bric et de broc. Grâce à ce déguisement désastreux, à la seconde où il l'avait vu Jake avait su que ce garçon serait différent. Avant même son intervention orale, sa lutte contre lui-même qui avait révélé au grand jour un courage sans bornes et, surtout, une vive intelligence.

Il pensa à ce qu'il aurait sans doute raté s'il n'avait pas écrasé cet imbécile de Christopher F. Ross sous sa botte. Le type avait bien failli détruire Quint sur place. C'était Jake qui avait demandé à Amanda de l'appeler à lui.

– Ce gamin bégaie. Laissez-lui la possibilité d'en placer une, ou je vous fais virer en moins de temps qu'il ne faut pour dire "démentiel." Amanda, dis "démentiel".

– Démentiel.

– Pas si vite, je n'ai pas le bras aussi long.

– Démentieeeeeeel.

– Voilà. C'est rapide, quand même. Compris ?

Il savait inspirer la peur autant que l'amour. Ceux qui se confrontaient à lui apprenaient vite à ne pas essayer de le battre sur un terrain qu'il possédait d'un bout à l'autre. Ross était tout de même un abruti et l'année prochaine, le Comic-Con ne ferait pas appel à ses services. Il s'en était assuré.

Jake avait toujours été aimanté par l'intelligence. Il ne se considérait pas lui-même comme quelqu'un de particulièrement brillant. Habile, oui ; il avait de la repartie, certains l'auraient probablement qualifié de malin. Il se donnait les moyens de ses ambitions, s'entourait des bonnes personnes. Mais il ne possédait pas ces capacités cérébrales pures qui le fascinaient tant chez Quint. À seulement neuf ans – et demi – Quint analysait tout, questionnait sans cesse, réfléchissait, assimilait à une vitesse grisante. Une après-midi lui avait suffi pour déceler son formidable potentiel.

Quint ne manifestait pas de talent exceptionnel pour l'interprétation, bien que les adultes le lui laissent penser par complaisance. Une imitation correcte était à la portée de tout le monde, même celle d'un môme bégayant. Mais à ses débuts, Jake non plus n'avait pas de talent inné ; seulement ce qu'on appelait "une gueule". Il lui avait fallu du travail, et surtout quelqu'un pour l'aider à faire émerger ce qui était enfermé en lui. Pareillement, doué de telles réserves, Quint était modelable à merci. Avec le bon enseignement...

Jake se projetait déjà dans un futur étroitement lié à ce garçon si particulier, auquel il s'était attaché bien trop vite. Il était chamboulé plus que de raison, en avait conscience mais se laissait porter. Quint était magnifique, plein de ressources. La tête et le corps bien faits. Un bel avenir se dessinerait devant lui si seulement on lui offrait la bonne guidance.

Jake voulait être cet ami pour lui.

– M'man, c'est une chambre avec deux chambres ! Et deux salles de bains ! Regarde la taille de la télé ! On voit la mer depuis le balcon !

– Calme-toi, je t'en supplie. Ne casse rien.

Le problème résidait juste là. La mère.

– Il peut casser ce qu'il veut, fit la voix d'Amanda quelque part. Nous sommes bien assurés.
Cela n'apaisa pas Taisha, immobile au milieu de tout ce luxe comme une biche paralysée dans le faisceau des phares. Jake avait eu un aperçu du motel miteux dans lequel ils étaient supposés passer la nuit : c'était un renversement par rapport au standing auquel elle était habituée.
Jake devinait néanmoins que le changement radical d'environnement n'y était pas pour grand-chose. C'était lui. Il sentait la retenue sourdre du moindre battement de cils dès qu'il levait un doigt en direction de son fils. Il l'attirait ; ça n'avait rien d'étonnant. Il attirait tout le monde, hommes, femmes, jeunes, vieux. La célébrité et la reconnaissance agissaient comme de puissantes phéromones. Mais Taisha cherchait à résister à cette attirance, sa volonté refusait de plier.
Peut-être qu'en la pliant physiquement, elle plierait mentalement.
C'était jouable. Il creuserait un chemin sans heurt jusqu'au désir de Taisha, déjà à fleur de peau. La journée avait été excitante, il était excité, elle n'était pas laide. Il pouvait coucher avec elle, une fois le petit endormi.
Mais c'était un coup de poker, un pari qu'il ne se trouvait pas prêt à faire. Si quelque chose dérapait, Quint s'envolait pour toujours. Non, il allait devoir la jouer plus fine, lui accorder une confiance qu'il accordait à peu de monde, afin qu'elle lui accorde la sienne.
Il fit son apparition dans le grand salon comme s'il était monté sur scène, saisit Quint à bras-le-corps et le jeta hilare sur un canapé.
– J'ai une terrible envie de pizza, annonça-t-il. Qui veut de la pizza ?
Quint se redressa aussitôt en levant la main bien haut. Jake sourit. Bien sûr que tu veux de la pizza, Quint. Tu es un gosse de pauvre. Quel gosse de pauvre ne voudrait pas de pizza ?
– Vendu. Amanda ?
– Est-ce que les mots "régime sans graisses" vous disent quelque chose ?
– Considère ça comme une pause bien méritée. Les meilleures pizzas de San Diego, pour tout le monde. Avec un grand pot d'Häagen-Dasz à la pâte à cookie.
Amanda tapota la table en bois poli de ses ongles vernis. Elle se préoccupait rarement de dissimuler son agacement.
– Très bien, je vais transmettre à la réception. Après tout, ce n'est pas moi qui devrai gérer Matt demain, quand il l'apprendra. Et croyez-moi, il l'apprendra.
D'ordinaire, ses menaces l'auraient incité à être raisonnable. Mais ce soir, les enjeux étaient trop élevés. Quoi qu'il en soit, Amanda savait qu'il allait consommer régulièrement et que la cocaïne avait une fâcheuse tendance à couper l'appétit.
Elle quitta la pièce sans prêter l'oreille aux au-devoirs. Il n'en prit pas ombrage. Il l'avait engagée parce que c'était une connasse au cœur de pierre. Le job qu'il lui demandait de faire nécessitait un

caractère de merde. Elle avait ce qu'il fallait dans le ventre.

Wyatt se dirigea à son tour vers la porte, glissant une carte magnétique dans sa poche.

– Vous savez où me trouver, boss.

– En effet. Bonne nuit.

Wyatt se coucherait vers une heure et serait debout à six heures, totalement opérationnel. La vigilance ne se perdait jamais quand pendant onze ans, on n'avait espéré de plus belle victoire qu'une journée supplémentaire sans se faire planter. Une seconde nature qui le rendait redoutable.

Lorsqu'ils furent enfin seuls, Jake lança un regard malicieux à Quint.

– Les monos sont partis, on a quartier libre.

Cela ne sembla pas détendre Taisha plus que ça.

Ils déballèrent les deux consoles de jeux différentes dont Quint avait voulu durant la journée : une vieille NES et une Wii, chacune avec plusieurs jeux. Ils étaient tous deux néophytes dans le domaine des jeux vidéo, mais alors que Jake en était encore à se débattre avec les cinq pauvres boutons de la manette NES, Quint réclamait qu'ils essaient la console suivante, ennuyé par la lenteur des antiquités Nintendo.

Une demi-heure plus tard furent livrées des pizzas qui devaient faire bondir son taux de cholestérol rien qu'en les regardant. Elles furent à peine entamées. À ce stade, la glace paraissait superflue. Il incita cependant Quint à en manger dans l'espoir que l'effort de digestion le ralentisse, pour le simple plaisir d'enfin gagner à Super Smash Bros... et pour l'endormir aussi vite que possible.

Taisha piqua du nez à plusieurs reprises sur le canapé. Il en profita pour aller se fournir en énergie poudreuse sans éveiller ses soupçons. Il considérait comme un bon signe qu'elle se laisse succomber au sommeil en le sachant en compagnie de son fils.

L'horloge avait largement dépassé les vingt-deux heures quand Taisha secoua Quint par l'épaule.

– Il est vraiment temps que tu ailles dormir. On doit se lever demain.

– Mais je ne suis pas fatigué. J'ai la permission de minuit, non ?

Le garçon avait les yeux rouges de fatigue, injectés de sang comme ceux d'un toxicomane en manque. Pour autant, il aurait pu faire fortune dans le commerce de son excès de vitalité.

– Tu ne te sens peut-être pas fatigué, cookie. Mais se mettre au lit ne serait pas une mauvaise idée.

Quint baissa sa manette avec une moue suppliante.

– Non, tu ne vas pas t'y mettre aussi.

Jake plissa les yeux derrière ses lunettes. Il lui fallait absolument obtenir du temps pour travailler Taisha au corps avant l'échéance du lendemain. Plan B, et tant pis pour les risques qu'il prenait.

– J'ai une idée de ce qu'on pourrait faire, mais il faut que vous me promettiez de ne rien dire à personne. Si quiconque l'apprend, Amanda me découpe en petits morceaux. J'exagère à peine. Tu promets, Quint ?

Le garçon hocha la tête. Derrière eux, Taisha croisa les bras sur sa poitrine, plus prudente.

– *Within Four Walls* est sur mon ordinateur en ce moment même. Il ne sort qu'en septembre, c'est une exclu pour le public.

Sans attendre, Quint courut dans la chambre principale avec une exclamation de joie, lui faisant remercier tous les dieux de ne rien y avoir laissé traîner de compromettant.

– Oh merde, il y a une télé encore plus grande ici !

– Quint, ton langage ! protesta sa mère. Jake, ils ont classé le film R. Vous-même, vous l'avez déconseillé aux enfants...

– Vous voulez qu'il dorme ? l'interrompit-il avec un sourire rassurant. Croyez-moi, il va dormir. On n'aura sans doute pas le temps d'avoir à lui cacher les yeux. Faites-moi confiance, d'accord ?

Une intervention du room service plus tard, le MacBook Air de Jake était connecté au téléviseur et il démarrait le film. Quint avait fait valdinguer ses chaussures à travers la pièce et s'était installé au beau milieu du king size, ne laissant pas d'autre choix à Taisha et Jake que de s'asseoir chacun à son côté. Un sourire plein de facétie mangea le visage du garçon.

– Jake, tu sais que ma mère est célibataire aussi ?

Avant que Jake ait pu réagir, le petit reçut une claque à l'arrière de la tête. Ses dents disparurent, mais ses lèvres frémissaient encore.

– Tais-toi et regarde le film.

Le générique s'estompa sur un plan moyen de Jake. Seigneur, qu'il détestait se voir à l'écran. Taisha porta une main à sa bouche, proprement horrifiée.

– Nom de... Comment avez-vous pu maigrir autant ?

– En arrêtant de manger.

Ce n'était pas loin d'une vérité absolue, les semaines précédant le tournage avaient été une torture. Il n'était pas très porté sur les transformations physiques impressionnantes comme certains de ses confrères. Mais après l'immense succès populaire de *Farrell Cosma*, son équipe avait estimé qu'il avait besoin d'un travail fleurant bon le film indépendant et d'une performance oscarisante, histoire de rappeler au public qu'il n'était pas qu'une machine à blockbusters. Il fallait croire que ça avait marché. Pour autant, il en tirait assez peu de mérite. Augmenter sa consommation de drogue l'avait aidé à perdre les kilos nécessaires. Ensuite, le manque avait contribué à la détresse maladive qu'il montrait à l'image. Ses patchs avaient dû être enlevés chaque matin de tournage puisqu'il était à moitié nu tout au long du film. Le réalisateur avait même adapté légèrement le scénario à ses symptômes que personne, évidemment, n'avait jamais commentés en public.

Une minute de silence presque total plus tard, Jake obtint la réaction qu'il espérait.

– Jake, il doit y avoir un problème avec ta connexion.

– Un problème ? répéta-t-il avec le plus de sérieux possible.

– Ben oui. On n'a pas les couleurs.

– C'est parce que le film a été tourné en noir et blanc, cookie.

Quint grimaça.

– Hein ? Pourquoi ils n'ont pas utilisé de couleur maintenant qu'ils peuvent ? Et puis l'image est bloquée, là.

– Le personnage ne bouge pas. Il n'y a aucun problème. C'est juste moins remuant que *Farrell Cosma.*

La mine morose, Quint ne parla plus.

Vingt minutes plus tard, il ronflait doucement, la tête appuyée contre le bras de sa mère. Taisha, quant à elle, s'était laissée aspirer par l'histoire déchirante de Willy et de sa descente dans les abysses de la folie, en isolement au sein d'une prison fédérale.

Jake se cala un peu plus confortablement sur les oreillers. Les effets de sa dernière prise nasale se dissipaient, et son patch intermédiaire diffusait encore une forte dose. Il avait une heure trente devant lui, pour se laisser aller au *high* qu'il se refusait avec acharnement depuis deux heures. Une heure trente de béatitude discrète, aux frontières de ce monde et d'un autre.

Il émergea cinq minutes avant la fin du film, toujours avec la même nostalgie qui lui serrait les tripes et ne lui donnait qu'une seule envie : aller se recoller un patch pour accélérer la venue de la prochaine montée. Mais la réputation du produit qu'il prenait ne laissait aucune place à la négligence. Il devait laisser passer le *craving.* Surdoser était la dernière chose à faire ce soir.

Enfin, le générique de fin se déroula sur écran noir. Quint dormait à poings fermés. Sa mère tentait d'essuyer discrètement les larmes qui coulaient sur ses joues.

– Ne soyez pas si triste, dit-il à voix basse. Ils me donnaient un quignon de pain entre chaque plan.

Elle sourit à travers ses larmes.

– C'était un très bon film. Je vais aller le coucher dans l'autre chambre.

– Inutile de le réveiller, laissez-le là. Je nous commande des bulles.

– Des bulles ?

– Du champagne, clarifia-t-il. À moins que vous n'aimiez pas ça.

– Je... Si, bien sûr. Dans ce cas, je vais aller me rafraîchir un peu.

Il avait reconnu l'intonation du pauvre qui ne veut pas qu'on sache qu'il est pauvre. Lui, il avait tout fait pour s'en débarrasser, à l'époque fulgurante où il voyait défiler les barreaux de l'échelle sociale sans avoir l'impression de fournir le moindre effort pour grimper. Elle n'avait jamais bu de champagne de sa vie. L'alcool lui monterait vite à la tête, facilitant la conversation.

– Pas de problème, j'ai encore un coup de fil à passer. Utilisez la seconde salle de bains, j'ai laissé un chantier pas possible dans la première.

Alors qu'elle s'éclipsait, il ferma la porte de sa chambre sur Quint, fit monter deux bouteilles de leur meilleur cru, puis appela Charlie. Il était minuit passé, mais Charlie répondrait toujours à un appel venant de lui.

– Putain, t'auras vraiment attendu le dernier moment.

Il s'assura de parler assez fort pour que Taisha l'entende. La curiosité la pousserait à écouter.

– Désolé pour l'heure tardive, j'ai été très occupé.

– Qu'est-ce que c'est que ça ? Tu sais pertinemment que tu as transgressé un nombre dingue de contrats. Je ne suis pas là pour ramasser ta m...

– Tu es viré, Charlie.

Il y eut un long silence au bout du fil.

– Quoi ?

– Apparemment, c'était ce que tu voulais, alors tout le monde est content. Sauf Amanda, comme d'habitude.

– Écoute, écoute... C'est un malentendu stupide. Vieux, on travaille ensemble depuis combien de temps ? Plus de dix ans, non ? Qui t'a décroché Farrell Cosma *? Hein ? Et tes récompenses pour* Within Four Walls, *tu les aurais eues si je ne t'avais pas dégoté le scénario ? Arrête tes conneries.*

– Et tes millions ? Tu les aurais faits sans moi ? Lequel de nous deux a été le plus gagnant dans l'affaire ? Alors pas de discours larmoyants sur la loyauté. J'ai besoin d'un manager qui fasse son boulot sans se plaindre au moindre accroc. C'est à toi d'amortir le choc, je n'ai pas envie de savoir si ça te fait chier. J'ai enlevé ces lunettes pour un gamin extraordinaire. Un gamin qui aura percé d'ici huit à dix ans, et ce n'est pas toi qui empocheras ses quinze pour cent.

– Arrête, déconne pas ! Ne fais pas ça, Jake ! Je suis... Dis-moi comment je peux me rattraper.

– En te trouvant un client qui te fasse gagner autant que moi. Bonne chance pour ça.

Jake raccrocha. Il allait l'entendre râler demain, mais Amanda saurait prendre le virage avec son adresse habituelle.

Non, Jake n'était pas extrêmement intelligent, mais il savait bien s'entourer. Amanda était la carte maîtresse de son jeu. Quant à Charlie, s'il avait jadis été un roi, il n'était plus qu'un quatre. Il avait fait son temps, c'était le lot de chacun. Et en regardant Taisha sur le balcon, il songea que la rupture de leur contrat était peut-être la chose la plus utile que Charlie ait faite, à l'insu de son plein gré.

Taisha.

Les doigts de Taisha parcoururent la surface impeccable des meubles en marbre, son regard s'attarda sur le jacuzzi installé à côté de la cabine de douche à l'italienne. À cette heure, elle aurait dû dormir au côté de son fils sur un matelas fin comme un bloc-notes et potentiellement infesté de punaises de lit, après s'être à peine mouillée sous une douche glacée à l'évacuation bouchée par les poils pubiens des trente derniers occupants.

La jeune femme croisa son reflet dans le miroir : une véritable épave. Elle prit le temps de rincer le maquillage mêlé de larmes qui maculait son visage, mata ses frisottis, rajusta sa robe... et se retrouva bientôt à rentrer le ventre pour en effacer les bourrelets disgracieux. Elle observa son ventre plat une seconde, puis relâcha doucement sa respiration. Les bourrelets réapparurent. Ils n'étaient jamais partis. Elle appuya dessus ; ils débordèrent de chaque côté de ses paumes.

Hier encore, elle était la plus belle femme du quartier. Ce soir, face à l'homme le plus aimé du monde, elle se sentait plus laide que jamais. Elle ne voyait plus que ces fichus bourrelets, et ses cuisses un peu trop épaisses, et la peau qui pendait déjà de ses bras, et la ride d'inquiétude qui se creusait entre ses sourcils.

Et elle se sentait grotesque de se sentir laide. Qu'avait-elle à faire de l'opinion de Longfield sur son physique ? Ce n'était pas comme si elle s'attendait à...

Ou bien était-ce précisément ce qu'elle attendait ? En avait-elle envie ? Il avait presque quinze ans de plus qu'elle. Mais entre sa forme physique, les produits rajeunissants de luxe et sans doute un excellent chirurgien esthétique, il n'avait rien à envier à un trentenaire bien fait de sa personne. Et il avait commandé du champagne.

Elle n'avait jamais bu de champagne, était-elle censée comprendre du premier coup à quoi "des bulles" faisait référence ? Elle associait cette boisson à des soirées de célébration réservées à la jetset, quelque chose qui rendait joyeux et montait facilement à la tête.

Avait-il l'intention de l'enivrer pour abaisser ses barrières ? Elle l'avait regardé patiemment enlever le morceaux de bacon sur ses parts de pizza pour les placer discrètement sur celle de Quint. C'était peut-être stupide, mais un homme comme ça ne pouvait pas être mauvais, si ?

Pour autant, comment répondrait-elle s'il décidait de lui faire des avances ? Et si elle se trompait sur toute la ligne, si la laideur que le miroir lui renvoyait ce soir n'avait rien d'imaginaire ? Prendrait-elle le risque de s'humilier encore en annonçant ses propres attentes, pour peu qu'elle en ait ? Elle n'avait plus aucune idée de ce qu'elle voulait.

Derrière la porte, elle perçut sa voix au ton dur et cassant. La discussion qu'il devait avoir avec le fameux Charlie était une dispute en bonne et due forme. Taisha décida qu'elle avait besoin de prendre l'air. Il adviendrait ce soir ce qu'il devait advenir, et il n'y avait rien de plus crétin que de se torturer avec des questions sans réponse.

La jeune femme fit coulisser la vitre menant jusqu'au balcon. Une brise tiède agitait l'air lourd de la nuit, rien qui puisse réellement refroidir son corps et son cerveau surchauffés. Le son répétitif du ressac ne couvrait pas la voix de Jake. Au bout du fil, un homme se faisait éjecter de son poste. Elle ne parvenait pas à se sentir désolée pour lui.

Elle demeura sur le balcon après la fin du coup de téléphone, appuyée contre la rambarde de pierre, les yeux plongés dans l'océan.

– Taisha, vous vous sentez bien ?

Jake se tenait dans l'encadrement de la vitre coulissante, les mains dans les poches.

– Oui, tout va bien, le rassura-t-elle. Je n'ai pas pu m'empêcher d'écouter votre conversation.

– Ah, oui. Charlie... Charlie commençait à me prendre pour acquis. Il perdait en humilité, comme vous l'expliqueriez brillamment à Quint. Je n'avais pas d'autre choix que de me séparer de lui.

– Je suppose. Et ce que vous avez dit sur Quint... Vous le pensez vraiment ?

– Il y a du travail à faire, mais il a vraiment quelque chose. Et le marché commence tranquillement à s'ouvrir pour les acteurs afro-américains. Hollywood doit les débusquer pour satisfaire aux exigences de diversité. C'est la meilleure période pour faire son entrée. Avec le travail, son talent et des opportunités... Le champagne est arrivé, vous venez ?

La chanson *Raspberry Beret* de Prince résonnait dans l'air à faible volume. Taisha ne put s'empêcher d'en fredonner quelques mesures.

– J'ai grandi avec Prince. Vous ne pouviez pas mieux choisir.

Deux seaux à champagne reposaient sur la table basse. Jake entreprit d'ouvrir la première bouteille avec un sourire malicieux.

– Je vous voyais plus Public Enemy.

– Parce que je viens d'un ghetto ? Vous faites dans les clichés, *Fuck da police* et tout le fatras ?

– Non, plutôt à cause de votre tendance à contourner les règlements. Vous savez de quoi je parle.

Les joues de Taisha la brûlèrent soudainement. Jake n'était pas totalement stupide, il avait bien dû se rendre compte que le candidat numéro seize détonait dans la sélection. Elle détourna aussitôt la discussion vers lui.

– Et vous ? Prince ? Ce n'est pas le genre de musique que je vous voyais écouter.

Jake inclina les flûtes pour y verser un liquide pétillant d'une délicieuse couleur ambrée.

– Je vous en prie, Mrs Rogers, éclairez-moi. Quelle musique pensiez-vous que j'écoutais ?

Taisha s'assit prudemment à l'autre bout du canapé sur lequel il s'était installé.

– Du free jazz, de la musique tibétaine, ce genre d'extravagances.

Il pouffa de rire.

– Vous ne pensiez pas ça. Parce que je suis blanc et riche, c'est ça ?

Son amusement papillonnait au-dessus d'eux avec tant de charme enfantin qu'elle rit avec lui et

passa sous silence que c'était vraiment ce qu'elle avait pensé de lui.
– La bonne vieille pop, c'est ça qui me branche. Les eighties. Tout ce qui passait quand vous étiez dans vos couches et que je traînais mes baskets dans les rues. George Michael, Sir Elton, Prince, MJ bien sûr, paix à son âme. Cyndi Lauper. Et ne le dites à personne, mais je me laisse parfois aller à écouter la radio. Les jeunes aussi enregistrent des trucs sympas.
– Je ne vous crois pas.
– Le deuxième album de Lady Gaga n'a vraiment pas l'énergie novatrice du premier.
Taisha le scruta intensément, une fois encore incapable de déterminer s'il disait la vérité. Sous son regard inquisiteur, il se mit à danser maladroitement en lui tendant sa coupe de champagne.
– *Can't read my, can't read my, no he can't read my poker face, she's got me like nobody...*
– Okay, je vous crois. Vous allez tout renverser, en plus de réveiller tout l'hôtel.
– À vous, à Quint, et à cette journée qu'aucun d'entre nous n'oubliera.
Les coupes de cristal s'entrechoquèrent dans un tintement éblouissant. Taisha prit une petite gorgée, la laissa en bouche quelques instants comme elle avait entendu qu'il fallait le faire. C'était bon. Mais ça n'avait rien d'enchanteur. Trop d'espérances.
Jake avait déjà vidé presque la moitié de sa coupe.
– Désolée pour ce que Quint vous a fait subir, commença-t-elle nerveusement. Vous qui n'aimez pas regarder vos propres films, vous avez été servi.
– Je survivrai. Je connais peu de collègues qui apprécient l'exercice, à vrai dire. C'est toujours étrange de se voir dans la peau de quelqu'un d'autre. Comme... Comme quand vous vous regardez un peu trop longtemps dans le miroir, et que vous avez soudain l'impression de ne pas vous reconnaître, vous voyez ? Comme si quelqu'un d'autre vous regardait, derrière le miroir.
Taisha hocha la tête. Elle n'avait jamais eu cette impression, parce qu'elle ne passait habituellement pas des heures à s'inspecter devant le miroir. Mais elle n'allait certainement pas le contredire.
– Ne pensez pas que je n'ai pas remarqué votre manœuvre pour changer de sujet. Je veux savoir comment Quint a été intégré à ce concours.
Taisha ouvrit la bouche. La referma. Elle avait déjà l'air coupable. Jake leva une main apaisante.
– Vous croyez que je vais faire quoi, cafter au Comic-Con ? Je suis le premier heureux de la présence de Quint ce matin. Mais les autres candidats ont été soigneusement sélectionnés pour... représenter une certaine image de Farrell Cosma, je suppose. Pas Quint. Et Ross n'avait aucune fiche sur lui. Racontez-moi.
Taisha vida sa coupe d'un seul trait et raconta. Que pouvait-elle faire d'autre ? Elle raconta tout depuis qu'elle avait appris qu'il viendrait au Comic-Con. Sa décision de tout faire pour y être aussi, sans en parler à Quint. Les efforts conjugués d'une poignée de volontaires pour que cette rencontre

ait lieu. La course en fauteuil roulant. Le dernier regard échangé avec Quint, lorsqu'elle avait été écartelée par l'envie de retourner vers lui, de l'envelopper de ses bras, de l'abriter à tout jamais du monde extérieur... et la conscience que c'était peut-être maintenant ou jamais, le moment pour Quint de se confronter à ce monde extérieur, et de réaliser qu'il était assez bon pour lui. Qu'il était assez bon, tout court.

Elle avait bientôt terminé sa deuxième coupe lorsqu'elle se tut. Jake se redressa pour les resservir.

– Vous devez l'aimer vraiment beaucoup pour organiser un casse pareil. C'est merveilleux.

L'aimer "vraiment beaucoup" ? Taisha rit tout haut, mais son rire mourut dans sa gorge lorsqu'elle lut la perplexité sur son visage. Son euphémisme n'était pas une plaisanterie.

– Bien sûr, je suis sa mère. Je l'aime plus que ma propre vie.

Jake s'enfonça à nouveau dans le canapé avec un sourire.

– Vous devez savoir ça mieux que moi, je ne suis pas mère. On n'a pas vraiment donné à la mienne la chance de faire ses preuves. Et Quint... Je ne voudrais pas être indiscret, mais a-t-il un père dans sa vie ?

Taisha avait conscience de la façon dont il menait la conversation là où il le voulait. Et elle découvrait que ça ne la dérangeait pas. Tout ce qu'elle avait porté une dizaine d'années durant, seule, immanquablement seule... Elle se sentait plus que volontaire à le partager ce soir. Peut-être était-ce à cause du champagne qui lui donnait vaguement le tournis. Tant pis. Chaque mot qu'elle prononçait avait fermenté des années jusqu'à prendre une saveur écœurante sur sa langue. Elle n'avait jamais demandé d'aide ni l'approbation de quiconque ; mais parler enfin à une oreille qui écoutait, cela faisait longtemps qu'elle n'en rêvait plus.

– Il en a un, qui vient le voir quand ça lui traverse l'esprit. Vous avez fait plus pour Quint en une après-midi qu'il n'en fera jamais en toute une vie. Chaque moment qu'ils passent ensemble... Je ne sais pas comment faire pour guérir leur relation. C'est son père. Il est en droit de le voir, et je ne m'en sortirais pas sans son argent, les recettes du deal.

– Il est violent avec lui ?

– Il le serait s'il ne lui restait pas une certaine crainte de ce dont je suis capable. Mais il y a d'autres moyens de faire du mal à un enfant. Les mots de Sayon font saigner Quint. J'applique des bandages, j'arrête l'hémorragie... Mais je crains qu'une infection ne se développe en dessous des pansements.

Jake l'observa presque trop fixement tandis qu'elle vidait à nouveau son verre. Au moment même où elle allait basculer dans le malaise, il baissa cependant les yeux sur sa propre coupe et se resservit.

– J'ai eu un père de merde aussi, marmonna-t-il. Il ne vendait pas de drogue, mais il semblait penser que sa pauvreté crasse était une bonne excuse pour se noyer dans l'alcool.

– De quoi vous parlez ? Vos deux parents étaient ingénieurs, vous êtes de la classe moyenne, non ?

Il remplit la coupe de Taisha à ras-bord. Elle ne se rappelait pas l'avoir vidée.

– Vous avez lu ça où, sur Internet ? Wikipédia ? Vous deviez apprendre quelque chose aujourd'hui. Le monde sait ce qu'on veut qu'il sache. Si on ne veut pas qu'il sache la vérité, on lui ment. C'est vrai en politique, c'est aussi vrai pour les personnes comme moi. Des parents vaguement ingénieurs dans l'Ohio, morts tous les deux, ça dissuade les plus curieux de vouloir vérifier. La vérité, c'est que j'ai grandi dans un ghetto semblable au vôtre, je suppose. Ma couleur de peau amadouait la police, c'est certain. Mais je pouvais attraper la mort à certains coins de rue. Je vivais dans la merde, je devais me débrouiller pour manger. J'ai connu les dealers, les écoles délabrées et taguées, les descentes de flics, les petits mecs sans avenir qui vagabondent en ville, les petites meufs enceintes lâchées dans la nature... Alors je ne veux pas paraître présomptueux en disant que je comprends...

Jake entreprit de déboucher la deuxième bouteille.

– Vous avez l'air si jeune, continua-t-il sur sa lancée. Alors, dites-moi. À quel âge ?

Après ce qu'il venait de lui assener, elle ne pouvait plus se permettre de refuser de répondre. Elle but et tendit sa coupe pour qu'il la remplisse.

– Quint a été conçu le jour de mes dix-neuf ans, chez un ami. Sayon avait bu et fumé, moi aussi. C'était...

Elle hésita et reprit une longue gorgée.

– Je vous en prie, ne dites pas "une erreur", dit Jake.

– Un accident, c'est ce que je voulais dire. Pas une erreur, jamais. Quint est la plus belle chose que j'ai faite de toute ma vie. J'aurais seulement aimé qu'il arrive dans d'autres circonstances. Peut-être la vie lui aurait-elle été moins pénible. Peut-être qu'il n'aurait pas bégayé si j'avais fait d'autres choix. J'ai dû lui apprendre toutes ces reparties par cœur pour l'aider à se défendre, mais il est tellement... Ce n'est plus de la gentillesse, c'est une docilité aveugle. Un de ses camarades de classe, Josh, un petit con de la pire espèce... Un jour, il lui a ordonné de manger de la terre pour soigner sa parole. Quint a refusé, malgré les coups, jusqu'à ce que Josh menace un autre gamin faiblard. Alors il a mangé de la terre. Il en a mangé jusqu'à ce que Josh lâche l'autre gosse. Il a été malade toute la journée. J'aimerais qu'il ait plus de volonté, qu'il soit plus populaire, mais il est trop... différent.

Jake posa sa coupe à moitié pleine sur la table et se pencha vers elle.

– Il n'aurait aucune chance de réussite s'il était comme les autres, Taisha. Vous avez mis au monde un diamant brut, la pierre la plus dure au monde. Et vous savez quelle est la seule façon de tailler et polir un diamant ? Avec du diamant. Chaque jour que Dieu fait, vous ajoutez du beau à sa beauté. Vous faites un travail d'orfèvre.

Taisha déglutit. La tête lui tournait violemment, maintenant, et il était si proche d'elle.

– Vous pensez vraiment ?

– J'en suis sûr.

Avant même d'y avoir réfléchi, elle avait franchi l'espace qui demeurait entre eux et avait posé ses lèvres sur celles de Jake. Était-ce une bonne idée, la question ne se posait plus à l'instant. C'était le cours naturel des choses. Elle perçut sa surprise à son temps de réaction, mais il finit par répondre à son baiser avec autant d'ardeur, l'entraînant à cheval au-dessus de lui.

Taisha avait bien eu deux ou trois aventures lorsque Quint était absent. Toujours des coups rapides, parfois mariés, qui ne se pointaient pas plus de quatre ou cinq fois à la même enseigne. Aucun d'entre eux ne souhaitait s'attarder avec une mère seule.

La sensation de mains tendres qui caressaient son dos et ses fesses, celle de lèvres qui parcouraient son visage sans se presser, celle d'une langue qui venait titiller le creux de son cou, elle avait oublié. Les élancements de désir dans son corps entier, elle avait oublié. Elle avait oublié l'humidité le long de ses cuisses tremblantes. Elle glissa ses mains dans le col ouvert de sa chemise et caressa ses pectoraux. En réponse, il soupira dans sa bouche, envoyant un nouveau frisson le long de sa colonne vertébrale.

Elle essaya alors d'enlever ses lunettes. Elle voulait voir de près ses iris noisette, ses grandes prunelles d'enfant. S'il l'avait fait pour Quint, il le ferait pour elle.

Leurs bouches se décollèrent instantanément. Il lui saisit les poignets, assez fermement pour l'arrêter tout net.

– Ce n'est pas l'idée du siècle, ce qu'on est en train de faire.

Il lui aurait renversé les seaux à glaçons sur la tête que ça n'aurait pas eu d'autre effet. Tout désir disparut instantanément, et ne resta que l'embarras de sa position sur lui. Inappropriée. Mortifiée, elle dépêtra ses jambes des siennes, et il dut l'aider à se rasseoir convenablement à ses côtés, ajoutant encore à son humiliation. Elle rajusta sa robe, mal à l'aise.

– Je suis désolée. Absolument désolée. Je ne sais pas ce qui m'a pris.

– J'ai participé, fit-il en posant une main au toucher léger sur son épaule. Mais vous avez beaucoup bu, moi aussi. Mieux vaut ne rien faire que l'on regretterait demain matin, vous ne pensez pas ?

– Si. Et pour Quint... Il ne faut pas lui mettre des idées dans la tête.

La jeune femme reprit sa coupe de champagne et la vida d'un trait.

– Vous devriez peut-être éviter...

Sans lui laisser le loisir de répondre, Taisha s'enfonça à nouveau dans le canapé en soupirant. Elle était ivre, frustrée, en colère contre elle ne savait qui, ou beaucoup trop de monde à la fois. Précautionneusement, il lui retira sa flûte des doigts.

– Parlez-moi de Quint pendant que je me charge de finir le champagne, ça marche ?

– Vous connaissez déjà l'essentiel. Qu'est-ce que vous voulez savoir ?

– Tout. Absolument tout.

Elle parla.

Sans doute.

Le lendemain matin, elle n'en avait qu'un souvenir vague. Elle se rappelait le visage de Jake qui l'écoutait et buvait, mais elle ne parvenait même pas à entendre sa propre voix.

Elle fut réveillée par le jour se répandant par la baie vitrée, allongée sur le même canapé, un oreiller glissé sous sa tête, un plaid léger déplié sur ses jambes nues, ses sandales neuves sagement posées à côté d'elle. Elle ne se souvenait pas de s'être installée ainsi. Qu'avait-elle oublié d'autre ?

Taisha se redressa brusquement en position assise et le regretta aussitôt. Les rayons du soleil l'agressaient comme jamais ; sa langue était un morceau de papier de verre, sa tête une cloche de résonance sur laquelle frappait sans relâche un marteau de molécules déshydratées. Son estomac... Non, elle préférait ne pas penser à son estomac.

Elle partit avaler deux grands verres d'eau fraîche et en remplit un troisième avant de revenir, toute bringuebalante, dans le salon. Un silence de monastère régnait dans la suite. Les cadavres de trois bouteilles de champagne avaient été abandonnés sur la table. Sur le sol étaient éparpillés des boîtes et emballages plastiques à n'en plus compter. L'odeur de pizza froide émanant des cartons tachés de graisse ne lui disait rien qui vaille. Elle n'avait pas de montre, ne savait pas où était son portable – probablement dans son sac, mais elle ne savait pas où était son sac – et n'avait aucune idée de l'heure qu'il était.

La porte de la chambre principale était entrouverte.

Taisha écarta lentement le battant. Quint et Jake gisaient sur le lit, profondément endormis.

Jake avait dû s'écrouler au bord du lit dans les petites heures du matin et plonger sans même enlever ses chaussures. Quint, consciemment ou non, s'était ensuite mussé contre son flanc en position fœtale. Exactement comme il le faisait avec elle lorsqu'il se réveillait d'un cauchemar.

Taisha les contempla en sirotant son verre d'eau. Dans le sommeil, il n'était plus question d'image ou de mensonge. Plus question de se cacher. De se protéger. On était vulnérable, à la merci de son propre relâchement, et rien ne pouvait atténuer cette débilité.

Elle savait qui était Quint quand toutes les barrières tombaient.

Elle découvrait seulement Jake. Il dormait le front plissé. Silencieux, immobile, mais pas réellement apaisé. Elle ne voyait plus aucune de ses multiples facettes, star absolue, image de marque, adulte immature ou comédien charmeur. Elle ne voyait qu'un homme aux lunettes de travers qui, par un étrange miracle, faisait maintenant son âge, portant sur ses épaules quarante-deux années, quarante-deux douleurs qu'il n'avait d'autre choix que de tenir secrètes.

Et c'était lui que Quint avait choisi. Par la position qu'il avait prise, son fils lui indiquait clairement que Jake était adopté, comme s'il s'était endormi les bras autour d'un chiot assez conciliant pour tolérer son étreinte.

La sonnerie du téléphone la fit sursauter. Ce n'était pas le *dring* violent des hôtels bon marché, évidemment, c'était beaucoup plus musical et sophistiqué, mais tout aussi bruyant. Jake bondit comme s'il avait été piqué par une guêpe, manqua de s'écraser par terre redressa ses lunettes regarda perdu autour de lui, visa Quint Taisha puis le téléphone sonna une deuxième fois il grimaça et décrocha pour arrêter la torture, envoyant le combiné et son socle dégringoler sur le parquet.

Quint se retourna avec un gémissement fatigué.

S'étant assuré que ses membres étaient toujours là, Jake se laissa glisser sur le sol et ramassa le combiné. Aussitôt, la voix de son interlocuteur lui fit plisser douloureusement les paupières.

– Qui que vous soyez, on se retrouvera en enfer. Dans quel monde de haine vivez-vous pour suivre les instructions d'Amanda Guion ?

Il raccrocha avec un grognement d'outre-tombe. Moins de cinq secondes plus tard, un téléphone portable, le sien, s'alluma sur sa table de nuit avec une vibration insistante. Il décrocha à nouveau.

– Tu es virée. ... Moi, j'ai viré Charlie ? Pas vrai. Oh, attends, ça me revient. Je l'ai viré. ... Oui, *domina*, je suis debout. Sous la douche. ... L'iPhone 4 est waterproof. ... Non ? Dommage, alors. Je raccroche, je passe sous un tunnel.

Jake jeta le portable à ses pieds.

– Putain de champagne.

– Putain de champagne, confirma Taisha, compatissante.

Depuis le lit leur parvint un pouffement de rire, aussitôt étouffé. Quint n'avait pas bougé du lit. Jake se hissa péniblement sur ses pieds.

– Debout, cookie. Longue journée devant nous.

– Notre avion est à dix heures trente, ajouta Taisha. Tu pourras dormir sur le trajet.

Jake trébucha jusqu'à elle, les sourcils froncés.

– J'ai dû louper un truc. Votre avion ? Quel avion ? C'est de l'eau là-dedans ? Merveilleux.

Il lui chipa son verre et le vida d'un trait.

– Notre avion pour rentrer à Seattle.

– On est dimanche, il n'y a rien à faire à Seattle le dimanche. Vous venez avec moi à Los Angeles.

Quint sauta soudainement sur le matelas, bizarrement éveillé d'un seul coup.

– Oh oui ! Dis oui ! S'il te plaît, maman !

– S'il te plaît, maman, renchérit Jake avec une moue suppliante. Promis, on vous mettra dans un avion ce soir.

Taisha céda avec un hochement de tête. Elle n'avait ni le courage de ni la volonté de lutter contre deux enfants ce matin. Alors que Quint poussait des cris de barbare et prenait le lit pour un trampoline, Jake la prit maladroitement dans ses bras. Il sentait l'homme pas frais, mais après tout, elle avait bien besoin d'une douche elle-même.

– Rassurez-moi, marmonna-t-elle, hier soir...

– Vous vous êtes endormie au beau milieu d'une phrase, répondit-il à son oreille. Je ne comprenais plus ce que vous racontiez depuis dix minutes. Rien de compromettant n'est arrivé, juré.

Ils se séparèrent et Jake se tourna avec désinvolture vers Quint.

– Hey, cookie. Tu es déjà monté dans une Aston Martin ?

7

Une proposition qu'elle ne pourra pas refuser

Lewis Meyers.

Le Suburban engloutissait le bitume de la route d'État qui bordait le Pacifique, à vitesse de croisière en direction du nord. Sa puissance motrice lui permettait de rester en permanence sur la file de gauche sans être ennuyé par des appels de phare intempestifs. Lunettes de soleil sur le front, Lewis chantonnait dans sa barbe au rythme du morceau de dance que diffusait la radio.

Les kilomètres à avaler par centaines, c'était ce qu'il préférait dans son métier. Seulement, dès que les trajets devaient durer plus de trois ou quatre heures, Mr Longfield préférait avoir recours à son avion privé. Lewis comprenait ça, bien sûr. Quel était l'intérêt de posséder son propre avion si on ne l'utilisait pas ? La plupart du temps, il se contentait donc de faire des allers-retours entre Beverly Hills et le centre-ville de L.A, parcourant au volant les grands boulevards que naguère il hantait à pied, avec des chaussures aux semelles si abîmées que par endroits, il sentait le béton collant écorcher la plante de ses arpions martyrisés.

Il n'avait pas à se plaindre du boulot qu'il exerçait depuis deux ans. Mr Longfield offrait le gîte et le couvert en plus de son salaire confortable, et il n'avait jamais vécu dans un endroit aussi princier de toute sa vie. Tout ce qu'il avait à faire, c'était apprendre par cœur ses itinéraires, connaître les meilleurs raccourcis – ceux que le GPS n'indiquait jamais pour éviter les embouteillages angelenos permanents – maîtriser la mécanique de base et se tenir à disposition à toute heure de la journée, tous les jours de la semaine pour conduire des voitures au luxe insolent. Rien ne valait le ronronnement d'un bon moteur en pleine santé dans son train-train quotidien.

À part peut-être les amis qu'il s'était faits au fil de leurs voyages. Bon, Wyatt... Il ne savait pas s'il devait considérer Wyatt comme un ami. Ils échangeaient rarement plus de quelques mots, mais d'un autre côté, le garde du corps échangeait rarement plus de quelques mots avec quiconque.

Il y avait aussi Mr Longfield. Un jour qu'ils étaient coincés comme il fallait dans un bouchon, Lewis lui avait posé la question le plus franchement possible.

– Hey, patron. On est amis, pas vrai ? Comme vous aviez dit ?

Mr Longfield était un peu sur les nerfs à ce moment-là. Il avait répondu :

– On peut être les meilleurs amis du monde, Lewis, je peux même te sucer la bite tant que j'arrive à cette foutue réunion à l'heure. Sors-nous de là, par pitié.

Mais enfin, tant que son taux de sucre dans le sang était correct – et quand il disait sucre, il savait que ce n'était pas le sucre le problème – Mr Longfield était la personne la plus agréable qui soit. Un vrai ami, généreux, encourageant. Le seul qui avait tendu la main quand il était dans le besoin.

Il y avait aussi le reste des employés de Mr Longfield. Stewart, surtout, était toujours gentil avec lui. Kiyoshi, le cuisinier japonais, ou coréen, il ne savait jamais – bridé, quoi. Les dames qui s'occupaient du ménage, même du sien.

Et puis il y avait celle qu'il voyait en ce moment-même dans le rétroviseur. Amanda.

Tout en elle, jusqu'à son prénom dont il avait regardé l'origine sur Internet, demandait à être aimé. Alors sûr, lorsqu'ils s'étaient rencontrés, elle s'était montrée avec lui à peu près aussi sympathique que Wyatt. Mais le temps l'avait considérablement adoucie et désormais, ils parvenaient à des échanges presque agréables, lorsqu'ils se parlaient.

C'est-à-dire pas très souvent. Cela dit, Mr Longfield lui avait appris à regarder les choses du bon côté. Il progressait. Dans dix ans peut-être, elle refuserait sa demande en mariage.

En attendant, il se contentait de lui jeter des coups d'œil dans le rétro, alors qu'elle était encore plongée dans un de ses textos. Ses magnifiques vagues de cheveux blonds, c'était ce qui le faisait le plus rêver, peut-être parce que c'était souvent tout ce qu'il voyait d'elle. Et puis surtout, ce qu'elle était intelligente. Brillante, ne cessait de répéter le patron, et c'était bien vrai. Une fille comme elle, on n'en trouvait pas à tous les coins de rue, ça non. Même le patron le disait.

Lewis, il n'était pas aussi intelligent. Il n'aurait pas pu faire tout ce qu'elle faisait, retenir tout ce qu'elle retenait tous les jours. Lui, il avait arrêté d'aller à l'école régulièrement à quatorze ans. Il en avait assez qu'on lui demande de comprendre des trucs alors qu'il n'arrivait déjà pas à lire une phrase jusqu'au bout. "Votre fils est un apprenant lent", avait dit le médecin qui lui avait fait passer tous ces tests parce qu'il avait déjà deux classes de retard. "Vous voulez dire qu'il est con ?" avait demandé son père. Le médecin n'avait pas répondu. Et puisqu'il n'avait pas répondu, on ne pouvait pas vraiment être sûr de ce que ça voulait dire, si ? Mais à partir de ce jour, pour ses parents, les choses avaient semblé plutôt claires.

Une nouvelle figure apparut dans le rétroviseur, mettant fin à sa rêverie. Mrs Rogers se penchait pour regarder devant eux, par le pare-brise.

– On les a perdus, constata-t-elle.

À vrai dire, ça faisait un moment que le cabriolet les avait distancés. Lewis reconnut le trouble sur les traits de Taisha et ça le fit rigoler.

– Z'inquiétez pas, Mrs Rogers. Le petit Quint est entre les meilleures mains du monde.

– En train d'écouter du Cyndi Lauper, à tous les coups, marmonna Amanda sans quitter son portable des yeux. Une des obsessions bizarres de Jake. Ne lui dites pas que j'ai dit ça.

Lewis devait en effet faire tourner du Cyndi Lauper dès qu'il avait Mr Longfield dans la voiture. Ça faisait du bien de conduire sur quelque chose d'autre. Il augmenta un peu le volume de la radio et balança la tête au rythme de la musique.

– Il a une foutue chance, votre Quint, continua-t-il, d'être tombé sur Mr Longfield. Mr Longfield sauve les gens comme nous, vous savez. Il m'a sauvé, moi.

C'était de ces rencontres qui ne s'oubliaient jamais. Lewis avait été viré de chez lui. Il avait séché une fois de trop, fumé un pétard de trop. Ses vieux l'avaient laissé prendre un sac de vêtements et dehors. Reviens avec « une situation », comme ils disaient, ou reviens les pieds devant.

Il en avait trébuché sur une bonne, de situation. Dès sa deuxième nuit dans les rues de squat de Los Angeles, il s'était fait piquer toutes ses affaires, y compris son manteau. Il avait connu le froid. Les refuges, les tentes d'autres clochards qui le prenaient en pitié, les douches publiques. Il avait commencé à mendier et voler. Il avait été coursé par des flics. Presque tous les soirs, des cailloux de crack passaient sous son nez, et presque tous les soirs, sa résistance s'effritait un peu plus. On avait essayé de le tripoter, il s'était défendu. On l'avait tabassé.

Puis, par un beau matin frisquet du mois de mars qu'il faisait la manche sur Sunset Boulevard, qui est-ce qu'il avait croisé ? Ce putain de Jake Longfield. Il avait bien tendu la main, mais au lieu de lui offrir son classique "Vous auriez pas un petit billet pour manger ?", il avait lancé :

– Hey, j'ai adoré *Farrell Cosma* ! Y en a un deuxième de prévu ?

La main de Wyatt lui avait aussitôt broyé l'épaule, mais Jake s'était arrêté et approché de lui. Grand et dégingandé, Lewis faisait déjà une bonne tête de plus que lui.

– Bon sang, tu as quel âge ? avait-il demandé en guise de salut.

– C'est mon anniversaire dans deux jours, m'sieur. J'aurai dix-sept ans.

– Depuis combien de temps tu fais ça ?

– Faire quoi ?

– Mendier.

– Trois mois, m'sieur.

– Et tu dors où ?

– Ici et là.

– Tu bois ? Tu te drogues ?

– Non, m'sieur. Enfin, un pétard de temps en temps, quoi.

– Tu t'es déjà prostitué sans protection ?

– Ah non. Je fais pas ces trucs-là, m'sieur.

– Et tes affaires, elles sont où ?

– J'en ai pas, m'sieur.

Mr Longfield l'avait scruté un bon moment, dans une sorte d'évaluation silencieuse.

– Tu as des projets dans la vie ?

– C'est-à-dire, si je pouvais déjà me trouver un toit au-dessus de ma tête, ce serait pas si mal.
– Tu sais conduire ?
– Non, m'sieur.
– Et ça te dirait d'apprendre ?
– Pour quoi faire ?
– Pour conduire des voitures, quelle question. De belles voitures. Tous les jours, tout le temps. Pour moi. Tu n'aurais plus à te soucier d'où tu vas dormir, de quand tu vas grailler. Tu en dis quoi ?
Lewis l'avait regardé, totalement hébété.
– Ben... Je suis pas sûr de vous suivre... Juste comme ça, là ?
– Tu peux aussi rester avec tes potes de galère et devenir comme eux. Enchaîné au trottoir, à attendre que le crack ou l'héro finisse par te ramasser. Devenir un zombie à la recherche de son prochain fix, choper le sida, espérer chaque nuit que tu ne te feras pas planter pour une veste ou une seringue. C'est ton choix.
– Présenté comme ça... Moi je veux bien conduire des voitures, m'sieur. Mais vous y gagnez quoi ?
Mr Longfield lui avait donné une claque affectueuse sur l'épaule.
– Ce que j'y gagne ? Mais un chauffeur, mon ami. Un chauffeur avec du potentiel. Amanda, paie un repas chaud et des nouveaux vêtements à ce jeune homme pendant que j'honore mon rendez-vous. On se retrouve à la Baraque, *capisce* ?
Amanda était sortie de l'ombre de son boss, et Lewis avait perdu momentanément le don de parole. Elle était si belle, et elle lui avait accordé un regard débordant de pitié et de dégoût.
– Super. C'est vrai que je n'avais pas assez de travail comme ça, maintenant il faut que je m'occupe des ados miséreux et sans-abri.
– Ce n'est plus un ado miséreux et sans-abri. C'est... Comment tu as dit que tu t'appelais, déjà ?
– Lewis, m'sieur. Lewis Meyers.
– C'est Lewis, mon nouvel ami. Occupe-toi bien de lui.
C'était aussi la première fois que Lewis et Amanda avaient passé du temps en tête-à-tête. Lewis en tête-à-tête avec Amanda, Amanda en tête-à-tête avec son téléphone. Elle l'avait emmené dans un vrai restau, puis dans une boutique de vêtements pour touristes friqués, où elle lui avait constitué une garde-robe sans vraiment lui demander son avis. Ensuite ils avaient pris le taxi jusqu'à Beverly Hills, il avait découvert "la Baraque" et Mr Longfield l'y avait accueilli comme un jeune seigneur, jouant lui-même le guide. Enfin, il s'était assis avec lui pendant plusieurs heures pour parler de lui, et uniquement de lui. Il l'avait même laissé fulminer contre les Noirs qui envahissaient les rues de L.A. C'était les Noirs qui avaient tenté de lui refiler du crack, c'était un Noir qui avait essayé de le tripoter. Il était tellement en colère alors que s'il avait eu un semi-automatique, il serait peut-être allé

tuer du monde dans ces foutus squats.

Mr Longfield avait écouté tout ça, et dans les jours suivants, il lui avait expliqué que les Noirs n'étaient qu'un « bouquin misère » pour lui. Il avait eu affaire à des Noirs parce qu'eux et les Mexicains constituaient la majorité des SDF de Los Angeles, mais sa colère était véritablement dirigée contre ses parents, et légitime puisque tout parent fuyant ses responsabilités méritait la fureur de son enfant. Lewis n'aurait jamais pu comprendre tout ça tout seul. Il lui avait donné le droit de laisser partir sa colère, de laisser ses parents dans sa mémoire, où ils avaient leur place. Sa nouvelle famille était ici. Une fois qu'on avait franchi le pas de sa porte, on pouvait tous compter les uns sur les autres, et maintenant ça valait pour Lewis aussi.

Il n'en avait jamais soufflé mot à personne, mais dans sa tête, Lewis imaginait parfois que Mr Longfield était son père. Leurs longues discussions s'étaient espacées et avaient fini par s'arrêter : il n'y avait pas toujours quelque chose à dire. Mais Mr Longfield continuait de répondre à ses questions, y compris les plus incongrues. Et quand il avait fait bonne vitesse et qu'il ouvrait la porte arrière avec fierté, il avait droit à cette claque affectueuse sur l'épaule qu'il n'aurait échangée pour tout l'or du monde.

– Ouaip, conclut-il en s'extirpant de ses songeries. Il m'a remis sur le droit chemin. Pareil pour Wyatt. Vous saviez que Wyatt sortait de prison quand il l'a engagé ? C'est dingue. Pas vrai, Wyatt ?

Wyatt tourna lentement la tête vers lui, indéchiffrable derrière ses lunettes de soleil.

– Hein, Wyatt ? répéta Lewis avec un peu moins d'assurance. Que tu sortais de prison...

– Pourquoi est-ce qu'il faut que tu parles ?

Le jeune chauffeur se racla la gorge.

– Et Amanda, toi... Toi, tu sortais de...

– De Berkeley. Avec un master en communication, spécialité *Spin Doctoring.* Et j'ai dû passer pas moins de trois entretiens pour obtenir ce poste. Navrée de ne pas faire partie de la collection de chiens errants de Jake.

Dans le rétroviseur, Lewis surprit le regard assassin que Mrs Rogers adressait à Amanda. Oups.

– C'est mon fils que vous traitez de chien errant ?

Amanda consentit enfin à lever le nez. La dame était sérieusement vexée. Lewis, lui, ça ne le dérangeait pas d'être traité de chien errant par Amanda. C'était ce qu'il était : un chien des rues qui avait eu la chance de tomber sur une famille aimante, alors qu'il fouillait les poubelles avec son museau pour trouver quelque chose à se mettre sous la dent.

– Ne le prenez pas mal, dit Amanda. C'est une sorte de hobby pour Jake, ramasser tous les proscrits de ce bas monde et les réhabiliter d'une manière ou d'une autre. Un passe-temps narcissique. Il a choisi votre fils parce qu'il lui faisait penser à lui-même. Le même milieu d'origine, les mêmes

rêves, le même bégaiement, tout correspond.
– Le bégaiement ? Jake ne bégaie pas. Comment pourrait-il bégayer, c'est un acteur !
– Il contrôle sa parole depuis des années, ça ne l'empêche pas d'être aussi bègue que votre fils. Ça ne m'étonne pas qu'il ne vous l'ait pas dit. D'ailleurs ne lui dites pas que je vous en ai parlé. Toujours est-il que Quint et lui ont plus de points communs qu'il n'en a avec son propre fils.
– Jake a un fils ?!
Wyatt se retourna vers Amanda. Lewis observa la jeune femme dans le rétroviseur, stupéfait. Même lui n'avait jamais fait plusieurs bourdes de ce genre à la suite. Tous les habitants de la Baraque avaient pour consigne de ne pas parler du fils de Jake. C'était *la* chose dont il ne fallait jamais parler. Jamais, à personne, et encore moins devant Jake lui-même. Chaïm était Celui-Dont-On-Ne-Doit-Pas-Prononcer-Le-Nom-Sous-Peine-D'être-Viré.
Amanda retourna froidement à son smartphone.
– Ne lui dites surtout pas que je vous ai dit ça. Ne lui dites rien sur le sujet, en fait.
Elle n'avait pas l'air désolé du tout.
Lewis se remit à chantonner. Wyatt éteignit la radio.

Quint.
La décapotable bleu électrique filait sur l'autoroute dans un grondement de tonnerre. Quint regardait les voitures défiler sur leur droite dans un flou coloré et riait tout haut, exalté par la vitesse.
Le système audio du cabriolet hurlait un morceau intitulé *Girls Just Want to Have Fun*, que Jake connaissait par cœur et chantait d'une voix à réveiller les morts, tout en engouffrant sa deuxième banane après un petit-déjeuner pourtant conséquent. À chaque fausse note étouffée Quint s'esclaffait un peu plus, au point qu'il finit la chanson effondré sur la banquette en cuir blanc, réclamant que Jake repasse le titre une quatrième fois.
L'homme jeta la peau de banane à l'arrière et s'exécuta.
– Et ce n'est même pas celle que je chante le mieux.
Quint jeta un coup d'œil derrière eux. Ils n'étaient pas suivis.
– On a semé le 4x4. On peut aller encore plus vite ? demanda le garçon avec excitation.
Arborant un air sévère que Quint ne lui connaissait pas encore, Jake le réprimanda gentiment.
– Ce serait dépasser les limitations. Ta mère m'écorcherait vif. Ce n'est pas ce qu'on veut, si ?
– Non, c'est sûr.
– D'un autre côté, aucune raison que quelqu'un la mette au courant, pas vrai ?
Quint gémit de frustration : il s'était encore fait avoir. La bouche grand ouverte en une expression pantoise, Jake enfonça son pied sur l'accélérateur. Avec un grognement félin, la voiture jaillit vers

l'avant, collant Quint à son siège.

– Tu feras quoi si les flics nous arrêtent ?

– Pour ça, il faudrait déjà qu'ils nous attrapent, cookie.

Et Jake accéléra encore. Leurs rires se mêlèrent à la musique et le tout se perdit dans le hululement du vent tout autour d'eux.

Un peu plus tard, l'Aston Martin grimpa les collines de Beverly Hills moteur hurlant, histoire de réveiller les occupants des belles villas qui se remettaient sans doute des excès de leurs soirées : les rues du quartier étaient complètement désertes. À mesure qu'ils montaient dans les hauteurs, les maisons se faisaient de plus en plus rares et de moins en moins visibles.

Lorsque Quint pensa qu'ils ne pourraient pas monter plus haut, Jake tourna brusquement à droite et freina devant un gigantesque portail en fer forgé. Il se pencha par-dessus sa portière et appuya sur le bouton d'un interphone surmonté d'une caméra, qui s'abaissa lentement jusqu'à parvenir au niveau de la voiture de sport. Une voix grésillante et métallique s'éleva du haut-parleur.

– Bon retour, Jake. Voici donc votre premier invité.

– La maman arrive avec les autres dans deux jours, le temps que Lewis traîne ses grosses fesses de Chevrolet jusqu'ici.

– Entendu. Lou vous attend en salle de yoga.

Après une courte pause, les portes s'écartèrent avec un grincement léger. Suivant un chemin de graviers blancs, ils traversèrent au pas un immense parc à la pelouse parfaitement entretenue, parsemé d'arbres et de buissons splendidement agencés pour faire croire que leur emplacement était naturel. Quint aperçut même un lapin se réfugier dans son terrier à leur passage, et Jake lui indiqua, de loin, la mare où il pourrait observer poissons, canards et crapauds.

La responsabilité de l'entretien de ce terrain, de la maison et de tous ses équipements était dévolue à un certain Stewart, celui-là même qui les avait accueillis à l'interphone. Il avait toujours en sa possession un boîtier connecté à l'entrée du domaine pour contrôler arrivées et départs. Il était également le chef de toutes les équipes de femmes de ménage, jardiniers-paysagistes, électriciens, charpentiers et autres *pool boys* amenés à intervenir régulièrement sur site, ainsi que du cuisinier japonais étoilé, Kiyoshi.

Impressionné par la charge qui était celle de Stewart, Quint s'attendait à rencontrer un intendant solennel avec un badge et un costume. Ce fut un sexagénaire bedonnant qui vint à leur rencontre, vêtu d'une chemise hawaïenne mal accordée à son bermuda de plage et de tongs qui couinaient sur le carrelage.

– Vos commandes de ce matin sont arrivées, les informa Stewart. Tout est dans le vestiaire.

– Merci. Quint, tu peux faire un tour rapide, mais rapplique ici dans cinq minutes, ça marche ?

– Un tour ? Je peux aller voir toutes les pièces ?

– Tu n'auras pas le temps de voir toutes les pièces, alors tu ferais bien de te dépêcher. Go !

Il n'en fallut pas plus à Quint pour partir en exploration du gigantesque manoir, dans lequel il aurait pu faire tenir au moins cent appartements comme le sien.

Il commença par le salon démesuré au sol immaculé, son bar, ses tables pouvant accueillir plusieurs dizaines de convives, son écran de télévision qui recouvrait la moitié du mur latéral. Une baie vitrée courait sur toute la longueur de la salle, donnant sur une terrasse et une superbe piscine à débordement qui lui donna envie de piquer une tête. Il n'était jamais allé qu'à la plage et, deux ou trois fois, dans des piscines municipales assez sordides.

Il visita ensuite la cuisine où Kiyoshi, en toque et tablier, s'arrêta un instant de couper ses poivrons pour le saluer aimablement. Puis un deuxième salon plus cosy, avec une fausse cheminée où l'on pouvait allumer un faux feu, une table de billard, des bibliothèques entières de films mais peu de livres, et d'autres meubles pleins de placards et de tiroirs, tous fermés à clé. Un cinéma privé, avec un grand écran à projecteur et une vingtaine de sièges. Une pièce fermée à clé. Deux salles de bain et des toilettes qui ne semblaient pas utilisées. La salle de yoga, où un jeune homme d'origine indienne ruminait un chewing-gum.

Il avait ensuite le choix entre un ascenseur qui le dirigerait tout droit vers le sous-sol et ses secrets, et l'ostentatoire volée d'escaliers en marbre dans le hall, qui le mènerait aux deux étages. Quint choisit de grimper.

Au premier étage, ce n'étaient que de grandes chambres toutes équipées de salles de bains privées. L'une était verrouillée ; il devina que c'était celle de Wyatt. Juste en face se trouvait la chambre de Lewis. Là aussi, la supposition fut aisée : on devait tout juste avoir terminé le ménage et des vêtements étaient amoncelés en tas peu soigné sur les draps propres. Les murs étaient recouverts de tableaux kitsch, trouvés dans des boutiques pas chères. La chambre de Stewart, au contraire, se trouvait dans un ordre impeccable.

Il se dirigeait vers ce qu'il pensait être la chambre de Jake et celle d'Amanda – il n'entrerait pas dans la chambre d'une fille, ça ne se faisait pas – quand une porte différente attira son regard indiscret. Contrairement aux autres, le prénom de l'occupant y était indiqué, sous la forme d'un papillon en verre qui changeait de couleur selon l'endroit d'où on le regardait.

Chaïm. Qui était Chaïm ?

Une clé était enfoncée dans la serrure, mais la porte était entrouverte. Quint la poussa lentement ; bien huilée, elle lui céda le passage dans un silence presque solennel.

C'était une chambre d'enfant. Sans enfant dedans.

Quint fit lentement le tour de la pièce. Des murs vert pomme. Un grand placard vide, si ce n'était un ou deux tee-shirts pour tout-petit qui traînaient, dépliés et chiffonnés. Par terre, sur le tapis de jeu représentant le domaine de *Jurassik Park*, le chaos. Des jouets partout. Ici, un T-rex et un tricératops étaient figés dans un combat éternel. Là, la construction d'une maison en Duplo semblait avoir été interrompue par une grève sans préavis. Partout, des jouets et des peluches. Les draps du lit noirs et rouges, arborant le logo de *Jurassik Park*, étaient froissés et repoussés comme si l'enfant venait juste d'en sortir.

Pourtant, Quint avait la franche intuition que l'enfant n'était pas juste parti faire pipi. L'endroit laissait de la glace au cœur. Peu probable qu'il revienne dans la seconde en se demandant qui était l'étranger fouillant sa chambre.

Un cadre de petit format était posé sur une commode. Sur la photo, un petit garçon blanc de deux ou trois ans posait dans les bras d'une dame aux longs cheveux brun clair, avec des lunettes de soleil. Jake se tenait à côté d'eux, avec pas mal d'années en moins. Il ne portait pas ses lunettes, mais ses yeux étaient invisibles, abaissés vers le petit. Sa main tenait la sienne.

Pour la première fois de sa jeune vie, Quint expérimenta un sentiment dont, en tant qu'enfant unique, il avait été jusqu'ici préservé. La jalousie.

Une jalousie telle qu'il était à deux doigts de casser le verre et déchirer le cliché en petits morceaux.

– Tu dois pas être ici, petit garçon. Tu as pas le droit.

Il se retourna brusquement, un voyeur pris en flagrant délit. Une inconnue un peu plus vieille que sa mère le couvait d'un regard agrandi par la peur. Ce n'était pas la femme de la photo. Elle avait le teint plus foncé et elle portait une blouse bleue et des gants de ménage. Dans sa main, un spray lavant pour vitres.

De loin, la voix de Jake leur parvint.

– Quint ? Quint, où tu te caches ?

Esquivant habilement les obstacles sur le sol, la dame vint lui saisir le bras avec son gant en caoutchouc.

– Touche rien. Dis rien à Mr Longfield, tu comprends ? chuchota-t-elle avec un accent qu'il ne parvenait pas à identifier.

Il hocha la tête et elle l'emmena, refermant à clé derrière elle. Mais dès lors qu'il aperçut Jake qui l'attendait en vêtements de sport avec une tenue toute prête pour lui, le sentiment de trahison rejaillit, si puissant et si amer qu'il ne parvint pas à se taire.

– C'est qui, Chaïm ? Il y a un autre enfant ici ?

Toute couleur fut comme aspirée hors du visage de Jake. Disparu, le sourire permanent. Disparue, l'assurance inébranlable. Et le garçon n'était pas mécontent que Jake ressente autant de détresse que lui en cet instant. Le regard reptilien de Jake passa de Quint à la femme de ménage.

– Où est-ce que tu as entendu ce prénom ?

– Il est écrit sur la porte de la chambre. Tu m'as bien dit de faire un tour, non ? À qui ils sont, tous ces jouets ?

Il ne reconnaissait pas non plus la voix de Jake. Froide, sans émotion et singulièrement lente, comme s'il devait produire des efforts colossaux pour articuler correctement.

– Il y a une règle à respecter quand on est invité chez quelqu'un, Quint. On ne déverrouille pas les pièces fermées à clé.

– C'est ma faute, monsieur, intervint la dame en lâchant la main de Quint. J'avais plus produit pour vitres. Je vais chercher en bas. Je laisse la porte ouverte. Le petit garçon entre. Il touchait à rien, monsieur. Promis.

Ses mots tremblants firent leur chemin chez Jake à une vitesse terriblement réduite.

– Respirez, Azrah, vous faisiez votre travail, dit-il finalement. Mais cette chambre doit rester verrouillée à tout moment lorsque vous n'y êtes pas. Vous le savez. C'est la dernière fois que vous commettez cette erreur, n'est-ce pas ?

– Bien sûr, monsieur. Je retourne nettoyer.

Le départ de la dame avait tout d'une fuite.

– Allons-y, Quint. Lou nous attend et il faut encore que tu te changes.

Le garçon lorgna sur la main que Jake lui tendait et refusa catégoriquement de la prendre. Il n'allait pas se laisser amadouer aussi aisément.

– Non. Je veux savoir ! Qui est Chaïm ? Dis-moi ! J'ai le droit de savoir !

– Quint !!!

Ce fut comme un coup de tonnerre dans sa tête. Il bondit tel un animal traqué et recula, tombant fesses les premières sur les escaliers. Pour la première fois depuis leur rencontre, il se rappela que Jake était un homme adulte, et que comme tous les hommes adultes, comme Sayon, il était susceptible de lui faire du mal. Sa mère ressurgit dans ses pensées.

Jake regrettait-il déjà d'avoir crié ? Sans doute, à voir sa posture défaite. Prudemment, il avança vers Quint, qui se força à rester immobile. C'était Jake. Il n'avait pas à avoir peur. Il ne devait pas avoir peur. L'acteur s'agenouilla sur le sol à ses côtés.

– Tu n'as aucun droit particulier de savoir, Quint, commença-t-il bien plus calmement. Mais puisque tu y tiens tant, je vais te le dire. Oui, Chaïm est un autre petit garçon. Mon fils. Mais il n'est plus ici.

– Pourquoi tu ne m'as pas dit que tu avais un fils ? Il est mort ?

– Non, heureusement, non. Mais ce lieu... Ce lieu et moi n'existons plus pour lui. Le pourquoi et le comment, ce sont des histoires compliquées, qui ne te concernent pas. Tu ne croiseras jamais Chaïm, mais tu n'es pas autorisé à entrer dans sa chambre. Satisfait ?

Quint haussa les épaules.

– Tu m'aimes moins maintenant, à cause de lui...

Un léger sourire sur le visage, Jake leva le bras non pour le frapper, mais pour lui caresser la nuque. Quint se laissa aller à son toucher et s'en voulut profondément d'avoir pensé, ne serait-ce qu'une seconde, que cette main pouvait distribuer violence quand elle accordait autant d'amour.

– Comment ce serait possible, cookie ? Tu sais, les gens n'ont pas une réserve finie d'amour. Tu aimeras de plus en plus de personnes à mesure que tu grandiras, et tu te rendras compte que quoi qu'il arrive, tu auras toujours de quoi accueillir quelqu'un de plus.

– Alors on est toujours meilleurs amis ?

– Plus que jamais. Pour toujours.

– C'est bien, parce que je n'ai jamais eu de meilleur ami.

– Certains amis valent le coup qu'on les attende. Certains professeurs de yoga aussi d'ailleurs, mais là, c'est nous qui allons abuser de sa patience. Alors tu veux bien te changer, et on est partis ?

– Je ne suis pas sûr que je vais aimer le yoga.

Jake lui jeta ses habits à la figure.

– Absurde. Tu as trente secondes.

Taisha.

Un soleil ardent se fracassait sur la terrasse plein sud en ce milieu d'après-midi, mais Stewart avait eu la gentillesse d'abaisser l'auvent pour elle. Les yeux cachés derrière des lunettes de soleil, Taisha soignait le mal par le mal : les délicieux mojitos de l'intendant, barman à ses heures perdues.

Les révélations de ce matin n'avaient rien fait pour aider sa gueule de bois. À leur arrivée devant la Baraque, un mélange incongru mais unique de manoir de l'Âge d'Or hollywoodien et d'extensions architecturales rétro-futuristes, elle avait été soulagée de découvrir l'Aston Martin garée juste devant une pente qui devait mener au garage en sous-sol.

– On dirait que tout le monde est arrivé sain et sauf, avait commenté un Lewis désinvolte.

Au moment d'entrer, chacun avait vaqué à ses occupations de son côté et seule Amanda était restée un moment auprès d'elle. Une fois dans le grand salon, elle avait dû s'adosser au mur orné d'affiches originales encadrées pour ne pas succomber au vertige qui la saisissait. Elle pouvait mettre trois, même quatre fois son appartement dans cette seule pièce. Et la hauteur de plafond... Si la gravité terrestre venait à disparaître, elle pourrait flotter ici indéfiniment sans jamais se cogner nulle part.

– Nom de Dieu, avait-elle murmuré. Où est Quint ?

– Sans aucun doute en salle de yoga, en train de prendre la pose de la cigogne avec Jake et Lou, un maître yogi beau comme un dieu hindou et au moins aussi cher. Ça va aller ?

– Autant d'espace pour un seul homme, avait-elle soupiré.

Amanda avait effleuré son épaule du bout des doigts. C'était apparemment le mieux qu'elle puisse faire en termes de gestes affectueux.

– Bienvenue à Hollywood, ma belle.

Bienvenue à Hollywood, terre d'apparence et d'excès. Pour l'instant, Taisha profitait des excès tant qu'elle en avait l'occasion. Elle avait piqué une tête dans l'eau presque chaude tout à l'heure, et regardait à présent Quint faire de même, les yeux mi-clos, laissant un peu de côté les tracas de ces dernières vingt-quatre heures. Ils allaient bien finir par débarquer d'eux-mêmes. Tout à l'heure, Jake lui avait rendu Quint en nage et surexcité – apaisement et relaxation ne devaient pas être au programme du yoga de Lou – et avait ordonné à Stewart de lui faire apporter son repas en salle de sport. À la course du soleil, elle aurait bien dit que trois heures s'étaient écoulées depuis le déjeuner. Oui, les tracas étaient en chemin.

Par l'étrange hasard des choses, Jake apparut sur la terrasse alors que cette réflexion la traversait, les cheveux plaqués sur le front par la sueur. D'un pas fatigué, il vint s'asseoir sur un transat à côté d'elle. Stewart arriva en même temps, comme invoqué par une puissance surnaturelle, deux verres à la main. Il tendit le premier à Taisha, élégamment décoré d'une feuille de menthe et d'une tranche de citron.

– Votre mojito, ma jolie.

Puis avec une grimace, il céda du bout des doigts le deuxième verre à Jake. Il contenait une sorte de smoothie jaunâtre où flottaient encore quelques morceaux non identifiés.

– Et votre... Enfin, quoi que ce soit.

Comme Stewart s'éclipsait, Jake désigna le mojito du menton avec un sourire entendu.

– Je vois que ce bon vieux Stewart a trouvé la formule pour vous apprivoiser.

– Absolument, et j'ai renoncé à me battre. La voilà, la vraie pierre précieuse de votre équipe.

– Il était compris dans le prix de la maison quand je l'ai achetée il y a dix ans. Vous ne devineriez jamais ce qu'il faisait dans son ancienne vie. Il tenait un bar au fin fond du Mississippi, qui servait de quartier général à une bande de néo-nazis. Ces connards n'avaient aucune idée que leur serveur était aussi gay qu'une marguerite. Il a supporté leurs inepties pendant quinze ans, et puis ça l'a pris comme ça, un jour. Il a remplacé leur drapeau confédéré par le drapeau arc-en-ciel et il a fui à Frisco, avant d'atterrir ici.

– S'il leur servait la même chose qu'à vous, je pourrais presque comprendre leur haine.

Jake souleva sa boisson avec une grimace éloquente.

– Boisson protéinée. La recette secrète de Matt, mon coach. S'il m'en révélait le contenu, je crois que je refuserais de boire.

– Vous essayez d'arrêter de fumer ?

Elle venait d'apercevoir le patch qui dépassait de la manche de son tee-shirt et avait posé la question sans réfléchir. Elle le regretta aussitôt en le voyant s'assombrir et tenter sans succès de le cacher.

– Non. C'est un anti-douleur, un dérivé morphinique. Je suppose que vous avez lu sur votre Wikipédia que j'ai eu un accident sur un tournage, il y a sept ans.

– Une cascade qui a mal tourné, c'est ça ? Vous avez failli y passer, et ils n'ont pas pu finir le film.

– Vous avez appris la page par cœur ?

– Moi non, mais Quint si. Et il m'a tout répété une bonne trentaine de fois.

Il secoua la tête en riant et jeta un coup d'œil au garçon qui s'ébattait dans la piscine sans leur prêter la moindre attention.

– Tiens donc. Eh bien, Wikipédia l'a sûrement informé que je m'en étais sorti sans séquelles. Ce n'est pas tout à fait vrai, les ligaments atteints ne se sont jamais totalement remis. Sans ce patch, mon cou me ferait mal au moindre mouvement. Il délivre une dose légère, juste de quoi continuer à trouver du travail sans que les assurances deviennent exorbitantes. Information à garder pour vous, bien sûr, mais vous devez connaître la chanson maintenant.

– Oui, marmonna Taisha. *Poker face*. Elle vous va bien, cette chanson.

Jake fit tourner lentement le mélange dans son verre.

– Ne serait-ce pas un reproche que j'entends dans votre voix ?

– Ce n'est pas dirigé contre vous. Plutôt contre ce... Hollywood. Ce monde me fait peur, Jake. Cela dit, le plus effrayant dans tout ça, c'est que je pourrais m'y habituer. Et Quint aussi, apparemment. Les choses vont être compliquées pour lui tout à l'heure.

– Mais ça n'a pas à se terminer comme ça.

Elle plissa les yeux. Il cachait une nouvelle carte dans sa manche, et cette discussion d'apparence anodine allait évoluer d'une seconde à l'autre.

– Comment ça devrait se terminer, d'après vous ?

– Ça ne devrait pas se terminer. Amanda a passé quelques coups de fil pour moi. Le tournage de *Farrell 3* débute dans trois semaines, et elle a trouvé une position de stagiaire à Quint. Ce sera l'occasion de découvrir ce que travailler dans le cinéma veut réellement dire. Assister à un tournage de trois mois, toucher un peu à tout, c'est la meilleure expérience dont il puisse rêver. Et il pourra même voyager en Espagne pendant un mois entier.

– Non.

Elle lâcha le mot alors qu'il essayait de faire passer son verre en quelques longues gorgées qui ne s'attardaient pas sur la langue. Pris au dépourvu, il s'étrangla avec le liquide granuleux. Son désarroi inspira plus de jubilation à Taisha qu'elle ne l'aurait imaginé. Il avait paru si sûr de lui, il avait parlé au futur, comme si tout était déjà signé. Comme si elle n'avait pas son mot à dire dans l'affaire, comme si Quint lui appartenait. Mais Quint n'appartenait à personne, et en tant que mère, c'était à elle de décider de la direction à prendre.

– Non ? Taisha, vous n'y avez pas réfléchi une seconde, la rabroua-t-il avec une voix cassée par sa quinte de toux.

– Je ne sais pas exactement quel plan vous avez en tête pour mon fils. Mais il va à l'école, comme tous les enfants de son âge. Il ne ratera pas trois mois de cours pour aller voir de la tauromachie et vous regarder jouer les casse-cou. Quint est très intelligent. Quand il se met en tête de travailler, il est premier de sa classe. Peut-être qu'un jour, il pourrait obtenir une bourse d'études supérieures. Je ne gâcherai pas ce potentiel.

– L'école, c'est ça votre argument ? Laissez-moi deviner : "Mon fils pourrait être le premier de ma famille à aller à l'université ?" J'ai entendu ça des milliers de fois. Et devinez quoi ? Il n'y a jamais ni bourse, ni université, parce que l'école est une usine à conformistes. Tout ce que l'école va enseigner à Quint, c'est comment se fondre dans la masse et reproduire le schéma parental. Il veut être acteur ! Sauf votre respect, l'école, on n'en a rien à secouer.

Taisha sirota sereinement son mojito. La frustration faisait trembler la voix de Jake, mais elle ne lui accorderait pas le plaisir de le suivre sur ce terrain. Elle demeura d'un calme olympien.

– Vous pensez savoir mieux que moi ce qui est bon pour mon fils ? Depuis quand est-ce que vous planifiez le coup d'État ?

– Un coup d'État ? Non, vous ne comprenez clairement pas mes intentions. J'étais le même gamin, il y a trente ans. Son potentiel, comme vous dites, est incroyable, y compris pour s'intégrer dans ce monde qui vous fait si peur. Ce monde, Taisha, est entouré d'un mur de trois mètres d'épaisseur, avec des barbelés au sommet. Hollywood, c'est Fort Knox. Si on veut rentrer, on a besoin de quelqu'un de l'intérieur pour nous aider à passer par une fenêtre. C'est comme ça que j'y suis parvenu et c'est comme ça que Quint peut y arriver, mais il faut que vous me laissiez un peu de liberté le concernant. J'essaie juste d'aider, d'accord ? Je suis attaché à lui.

– Vous n'êtes pas en train d'essayer de remplacer Chaïm par Quint ?

Le verre explosa par terre aux pieds de Jake, projetant des éclats tranchants et de la mixture jaune tout autour d'eux. Pendant un moment, ils se regardèrent tous deux sans se voir. Puis Stewart se présenta à pas pressés avec une balayette et une serpillière. En quelques instants, c'était comme l'incident ne s'était jamais produit. Stewart s'évanouit, les laissant seuls avec le silence, jusqu'à ce que la voix timide de Quint s'élève depuis la piscine.

– Jake ? Tu viens jouer avec moi ?

– Bientôt, cookie. Très bientôt.

Quand il s'adressa à nouveau à elle, sa voix avait ralenti au point qu'elle avait l'impression de l'entendre lutter intérieurement pour sortir chaque mot. Elle ne put alors s'empêcher de se demander si elle n'avait pas poussé trop fort et avec trop d'insensibilité.

– Décidément, c'est un complot. Dites-moi qui s'est montré un peu trop bavard.

– Ce n'est pas la question. Jake, je vous serai éternellement reconnaissante de ce que vous avez fait pour nous. Mais vous avez imposé un tabou sur le nom de votre propre fils. Quint m'a aussi parlé de la chambre... momifiée. J'ai besoin de savoir ce qui s'est passé. Comment voulez-vous que je confie mon enfant à un homme qui refuse de mentionner le sien ?

– Vous n'avez pas ce droit sur mon intimité, Taisha.

Taisha se redressa et enleva ses lunettes de soleil.

– Pardon, mais chaque kilomètre que vous voulez mettre entre mon fils et moi me donne ce droit.

Jake s'essuya longuement le visage avec sa serviette. Quand il la laissa retomber, elle sut qu'elle avait gagné.

– Alors, qu'est-ce que Wikipédia dit sur mon mariage ?

Elle haussa les épaules.

– Peu de choses. Vous avez été marié entre deux-mille et deux-mille-six à une scénariste, je crois. Son nom n'est même pas mentionné. Il n'est pas mentionné non plus que vous avez eu un enfant. Je ne sais pas par quel prodige vous avez réussi à cacher son existence.

– C'est plus simple que ce que vous imaginez, en réalité. Nous ne voulions pas qu'il ait à subir trop tôt une attention non voulue. Nous avons eu un mariage très heureux jusqu'à mon accident. Après, rien n'a plus jamais été pareil. Enfin... Elle est partie du jour au lendemain, en prenant Chaïm avec elle. J'ai appris le jour d'après qu'elle était rentrée chez ses parents à New-York et qu'elle demandait le divorce. Tout le pays me séparait de mon fils. J'ai sombré si profondément que je n'ai eu ni la force, ni la volonté de me défendre. Elle a obtenu beaucoup d'argent et la garde exclusive de Chaïm. Le temps que je remonte la pente...

Il s'interrompit un instant. Déglutit.

– Chaïm avait cinq... Non, quatre ans la dernière fois qu'il m'a vu. La mémoire à cet âge-là, c'est quelque chose de tellement malléable. Mon ex s'est recasée avec un avocat new-yorkais et j'ai décidé de ne pas perturber leur nouvelle vie de famille. Voilà, vous savez l'essentiel. Mon fils ne se souvient sûrement pas de moi et il en appelle un autre "papa". Mettre le pied dans un gros paquet de merde, ça arrive à tout le monde.

Taisha replaça lentement ses lunettes de soleil sur sur nez, honteuse, le cœur lourd.

– Je suis désolée d'avoir remué tout ça. J'avais besoin de savoir.

– Vous aviez besoin de savoir si je veux remplacer Chaïm par Quint ? Si vous veniez à perdre

Quint, seriez-vous capable de le remplacer ? Je ne pourrai jamais remplacer mon fils. Il n'est plus qu'une gigantesque blessure et Quint n'est pas une serpillière avec laquelle éponger le sang.
– Mes mots ont dépassé ma pensée.
– Cela dit, Quint a besoin de ce que je peux lui apporter. J'en suis certain. Je ne cherche pas à être son père, je propose seulement d'être son guide. Son ami, un ami précieux. Où est le mal ?
Avant qu'elle ait pu répondre, Quint insista depuis la piscine. L'acteur se leva et se débarrassa de son tee-shirt.
– Rien ne presse, vous avez trois semaines pour vous décider. Mais il s'agit sans doute de la plus belle opportunité de sa vie. Tout dépend des chances que vous voulez lui donner.
Taisha ne sut que répondre. Il la culpabilisait effrontément, et dans tout autre contexte, elle se serait permise de le remettre à sa place. Mais la souffrance qu'il avait mise à nu devant elle, à sa demande, l'en empêcha. Alors elle tenta plutôt de détendre l'atmosphère et désigna du doigt les abdominaux qu'il venait de dévoiler et que n'importe quel athlète professionnel lui aurait enviés.
– Et ce n'est toujours pas assez sur la balance ?
– Apparemment, il faut toujours en mettre plus sur la balance, répondit-il sans humour. Toujours.
Il se tourna vers Quint et retrouva soudain un sourire éclatant.
– Je devrais déjà aller me doucher.
– On s'en fout, c'est ta piscine !
– Argument raisonnable.
Il déposa ses lunettes à côté du mojito à moitié plein de Taisha et se détourna immédiatement. Elle aurait juré que c'était une manœuvre pour qu'elle ne puisse distinguer son regard. Il entreprit alors de marcher d'un pas hésitant, les bras tendus devant lui comme un aveugle.
– Quint, tu me dis quand je suis arrivé au bord ?
– Encore quelques pas... Encore... Pas tout à fait...
– Tu es sûr ?
– Sûr. Encore un pas.
Un énorme splash plus tard, leurs rires résonnaient contre le mur de la maison. Taisha contempla les lunettes abandonnées.
Si seulement les briser lui avait permis d'y voir plus clair.

Jake.
– Jake.
Quelqu'un frappait avec insistance contre son tympan.
– Jake, ouvrez.

C'était le même bruit quand on essayait de créer une vague sous l'eau. Un bruit imaginaire, le bruit d'une onde aquatique dans le silence de l'océan, le bruit d'une onde radio dans le vide de l'espace.

– Jake, si vous ne répondez pas, je vais finir par appeler une ambulance et demander à Wyatt de défoncer la porte. Vous savez que ce n'est pas ma partie préférée du job.

Il émergea comme un scaphandrier qu'on récupère sur le bateau, comme l'astronaute qui patiente dans le sas de la station internationale : sans retirer son casque.

– Qu'est-ce qu'il y a ?

– Ça fait trois quarts d'heure que vous m'avez dit que vous descendiez. Addison est arrivé avec dix ongles et il en a mangé neuf, et votre nouveau manager commence à soupçonner qu'on se fout de sa gueule. Je suis à court d'idées pour les faire attendre.

– C'est une bonne ou une mauvaise soirée, Amanda ?

– Vu ce qu'Addison a déjà sniffé moins discrètement qu'il ne le pense ? Une bonne.

Il sourit pour lui-même. Une bonne soirée, c'était quand tout le monde se comportait en adulte : on pouvait mettre la coke sur la table et chacun était libre de se servir. Les mauvaises soirées, c'était quand il devait aller "pisser" toutes les vingt minutes. Il détestait ce genre de soirées.

– J'arrive dans cinq minutes.

– C'est ce que vous m'avez dit il y a quarante-cinq minutes. Ouvrez cette fichue porte.

Avec un soupir, il se leva et vint ouvrir sur des jambes flageolantes. Il affronta le visage sévère d'Amanda avec un sourire à toute épreuve qui ne la dérida pas.

– Si vous pouviez vous voir, Jake. Pourquoi vous ne vous contentez pas des patchs ? Vous connaissez les risques.

– J'ai besoin d'un petit coup de pouce quand je suis triste. Ça arrive. Pourquoi j'ai l'impression d'être une épave quand tu me regardes ?

– Parce que vous en êtes une.

– Je suis vivant, très vivant. Respire ce bon air, Amanda. Je respire le même que toi. C'est toi qui as parlé de Chaïm à la mère, pas vrai ?

Elle hésita, prise en défaut.

– Je le sais, continua-t-il. Wyatt ne parle pas. Lewis est stupide mais pas assez, ou trop pour me manquer de loyauté. Stewart l'a rencontrée aujourd'hui, il n'aurait eu aucune raison. Non... Je ne vois que toi. La vraie question, c'est pourquoi ? Et je sais que tu ne vas pas me répondre, parce que tu as cette chance inouïe d'être la plus talentueuse que je connaisse dans ton domaine. Mais fais attention, Amanda. Personne n'est irremplaçable.

Elle soutint son regard pendant un long moment de silence.

– Cinq minutes, pas plus. Et n'oubliez pas vos lunettes, ça cachera une partie des dégâts.

Au moment où il referma la porte, son téléphone vibra sur le lavabo. C'était le petit. Un message vide, auquel était attachée une photo. Quint apparut, flou et grisé, tout juste assez visible pour qu'il voie son sourire et son pyjama, et devine qu'il était en fait caché sous ses draps. Jake sourit tendrement, et fut à la même seconde assailli par une terrible envie de pleurer.

Quint avait pleuré au moment de monter dans la voiture de Lewis, à destination de l'aéroport. Jake lui avait offert un téléphone rien qu'à lui. Le dernier modèle d'Apple, pas encore sur le marché ; le même que le sien. Amanda avait manifesté son désaccord, mais il ne l'avait pas écoutée. Il n'avait pas non plus demandé l'approbation de Taisha, de crainte qu'elle refuse. Il valait mieux demander pardon que permission. Une fois que Quint aurait l'objet en main, elle ne pourrait plus le lui retirer sans passer pour un monstre.

– Mon numéro personnel est là-dedans, avait-il expliqué au garçon, à l'entrée "Meilleur ami". J'ai une entière confiance en toi pour que tu ne le dévoiles à personne. N'entre pas mon nom. Ne le perds pas, ne l'emmène pas à l'école, n'en parle à personne. Et ne m'appelle pas. Envoie une texto si tu veux parler, et je te rappelle quand je suis disponible. *Capisce* ?

Les larmes et la morve de Quint avaient taché sa chemise propre. Il aurait voulu lui dire que quelques semaines seulement les séparaient de leurs retrouvailles, mais il ne pouvait pas. Taisha s'en était assurée. Alors il l'avait simplement serré aussi fort que possible, murmuré un "Moi aussi" en réponse à son "Je t'aime", et l'avait regardé s'engouffrer dans le ventre affamé de la voiture. Et comme ça, le monde avait soudain perdu de sa couleur. Il n'y avait plus d'intérêt à le voir.

Il s'était enfermé dans sa salle de bains, avait pris deux cachets de ce qui lui était passé sous la main, parmi les petits flacons de pilules étiquetés qui lui permettaient d'accélérer le processus du fentanyl. Valium ? Codéine ? Oxy ? Peu importait. Il était parti casque sur la tête, très bas dans les abysses de l'océan ou très haut dans le vide sidéral, dans un noir presque total, apaisant, parcouru de lueurs éphémères produites par des espèces marines inconnues ou par l'explosion d'une étoile à des millions d'années-lumière de là. Avec cette conscience enivrante qu'une simple fêlure dans sa visière pouvait signifier la fin de tout, la fin de lui, en une fraction de seconde.

Les premières larmes tombèrent sur l'écran de son téléphone et la photo de Quint. Amanda avait raison, ce soir il n'était qu'une épave. Mais ce n'était pas la faute de la drogue. C'était la frustration. C'était cette femme, Taisha. Il pensait l'avoir dans le creux de sa paume, vacillante sur son socle, il n'avait plus qu'une légère pichenette à donner... Et sans prévenir, elle se retournait contre lui comme un chien vicieux contre la main qui l'a nourri. Elle ne le savait pas, mais elle l'avait mis à terre. Il s'était relevé sans mot dire, avait épousseté ses vêtements en toute dignité, mais la pénible réalité demeurait. Forcé, à genoux, il avait dû dire la vérité sur ses tourments intimes.

Une version de la vérité, en tout cas. Quelqu'un de très intelligent n'avait-il pas dit un jour qu'aucune vérité n'était universelle ? Il y aurait toujours autant de vérités que de personnes impliquées. Il se souvenait de ce qu'il avait dit dans la piscine, quand Quint s'était inquiété de ce qui lui avait semblé être une dispute sur la terrasse.

– Ta mère est une femme très forte, elle veut ce qu'il y a de mieux pour toi. Je ne suis juste pas certain qu'elle sache ce qu'il y a de mieux pour toi.

S'il laissait les choses suivre leur cours, tout reposait entre les mains de Taisha. Jamais personne ne lui avait résisté de la sorte. Il aurait dû faire ce qu'il avait pensé lui faire la veille, dans la chambre d'hôtel : la soumettre, comme la chienne qu'elle était. La laisser pour morte dans un champ de bataille de sang, de foutre et de salive. Il n'avait qu'une certitude : si Taisha décidait de s'opposer frontalement à lui, il ferait ce qu'il avait à faire. Elle ne se mettrait pas entre Quint et lui.

Jake essuya ses yeux et appuya sur "Répondre".

Il est tard. Dors. Il fit suivre ces quelques mots d'un smiley grincheux et envoya le texto.

La réponse ne se fit pas attendre : *Tu me manques, meilleur ami. Bonne nuit.*

Il tapa : *Tu me manques aussi, cookie. Dors bien.*

Puis il attendit une bonne minute. Le téléphone ne vibra plus.

Il se préparait juste deux rails de décollage quand son regard remonta jusqu'au miroir. Son cœur manqua un battement. Ses lunettes étaient posées sur le rebord de la baignoire.

"Si vous pouviez vous voir, Jake." avait dit Amanda. Mais il se voyait, il se voyait bien. Juste là. Derrière le miroir.

Ses doigts caressèrent son reflet, laissant des traces sur la vitre.

Le miroir lui renvoyait un mensonge. Un vrai, celui-là. Tout était différent aujourd'hui. Il ne ferait plus les mêmes erreurs. Il n'était pas là pour ouvrir des plaies, mais pour en refermer.

Alors pourquoi le fantôme derrière le miroir ? Cet homme dont il ne pouvait supporter le regard ?

Il envoya son poing dans son reflet. Pas trop fort. Juste assez pour briser le miroir en poussière de verre sous ses phalanges.

Il enfila ses lunettes, regarda à nouveau en face de lui. Eh bien, à part le cratère qu'il venait de créer, tout avait l'air normal. Il passa ses mains sous l'eau. Un mélange de verre et de sang glissa dans le lavabo de marbre et disparut dans la tuyauterie.

8

Les mensonges sans importance

Taisha.

On était mi-septembre, Taisha avait fêté seule ses vingt-neuf ans et l'escalier de son immeuble n'avait de cesse de le lui rappeler chaque jour qui passait, dans ses jambes, son cœur et ses poumons. Ce soir-là cependant, elle retrouva dans sa boîte aux lettres un courrier en provenance d'Espagne qui lui donna des ailes : l'adresse était calligraphiée de la main appliquée de Quint.

Elle n'avait eu droit qu'à deux coups de fil d'une décevante brièveté depuis leur départ de Los Angeles pour Grenade, deux semaines auparavant, qui l'alertaient que leur emploi du temps était très chargé et qu'il ne pourrait pas l'appeler très souvent. Une lettre, c'était donc inespéré, et lui interdisait subtilement de se laisser envahir par le doute quand elle repensait à sa décision : laisser partir Quint sous la responsabilité de Jake.

Elle n'avait pas réfléchi très longtemps, en vérité. Leur retour à Seattle avait été d'une morosité sans borne, même pour elle. Après le luxe d'une telle compagnie, il leur avait fait l'effet d'une après-midi passée à attendre sous la pluie un bus qui ne passerait pas : l'impression défaitiste qu'ils avaient vécu pour rien.

Mais ce n'était pas pour ça qu'elle avait cédé.

Peu après vingt-et-une heures, elle était entrée dans la chambre de son fils et l'avait trouvé avec son smartphone tout neuf, sous les draps pour tenter d'en camoufler la lumière. Elle avait découvert son visage penaud et retiré fermement le téléphone de ses mains.

– On avait dit pas de ça au lit.

– Mais peut-être qu'il va appeler, ou envoyer un autre texto.

– Tu m'obliges à te le confisquer la nuit. Dors, maintenant.

Quint s'était à nouveau calé sur son oreiller et après qu'elle avait remonté le drap sous son menton, les yeux embués il avait chuchoté :

– J'ai peur de me réveiller demain et voir que ce n'était qu'un rêve.

– Non. Tout était bien réel. Est-ce que *ça* te paraît être un rêve ?

Elle l'avait chatouillé jusqu'à ce qu'il se tortille en criant grâce.

– Tu n'as pas à avoir peur qu'il t'oublie, avait-elle continué. Ça n'arrivera pas.

– Comment tu peux en être aussi sûre ?

Elle avait réalisé à cet instant que tout en lui donnant la possibilité de refuser, Jake ne lui avait en fait laissé aucune marge de manœuvre. Il l'avait prise en otage en capturant Quint dans un filet désormais trop solide pour être déchiré, un filet tissé de sentiments trop puissants pour qu'elle puisse ni les contrôler, ni les rompre, à moins d'abîmer profondément son fils. Et quelle excellente raison avait-elle de vouloir les rompre ?

– J'en suis sûre parce que mon petit doigt me l'a dit, et il ne ment jamais. Maintenant...

– ... Dors. Je sais. Je t'aime, maman. Plus que n'importe quoi dans le monde.

– Plus que Jake ?

La question lui avait échappé. Elle n'aurait pas dû la poser, mais il était trop tard pour retirer les mots qui la hantaient et n'avaient attendu qu'une bonne occasion pour hurler la peur coincée en elle. Quint l'avait regardée solennellement.

– Si je devais choisir, c'est toi que je choisirais.

Taisha l'avait serrée contre lui.

– Rappelle-toi bien ces mots, mon amour.

Lorsque Quint s'était enfin endormi, elle avait emprunté son smartphone.

Je veux qu'il continue à suivre des cours. Et s'il lui arrive le moindre problème, je vous tue. Sans blaguer.

Elle n'avait vu la réponse que le lendemain matin, Jake l'avait envoyée aux alentours de trois heures.

Vous essayeriez en tout cas, ça ne fait pas de doute. C'est la bonne décision. Quint est destiné à de grandes choses. Amanda vous contactera pour les détails.

Bien évidemment, elle avait pris soin d'effacer les messages de la mémoire du téléphone. Les jours suivants n'avaient fait que la conforter dans son choix. Quint passait ses journées à envoyer des messages. Parfois on lui répondait dans la minute, parfois il se passait des heures avant qu'une réponse arrive enfin, sous la forme d'un appel. Il s'enfermait alors dans sa chambre et elle distinguait à peine ce qui se racontait. Au bout de quelques jours, ses congés avaient pris fin et elle avait dû le laisser en tête-à-tête avec Jake. Déjà.

Elle était reconnaissante d'une chose à l'acteur : il lui avait cédé le privilège d'annoncer la nouvelle à Quint. Ce jour-là, son fils avait pleuré de bonheur, et elle s'était flagellée mentalement pour avoir osé seulement songer à l'en priver. C'était simplement irrationnel, croire qu'un tel rêve pouvait se réaliser sans vice caché. Quint, malgré l'âpreté de la vie qui lui avait été imposée, conservait la naïveté de son âge. Plonger à corps perdu dans un rêve de plus ne lui semblait pas si étrange. Comment lui aurait-elle expliqué que ce rêve à portée de ses doigts serait perdu à jamais ?

La mi-août venue, on était venu chercher Quint à la porte même de leur appartement pour le ramener en avion à Los Angeles, où il devait résider chez Jake pendant le tournage en studio. Dès le lendemain et selon ses exigences, l'institutrice particulière engagée par la production l'avait appelée pour l'informer dans les détails du programme qu'elle comptait suivre. Amanda, quant à elle, lui

avait envoyé des pages et des pages de contrat qu'elle avait lues de la première à la dernière ligne. Elle n'était pas sûre d'en avoir compris la moitié et n'avait bien sûr rien trouvé à redire.
Au début, les coups de téléphone avaient constitué un rituel quotidien. Taisha s'attendait à ce que Quint ressente un peu le mal du pays, qu'elle lui manque, tout simplement, comme il lui manquait. Mais elle entendait dans sa voix que tout allait parfaitement bien. C'était le sort de tout parent, un jour ou l'autre, que son enfant prenne du bon temps en son absence. Dès la deuxième semaine, les discussions s'étaient raréfiées, et le départ à Grenade avait sonné le glas du contrôle que Taisha exerçait sur la vie de son fils.
Une lettre était donc un présent aussi bienvenu qu'inopiné, et sitôt rentrée, elle s'attabla et découpa proprement l'enveloppe.
Maman chérie,
Je t'appelle quand je peux, mais Jake a dit que ce serait une bonne idée que je t'écrive pour te raconter ce que je fais et que tu serais contente, alors voilà.
On est à Grenade, dans le sud de l'Espagne. C'est très très différent de Seattle ou même de L.A. Il fait super chaud ! C'est sûr que le film va déchirer. Jake est trop génial.
Je ne m'ennuie jamais. Je fais exploser des trucs (de très loin, ne t'inquiète pas), je change le jour en nuit juste avec la caméra, je fais la sécurité des lieux de tournage (pas tout seul, ne t'inquiète pas), et Marco, c'est le réalisateur, m'a donné officiellement le titre d'assistant du quatrième assistant caméra. Le quatrième assistant caméra, c'est le clappeur. Alors je clappe très souvent.
Sur un tournage aussi, il faut très souvent ne pas bouger et se taire. C'est ce qu'on doit faire sur le plateau quand on entend "Moteur". Il ne faut pas déconcentrer les acteurs quand ils jouent. Et puis dès qu'on entend "Coupez", tout le monde se remet en mouvement. C'est comme jouer à un "Un, deux, trois, soleil" géant.
Jake me dit de ne pas oublier de te dire que tout se passe bien avec l'institutrice. Ne t'inquiète pas, je ne suis pas en retard sur le programme.
Il y a beaucoup d'attente pour les acteurs sur le plateau. Alors, quand Jake n'est pas occupé à tourner, ou à se préparer, ou à relire son texte, ou à faire des bêtises (des fois je participe, mais ce n'est jamais moi qu'Amanda engueule), on emprunte une caravane et il me fait faire des tas d'exercices de respiration et de théâtre, tout ça. C'est beaucoup plus difficile que ça en a l'air, mais Jake est aussi un prof génial et il ne m'arrête jamais, à moins que j'utilise notre mot-code de sécurité. On fait un jeu où il faut imaginer que les mots sont des balles. Il faut les lancer le plus vite possible dans les airs, et les rattraper tous, un par un, comme un jongleur.
Le soir, on fait des soirées films. Moi je mange du pop-corn, et Jake a un paquet de Malt Balls, il n'en mange que trois chaque soir et m'a fait promettre de ne rien dire à Amanda. Il ne veut pas m'en

donner, il dit que ce sont des bonbons pour grandes personnes. N'importe quoi. De toutes façons, je m'endors tout le temps devant le film, et Jake me laisse dormir là. Je dors assez, ne t'inquiète pas. Parfois même, je fais une sieste dans une caravane.

Il ne faut surtout pas t'inquiéter, Maman. Jake prend soin de moi, et quand il ne peut pas, il y a toujours quelqu'un avec moi. Tout le monde est gentil et je mange trois repas par jour.

La seule chose qui manque, c'est toi. Mais on se verra bientôt. Je t'embrasse fort et je t'aime.

Quint.

Taisha reposa la lettre, pensive.

C'étaient bien les mots de Quint. Elle reconnaissait son écriture diserte, organisée mais ponctuée de digressions et de soudaines avalanches de détails qui ne manquaient pas de la faire sourire.

Et puis, il y avait tout le temps ces mots : ne t'inquiète pas.

Quint était un petit garçon attentionné, bien sûr qu'il lui aurait demandé de ne pas s'inquiéter, quand bien même il se trouvait en compagnie d'une foule d'inconnus à des milliers de kilomètres d'elle.

Une fois. Ensuite, il aurait estimé que raconter ses journées de façon aussi fournie et enthousiaste suffirait à la rassurer. Au lieu de ça, il s'empressait de le répéter à tout bout de champ : ne t'inquiète pas. Comme s'il avait fallu réellement qu'elle s'inquiète.

Ou bien sombrait-elle tout bonnement dans la paranoïa. Elle n'avait jamais été séparée de son fils plus de quelques jours d'affilée. Trois mois, c'était une éternité. Et à la fois, sur une vie, qu'est-ce que cela représentait ? Jake avait raison. Ce n'étaient que des vacances utiles avec des gens qui veillaient sur lui, elle le savait, comme sur la prunelle de leurs yeux. C'était dans le contrat.

Quint allait fêter ses dix ans à Grenade. Est-ce que Jake savait seulement ce qui lui ferait plaisir ? Aurait-il seulement le temps de lui offrir quelque chose ? Une décennie de présence sur Terre, c'était un âge important.

Même si, Dieu merci, Quint resterait un enfant quelques années encore.

Quint.

Le jour où Jake lui demanda d'écrire une lettre pour sa mère, Quint se retrouva confronté au syndrome de la page blanche : le stylo suspendu dans le vide, incapable de poser la mine sur la feuille, il contemplait phrase après phrase, rejetait idée après idée. Jake délaissa un instant les pages de script qu'il barbouillait de surligneur pour venir serrer affectueusement son épaule. Son souffle lui chatouillait la nuque.

– Qu'est-ce qui se passe, cookie ? Un problème ?

– C'est qu'il y a toutes les choses que je ne dois pas raconter. C'est mentir. Maman m'a dit de ne jamais lui mentir.

– Des petits mensonges sans importance. Ce n'est même pas vraiment du mensonge si tu n'en parles pas. Quint, aucun enfant ne raconte absolument tout à ses parents, c'est normal. Ta mère le sait parfaitement. D'ailleurs elle aussi, elle doit te cacher des choses pour ton bien. Dis-toi que tu le fais pour son bien. Tu ne veux pas qu'elle s'inquiète, si ?

Avec une dernière petite tape sur la joue, il quitta la caravane, plaçant une fois de plus son entière confiance en Quint comme s'il s'agissait de choses insignifiantes. Et après tout, c'était bien ce que c'était. Des mensonges sans importance. Comme la fois où ils avaient roulé à tombeau ouvert dans l'Aston Martin.

Alors Quint se mit à écrire. Et à chaque ligne qu'il terminait, il pensait fort aux mensonges sans importance qui ne trouveraient pas leur chemin jusqu'à la page.

Le premier, c'était la drogue.

Dès Los Angeles, il avait découvert que Jake prenait de la cocaïne. Des quantités folles, mais il était loin d'être le seul. En trois semaines, il avait vu presque tout le monde "taper". Même Amanda ne disait pas non à une trace de temps à autre, et c'était sans doute pour ça qu'elle faisait si bien son job. La "blanche" permettait de continuer à bien travailler pendant douze, parfois quinze heures d'affilée. Un jour, s'il voulait être un acteur, il devrait en prendre aussi, mais il devait être beaucoup plus vieux. Cela le démangeait d'essayer parce que ça n'avait pas l'air bien méchant, mais Jake le lui avait formellement défendu.

Il ne devait pas parler non plus des patchs sur les bras de Jake, et des marques sur ses bras qui le faisaient frissonner. Il ne pourrait jamais s'habituer à ces plaques suppurantes de lymphe que Jake grattait jusqu'au sang. Tout comme il avait du mal à s'accoutumer aux "siestes" de Jake le dimanche, des siestes qui arrivaient sans prévenir, à dix heures du matin comme à dix-huit heures. La première fois, Quint avait tenté de le réveiller, mais avait rapidement compris qu'on n'émergeait pas réellement de ce genre de sieste. Les paupières à demi ouvertes, les yeux papillonnant sans jamais se focaliser sur autre chose que le vide, Jake ressemblait alors aux zonards de certains halls d'immeuble, leur seringue encore plantée dans le creux du coude après avoir consommé l'héroïne que son père vendait. Depuis lors, Quint ne venait plus le déranger lors de ses siestes, si ce n'était une fois par heure pour vérifier que sa poitrine se soulevait toujours. Cette peur-là aussi, celle qu'il arrête soudain de respirer, devait rester silencieuse.

Le deuxième mensonge concernait l'institutrice. Quint ne savait même pas à quoi elle ressemblait, puisque Jake avait décidé qu'il n'était pas stagiaire en cinéma pour faire de l'anglais et des maths. Paloma recevrait le salaire prévu par la production, et elle avait perçu quelques centaines de dollars supplémentaires pour duper Taisha. Ce mensonge-là n'était pas pour déplaire à Quint ; mais depuis la chambre d'hôtel, le garçon avait surpris une dispute entre Amanda et Jake. Ce matin-là, pour les besoins d'une farce bon enfant, ils avaient volé sa trousse de toilette et Quint s'était chargé de maquiller Jake à sa façon. L'acteur était arrivé sur le plateau tartiné à la truelle, ses cheveux attachés en couettes minuscules par des élastiques. La plaisanterie avait coûté près d'une heure de retard à la production, mais Quint pensait que l'hilarité générale aurait fait passer la pilule. Pas pour Amanda.

– Mes affaires ne vous appartiennent pas, Jake. Je ne vous appartiens pas.

– Tu n'en fais pas un peu trop ?

– Rappelez-moi pourquoi je travaille pour vous.

– Parce que je te paie très cher ?

– Précisément. J'ai besoin d'une augmentation.

– Ça va, j'ai laissé le gamin s'amuser.

– Parlons-en, du gamin. Il devrait passer ses matinées en cours, pas à faire perdre du temps et de l'argent aux studios. Il ne vous appartient pas non plus.

– Tu vas trop loin, et ça arrive trop souvent en ce moment.

– Non, je fais mon job, tel que vous m'avez demandé de le faire. Quoi que vous cherchiez, ce n'est pas dans ce garçon que vous le trouverez. Vous avez besoin d'un psy, pas d'un pseudo-meilleur ami d'un mètre trente. Vous pensez l'aider, mais vous allez le détruire, et sa mère avec.

– Merci pour ta précieuse analyse. Je te suis reconnaissant de faire ton travail avec tant de dévouement.

– Vous ne m'avez jamais atteinte, Jake, et ce n'est pas aujourd'hui que ça va arriver.

– C'est ça. Surveille ta fiche de paie le mois prochain.

Peu après, Jake était rentré dans la chambre, un verre de whisky à la main.

– Tu n'étais pas censé aller prendre une douche et te mettre en pyjama ?

Quint avait timidement haussé les épaules.

– Elle est en colère contre moi, ou contre toi ?

– Contre moi, cookie. Elle pense mieux savoir ce qui est bon pour nous deux. Tout comme ta mère. Mais elles n'ont pas la science infuse. Oublie ça et va prendre ta douche, crasseux.

Avant d'aller s'enfermer dans la salle de bains, Quint avait fait un crochet pour enlacer Jake, le visage enfoui dans son tee-shirt.

– Tu ne vas pas me renvoyer à Seattle, hein ?

– Personne n'a parlé de te renvoyer, Quint. Ça n'arrivera pas.

Quint écrivit une nouvelle phrase.

Le troisième mensonge, c'était leur conversation matinale, trois jours auparavant.

Comme d'habitude, c'était le room service disposant leur repas dans le salon qui les avait réveillés. Quint s'était précipité à table, mort de faim ; il avait déjà englouti la moitié de son bol de céréales quand Jake était apparu en bâillant. Comme il ne portait que ça, Quint n'avait pu rater ce qui déformait son boxer. Il avait immédiatement baissé le regard sur son bol, les joues brûlantes. Jake, lui non plus, n'avait rien manqué de sa réaction.

– Désolé. Elle est un peu résistante aujourd'hui.

Quint avait continué à manger sans rien dire. Jake cherchait son regard, il le devinait.

– Alors quoi, je vais avoir droit au roi du silence parce que j'ai la trique du matin ? Tu sais ce que c'est, non ? Tu en as déjà eu. Je ne te croirai pas si tu me dis le contraire.

– Des fois, avait-il avoué.

Dans sa tête, il y avait cette petite voix qui lui murmurait qu'il ne devait pas parler de ça. Mais après tout, c'était Jake. Il n'y avait pas de mal à parler de ça avec lui. En tout cas, il se sentirait toujours plus à l'aise qu'avec sa mère.

– À l'école, il y en a qui disent que c'est quand on a rêvé de filles toutes nues.

– N'importe quoi, avait commenté Jake la bouche pleine. Les érections nocturnes sont des outils pour ton corps, pour vérifier que tout fonctionne normalement. Cela dit, ce n'est pas sale de faire des rêves érotiques. Ça t'arrive d'en faire ?

– Non. C'est quoi, des rêves érotiques ?

– Des rêves avec des filles toutes nues, avait platement expliqué Jake. Ou des garçons, peu importe.

– Oh... Non. Enfin, je ne me souviens pas.

Jake avait doucement souri puis enfourné un œuf au plat en une seule bouchée. Une goutte de jaune avait coulé de la commissure de ses lèvres. Après un moment de silence, toujours avec autant de désinvolture il avait demandé :

– Tu te touches ?

À nouveau, le visage de Quint l'avait chauffé jusqu'aux oreilles. Il avait plongé dans ses céréales, muet. Il n'avait jamais parlé de ça à personne. C'était la honte. Comment Jake pouvait-il savoir ?

– Quinton, il y a des tas de choses dont ton père aurait dû te parler. Mais les pères ont ça en commun qu'ils font toujours défaut. Alors on va dire que tu peux me parler de ce genre de choses. Rien ne sortira d'ici. C'est tout à fait normal de se masturber, tout le monde le fait.

Le garçon avait relevé la tête, stupéfait. Mais il n'y avait qu'une honnêteté tranquille en face de lui.

– Tout le monde ? avait-il répété, ahuri.

– Tout le monde, ou presque. Les garçons et les filles.

Il avait toujours cru que ce qu'il faisait en cachette, enfermé dans sa chambre, était quelque chose de profondément dégradant, dont personne ne devait jamais avoir vent.

– Mais... Même toi ?

– Bien sûr, régulièrement. Sous la douche, généralement. Et toi, alors ?

– Ben... Des fois. Le soir quand Maman croit que je dors.
– Combien de fois par semaine ?
– Une. Ou peut-être deux.
Jake avait eu un petit gloussement.
– Qu'est-ce que tu es sage. À ton âge, je me branlais une ou deux fois par jour. Tu gicles déjà ?
– Je... De quoi ?
– Franchement, Quint, personne ne t'a jamais parlé de ça, même pas à l'école ? Comment les gamins sont supposés comprendre leur corps ? L'éjaculation. C'est quand un liquide blanc et collant gicle de ton pénis, à peu près au moment où tu jouis, où tu ressens un plaisir très fort. C'est là-dedans que sont les spermatozoïdes, ce qui sert à faire des enfants. On vient tous d'une bonne giclée de sperme et à ton âge, tu es censé savoir ça. Alors, est-ce que tu éjacules ?
– Non, je ne crois pas.
Quint aurait juré que de la déception pour lui passait sur le visage de Jake. Il s'était demandé ce qu'il manquait de si génial.
– Ça arrivera un de ces jours. Branle-toi un peu plus souvent. Sérieusement, ça te fera du bien.
Il avait terminé son lait de noisette d'un trait avant de quitter la table, et Quint n'avait pu s'empêcher de remarquer que son érection était toujours là.
– Si tu me cherches, je serai sous la douche.
Jake lui avait envoyé un clin d'œil avant de s'éclipser, et Quint avait pouffé dans sa main. Il avait compris le sous-entendu et était maintenant envahi par un mélange étrange de gêne et de reconnaissance. Il ne pouvait pas nier le sentiment de privilège qui accompagnait cette mise dans la confidence. Aussitôt, son cerveau avait cherché à fabriquer des images de ce qui allait se passer dans la salle de bains, mais il l'en avait fermement empêché. Jake avait eu beau dire que ce n'était pas dégoûtant, le visualiser chez les autres c'était encore une autre affaire.
Et c'était drôle. Maintenant, il ne pouvait plus arrêter son imagination. Il voyait Lewis se masturber, et Wyatt, et Marco le réalisateur, et même Stewart, et il riait tout seul. Et... Amanda ? Et sa propre mère ? Elles n'avaient pas de zizi, elles. Comment elles faisaient ? Peut-être qu'un autre jour, il poserait la question à Jake. Il devait savoir, lui.
Quint termina sa lettre et signa. Il aurait aimé parler à sa mère de tout ce qu'il avait appris. Mais un garçon ne parlait jamais de ces choses-là à sa mère, avait dit Jake, cela ne la concernait pas. C'était une conversation qui devait rester entre eux deux.
Quand il eut proprement plié sa feuille, il sortit de la caravane et courut sur le plateau, où Jake se préparait à tourner. Jake refusa de lire.
– Pour quoi faire ? C'est une lettre pour ta mère, je n'ai pas à lire ce que tu lui veux lui raconter.

– Mais, à cause de...

– Je suis sûr que tu as écrit tout ce qu'il fallait, cookie. Va mettre ça dans une enveloppe et reviens vite, on va avoir besoin d'un clappeur.

Quint obéit sans un mot de plus. Personne ne lui avait jamais fait une confiance aussi aveugle. Il venait seulement de comprendre ce que signifiait avoir un meilleur ami.

Le trois octobre, Quint tourna une scène pour la première fois de sa vie. Rongé par le stress, il n'écouta que d'une oreille le briefing de Jake au petit-déjeuner, surtout constitué de vaines exhortations à se détendre. Il allait être filmé. Il allait apparaître dans un film, et pas n'importe quel film. *Farrell Cosma*. Dans le même plan que Jake Longfield. Se détendre n'était pas une alternative. Être mauvais non plus.

Quint jouait un jeune touriste dans les jardins de l'Alhambra, trop absorbé par sa partie de *Tekken*, au grand dam de ses parents qu'il finissait par perdre de vue. Farrell passait alors rapidement devant lui, en plein corps-à-corps avec son ennemie jurée.

Quatre plans, une trentaine de secondes de film. Ça ne laissait que peu de droit à l'erreur.

Il fut habillé et maquillé comme un véritable acteur, s'échauffa le corps et la voix comme Jake le lui avait montré. Mais alors que celui-ci terminait sa mise en place avec la cascadeuse, la vision de Quint vira soudain au noir et il dut s'asseoir pour ne pas s'effondrer. Aussi dur que cela soit de l'admettre, il était mort de trouille.

Quelques minutes plus tard, Jake vint s'asseoir vers lui. Il avait déjà posé les lentilles blanches qui rendaient son regard laiteux, derrière ses fausses lunettes aux branches collées sur son crâne.

– Hey, ça va être à toi.

– J'ai peur.

– J'ai vu. Tu es prêt, il n'y a pas de piège, rien de difficile. Et on peut refaire les prises autant qu'il le faudra. C'est la magie du cinéma.

Il se releva et lui tendit la main. Son ton était sévère désormais.

– Allez, Quint. Où est ton courage ? Il est trop tard pour flancher.

Avec réticence, le garçon se laissa hisser sans douceur sur ses jambes. Jake coinça sa tête entre ses deux mains et le força à le regarder.

– Souviens-toi. Qui est ton personnage ?

– Mon petit frère.

– Aime-le, montre-lui tes jouets, laisse-le jouer avec, mais...

– Ne le laisse jamais penser qu'ils lui appartiennent.

– Et tout ira bien. On ne veut pas que quelque chose se casse dans cette merveilleuse tête, pas vrai ?

– Non, on ne veut pas. Et toi, ne te casse rien non plus.

– Moi ? Moi, je suis en béton armé, cookie. Allez, go.

Quatre plans. Une trentaine de secondes de film.

Quand le premier assistant réalisateur déclara le bouclage de la scène et sonna la pause cantine, Quint fit quelques pas au hasard sur l'herbe, complètement perdu. Il l'avait fait. Il était dans un film.

Une main se posa gentiment sur son épaule. Quint leva un regard plein d'espoir vers Jake, dont le visage était troublant d'impassibilité.

– Est-ce que j'étais bien ?

– Je n'en sais rien. Les gars, vous pensez qu'il était bien ?

Une rumeur d'approbation s'éleva. Alors seulement, Quint réalisa que personne n'était parti déjeuner. Tout le monde le regardait avec un sourire en coin.

– Eh bien, je crois qu'il y a de quoi faire la fête.

Des dizaines de voix s'accordèrent sur une chanson d'anniversaire. Ébahi, Quint se souvint tout d'un coup qu'il avait dix ans. Il avait dix ans aujourd'hui, et il était dans un film. Il se sentait grand. Grand comme un adulte, grand comme une montagne.

– Tu étais bien le seul à avoir oublié, lui lança Jake par-dessus le chant. Où est le cadeau ?

Amanda fendit la foule, une petite caméra en fonctionnement dans une main et un gros sac en plastique dans l'autre. Jake en sortit deux tickets en carton qu'il fourra dans les mains de Quint.

– Deux billets en première loge pour aller voir les Dodgers à domicile contre ces enfoirés de Giants, la saison prochaine. Enfin ça, c'est si tu veux toujours de moi comme meilleur ami d'ici là.

Quint contempla les billets avec émerveillement. Il ne s'intéressait pas vraiment au baseball, il ne suivait aucune ligue, il ne connaissait pas les règles, il n'avait jamais joué. Mais rien ne l'empêchait de s'y mettre. C'était en avril prochain, et c'était à Los Angeles, avec Jake. Le rêve continuait.

– Et comme tu seras au premier rang, il a fallu que je t'équipe comme un vrai supporter. Dans le sac, tu trouveras une casquette, un sweater, un gant et des balles aux couleurs des Dodgers. On pratiquera ton lancer dans le parc. Avec de l'entraînement, tu pourrais même avancer jusqu'au banc des remplaçants. Tu en penses quoi ?

– Je ne sais même pas quoi dire.

– Pas besoin de dire quoi que ce soit, tu le sais bien.

Quint vint se nicher dans les bras de Jake, qui le souleva et le fit tournoyer dans les airs.

– Tu as très bien travaillé, Quint. Tu es un grand garçon maintenant, pas vrai ?

– Je crois bien, oui.

– Et il y a encore une surprise.

Une longue table avait été installée par des techniciens au beau milieu des Jardins du Partal, avec pour toile de fond l'Alhambra de Grenade. Trois personnes déposèrent sur la table un énorme gâteau fait de biscuit au chocolat et de tonnes de chantilly. Au sommet trônait une bougie en forme de dix, entourée de cookies miniatures.

– Il y a encore meilleur à l'intérieur, souffla Jake à son oreille.

Prenant une grande inspiration, Quint éteignit la bougie, déclenchant une salve d'applaudissements. Alors qu'il redescendait, il se fit la réflexion qu'il n'avait sans doute jamais été aussi heureux de sa vie. Il ne manquait plus que sa mère et le monde en cet instant aurait été parfait.

Il allait demander un couteau pour découper la première part quand il fut plongé jusqu'aux oreilles dans le chocolat et la chantilly. Il se releva lentement, ses éclats de rire étouffés par les nuages de crème qui lui rentraient dans la bouche et les narines. À côté de lui, il percevait clairement les gloussements puérils de Jake.

– Désolé, on ne m'a pas appris à ne pas jouer avec la nourriture. Tu as trouvé le fourrage surprise ?

– Pas encore.

– Alors il faut que tu continues à chercher.

– Non !

Ce soir-là, Quint s'installa sur le lit persuadé qu'il allait s'endormir rapidement. Il avait creusé son chemin dans le gâteau à coups de cuillère, jusqu'à un cœur de pâte à cookie, et en avait mangé autant que son estomac pouvait le tolérer. Au sortir d'une longue sieste il se trouvait toujours lourd, et toucha à peine à son dîner. Alors que Jake lançait un film intitulé *Willow,* il devait déjà se concentrer pour que ses paupières ne battent pas trop.

– *Willow* ? Ce n'est pas un super vieux film, ça ?

– Il a vingt ans à peine, ne me fais pas passer pour un grand-père. Tu vas dormir avec la casquette ?

Quint rajusta fièrement la casquette des Dodgers sur son crâne.

– Yep.

Jake se jeta sur le lit et de la table de nuit, il tira son trésor secret : le paquet entamé de Malt Balls dont, chaque soir sans exception, il extrayait trois bonbons qu'il laissait fondre en bouche. D'habitude, Quint se faisait chauffer un petit paquet de pop-corn au micro-ondes. Ce soir, Jake s'inclina humblement en lui présentant le paquet de bonbons.

– Mr Hayes, vous avez gagné ce droit.

Lâchant un hourra, Quint plongea la main dans le paquet qu'il lui tendait avec réticence et ressortit une pleine poignée de boules au malt soufflé. Son estomac peinait déjà, mais manger ces Malt Balls était devenu une question de fierté. Jake lui avait permis de se servir parce qu'aujourd'hui, il atteignait un certain statut. Il savait exactement ce que sa mère dirait : "Dix années de présence sur Terre, c'est un âge important." Alors, comme tous les enfants qui voulaient se sentir importants, il eut les yeux plus gros que le ventre.

Il s'était assoupi depuis un bon moment quand les gargouillis dans son œsophage le réveillèrent. Un premier haut-le-cœur l'alerta de l'urgence. La bile envahissait déjà sa bouche, il souleva le couvercle de la cuvette des toilettes et vomit. Son estomac se tordait douloureusement.

La honte le brûlait tout autant que l'acidité dans sa gorge. Mais Jake ne se mit pas en colère. Il n'y avait pas même une once d'agacement dans sa voix lorsqu'il le rejoignit dans la salle de bains. Alors que Quint drainait ses tripes, il lui retira sa casquette et lui caressa le dos de gestes apaisants. Quand les haut-le-cœur se firent secs et douloureux au point de le faire gémir, Jake trempa un gant de toilette dans l'eau fraîche, qu'il appliqua sur le front de Quint jusqu'à ce que son corps s'immobilise.

– C'est terminé ?

– Je pense.

Quint se releva, tira la chasse et laissa Jake passer son haut de pyjama souillé par-dessus sa tête. Il se rinça la bouche puis, les yeux fermés, il se laissa manipuler comme une poupée de chiffon tandis que Jake passait le gant de toilette sur son visage, ses bras et son torse, s'attardant sur son sternum, puis sur sa nuque. C'était exactement ainsi que sa mère prenait soin de lui quand il était malade. Il se laissa manœuvrer comme si c'était elle qui plaçait son corps secoué au repos.

– Comment tu te sens ?

Le garçon rouvrit les yeux. Maintenant, c'était la fraîcheur qui le faisait frissonner. Dans le miroir, sa peau noire contrastait avec celle de Jake derrière lui, un bras passé autour de ses épaules. Il ne se fondait pas en lui comme avec sa mère ; et pourtant ce soir, comme la fatigue l'envahissait, il n'avait plus qu'une envie : disparaître en lui, être enveloppé dans la chaleur de son corps et retourner à l'état de nouveau-né, protégé, aimé. Aimé, plus que tout.

– Mieux.

Il se laissa guider dans la chambre. Le film tournait toujours, sans spectateurs. De retour sur le matelas, Quint rampa pour se nicher contre le flanc nu de Jake.

– Tu ne vas pas me vomir dessus, hein ?

– Non. Tout est parti.

– Je le savais. Un grand garçon, pas vrai ?

– Oui. Mais c'est beaucoup de travail.

Jake lui permit de poser sa tête dans le creux de son épaule et d'enrouler son bras autour de son abdomen.

– Tu te débrouilles plutôt bien jusqu'ici, cookie.

Ils reprirent le film en cours de route. Quint ne faisait plus qu'écouter d'une seule oreille. Le sommeil s'infiltrait sous ses paupières. Machinalement, il faisait flotter son index au-dessus de chaque ligne abdominale de Jake. Son doigt s'arrêta sur une fine et blême zébrure qui courait du

creux de son diaphragme jusqu'à son côté gauche, qu'il remarquait pour la première fois. Il posa son doigt dessus et entreprit de la suivre jusqu'au bout. Les muscles frémirent, effarouchés.
– Qu'est-ce que c'est ? marmonna-t-il.
– Un vieux souvenir.
La poitrine de Jake envoyait de douces vibrations dans son crâne quand il parlait. C'était mieux que n'importe quelle berceuse, n'importe quelle histoire, n'importe quel baiser, même celui de sa mère, pour se détendre et s'endormir. Il ferma les yeux.
– Jake... J'aimerais que tu sois mon père.
La poitrine sous sa tête se souleva, puis s'abaissa en un lourd soupir.
– Les pères sont surfaits, Quint. On en a déjà parlé. Ils déçoivent. Ils blessent. Je suis content de ne pas être ton père, parce que je ne ferai jamais rien de tout ça. Je préfère qu'on continue à s'aimer comme des meilleurs amis, d'accord ?
Quint approuva avec un bâillement. Son cerveau n'avait pas enregistré la moitié de ce qu'il avait dit, mais il voulait bien être d'accord avec tout ce que Jake disait.
– D'accord. Je t'aime.
– Moi aussi, cookie.
Moi aussi, cookie. Ces mots résonnaient encore dans sa tête quand il émergea d'un sommeil léger. Jake venait de lui demander s'il dormait. Il avait dormi. Combien de temps, il n'aurait su le dire. Cinq minutes, plusieurs heures. Le générique du film se déroulait à l'écran. Il serait bien resté ainsi toute la nuit, mais il devait peser douloureusement sur l'épaule de Jake. Alors il s'apprêta à s'écarter pour investir son côté du lit, mais Jake le retint.
– Non, reste là. Tout va bien.
Tout allait bien. Quint s'installa un peu plus confortablement et referma les yeux.
D'abord, il crut que la main de Jake s'était égarée par erreur. Mais elle s'attarda. Elle fit même plus que s'attarder. Très bientôt, elle glissa sous son vêtement et le toucha directement.
Un chaos de pensées envahit son esprit, encore émergeant d'un état de veille confuse, à la limite de l'onirisme. Son saisissement était tel qu'il lui était impossible de réfléchir correctement. Ce qui se passait se passait-il vraiment, ou était-ce juste un drôle de rêve ? Comment était-il censé réagir ? Il ne comprenait pas ce qui se passait. Il ne comprenait pas. Il ne comprenait pas.
Quelque chose n'allait pas. Sa main n'était pas censée se trouver là.
Il tenta de se relever dans un mouvement désordonné.
La main libre de Jake vint contre sa joue, rassurante, d'une tendresse plus pesante que la violence d'un coup, l'amenant lentement et gentiment à se rappuyer contre lui.
– Je te fais mal ?

Est-ce qu'il lui faisait mal ? Non, certainement pas.

– Non, murmura-t-il.

Pourquoi avait-il l'envie étrange de pleurer ?

– Alors tout va bien.

Tout allait bien. Il se força à fermer les yeux et se caler à nouveau contre Jake. Tout allait bien.

– C'est normal, cookie. C'est exactement comme si tu te donnais du plaisir, mais je le fais pour toi. Les meilleurs amis font ça entre eux. Pour se montrer qu'ils s'aiment.

Les vibrations apaisantes étaient toujours là, à chaque mot qu'il prononçait. Et la caresse des doigts chauds qui l'enveloppaient en entier lui procurait des sensations encore inexplorées, à la fois délicieuses et terrifiantes dans leur énigme. Il s'efforça de se concentrer sur le plaisir et de ne pas écouter cette voix qui revenait lui souffler qu'il n'aurait pas dû aimer ça.

– Je vais m'occuper de moi en même temps, d'accord ? Tu n'as rien à faire, ne t'inquiète pas.

Si le conflit continuait de faire rage dans son esprit, s'il permettait à la petite voix de s'opposer à ses sensations et à la confiance, à la vie même qu'il avait remise entre les mains de Jake, alors c'était cette vie même qu'il perdrait. À cet instant précis, Quint laissa donc dériver toute notion de sa propre réalité et débrancha son cerveau.

Il aurait pu refermer les yeux. Mais il regarda Jake se découvrir et se caresser, avec une fascination détachée, jusqu'au bout, jusqu'à cette fameuse giclée d'où tout le monde provenait.

Tout comme lorsqu'il s'était endormi juste avant, il n'avait aucune idée de combien de temps cela avait duré. Cinq minutes, plusieurs heures ? Jake avait le souffle court, et de là où était collée son oreille, Quint entendait son cœur battre la chamade. L'homme embrassa délicatement sa tempe.

– Ça va ? Tu as joui, hein ? C'était bien ?

Aux trois questions, Quint répondit par l'affirmative. Oui, ça allait. Oui, il avait joui. Est-ce que c'était bien ? C'était la première fois qu'il lui arrivait ce genre de choses, alors il ne pouvait que supposer que c'était bien.

Jake se rendit à la salle de bains. Alors seulement, quand il n'eut plus sous les yeux les traînées blanchâtres et le sexe qui s'était flétri comme une fleur fanée, Quint ralluma la lumière là-haut.

Il s'allongea sur le côté, gonfla son oreiller et se prépara à dormir. Le film était terminé, il était tard et s'il ne s'endormait pas rapidement, il aurait du mal à se lever le lendemain.

Voilà, c'était arrivé. Il ne s'y attendait pas, mais c'était là. Si c'était ce que faisaient les meilleurs amis entre eux pour se montrer leur amour, alors il s'en accommoderait. Il avait pris du plaisir, et Jake aussi. Pour ce qui était de la peur et du dégoût, l'habitude ferait sans doute son travail. Il avait tout de même dans l'idée que ce serait encore un de ces mensonges sans importance.

Jake.

Jakc dut laisscr sa têtc sous l'cau froidc plusicurs minutcs pour sc calmcr.

Il avait pris son mal en patience des semaines durant, en dépit de la proximité immédiate du garçon. Ç'aurait été si simple et si laid de profiter de lui dès lors qu'il l'avait eu à portée, au risque de l'amocher. Mais il avait su tenir les rênes et attendre que Quint soit prêt. Ce soir, Quint avait pris un an. Et comme Jake avait prévu que cela finirait par arriver, une fois ses murs abaissés, il avait cherché son contact. Cherché la fusion. À ce moment-là, Jake avait été certain qu'il était mûr.

Il n'avait pas eu d'orgasme aussi intense depuis Al. Seul ce genre de relation privilégiée était à même de combler les gens comme eux. Les personnes dont le père avait failli, sur qui la vie avait craché, ouvrant une plaie à vif que seul quelqu'un ayant connu une trahison similaire pouvait guérir. Al l'avait fait pour lui. Il le faisait maintenant pour Quint. L'ordre des choses était respecté. Il avait senti venir l'orgasme du garçon, écouté sa respiration, il l'avait regardé basculer comme si c'était déjà le sien, et s'était senti projeté dans l'abîme d'une jouissance insondable. Courte, mais brûlante. Comme lorsqu'on regarde le soleil sans protection.

Et néanmoins, il avait été laissé sur une faim dévorante. Il aurait voulu prendre le temps de découvrir son corps avec ses mains et sa bouche. Il aurait voulu que Quint découvre le sien, que Quint l'avale, qu'il absorbe physiquement tout l'amour qu'il avait à lui donner, comme un baume qui le régénérerait de l'intérieur.

Mais il ne devait rien précipiter. Quint était encore jeune. Temps et patience.

Lorsqu'il se redressa et regarda attentivement son reflet, il ne vit personne d'autre derrière le miroir. Un chemin tout tracé s'étirait devant eux.

De retour dans la chambre, il constata que Quint s'était couché. Il lui tournait le dos. L'ombre sournoise d'un doute se faufila dans ses pensées. Il vint s'allonger et posa une main légère sur son épaule.

– Tu dors, cookie ?

– Non.

– Quelque chose ne va pas ?

Toujours le dos tourné, le garçon haussa les épaules.

– Hey. Tu peux tout me dire. Regarde-moi et dis-moi ce qui te trotte dans la tête.

Lent et hésitant, Quint se retourna sur le dos.

– Je ne sais pas.

– Tu n'as pas aimé ?

– Si, mais...

Il demeura la bouche ouverte un instant, puis la referma, incapable de mettre des mots sur ce qui pesait sur son esprit.

– Laisse-moi deviner, proposa Jake. Tu as aimé ce qu'on a fait ensemble mais tu as l'impression d'avoir fait une bêtise. J'ai raison ?

Les yeux écarquillés, Quint acquiesça.

– J'ai été à ta place, autrefois. J'étais un peu plus âgé que toi, mais dans ma tête, j'étais encore un vrai bébé. Et cet homme avec qui j'étais, il m'a tout appris. Tu es assez grand et intelligent pour comprendre ce qui se passe. Ce qu'on a, nous deux, tu sais que c'est spécial. Personne ne peut comprendre, à part nous deux. C'est... de l'amour qui nous autorise à faire ça. L'amour. On fait l'amour, Quint, c'est tout. Juste nous deux. Aucun autre adulte n'a le droit de poser le doigt sur toi, tu saisis ? Mais nous, c'est différent. Il n'y a aucun mal à s'aimer, si ?

– Non.

– Non. Bien sûr, la première fois fait toujours bizarre. Mais tu vas t'habituer. Jamais je ne te ferai le moindre mal. Tu le sais, pas vrai ?

– Si, c'est vrai.

– Jamais. C'est une promesse. Et si quelqu'un te fait du mal, tu n'as qu'à m'en parler, et je m'en occuperai. Compris ?

– D'accord. Alors, juste pour être sûr : c'est encore quelque chose que je ne dois pas raconter à Maman, c'est ça ?

– C'est quelque chose que tu ne dois raconter à personne. Parce que personne ne comprendrait. Il n'y a que toi et moi dans cette histoire. Et ça, c'est plutôt cool, tu ne trouves pas ? D'avoir un secret de meilleurs amis, que personne ne doit jamais connaître.

Quint eut un léger sourire, et Jake sut qu'il avait remporté la mise.

– Et maintenant, il faut vraiment dormir. Bonne nuit.

– Bonne nuit.

Jake déposa un baiser sur le front de Quint, puis sur la pointe de son nez, puis sur ses lèvres. En le contemplant une dernière fois, il songea à la chance qu'il avait eue de tomber sur cet enfant magnifique. Il n'avait jamais été prompt à croire en une force supérieure, mais cette fois, il ne pouvait s'empêcher de penser que le destin lui avait donné un coup de pouce.

Quelques minutes plus tard, Quint se recroquevilla en position fœtale contre son flanc. Jake sourit, et pour la première fois depuis bien longtemps, s'endormit apaisé.

9

De la paternité

Jake.

Farrell tomba à genoux, cherchant son souffle en vain, et toussa une gerbe de sang. La douleur dans sa poitrine était suffocante. Une noyade irrémédiable dans le fluide censé le maintenir en vie.

Un frisson létal, le canon du pistolet posé à l'arrière de son crâne. Il n'avait plus la force de tenter une esquive de la dernière chance. Tant de mois gaspillés à essayer de débusquer Nemesis, et c'était elle qui mettait fin à leur jeu du chat et de la souris, d'une simple et pragmatique balle dans la nuque. Le destin frappait finalement à la porte. Qui que soit la personne tenant l'arme, il n'avait jamais été question d'une autre issue.

– J'allais à la chasse avec mon père quand j'étais enfant, lâcha la femme derrière lui. Ma partie préférée, c'était quand l'animal était à terre et qu'il me regardait épauler. Quand la résignation remplissait ses grandes prunelles noires. Allez, montre-moi tes prunelles, grand cerf.

Non. Non, pas ça. Il essaya de bouger, mais ne réussit qu'à s'effondrer à plat ventre. Elle le plaqua au sol d'un pied dans le dos et tira violemment sur ses cheveux pour rejeter sa tête en arrière.

Il voyait le ciel sans nuages. Personne d'autre ne voyait le ciel d'un bleu aussi profond.

Il ne voulait pas mourir dans le noir. Pas une seconde fois. Il voulait voir le monde durant ses dernières secondes. Il voulait garder l'image de ce ciel parfaitement immaculé, et les rayons du soleil qui ne l'éblouissaient plus, pas le noir terrifiant de ses jours de torture. Pas le noir qu'il allait connaître pour l'éternité.

Mais la main gantée de Nemesis se saisit de ses lunettes.

– Dis adieu à la lumière, Cosma.

– Excusez-moi. Jake, téléphone !

– Coupez ! Bordel, mais qu'est-ce qu'elle fout ! C'était dans la boîte ! Merde !

La main sortit de son champ de vision et Jake se releva péniblement, essuyant le faux sang qui chatouillait son menton. Amanda se tenait entre lui et la caméra, son portable privé dans la main. Derrière, Marco piétinait de rage.

– J'espère que tu as une très bonne raison, soupira-t-il.

En tant que vedette, on lui passait à peu près tout, et ce privilège s'étendait à son personnel. En fin de compte, en cas d'incendie, il savait que c'était toujours lui qu'on sauverait le premier, parce qu'il était un tas de billets sur deux jambes.

– C'est à propos du gamin, murmura-t-elle en lui tendant le portable avec insistance.

Aussitôt, les fantômes de la psyché de Farrell Cosma se dissipèrent.

– Qui est-ce ? Taisha ?

– Le père. Il appelle du portable de la mère. Croyez-moi, il vaut mieux que vous le preniez.

Il ne s'attendait pas à ça. Sourcils froncés, il lui arracha le téléphone des mains.

– Excusez-moi, on fait une pause, lança-t-il à la ronde.

Oublieux des membres du staff qui s'arrachaient les cheveux comme de ceux bien heureux d'aller se chercher un café à la table de régie, il chercha Quint du regard et le trouva à côté de la caméra, accroché au clap comme à une bouée de sauvetage. Aucun mot n'était nécessaire, le garçon se recroquevilla sur lui-même, conscient que personne n'apprécierait ce qui allait se passer. Sans le quitter des yeux, Jake approcha le portable de son oreille.

– Jake Longfield à l'appareil. À qui ai-je l'honneur ?

– Tu sais très bien qui je suis, fils de pute de mes deux. Rends-moi Quinton. Maintenant.

Il aurait éclaté de rire si les circonstances n'avaient pas été aussi délicates. Il connaissait ce genre de voix par cœur. Enfant, il ne s'était jamais laissé intimider par des racailles de bas étage, et ce n'était pas aujourd'hui qu'il allait commencer.

– Un instant, je vous entends mal.

Lâchant enfin Quint du regard, il fit signe à Amanda de le suivre et s'éloigna suffisamment pour s'assurer qu'aucune oreille indiscrète n'intercepte sa conversation.

– Je vous écoute. Vous disiez ?

– Tu te fous de ma gueule ? Je suis le père de Quint, et je te dis de me le ramener vite fait ou je vais m'énerver et crois-moi, tu veux pas que je m'énerve.

– Je peux me permettre de vous demander pourquoi ? Quint est en pleine forme, il apprend...

– Quint apprendra rien de tes trucs de pédé blanco. T'as baisé sa pute de mère, et maintenant tu penses pouvoir faire de lui un petit singe savant ? Pas tant que Sayon sera là.

– Mr Hayes, je pense que vous commettez une grosse erreur. Pourquoi ne pas me rappeler ce soir, et on pourra parler plus calmement.

– Tu m'as pas entendu, sale bâtard ? Renvoie-le à Seattle ! Maintenant !

Jake écarta le téléphone de son oreille avec une grimace. Il n'obtiendrait rien en parlementant avec un crétin pareil.

– J'ai entendu. Vous êtes avec Taisha, n'est-ce pas ? Passez-la moi.

– Nan, tu parleras pas à cette pétasse.

– Quint n'ira nulle part tant que je n'aurai pas parlé à sa mère. Je veux juste m'assurer qu'elle va bien. C'est dans votre intérêt de me la passer.

Il y eut un court silence à l'autre bout du fil.

– Deux secondes, pas plus.

Une voix faible et apeurée prit le relais, si différente de ce qu'il se rappelait de Taisha qu'il en resta un instant confondu.

– Jake ?

Elle éclata en sanglots avant même qu'il ait répondu. Jake retint un soupir. Il n'avait pas le temps pour sa sensiblerie.

– Taisha, est-ce que Sayon a l'autorité parentale sur Quint ?

– Je n'en sais rien, comment je peux savoir ça ? On n'a jamais été mariés, on n'est jamais passés devant un juge.

L'histoire classique d'une gosse paumée engrossée par le premier petit voyou venu.

– Je lui ai demandé de reconnaître Quint, et il l'a fait. C'est tout ce que je peux vous dire. Jake, renvoyez-le à la maison, je vous en prie.

Il ne pouvait donc rien faire d'un point de vue légal. Sayon avait tous les droits de vouloir récupérer son fils. Jake allait devoir concéder une défaite, prendre son mal en patience... et piéger Sayon sur son propre terrain. Il le sentait impulsif, prêt à exploser au moindre mot de travers. Il utiliserait cette faiblesse pour l'écraser comme un vulgaire insecte sous sa semelle.

Des grésillements désagréables lui indiquèrent que Sayon avait repris le contrôle du téléphone.

– Quint à l'aéroport de Seattle, demain avant la nuit. Ou les choses vont tourner très moches pour tout le monde.

La communication coupa.

Les dents de Jake grincèrent péniblement comme les muscles de sa mâchoire se crispaient. Il n'arrivait plus à aligner deux pensées cohérentes sans qu'une douleur aiguë ne vienne transpercer son crâne pour en interrompre le cours chaotique. Quint devait partir ; impossible de dire pour combien de temps. Tout devenait déjà gris et morne. Maintenant, c'était comme s'il venait de recevoir les trois balles de Nemesis. L'une dans le ventre, où Sayon avait allumé un brasier furieux. Une autre dans la gorge, où son corps se retournait contre lui pour l'étouffer. Une autre dans le cœur, où il saignait sans chercher à contrôler l'hémorragie.

– Jake... Qu'est-ce qu'on fait ?

Il jeta le portable à la figure d'Amanda, qui le rattrapa habilement avant qu'il ne heurte son visage.

– Merci, ça ne me dit pas ce qu'on fait.

À la simple idée de parler, sa bouche s'asséchait et sa langue se recroquevillait comme un escargot mort. Il ne se rappelait plus la dernière fois que son impuissance s'était manifestée avec autant de vigueur. Elle revenait lorsqu'il échouait et l'échec, en plus d'être rare, était aujourd'hui cuisant. Amanda le scrutait sans cacher son impatience. Là tout de suite, il la haïssait tellement qu'il aurait pu la frapper.

Ses lèvres se scellèrent sur le premier phonème pendant pas moins de six secondes. Il cogna sa poitrine, comme si l'impact allait faire monter assez d'air pour faire exploser sa barrière laryngée.

– M-----------ets le gossssssse dans le p---rochain avion. Emmène-le faaaire ses b-b-b-agages.

– Vous ne voulez pas le...

– Non !

Il n'était pas en état d'affronter Quint et ses questions, son incompréhension, son regard de chiot malheureux. Le garçon n'était pas prêt à entendre que malgré les exercices et même après la cicatrisation des blessures, l'empêchement verbal serait pour eux un compagnon de toute la vie, rampant, prêt à profiter du moindre moment de défaillance pour réapparaître. Quint ne devait pas le voir faible ou il perdrait confiance, lui qui avait fait tant de progrès.

– Qu'est-ce que je lui dis ?

– T-t-t-trouve quelque chose. Fais ton boulllot. Wyatt, tout de suite.

Le temps qu'Amanda soit remplacée auprès de lui par Wyatt, il avait puisé dans la colère qui lui brûlait les entrailles assez d'énergie pour apaiser sa lutte. Le bégaiement frémissait derrière chacun de ses mots comme de l'eau dans une casserole, prête à bouillir si l'on augmentait à nouveau le feu. Jake sonda le visage toujours impassible de Wyatt derrière ses lunettes de soleil, et y trouva un peu de réassurance. Il n'était pas sans ressources. Jamais.

– Ton équipe est dispo ?

– Pour vous, ils se rendront disponibles.

– Qu'ils aillent à Seattle immédiatement, à Rainier View. Je veux qu'ils trouvent Sayon Hayes et qu'ils se renseignent. Qu'ils collent aussi aux basques du petit et de sa mère.

– L'objectif ?

– Trouver de quoi court-circuiter Sayon. Ou attendre que ce petit dealer de merde fasse une erreur, qui nous permette d'écarter son pion de l'échiquier. Ils repartiront avec cent plaques chacun.

– Ça roule, boss.

Le garde du corps fit volte-face en sortant son téléphone. Jake respirait un peu plus librement. Il réagissait très mal à la menace. Peu importait s'il s'agissait d'une qualité ou d'un défaut : il frappait toujours le premier. Cette fois ne ferait pas exception. Rien ne le dégoûtait plus qu'un père qui faisait le malheur de son enfant. Sayon n'avait aucune idée de ce qu'il avait réveillé.

– Wyatt ? Cent-vingt-cinq plaques chacun. Je veux qu'il souffre.

Laurence J. Sebastiani. (1978)

Laurence boitait. Son visage le chauffait de partout, mais c'était son genou droit qui l'inquiétait le plus. La tronche de sa jambe lui faisait présager le pire, surtout que son père n'avait pas les moyens de l'emmener à l'hôpital.

Le plus embêtant, en fait, c'était son pantalon déchiré. Ce n'était pas un petit accroc qu'il pouvait facilement camoufler ou réparer, c'était une déchirure depuis la ceinture jusqu'au milieu de la jambe, là-derrière. Tout le monde voyait son slip. Le pantalon était importable et ça allait être de sa faute.

Comme d'habitude, à trois maisons de la sienne, son voisin Marcus traînait sur les escaliers avec des amis. Et comme d'habitude, à son approche, les quolibets fusèrent.

– Tiens, voilà Little Italy ! Merde, tu t'es fait botter le cul !

– Il s'est pris la raclée de sa vie ! Il est même plus blanc, les mecs, c'est un petit bonhomme bleu !

– Regardez, on voit son cul !

– Y a une surprise pour toi sur ton palier, Little Italy !

Ils lui jetèrent des graviers par poignées jusqu'à ce qu'il soit hors d'atteinte. Laurence serra les dents. Que pouvait-il faire d'autre ? Marcus et ses potes étaient six, ils avaient tous entre treize et seize ans. Lui n'était qu'un gamin de neuf ans avec un retard de croissance, il se prenait déjà des raclées de ceux de son âge. Mais un jour, il grandirait. Ce jour-là, il se l'était promis, il ne laisserait plus les insultes impunies. Il leur casserait la gueule, il leur péterait les dents et les laisserait crever dans leur sang comme des chiens sur le trottoir et aucune ambulance ne viendrait jamais les récupérer, parce qu'ils étaient noirs à Highland Park.

Son père disait que les Noirs étaient les responsables. De tout, sans distinction. Il disait ça depuis les émeutes de Detroit, Laurence n'était pas né à l'époque. Ils n'habitaient pas Detroit, officiellement ; mais à Highland Park, Detroit habitait tout autour d'eux. Le week-end où ils avaient appelé l'armée, la voiture de son père avait été brûlée. Il avait un crédit sur cette voiture, et selon lui, la moitié d'Highland Park avait été arrêtée.

Du coup, tout devait forcément être la faute des "macaques". C'était leur faute si l'usine Ford avait fermé quatre ans après les émeutes, le laissant au chômage. Leur faute si la ville se vidait de ses Blancs. Leur faute si les Sebastiani n'avaient pas assez d'argent pour déménager, s'il ne retrouvait pas de travail, si Papi était mort, si sa femme avait besoin de claques tous les matins pour se lever et faire à manger, si son fils avait cassé pour toujours les commandes de sa parole.

Laurence se fichait éperdument que le monde qui le persécutait soit un monde de Noirs ou un monde de Blancs, ou un mélange des deux. Tout ce qu'il savait, c'était qu'il détestait le monde au moins autant que le monde le détestait. Un jour ce serait lui, tout là-haut, qui les aurait sous sa botte, Noirs et Blancs, lui qui aurait droit de vie et de mort sur ceux qui, aujourd'hui, l'écrasaient au sol. Y compris son père.

Il avait eu une bonne idée de la "surprise" qui l'attendait, étendue sur les escaliers, tête contre la porte verrouillée. Le cadeau venait s'échouer là tous les quatre matins, et comme son père ne sortait jamais, c'était presque toujours lui qui tombait dessus. Tout de suite, elle semblait endormie. Avec un peu d'habileté, il pouvait rentrer et verrouiller derrière lui sans la réveiller. Peine perdue : sa boiterie le fit trébucher contre ses jambes inertes et elle sursauta.

– Larry ? Tu as grandi, mon chéri.

Il n'avait pas pris un centimètre depuis la dernière fois. Il le savait, il vérifiait tous les jours.

– Va-t'en de là, Cel-l-l-leste, dit-il à voix basse. Si le vvvvieux te voit traîner i-i-ici, t'es bonne pour la c------orrection.

Le sourire aux deux dents manquantes s'effaça et des larmes embuèrent les grands yeux bruns levés vers lui.

– Tu sais que ça me fait de la peine quand tu m'appelles comme ça. Je n'ai pas toujours été Celeste pour toi. Dis-moi que tu t'en souviens.

Le garçon se souvenait bien, quand il le voulait. Les souvenirs étaient peu nombreux – il n'avait que six ans quand elle était partie – mais vivaces. Il se souvenait d'agripper de ses doigts potelés des boucles noires, douces et soyeuses. Il se souvenait d'une peau à l'odeur de miel. Il se souvenait d'un rire cristallin qui faisait s'envoler une nuée d'oiseaux.

Et puis, des yeux au vide insondable, devant lesquels il passait ces mêmes doigts potelés sans obtenir aucune réaction. Des gifles, des coups de poing et des coups de pied, de la souffrance insupportablement silencieuse pendant que lui sanglotait à l'autre coin de la pièce.

Ensuite, il se souvenait du jour où elle n'avait plus été là. Il n'avait pas compris. "Une bouche de moins à nourrir", avait dit son père. "Qu'elle aille parasiter quelqu'un d'autre, j'en ai ma claque."

Ce jour-là, Maman était devenue Celeste. Mieux valait se complaire dans le mépris pour ce déchet humain que se noyer dans la douleur d'existences gâchées. Celeste n'était personne, rien d'autre que la pute blanche du quartier qui venait régulièrement toquer à leur porte en quête d'argent facile pour se payer son prochain fix.

– Dégage maintenant, bégaya-t-il. Pourquoi tu reviens toujours ici ?

– Mais... Pour te voir. Je pourrais décrocher, tu sais. J'arriverai à décrocher, tu verras, et je t'emmènerai très loin d'ici. Très loin de lui. Mais pour ça, j'aurais besoin d'un peu d'argent...

– On n'a rien à te donner. On ne mange même pas comme il faut. Va sucer quelqu'un et lâche-nous.

– Larry... Larry, tu dois m'aider... Fais-moi rentrer ! Tu dois m'aider !

– Lâche-moi !

Elle se cramponnait à lui avec bien plus de force qu'il n'aurait pu l'imaginer chez un cadavre ambulant. Il déverrouilla la porte et trébucha à l'intérieur. Le relent familier de mauvaise bière et de tabac froid envahit ses narines. Celeste lui passa littéralement sur le corps.

– Arrête ! Il va t'arriver des bricoles !

Trop tard, ses mains avides fouillaient déjà le bordel crasseux qu'était cette bicoque, depuis aussi loin que sa mémoire le portait. Il se relevait péniblement quand son père ouvrit la porte des toilettes, le jean sur les genoux, un magazine porno à la main.

– Qu'est-ce que c'est que ce b... Nom de Dieu !

Laurence Senior remonta son jean sans prendre le temps de le boutonner, attrapa Celeste par ses cheveux gras et la traîna sur le sol, indifférent à ses hurlements perçants. Écartant son fils d'un coup de coude, il lui fit dévaler les escaliers sur le dos et la balança sans ménagement sur le trottoir.

– C'est là, ta maison ! Tu comprends, abrutie ? Combien de fois faudra que je t'explique ?

Son pied en pantoufle s'enfonça dans les côtes de Celeste avec une violence inouïe. Elle se plia en deux, le souffle coupé. Laurence Senior continua à frapper, encore et encore, comme on s'entraînait à marquer des buts au soccer.

– T'approche plus de chez moi, t'entends ? Tu me dégoûtes, sale pute ! Va te faire enculer par un putain de macaque pour ce que j'en ai à foutre !

Laurence demeura planté dans l'entrée. Chaque coup mat cognait dans sa propre tête. Lorsqu'il remarqua que Celeste, en position fœtale, ne réagissait plus aux chocs, il prit peur, enfin. Peur de la mort sur le pas de leur porte.

– Papa, elle a compris !

Son père s'immobilisa, soufflant comme un bœuf.

– Dégage. Si je te revois dans le coin, je te massacre.

Lentement, si lentement, Celeste se releva et s'éloigna, chancelante, courbée en deux, chacun de ses mouvements hurlant la douleur que sa bouche taisait. Laurence Senior se retourna vers son fils.

– C'est toi qui l'as laissée entrer, hein ?

Laurence vacilla. Il voyait dans l'œil mauvais de son père que son tour était venu.

Sa chambre. C'était le seul moyen d'échapper encore à sa colère. S'il parvenait à bloquer la porte avant que...

Mais il boitait. Senior le rattrapa sans effort au milieu de la pièce et le gifla d'un revers de main qui fit craquer son cou. Laurence se mordit la langue. Rouille écœurante dans sa bouche.

– C'était pas ma faute. Elle m'a forcé.

– Regarde-toi. Tu t'es encore battu ? T'es un voyou ? Qui c'est que l'école va encore appeler ? Et ton pantalon, hein ! Tu sais combien ça coûte un pantalon neuf, putain ? Tu fais chier !

Et prenant de l'élan, il l'envoya valser contre le mur.

Son squelette entier vibra sous la force de l'impact. Laurence glissa par terre comme un pantin désarticulé. Sa vision se noircit quelques secondes. Elle revint peu à peu, en même temps que son audition. Son père continuait de vociférer. Il ne comprenait pas ce qu'il disait, mais cela signifiait qu'il disposait d'un répit de quelques secondes. Alors en dépit du vertige, il rampa jusqu'à sa chambre. Sans même distinguer le sol du plafond, il referma la porte et repoussa l'antique malle de son grand-père contre le battant. Puis, comme ce n'était jamais suffisant, il s'adossa à la malle, posa ses deux pieds sur le mur opposé et se prépara aux collisions.

– Oh non, pas cette fois, petit enculé ! Sors de là !

Laurence Senior se jeta contre la porte. Les jambes de Laurence plièrent brutalement, il hurla. Encore. Encore. Parce que son instinct de survie compensait pour ce que son corps ne pouvait assumer, il tint bon. Son père n'entra pas. Quand Senior abandonna la partie, son fils sanglotait de douleur. Le sang dégoulinait sur son menton, sur sa chemise. Tout entier, il tremblait de peur et de souffrance. Mais il avait tenu bon. Il avait tenu bon.

Le silence suivit. Cinq minutes, plusieurs heures ? Laurence perdit la notion du temps en comptant les pulsations dans son crâne et son genou. Malgré l'inconfort il ne bougea pas, aiguillonné par une terreur en sourdine dans son esprit. Le silence était rarement synonyme de calme.

Enfin, comme il s'y attendait, quelques coups timides résonnèrent contre le bois.

– Larry... Lorenzo, mon chéri. Excuse-moi. Papa n'aurait pas dû s'emporter.

Son père ne l'appelait Lorenzo que lorsqu'il demandait pardon. Laurence savait ce que signifiaient pour lui des excuses. C'était les excuses les plus détraquées du monde.

Il ne s'appelait pas Lorenzo. Lorenzo était le véritable prénom de son père, qui avait passé les douze premières années de sa vie en Italie. Il avait émigré avec Papi, après avoir passé la guerre en orphelinat. Sa mère avait été tuée et Papi, juif, avait pris le maquis et résisté jusqu'à la libération de la région. Papi était ensuite allé chercher Lorenzo et ils avaient pris le bateau pour New York. Toute leur vie tenait dans cette antique malle contre laquelle Larry était maintenant appuyé ; son dernier rempart contre Lorenzo, dont le prénom avait été anglicisé dès son arrivée à Ellis Island.

Laurence Junior portait le prénom de son père, puis celui de son grand-père. Laurence Jacob Sebastiani. Papi faisait partie de ses derniers bons souvenirs. Plutôt des impressions fugaces, d'ailleurs. Un visage doré, buriné. Des mains solides qui le soulevaient dans les airs, et une langue mélodieuse qu'il ne comprenait pas, avec des phrases qui se terminaient souvent ainsi : *capisce, capisce. Capisce ?* Compris ? Mais comment aurait-il pu comprendre ? Il avait seulement trois ou quatre ans quand Papi était mort subitement d'un saignement dans la tête. Depuis, il avait renoncé à comprendre.

– Lorenzo... Lorenzo, je suis désolé. Ouvre la porte. Promis, Papa ne sera pas méchant. Dis-moi qui t'a fait ça au visage et aux jambes, hein. Raconte-moi.

Il renifla. En séchant, le sang avait fait des nœuds dans ses cheveux. Il reconnaissait l'alcool dans la voix qui traînait, dans le flou de l'articulation.

– Des types à l'école. Mais ils ont eu leur part aussi. Ils l'ont eue, ça c'est sûr.

– Qu'est-ce qui s'est passé ?

Ce qui se passait toujours, tous les jours.

– Ils ont dit que je parlais comme un bébé. Que je devais retourner en maternelle, que j'avais oublié de grandir. Ils m'ont imité. Alors je leur ai montré, moi.

– Pourquoi tu n'essaies pas de mieux parler ?

– J'essaie ! J'essaie, putain ! Ça bloque !

Si Senior ne lui avait pas autant secoué le cerveau avec ses abattis de boucher, peut-être qu'il aurait parlé correctement dès le début. Mais cela, il le tut. Il ne voulait pas raviver les braises asphyxiées sous les cendres de l'ivresse.

– Je sais que tu essaies, mon chéri. Ouvre-moi la porte, s'il te plaît. Je veux juste vérifier que ce n'est pas grave. Enlève la malle de Papi, tu sais qu'il ne voudrait pas qu'on se dispute.

Laurence baissa les jambes avec un soupir. Le désir d'échapper à ce qui arrivait était illusoire. Après la violence, les excuses. Avec les débris flottants de son enfance, il s'était construit un solide radeau d'indifférence.

Quelques frottements sur la moquette moisie plus tard, l'homme déplia son immense carcasse dans la chambre. Laurence s'était réfugié sur son lit, dans l'angle le plus éloigné de la porte, juste au cas où. Laurence Senior souleva son propre corps jusqu'au matelas, qui s'affaissa sous son poids d'adulte. Le garçon avait vu de vieilles photos en noir et blanc ; à l'époque où il travaillait comme ouvrier soudeur chez Ford, son père avait l'allure d'une égérie de publicité. Aujourd'hui, la bière l'avait rendu gras et sa moustache mal taillée lui tombait sur la bouche. Il n'avait rien perdu de sa force, cependant ; seul son manque de souffle permettait à Laurence de se sauver en pleine raclée.

Ses doigts aux ongles sales vinrent frôler les hématomes sur le visage du petit.

– Déshabille-toi, que je voie les dégâts.

Préservant ses membres courbatus, Laurence enleva sa chemise et son pantalon, et laissa le regard éteint de son père parcourir son petit corps de triste arlequin. Son genou avait doublé de volume. Il avait probablement une entorse, mais Senior ne l'emmènerait jamais voir un médecin de son propre chef. Il n'aurait qu'à serrer les dents cette nuit. Demain, l'infirmière de l'école ferait ce qu'il fallait.

– Tout ça, c'est que des bleus et des écorchures, hein ? Ça va passer. Tu es un dur à cuire, comme ton père. Comme Papi.

Laurence Senior caressa ses cuisses sans douceur. Des larmes tombaient sur ses joues mal rasées.

– Oh, Lorenzo... Papa a été vilain. Mais je suis malheureux, mon chéri. C'est tout. Je te demande pardon. Dis-moi que tu me pardonnes, s'il te plaît.

Senior avait commencé à se palucher dans son jean. Larry le regardait sans émotion. Comme il aurait été simple à cet instant précis, s'il avait eu une lame de rasoir en main, de trancher d'un coup sec la carotide de ce porc. Repeindre les murs de cette baraque pourrie en rouge sang.

– Je te pardonne.

Il s'allongea sans résistance et tandis que son père baissait son slip et le prenait dans sa bouche, il ferma les yeux et pensa au futur. Un jour, il serait grand, et fort, et il parlerait comme tout le monde. Un jour, plus personne n'oserait lui manquer de respect. Plus personne n'oserait lui faire de mal.

Un jour, ça ne tiendrait qu'à lui. Laurence Sebastiani disparaîtrait alors de la surface de la Terre.

L'un comme l'autre.

Amanda Guion.

Concernant les cadeaux fiscaux liés à vos dons à des charités, les prévisions du cabinet...

Jake, veuillez trouver en pièce jointe le pré-contrat révisé selon...

Vieux, les nouveaux de la Warner me harcèlent depuis que tu as promis de lire leur...

Lâchant un instant son téléphone du regard, Amanda s'étira péniblement. En quatre ans, elle avait eu un certain nombre de rencards avec des sièges d'aéroport, et Grenade n'atteignait même pas le top dix. Il était aussi deux heures du matin, ça ne devait pas aider son dos en compote. Elle s'était pourtant démenée, mais impossible de trouver un trajet aussi direct avant le milieu de la nuit, et l'itinéraire n'épargnait pas à Quint deux escales à Madrid et Los Angeles.

Son sac à dos sur les épaules, le garçon avait posé le front contre la paroi vitrée qui donnait sur le tarmac. Il contemplait les avions qui allaient et venaient, les lumières clignotantes sur leurs ailes, celles qui délimitaient les pistes, celles que portaient les travailleurs de nuit sur leurs gilets de sécurité. Un arbre de Noël, là-dehors. Amanda doutait que Quint les voie vraiment. Il n'avait pas touché aux cookies qu'elle lui avait achetés. Il portait sa casquette à l'envers et son sweater des Dodgers, un réflexe de tout-petit qui se rassure dans l'odeur du tee-shirt de son père. Dans le reflet de la vitre, elle distinguait les sillons creusés par les larmes sur ses joues, entretenus depuis qu'elle lui avait annoncé la nouvelle.

Amanda n'était pas mère. Elle n'était pas sûre de vouloir le devenir. L'instinct maternel qui paraissait naturel à tant d'autres lui était inconnu, et elle ne tenait pas à faire connaissance. Par peur d'aggraver les choses au lieu de les apaiser, elle se contentait de garder un œil sur Quint tout en répondant aux mails de Jake.

Malgré tous ses efforts cependant, elle ne parvenait pas à se détacher du chagrin de l'enfant délaissé. Si seulement elle avait su trouver les bons mots. Tout de suite, elle n'avait que de vilains mots contre son employeur, et ce n'était pas ce dont Quint avait besoin.

Elle avait pourtant prévenu Jake, mais il n'avait pas voulu l'écouter.

Amanda pouvait se vanter de connaître Jake mieux que personne : et pour cause, elle savait qu'elle ne connaissait rien de lui. Jake Longfield n'existait même pas en tant que tel. Il n'était qu'une photo de magazine, un nom sur une carte d'identité, un reflet dans un miroir poli. Elle n'aurait pas été surprise de pouvoir passer sa main au travers de son corps. Jake Longfield était la façade sexy d'une personne qui ne se dévoilerait jamais volontairement, parce qu'elle s'était cachée si longtemps qu'elle se confondait avec le personnage qu'elle s'était créé. Car si Jake était un expert dans l'art de mentir au monde entier, il devenait inégalable quand il s'agissait de se mentir à lui-même. Cela le rendait dangereux pour quiconque l'approchait de trop près.

Elle se souviendrait toute sa vie du jour de son embauche. Une telle rencontre ne s'oubliait pas facilement. À vingt-trois ans, elle avait d'abord été repérée par une boîte de chercheurs de têtes, après quoi elle avait rencontré Stewart dans un bar. Pour conclure leur entretien, il lui avait fait signer une clause de confidentialité. Elle ne savait pas pour qui il travaillait, seulement qu'il s'agissait d'un ponte du show business. Il l'avait rappelée deux demains plus tard, alors qu'elle avait totalement perdu espoir, et lui avait annoncé qu'elle était l'une des deux postulantes pour une place d'assistante auprès de Jake Longfield.

Elle n'était pas d'un genre impressionnable, et ni le statut social de Longfield, ni l'environnement luxueux dans lequel Stewart la faisait pénétrer ne l'avaient intimidée. Il l'avait faite asseoir à onze heures dans un bureau étrangement sobre, vide de toute décoration.

Jake lui-même était entré dans la pièce cinq minutes plus tard d'un pas nerveux et l'avait gratifiée d'une poignée de main fuyante avant de se jeter dans son fauteuil.

Au lieu de l'homme d'une élégance à couper le souffle auquel les médias l'avaient habituée, elle se retrouvait face à un type d'une stature plus modeste qu'elle ne l'aurait cru, vêtu d'un tee-shirt à l'effigie de Cyndi Lauper, pas rasé depuis une bonne dizaine de jours. Seules les lunettes teintées demeuraient une constante. Elle n'avait rien laissé paraître de son étonnement.

– Mr Longfield, c'est un honneur de...

– Pardon, j'ai oublié votre nom.

– Amanda Guion.

– Amanda, c'est ça. Amanda, vous avez un problème le fait de voir des gens se droguer ?

– Je... Non ?

– Parfait. Je viens de me lever et j'ai ce bourdonnement dans le crâne, vous voyez de quoi je parle ?

D'un tiroir, il avait sorti une glace où une dizaine de lignes de cocaïne déjà préparées l'attendait sagement. Il en avait sniffé deux le temps de le dire et passé le miroir de son côté.

– Je ne partage pas la paille, question d'hygiène.

– Vous accueillez tous vos invités de cette façon ?

La sévérité soudaine de son regard lui avait fait ravaler son sourire nerveux.

– Bienvenue à Hollywood, ma belle. Ici, les gens sont accro aux produits ou à la baise, ou aux deux. Oh, et ils font "de l'art" quand ils ont le temps. On a un problème ?

– Pas de problème. Mais non, merci.

Il avait rangé son stock de poudre avec une moue presque déçue. Elle avait perdu des points.

– Ça devait bosser dur, à Berkeley. Une trace ou deux pour laisser filer la nuit, quand il fallait rendre un devoir à temps, ça a dû vous arriver.

– C'est vrai. J'ai fait en sorte que ça ne devienne pas une habitude.

– Ouh. Une idéaliste.

– J'ai fait une spécialité *spin doctoring*. Vous ne trouverez aucun idéaliste dans ce domaine. Les petites mains qui travaillent dans l'ombre se chargent de garder les pieds des politiciens sur terre.

Jake avait gratifié sa sortie d'un petit sourire narquois.

– Mais elles sont apparemment assez idéalistes pour penser que les politiciens sont par essence des idéalistes. Alors, dans quel camp êtes-vous ? Idéaliste ou réaliste ?

Dépitée, elle n'avait pas répondu immédiatement. Elle s'était laissée prendre à son propre jeu.

– Je vous taquine. Dites-moi, pourquoi venir ici alors que vous vous destiniez à la politique ?

– L'argent. Quel que soit le poste junior qui m'attende en politique, je serai bien moins payée qu'en venant travailler pour vous.

Le sourire de Jake s'était allongé, il avait fait tournoyer son fauteuil comme un gamin jouant au tourniquet.

– Réaliste. On va enfin pouvoir parler sérieusement. Vous ne vous mettez rien dans le nez mais vous buvez peut-être quelque chose ?

– Une limonade, s'il vous plaît.

Jake avait appuyé sur le bouton d'un interphone incrusté dans son bureau.

– Stewart, deux spéciaux tequila, avec un verre d'eau pour moi.

– Juste une limonade pour moi, merci, avait-elle répété plus fort.

À son tour, elle avait adressé un sourire un poil provocateur à Longfield. Une vedette de sa trempe ne devait pas être souvent contredite, mais ça ne fonctionnerait pas avec elle. Dans son expérience, un bon *spin doctor* devait avoir plus d'influence sur son employeur que le contraire, et il en avait conscience, sans aucun doute. C'était un test, rien de plus, qu'elle venait de passer avec succès. Même s'il ne souriait plus.

– Ce n'est pas que je déteste bavarder avec vous, mais vous êtes là pour une embauche. Alors convainquez-moi. Pourquoi je vous prendrais vous, plutôt que votre concurrente ?

– Le *spin doctoring* auquel j'ai été formée n'est pas si différent de ce que requiert le poste que vous proposez. Que ce soit vous assister dans des réunions, communiquer en votre nom, acheter vos costumes, gérer votre image, jouer l'intermédiaire entre la presse et vous... C'est précisément ce que j'ai appris à faire. J'ai été diplômée major de ma promotion, ce qui vous donnera une idée de mes compétences. Quant à mes stages...

Elle avait été interrompue par l'intendant qui était entré déposer leurs boissons.

– Dieu merci, Stewart, avait geint Jake. Je commençais à me rendormir. Amanda, j'ai lu votre CV, vos lettres de recommandation, je n'ai pas besoin de votre blabla. L'autre candidate n'est pas de Berkeley, certes, mais elle a quinze ans d'expérience auprès de deux autres collègues. Qu'avez-vous à répondre à ça ?

– Eh bien, juste une question. Pourquoi cherche-t-elle ce poste si elle est aussi compétente que vous semblez le sous-entendre ? Pourquoi vos collègues s'en sont-ils successivement séparés ?

Elle avait réfléchi une seconde, puis ajouté :

– Si tant est que cette concurrente existe, bien sûr.

– Ils m'ont dit que vous étiez douée. Ils n'avaient pas menti.

Elle s'était autorisé un rictus satisfait, il avait enlevé ses lunettes. À cet instant, il était assez proche pour qu'elle constate la dilatation dérangée de son regard.

– Parlez-moi de votre famille, Amanda.

– Qu'est-ce que vous voulez savoir ?

– Vos parents, par exemple. Vous les voyez souvent ? Que pensent-ils de l'idée que vous veniez travailler pour une star de ciné ?

– Je leur rends rarement visite. Ma mère... Elle serait plutôt heureuse que je ne m'implique pas en politique. Avec mon père, on ne se parle pas vraiment. Du tout. En quoi est-ce important ?

– Je dois pouvoir compter sur votre présence ici tous les jours, vingt-quatre heures sur vingt-quatre. Toute forme de vie personnelle va devenir un luxe si vous intégrez mon équipe. Je vérifie que vos attaches ne sont pas trop... attachées. Pourquoi ne parlez-vous plus à votre père ?

– Il était lieutenant dans l'armée de Terre et comptait sur moi pour perpétuer la tradition familiale. Il a mal pris le fait que je ne veuille pas m'engager. Et puis je me suis spécialisée... Nous n'avons pas les mêmes opinions politiques. Quand il a appris que je voulais travailler au parti démocrate, l'année dernière, il a cessé de m'adresser la parole.

– Quoi qu'on fasse, on en revient toujours à la même perturbation dans la météo. Les pères déçoivent. Les pères blessent.

– Non. Il ne m'a jamais déçue. C'est une tête de mule, mais je sais que ça lui passera un jour.

– Je ne vous empêcherai pas d'y croire. Un petit copain ?

– Je n'ai pas de petite copine, non. Vous avez un joli biais hétéronormatif.
– Je parie que vos préférences ont dû jouer dans la décision du papounet old school.
– Je ne crois pas. Une fille lesbienne est beaucoup plus présentable qu'une fille démocrate auprès de ses amis vétérans.
– Chat, chien, petit cousin ? Autre animal de compagnie ?
– Non.
– Vous portez une croix.
– Vous interdisez la religion aussi ?
– Non, je m'assure que Dieu ne prendra pas plus de place que moi. Vous allez devoir fermer les yeux sur pas mal de choses ; lui et vous, c'est terminé la lune de miel. Enfin, s'il vous accepte comme personne LGBT, vous devez déjà avoir des accointances. Dieu distribue des jokers ?
– Et si on disait que ça me regarde ? Dieu ne se mettra pas entre mon job et moi. Mais ne comptez pas non plus sur moi pour que vous le remplaciez.
– J'ai comme l'impression que vous ne m'aimez pas beaucoup.
– C'est un critère de recrutement ?
Un haussement de sourcils éloquent avait accueilli sa question.
– Si vous saviez. Je suis entouré de personnes qui lécheraient la semelle de mes chaussures si je venais de marcher dans une merde. J'ai besoin de quelqu'un comme vous, qui puisse me dire le fond de sa pensée même quand je n'ai pas envie de l'entendre. Vous pouvez être cette personne, à une condition : la loyauté. Si je m'en remets à vos compétences, je m'attends à ce que vous n'alliez pas ensuite me vendre au plus offrant.
Elle avait tranquillement pressé sa tranche de citron dans le reste de sa limonade.
– Je suppose que si vous offrez assez, il n'y aura pas de plus offrant.
– Quinze mille nets mensuels, révisables tous les ans à partir de deux ans ? Gîte, couvert, ménage et blanchisserie sont inclus dans le contrat.
Amanda avait laissé tomber son citron. La voix du requin qui sommeillait en elle lui soufflait de négocier, mais c'était déjà tellement plus qu'elle n'aurait pu l'espérer.
– C'est d'accord.
Jake avait remis ses lunettes et rouvert son tiroir. Elle pensait qu'il allait en tirer un contrat, mais il avait simplement ressorti sa cocaïne et sniffé un nouveau rail.
– Ça se fête, non ? Bienvenue dans la famille.
– Je peux demander maintenant : vous prenez autre chose que de la cocaïne ?
– Chaque chose en son temps. Vous avez un tas de clauses de confidentialité à signer, plus une période d'essai d'un trimestre. En temps et en heure, si vous ne ratez pas votre coup, vous saurez

tout ce qu'il y a à savoir. Vous devez tout savoir. Vous devez me connaître mieux que je ne me connais moi-même.

– Si je peux me permettre, pourquoi le poste était-il vacant ?

Jake avait renversé la tête en soupirant.

– Je suis en plein divorce, Amanda. Ce n'est pas très fun, je ne recommande pas. Mon ex m'a piqué notre assistante commune, entre autres choses. Dans sa grande clémence, elle m'a laissé la dépression carabinée. Mais ça n'a pas que du mauvais, je suis en plein processus de nettoyage. J'ai arrêté la viande, ça fait un bien fou.

– Hmm. La logique est discutable, à choisir, il vaut mieux arrêter la coke.

– Je ne suis pas sûr de vous aimer beaucoup non plus, vous savez. Vous êtes vraiment très douée.

De tout ce qu'il lui avait dit à son propos dans les années qui avaient suivi, elle n'était certaine que de ce dont elle pouvait elle-même témoigner. Le reste, ce qui appartenait au passé, était un marécage boueux : impossible de distinguer le mensonge ferme et rassurant des flaques glauques de la réalité. Si l'on tombait dans un trou d'eau profonde, on n'était jamais sûr d'en remonter.

Côtoyer Jake, c'était sans cesse négocier avec sa conscience. Pratique seulement quand on n'avait pas de conscience, comme Wyatt, ou pas de neurones, comme Lewis. Elle avait la responsabilité du compas moral de cette fâcheuse troupe, mais là se trouvaient justement les limites de son influence. Elle soignait l'image de Jake Longfield sans atteindre la personne dissimulée derrière lui. Et si elle se montrait très honnête avec elle-même, elle commençait à fatiguer et à se demander si elle avait fait le bon choix. Elle se savait douée. Si elle avait postulé dans la communication politique, même locale, elle aurait peut-être déjà obtenu de l'avancement et un salaire décent. Et elle aurait eu le sentiment d'accomplir quelque chose, pour elle et pour les autres.

Encore deux ou trois ans. C'était ce qu'elle se disait à chaque fois que le moral menaçait de flancher. Elle aurait remboursé l'intégralité de son prêt étudiant et se serait constitué un apport solide pour devenir propriétaire. Elle pourrait démissionner sans un regard derrière elle. Jake savait que cela arriverait tôt ou tard. Un poste l'attendrait forcément dans la branche pour laquelle elle était destinée, en Californie ou ailleurs. Bien sûr, après tant d'années loin de son réseau, ce serait moins facile ; et à cause de ces foutues clauses qui la bâillonnaient, elle pourrait à peine exploiter sa longue expérience aux côtés de Jake. Mais elle était adulte et résiliente. Elle s'en sortirait.

Pouvait-elle en dire autant de Quint ?

Il aurait mieux valu pour lui que tout s'arrête là, même s'il ne le réalisait pas. Mais Jake s'était égaré dans son obsession malsaine pour le garçon, dont elle ne pouvait qu'essayer de deviner les raisons. Toujours était-il que l'homme mythomane, égocentrique et de toute évidence incomplet derrière Longfield ne laisserait plus Quint partir. Il était trop tard.

La machine était en marche, le père de Quint ferait les frais de son insolence. Combien de temps avant que Jake décide que la jeune mère devait subir le même sort ? Amanda avait fait tout ce qui était en son pouvoir pour lui faire comprendre qu'elle devait les éloigner, elle-même et son fils. Ça n'avait pas suffi. Combien de temps avant que Quint soit blessé, à force d'être brutalement manipulé comme un pantin sans vie ?

À voir les larmes qui continuaient de couler sur ses joues, c'était sûrement trop tard, pour lui aussi.

Amanda était si absorbée par ses moroses réflexions qu'elle faillit rater l'annonce de l'embarquement au haut-parleur.

– Quint !

À contrecœur, l'enfant se détourna de la baie vitrée. Comme elle approchait, ses yeux firent un tour complet de la salle d'embarquement, à la recherche désespérée de Jake. Ses larmes redoublèrent quand elle s'accroupit face à lui.

– Je pensais qu'il viendrait. Pourquoi il ne veut plus me parler ?

Elle soupira. Comment lui dire que Jake ne voulait pas de ses larmes sur la conscience, qu'elles lui salissaient les mains qu'il prétendait immaculées ? Amanda avait même dû se charger d'expliquer à Quint pourquoi il avait été décidé aussi brutalement qu'il devait rentrer en Amérique.

– Il a beaucoup de travail, c'est tout.

– J'ai fait quelque chose de mal, c'est ça ?

– Non, pas du tout. Le monde des adultes est compliqué. Crois-moi, ils font beaucoup, beaucoup plus de bêtises que les enfants. Tu reverras Jake. Sèche tes larmes et viens avec moi.

Elle prit sa main de force et l'entraîna avec elle au bureau. Moins de deux minutes plus tard, un jeune steward accourait depuis le couloir menant à l'avion. Amanda lui tendit le passeport et les billets de Quint, distribua les consignes d'usage.

Le garçon leva des yeux brouillés vers Amanda.

– Je ne veux pas rentrer. S'il te plaît. S'il te plaît !

– Bon voyage, Quint.

La jeune femme tourna les talons et se ferma aux supplications du garçon qui la suivaient à travers la salle. Ses mains étaient liées. Elle ne portait plus sa croix autour du cou. Cela faisait longtemps qu'elle avait cessé de demander pardon à Dieu. Elle avait épuisé tous ses jokers et Dieu, lui, avait cessé de la réconforter et d'allumer un chemin clair devant ses pieds.

Sayon.

Rainier View se profilait derrière les vitres du bus et Quint ne lui avait toujours pas adressé la parole. La tête cachée entre ses bras, il était courbé sur sa petite valise et Sayon ne voyait de lui que

cette putain de casquette des Dodgers.
En voyant arriver le gosse à l'aéroport, il avait su qu'il intervenait juste à temps. Déjà, il reconnaissait à peine son fils. Ce n'était pas tant le changement physique ou vestimentaire que l'attitude. Il se tenait déjà comme un Bounty, comme un petit Black qui avait oublié d'où il venait, volontairement revenu aux chaînes dont ses ancêtres avaient été libérés, parce qu'elles étaient plus confortables que sa liberté. L'odeur de Longfield lui collait à la peau.
Le petit réagirait mal quand il verrait sa mère. Mais il n'avait pas l'intention de le laisser réagir. Il était grand temps que chacun comprenne où était sa place.
Sayon était arrivé la veille chez Taisha avec les meilleures intentions du monde. Il avait voulu venir le jour même de l'anniversaire du petit, avant de réaliser qu'il n'avait pas de cadeau. Il s'était donc présenté le lendemain matin, un samedi, avec un poster de catch pour sa chambre. Il n'avait pas sonné mais il avait frappé à la porte de manière "civilisée", comme l'avait souligné Taisha quand elle avait ouvert. Tout ça pour réaliser que Quint n'était pas là.
– Il est parti depuis six semaines, l'avait platement informé Taisha en le faisant entrer. Tu peux mettre le poster dans sa chambre.
– De quoi tu parles ? Il est où ?
– Tu ne me croiras pas si je te le dis.
En effet il ne l'avait pas crue, pour commencer. Jusqu'à ce qu'elle fasse défiler devant ses yeux écarquillés des dizaines de photos basse résolution sur son portable. Des photos de Quint en cosplay au Comic-Con, dans une suite présidentielle et dans une luxueuse villa, avec l'acteur en question.
Posant ensemble sur une scène. Le visage recouvert de gâteau. Jouant ensemble à la console. S'amusant dans la piscine.
Des câlins. Des câlins partout.
En dix ans, il comptait sur les doigts d'une main le nombre de fois où il avait pu prendre son fils dans ses bras.
Secoué, il était entré dans la chambre de Quint pour y déposer son cadeau. Il n'y avait jamais été invité. Du sol au plafond, sur les murs, sur les meubles, Jake Longfield était partout.
Avec un cri de rage, Sayon avait arraché Jake, l'avait déchiré en petits morceaux, réduit en miettes l'homme qui s'était immiscé dans la tête de son fils et le lui avait volé. Maintenant, il comprenait la distance que Quint mettait entre eux et qu'il n'avait jamais réussi à réduire. C'était sa faute, la faute de Longfield. Le Blanc riche et célèbre. Le type qui cédait tout à Quint pour mieux en faire sa chose.
– T'es malade ou quoi ? Sayon, arrête !
Taisha se tenait dans l'encadrement, horrifiée par le chaos qui régnait dans la chambre. Il l'avait

saisie par les cheveux et tirée dans la pièce principale.
– Qu'est-ce qu'il t'a fait pour que tu lui vendes ton gosse, hein ? Dis-moi ! Il t'a bouffé la chatte, c'est ça ? Il t'a baisée pour s'assurer que tu dirais rien, et maintenant il a son petit singe en cage ! Un petit Noir qu'il a sauvé de la misère et de son horrible père. Il pourra lui mettre une laisse pour l'exposer sur les tapis rouges ! Tu me donnes envie de gerber, connasse !
À sa grande surprise, Taisha s'était mise à rire, d'un rire méprisant qu'il entendait encore résonner dans ses oreilles comme un caquètement malveillant.
– Mon pauvre Sayon. Ce qu'il a fait, tu pourrais mettre tous tes tout petits neurones au travail que tu ne le comprendrais jamais. Il l'a écouté. Il l'a juste écouté.
Dans un autre temps, il aurait regretté d'avoir perdu tout contrôle. Mais ce jour-là, il s'était laissé submerger par le besoin urgent et irrépressible de lui faire ravaler son sourire arrogant.
Il avait frappé. Le poing fermé, de toutes ses forces. Le rire s'était arrêté. Il avait lâché Taisha, qui s'était mollement effondrée sur le sol, et frappé encore. La pommette d'abord. Puis le ventre. Il ne s'était arrêté que lorsqu'il avait vu les premières larmes couler. Le portable gisait par terre à côté d'elle. Sayon l'avait ramassé et le lui avait mis dans la main.
– Y a plus de "pauvre Sayon". C'est fini de se foutre de ma gueule, mama. Tu vas appeler ce bâtard.
– Ne fais pas ça. Tu le verras quand il rentrera, c'est promis.
– Ta gueule. Appelle-le, ou Quint te reconnaîtra plus quand il reviendra.
Quint lui avait été renvoyé sans discussion. À croire que seul Quint lui-même ne le prenait toujours pas au sérieux. Son accoutrement était une provocation délibérée contre lui et son autorité.
– Alors ça y est, tu me parles plus maintenant, c'est ça ? Et ton déguisement, c'est quoi ? Dodgers par ci, Dodgers par là. C'est lui qui t'offre des beaux vêtements ?
Il ne reçut aucune réponse.
– Les Dodgers... Je suppose que Seattle est plus assez bien pour toi. T'es une petite pute d'Hollywood maintenant. Mais la fête est finie, mon gars.
Quint refusa obstinément de relever la tête. Sayon se rongea un ongle et le jeta sous son siège. De quoi aurait-il l'air dans le quartier avec son maillot des Sonics, accompagné d'un gamin habillé aux couleurs des L.A Dodgers ? C'était aussi un peu de sa faute. Pendant trop longtemps, il avait laissé Quint sous la coupe de Taisha, à grandir de travers. Mais il se l'était promis : à partir de maintenant, il répondrait présent pour redresser ce qui devait l'être.
Cela commença dès qu'ils eurent atteint le palier de l'appartement. Il fit usage de la clé qu'il avait confisquée à Taisha, et au moment où le petit passait devant lui, il arracha la casquette de son crâne et la lança par-dessus la rambarde des escaliers. Elle profiterait bien à quelqu'un d'autre.
– Non ! T'as pas le droit !

Aussitôt, Quint tenta de redescendre, mais Sayon le poussa sans ménagement à l'intérieur, le gratifiant au passage d'une claque brutale sur la tête.

Le temps qu'il referme la porte derrière lui, le gosse s'était précipité dans les bras de sa mère. La lèvre inférieure de Taisha avait doublé de volume, la coupure en son milieu recouverte d'une croûte disgracieuse, et une ecchymose déformait sa pommette gauche. Il y avait été fort. Et n'aurait aucun scrupule à récidiver si nécessaire. Il tira violemment Quint hors de l'étreinte de Taisha et le débarrassa de son sac à dos, qu'il vida entièrement par terre.

– Qu'est-ce que t'as encore de caché ? Hmm ? Avec quoi il t'a acheté ?

Il repéra sans difficulté les deux billets cartonnés pour un match de baseball.

– Oh, voyez-vous ça. T'as été gâté, petit merdeux. Qu'est-ce qu'il t'a demandé en échange ?

Quint fondit en larmes.

– Rien. S'il te plaît, donne-les-moi.

– "Quint, va me chercher une bière" ? "Quint, fais-moi couler un bain" ? "Quint, masse-moi les pieds" ? "Quint, suce-moi la queue" ?

D'un geste hargneux, Sayon déchira les billets en deux et les lui jeta au visage.

– Non ! C'était mon cadeau d'anniversaire !

– Moi aussi j'avais un cadeau. Mais t'as préféré te faire acheter par ce fils de pute, comme ta mère.

– C'est pas un fils de pute ! C'est quelqu'un de bien ! Il ne se fiche jamais de moi, lui !

Sayon et Taisha demeurèrent un instant interdits. C'était la première fois que Quint s'adressait à son père sans bégayer. Mais Quint ne remarqua pas leur surprise. Ses yeux brillaient d'une colère féroce. Ses mots étaient devenus des armes effilées qu'il décochait pour faire aussi mal que possible.

– Il est toujours là quand j'ai en ai besoin. Il m'aime comme je suis, et il croit en moi. Jake ne me taperait jamais. Il ne taperait pas Maman non plus. Je l'aime plus que toi. D'ailleurs je t'aime pas. Je t'ai jamais aimé. Je te déteste ! Je te déteste !

Plus il parlait, plus il s'éloignait de Taisha, plus il se rapprochait de Sayon, les épaules en avant, hurlant à plein poumons pour compenser sa taille d'enfant.

Il ne restait toutefois pas plus que cela : un enfant. Le poing qu'il reçut dans l'œil l'envoya valser aux pieds de sa mère, mettant un terme brutal à ses cris de fureur. Sayon secoua sa main.

– Il est toujours là pour toi, hein ? Et où est-ce qu'il est maintenant, petit con ?

Avant qu'il puisse poursuivre la leçon, le jeune homme se retrouva face à la pointe d'un couteau de cuisine. Taisha le tenait de ses deux mains tremblantes, les joues couvertes de larmes ; mais la détermination dans son regard ne trompait pas.

– Pose encore un seul doigt sur mon fils, et je te jure sur le Christ que je t'ouvre le ventre et que je te pends aux escaliers avec tes tripes.

Sayon n'avait aucune intention d'avancer, quand bien même il se pensait capable de désarmer Taisha. Mais il ne pouvait perdre la face pour autant.

– T'es pas assez dure, mama. Tu trembles comme une feuille. T'as toujours pensé que tu pouvais cracher sur le petit Sayon, mais c'est terminé. Fallait vous remettre un peu de plomb dans la cervelle. Maintenant c'est moi, le chef de famille.

– Tu appelles ça une famille ? Une famille, ça se construit avec de l'amour. Tu vois de l'amour quelque part ? T'en as jamais rien eu à foutre de ton gamin, mais le jour où quelqu'un menace de prendre ta place, tu te découvres des responsabilités ? Si tu penses que c'est de l'amour, alors je te plains. Tu ne seras jamais un chef et tu ne feras jamais partie de cette famille.

Elle avait cessé de grelotter et la pointe du couteau se rapprochait dangereusement de la poitrine de Sayon. Avec une désinvolture de façade, il recula vers la porte. Ce n'était que partie remise. Il aperçut l'iPhone parmi les affaires de Quint et le mit dans sa poche. Plutôt classe.

– Les choses vont changer ici. Je reviens demain, et vous avez intérêt à vous être détendus.

Sayon s'empara de la clé et quitta l'appartement sans un regard derrière lui.

À partir du lendemain, il viendrait avec son calibre.

Taisha.

La jeune femme compta cinq longues secondes dans sa tête avant de lâcher le couteau, et se précipita ensuite sur la clé tombée du sac de Quint. Deux tours dans la serrure. Elle laissa la clé sur la porte, revint auprès de Quint et l'assit contre le mur.

– Mon chéri ? Réponds-moi. Tu as le tournis ? Tu te sens mal ?

Il cligna férocement de son œil indemne.

– Ça va. J'ai mal, mais ça va.

Il se tourna ensuite vers elle et ses larmes se remirent à couler. La colère était partie, laissant place à une tristesse à fendre le cœur.

– Je ne savais pas qu'il t'avait tapée, Maman. Je te jure. Si j'avais su, c'est moi qui aurais demandé à rentrer pour te protéger.

– Me protéger ?

Elle le serra contre elle de toutes ses forces. Elle n'aurait pas eu assez de toute une vie de charité pour mériter un petit garçon si extraordinaire. La façon dont il avait tenu tête à Sayon était un petit miracle au beau milieu de toute cette obscurité. Son bébé n'en était plus un. Il avait grandi, assez pour trouver le courage qui s'était toujours dissimulé dans son cœur, suffisamment pour décider que c'était à lui de protéger sa mère. Mais il n'avait que dix ans.

– Ma puce, c'est à moi de te protéger. Pardonne-moi.

– Qu'est-ce qu'on va faire maintenant ?

Elle le tint un long moment contre sa poitrine, respirant l'odeur de ses cheveux. Tout ce qu'elle savait pour l'instant, c'était qu'elle ne laisserait pas Sayon devenir le tyran qu'il avait l'intention d'être. Leurs vies leur appartenaient toujours. Il n'y avait plus qu'eux deux, Jake n'était plus là pour exercer ses pouvoirs magiques. À nouveau, elle ne devait plus compter que sur elle-même.

– Hey. Tu n'as même pas vu ton cadeau d'anniversaire.

Elle le lâcha le temps d'aller chercher le paquet. Maintenant qu'elle savait ce que Jake avait offert à Quint, elle se sentait un peu minable, mais au vu du saccage opéré par Sayon dans la chambre de son fils, le cadeau aurait sans doute plus d'importance qu'elle n'avait osé l'espérer.

Quint déchira timidement le papier journal et tint dans ses mains le cadre de bois sculpté en forme de soleil. Au milieu du cercle brillait la photo sous verre de Jake et Quint, leurs visages recouverts de crème à cupcake.

– Tu te souviens ? C'était le premier après-midi, à San Diego. Quand vous avez...

– Je me souviens. Merci Maman.

Quint eut un sourire triste. Les larmes tombèrent à nouveau. Après plusieurs mois à garder le sourire, ses réservoirs réclamaient une vidange.

– Et si je ne le revois jamais ? Si Sayon l'en empêche ?

– Et si on faisait un pacte, tous les deux ?

Ses mains enveloppèrent les joues de son si beau petit garçon et elle essuya les larmes si laides qui les recouvraient.

– Et si on disait que quoi qu'il arrive, on ne laissera personne décider de nos vies à notre place ? Ni Sayon, ni personne d'autre.

– Moi je veux bien. Mais comment on fait ?

– D'abord, on va mettre de la glace sur cet œil. On va dormir tous les deux, une bonne nuit reposante. Demain tu iras à l'école, comme tous les lundi... Et pendant ce temps-là, j'aviserai.

– Qu'est-ce que ça veut dire, aviser ?

– Ça veut dire proposer à Sayon d'aller se faire mettre. Bien profondément.

10

Portraits de prisonniers

Wyatt Stevens.

– Mesdames, Messieurs, chers passagers, nous entamons notre atterrissage à l'aéroport de Los Angeles LAX. Veuillez rejoindre votre place, redresser votre tablette et attacher votre ceinture.

Wyatt n'avait pas débouclé sa ceinture en douze heures de vol, à l'exception d'une échappée risquée quand sa vessie avait menacé d'exploser. Chaque fois qu'il allait aux toilettes en avion, c'était toute sa vie qui défilait devant ses yeux. Il détestait voler. Il pensait que la peur ne serait jamais plus intense que le jour où il avait été transféré de la prison pour mineurs au pénitencier de San Quentin : c'était avant de mettre les pieds dans un avion.

Pour le boss toutefois, jamais il n'avait envisagé de refuser d'embarquer, ni même de se plaindre. Alors quand il avait reçu l'ordre de rentrer à L.A pour s'occuper des affaires en cours, il avait obéi sans la moindre protestation.

Quoi qu'il arrive, Wyatt ne remettrait jamais son boss en question. Il avait été éduqué selon des principes absolus de loyauté et de respect, puis trahi dans ces valeurs de la plus douloureuse des manières, avant de découvrir que la vie derrière les barreaux reposait essentiellement sur elles. De façon très basique, s'il n'avait ni l'une, ni l'autre, il était un homme mort. Et il avait survécu onze ans dans la cage aux fauves.

Jusqu'à ce que Mr Longfield vienne le chercher. Pour cela, Wyatt lui devait respect et loyauté pour le restant de leurs existences.

Il se souviendrait toute sa vie de ce jour où on l'avait tiré de sa cellule à la prison d'État juste avant dîner. Il avait été mené au parloir des familles, où il n'avait jamais mis les pieds. Il ne recevait pas de famille. Les rares visites auxquelles il avait droit étaient celles de son avocat, toujours par hygiaphone. Au beau milieu de la salle autrement vide était assis un homme en costume luxueux, le nez chaussé de lunettes aux verres légèrement teintés. Il détonnait complètement dans cet environnement et ça ne s'oubliait pas facilement. Son visage lui était familier, mais impossible de le remettre.

Le garde l'avait fait asseoir en face de l'inconnu, qui avait désigné les menottes à ses poignets.

– Monsieur, je ne suis pas certain que ce soit une bonne idée.

– Vous avez pris mon argent, non ? Enlevez les menottes et laissez-nous.

Le gardien avait obéi. Wyatt avait en face de lui quelqu'un à qui on ne disait pas non. Les deux hommes s'étaient longuement jaugés du regard. Jake avait fini par parler le premier.

– La prison, ça vous change un homme. N'est-ce pas, Wyatt ?

Wyatt avait caressé son crâne rasé.

– Vous êtes qui ? Comment vous me connaissez ?

– Pardon, je suis terriblement impoli. Vous ne devez pas beaucoup sortir au cinéma ces jours-ci. Jake Longfield, acteur. Enchanté.

Il lui avait tendu la main par-dessus la table. Wyatt ne l'avait pas serrée. Il se rappelait maintenant avoir vu sa jolie gueule à la télévision, dans les talk-shows débiles qui étaient ici la nourriture principale des junkies du petit écran. Jake avait repris sa main sans se démonter.

– Je me suis renseigné sur vous. Avec un réseau et un peu d'argent, on obtient souvent ce qu'on veut.

– Qu'est-ce que vous vous foutez là ? C'est quoi, ce plan foireux ?

– Je cherche un garde du corps, et vous êtes le candidat idéal.

Wyatt s'était mis à rire de l'absurdité de la situation. Longfield semblait très sérieux. Alors il s'était levé en raclant bruyamment le sol.

– J'aime pas qu'on me mette en retard à la bouffe pour se foutre de ma gueule.

Quelques mots fatidiques l'avaient arrêté.

– Trois semaines. C'est tout ce qu'il vous resterait à faire.

Wyatt s'était retourné. Jake s'examinait les ongles sans lui prêter la moindre attention. Pourquoi l'aurait-il fait ? Il ne faisait aucun doute que Wyatt allait retourner à la table des négociations.

– Le juge des libertés a été tout à fait enclin à réviser votre dossier. Je m'en suis fait un bon ami.

– Je veux une preuve.

– Tout homme raisonnable exigerait une preuve.

Prenant tout son temps, Jake avait sorti une feuille pliée en quatre de sa poche de revers et l'avait dépliée d'un geste théâtral.

– Voici l'accord. Il ne manque plus que votre signature.

Wyatt avait attentivement lu le document qu'il lui présentait. La signature du juge était couchée là, au bas du papier. Douze ans de réclusion avant de pouvoir prétendre à la liberté conditionnelle, réduits à un courant d'air. Il s'était reculé sur son siège, incrédule.

– Vous êtes millionnaire, non ? Vous avez de quoi vous payer une entreprise privée. Pourquoi moi ?

– Vous avez beaucoup de questions, c'est normal. J'emploie une société privée pour la sécurité de ma propriété. Quand j'en sors c'est Gordon, mon chauffeur, qui s'occupe de veiller à mon intégrité physique, mais la retraite le guette et moi, je vais être père dans quelques mois.

– Félicitations. Je ne vois pas le rapport.

– Disons que ça remet certaines choses en perspective, Wyatt. Dans mon métier, on est parfois confronté à... des situations à problèmes. Mon enfant pourrait constituer une proie facile pour des personnes problématiques. Ma notoriété m'empêche de les affronter. Je ne peux pas me permettre de défoncer leur porte et leur enfoncer une batte de base-ball dans l'anus pour qu'ils arrêtent de m'emmerder. Vous, en revanche... Il semblerait que ce soit dans vos cordes.

– Vous avez lu mon dossier, bravo. Il y a des types dans cette prison qui ont cent fois moins de scrupules que moi. Pourquoi moi ?

Jake s'était penché en avant et l'avait regardé par-dessus ses lunettes.

– Parce que je suis un admirateur de votre travail. Ou plus exactement, j'admire les raisons qui vous y ont motivé. Vous avez agi par loyauté. C'est bien ce que vous avez dit au procès ? Vous n'avez aucun remords, n'est-ce pas ?

Wyatt avait baissé les yeux. Des remords ? Bien sûr que non, même onze ans plus tard. Fils de bourgeois scolarisé dans un complexe scolaire d'élite, il avait toujours cultivé une vision très personnelle de la moralité. En terminale, il s'était propulsé à la tête du réseau de distribution de cocaïne de l'école. Il ne vendait plus lui-même, il avait sous ses ordres une petite bande de dealers qui fournissait élèves et professeurs.

Un jour comme les autres, il avait découvert que sa petite sœur de douze ans tapait et qu'elle était fournie par l'un de ses gars qui avait l'audace de la faire payer en pipes. N'importe qui pouvait faire sucer n'importe quelle gamine, ça lui en touchait une sans faire bouger l'autre. Mais pas sa sœur. Il y avait des frontières à respecter.

Alors oui, il avait défoncé la porte de celui qui avait autrefois été son ami. Il ne ressentait même pas de colère. Tout était froid et immobile. Le gars devait mourir. Il lui avait cassé les dents et les quatre membres, lui avait baissé le caleçon et enfoncé la batte dans le trou du cul, en commençant par l'extrémité la plus épaisse. Et il avait poussé, poussé, jusqu'à ce que la batte disparaisse aux deux tiers dans son fondement.

Arrêté le lendemain pour meurtre, jugé comme un adulte, regardé comme un monstre, condamné à la prison à vie : pas à un seul moment il n'avait ressenti de remords.

Il avait relevé les yeux vers Jake, droit dans ses bottes.

– Aucun.

– Et vous ne devez pas en avoir. C'est exactement ce que je recherche. Quelqu'un qui fera ce qu'il faut, par loyauté. Si je vous fais sortir d'ici, Wyatt, c'est ce que j'attends de vous.

– Ce n'est pas un garde du corps que vous cherchez, c'est un homme de main.

– Pas de gros mots. Vous serez mon garde du corps et vous ne me quitterez jamais d'une semelle.

– Alors...

– Je fais de vous un homme à responsabilités. C'est à ça que vont vous servir vos trois dernières semaines dans ce trou à rats. Je veux que vous recrutiez une équipe. Trois hommes qui obéiront à vos ordres directs, payés à la mission.

– Quel profil ?

– Des types qui raisonnent comme vous et moi. Prêts à se salir les mains et plonger seuls si nécessaire. Je ne suis pas ingrat. Je paie bien et je ne laisse pas tomber les familles. Mais arrêtez votre choix sur des hommes faciles à faire sortir. J'ai épuisé quelques ressources sur votre cas.

– J'ai déjà un casting solide.

Arborant un sourire carnassier, Mr Longfield lui avait tendu un stylo de marque.

– Nous avons un accord ?

– Un peu, ouais.

Wyatt avait signé. Il aurait été le dernier des imbéciles de ne pas le faire.

– Parlez-moi des copains auxquels vous pensez.

– Omar, mon ancien coloc. Il est sorti depuis deux mois et il s'occupe de fournir une partie des quartiers en came. Il marchera, je vous le garantis. Ce n'est pas un gros dur, mais il a la tête sur les épaules. Ensuite il y aurait Jimmy, cet enfoiré d'Irlandais. Pas du genre à demander le pourquoi du comment, mais quand il y a du grabuge, il déménage. Il doit encore tirer deux ans pour agression.

– Aucune difficulté de ce côté.

– Le troisième est un chicano arrêté pendant une opération de la DEA. Il a fait partie d'un gang avant d'intégrer le cartel. Vous savez comment ils sont. Alonso s'y connaît en matière de dévouement.

Mr Longfield avait replié l'accord dans sa poche. Cette fois, Wyatt avait serré sa main avec enthousiasme.

– À notre future collaboration, Wyatt.

– Merci pour l'opportunité, Mr Longfield. Vous ne serez pas déçu.

Cela datait de dix ans. Mr Longfield avait tenu chacune de ses promesses et en échange, il n'avait jamais été déçu. Les règles étaient les règles. Le temps passait et Mr Longfield rencontrait de moins en moins de "personnes problématiques". Officiellement respecté, officieusement craint là où il avait fallu enfoncer un clou. Wyatt s'enfonçait dans une routine confortable qu'il ne détestait pas. Ses cheveux avaient repoussé, il avait même orné son visage d'une barbe sophistiquée. Ses abdominaux s'estompaient ; plus vieux de quatre ans, le boss était en meilleure forme physique que lui. Wyatt conservait le flingue et ce détail changeait tout. Quant aux garçons, ils avaient fait leur vie, chacun de leur côté. Omar avait même quitté le milieu, se voulant désormais père de famille riche et oisif. Mais dès que le sifflement du maître retentissait, et peu importait depuis quand il n'avait pas résonné dans les bois, les chiens de chasse émergeaient du terrier où ils avaient mis le museau et répondaient à l'appel, prêts à tremper la truffe dans le sang.

Wyatt attendait son sac sur le tapis roulant quand son portable vibra. Omar.

– Mec, t'étais mort ou quoi ? J'essaie de t'appeler depuis des heures !

– J'étais dans l'avion, imbécile.

– Dans l'avion ? Tu es où ?

– À Los Angeles, seul. Le boss veut que je supervise la réception des colis. J'espère que tu as de bonnes nouvelles, je ne voudrais pas m'attarder.

– Disons que ça dépend d'où on se place, mec. Je crois qu'on a notre feu vert, mais il risque de ne pas plaire au patron. Notre pote Sayon a récupéré le gosse hier soir. Il est rentré avec lui, ressorti une dizaine de minutes plus tard. Il y a trois heures, Alonso a repéré le gamin sur le chemin de l'école. Un putain de cocard, mec.

Le garde du corps jura entre ses dents. Et qui allait devoir annoncer la nouvelle à Mr Longfield ? Lui. Qui allait devoir essuyer la tempête ? Lui.

– Un aperçu de la mère ?

– Elle n'est pas sortie de chez elle depuis qu'on est sur place.

– Bon, c'est votre feu vert. Faites ce qu'il faut et n'oubliez pas les consignes.

– On ne risque pas d'oublier. Tu dis à Alonso de ramener un couteau, il te sort une machette longue comme le bras ! Plus il vieillit, plus il devient flippant.

– Laisse-le s'amuser, mais soyez rassurants avec les colis. Le boss y tient beaucoup. Pas une trace de doigt dessus, compris ?

– Mec, on dirait qu'on n'a jamais travaillé ensemble.

– Je ne fais que répéter les ordres. Tiens-moi au courant.

Il hésita au moment d'envoyer un texto au patron, sachant ce qu'il allait provoquer. De loin, on aurait pu croire aux colères d'un enfant trop gâté. De près, c'en était aussi, mais l'état de vulnérabilité pure qui en résultait lui donnait la nausée. Jamais Wyatt n'aurait supporté qu'on le voie, lui, si faible, si pathétique. En dix ans, toutefois, il pensait avoir tout vu et tout entendu. Plus rien ne le surprenait.

Il lui refusait son mépris. C'était aussi ça, la loyauté.

Sayon.

Appuyé contre le poteau d'angle d'un terrain de basket grillagé, Sayon travaillait.

La plupart de ses camés étaient des réguliers qui savaient où le trouver. C'était à peine s'ils s'arrêtaient : un billet et un sachet de brune changeaient de paume, on remettait la main dans la poche, partie terminée. Lorsqu'il avait affaire à des nouveaux, des mecs collants ou assez audacieux pour envisager de le dévaliser, il n'avait qu'à soulever son maillot et laisser son flingue capturer le reflet du soleil. C'était le seul moyen d'assurer ses arrières, en tant qu'auto-entrepreneur sans réseau ou mafia pour lui venir en aide au premier pépin.

La loi de l'offre et de la demande s'appliquait ici comme ailleurs. Chacun détenait sa portion de territoire, et en ce moment, aucune raison de chercher des noises aux voisins. Quant aux condés, ceux du coin n'étaient pas les couteaux les plus aiguisés du tiroir. Chaque fois que Sayon avait passé du temps à l'ombre, ils n'avaient pu prouver que la possession.

Rien dans l'imagination de Sayon ne pouvait donc venir troubler cette fin de matinée. Il faisait encore doux pour un mois d'octobre à Seattle ; son gamin, tout à l'heure, s'était rendu à l'école comme si de rien n'était. Rien de suspect à l'horizon. Il se permettait même de fumer un joint en suivant d'une oreille le match paresseux qui, derrière lui, opposait une bande désœuvrée à une autre. L'un des jeunes portait une casquette des Dodgers.

Midi allait sonner quand un inconnu se présenta sur sa gauche, en longeant le terrain de basket. L'allure était trop désinvolte pour un junkie en recherche prudente de sa prochaine dose. Noir, tee-shirt ample, affublé d'un bide à bière, il semblait de plus avoir largement dépassé la quarantaine, ce que faisaient rarement les drogués.

Flic.

Sans donner l'impression de fuir, Sayon tenta de s'éloigner par la droite. Trop tard. Un autre officier en civil, plus jeune d'une dizaine d'années, traversait la rue dans sa direction. Un déménageur roux de presque deux mètres, qu'il ne tenait franchement pas à rencontrer.

Il pouvait encore s'en sortir, tout droit, s'il se mettait à courir. Un troisième homme lui coupa la route, mettant un terme à sa course avant qu'elle ait débuté. Un gangster en débardeur qui devait tâter la cinquantaine du doigt, plus maigre que Sayon lui-même et recouvert de tatouages de la tête aux pieds. Même son visage et son crâne étaient passés sous l'aiguille. Il ne s'agissait pas de la police ; il s'était mis dans une merde très, très profonde.

Sayon réagit le plus naturellement du monde pour un Américain qui se sentait menacé : il pointa une arme sur le danger. En l'occurrence, le Latino encré lui flanquait une trouille monstre. Hélas, avant même qu'il ait pu ajuster son tir, une voix décontractée lui parvint de sa gauche :

– Tut, tut, tut, Sayon. Mon jouet à moi est déjà pointé sur ta tempe. Ne me teste pas.

Un coup d'œil lui indiqua que ce n'était pas du bluff. Un Glock le visait de si près qu'il pouvait visualiser la trajectoire de la balle à travers son crâne. Des sueurs froides inondèrent son dos.

– Le *gun*, par terre. Tout de suite. Mets-toi à genoux.

Il obéit, les mains en évidence. Le tatoué s'empara de son pistolet et le fourra dans son pantalon.

– Doucement. L'argent, la came, je vous donne tout. Pas besoin de s'énerver.

– On n'est pas là pour te dépouiller, Sayon. Tu nous prends pour qui ?

Sayon perdit son sang-froid. Son petit-déjeuner avait déjà parcouru la moitié du chemin à l'envers.

– J'en sais rien, putain ! Je sais pas qui vous êtes !

Le mec au flingue poussa le canon de son arme sur son crâne.

– Aucune petite idée ? Décidément, ça ne brille pas des masses là-dedans.

Sayon laissa échapper un sanglot sec. Ils ne pouvaient pas l'assassiner en pleine rue, en plein jour. Ce n'était pas juste. Il pensa aux jeunes juste derrière lui, sur le terrain de basket.

– À l'aide ! hurla-t-il. Appelez les flics !

Aussitôt, le bras énorme du grand roux s'enroula autour de son cou et projeta sa tête vers le ciel, réduisant son arrivée d'air à un mince filet, empêchant le moindre mot de franchir ses lèvres.

– C'était pas une bonne idée, mec.

Derrière lui, il entendit une voix assortie d'un léger accent mexicain s'adresser aux joueurs.

– Hey ! Hey, *chicos* ! Sympas, les paniers ! Toi là, avec la casquette. Viens par ici. Viens par ici, je te dis. Voilà. Donne la casquette, elle est pas à toi. Vous avez vu qu'il se passait quelque chose ici ?

– Non, m'sieur. Rien du tout.

– Bon garçon. Tiens, achète-toi un ou deux pétards avec ça. Maintenant allez jouer ailleurs, bande de petites chiures.

– Pas de problème, m'sieur.

Les premières larmes coulèrent sur le visage de Sayon. Le leader baissa son arme et s'accroupit en face de lui.

– Je ne vais pas tourner autour du pot ou tu seras mort avant d'avoir compris ce qui t'arrivait. Tu as contrarié quelqu'un récemment, quelqu'un qu'il ne fallait pas contrarier. Tu vois de qui je parle ?

Sayon opina péniblement.

– Tu as volé et endommagé ses affaires. Il attend des excuses. Puis-je transmettre que tu es désolé ?

Hochement de tête.

– Tu vois, c'est aussi facile que ça. Lâche-le, Jimmy.

L'air revint en une bouffée salvatrice dans les poumons de Sayon. Il s'écroula à quatre pattes, soulagé. Il ne s'agissait que de ça ?

– Je suis vraiment désolé, renchérit-il quand il eut retrouvé une voix rauque. Toutes mes excuses. Il peut avoir le petit. Le petit et sa mère s'il veut, j'en ai plus rien à foutre.

– J'apprécie ta bonne volonté. Nous avons reçu des ordres : nous assurer que la leçon est imprimée.

Un coup de pied dans le diaphragme le retourna sur le dos. La carcasse du géant roux le dominait de toute sa hauteur. Un poing de géant s'abattit sur son nez, qui explosa sous l'impact.

Quand il en eut fini avec lui, Sayon avait renoncé à crier, car il n'y avait plus d'air autour de lui. Renoncé à retenir le sang qui s'écoulait de son nez et de sa bouche, formant une flaque dans laquelle trempait sa joue.

– Pas sûr que ton petit commerce suffise pour payer les frais médicaux, connard.

– Maintenant, c'est moi que tu écoutes, *cara de mierda.*

Le tatoué s'assit à cheval sur son ventre, indifférent à ses gémissements de douleur. Il avait sorti d'une jambe de son pantalon une longue machette aiguisée, dont il se servit pour caresser la pulpe qui demeurait du visage de Sayon.

– Je vais te couper une main, mon ami.

Un lâcher brusque d'urine chaude inonda le jean de Sayon.

– Non... Vous avez pas besoin de faire ça. Je vous jure, j'ai compris !

– Si, si. Je vais le faire, parce qu'on doit s'assurer que c'est bien imprimé. Tu as été vraiment très contrariant. Avant, tu vas me faire une promesse. Si tu promets bien, je te laisse choisir la main que tu veux garder, *entiendes* ?

– Je vous en supplie !

– Tais-toi et écoute. Je veux que tu promettes d'oublier les noms de Quinton Hayes et Taisha Rogers. Tu n'essaieras plus jamais de les localiser ou de les contacter. Ils n'existent plus pour toi. Est-ce que tu promets ?

– Je promets.

– Très bien. Reste attentif. Si tu ne tiens pas ta promesse, ou si tu vas voir la police, on te retrouvera. Et cette fois, ce sera ta putain de bite que je couperai, avec tes couilles, et je te ferai tout avaler avant de t'écorcher vivant. D'accord ?

– D'accord.

– Bon. Quelle main tu veux garder ?

– Non, non, non, pitié, je dirai jamais rien...

Il reçut une claque, plus humiliante que violente.

– Si tu ne te décides pas maintenant, je joue à Amstramgram.

Sayon ferma les yeux, les rouvrit. Ce n'était pas un cauchemar. Il ne pouvait pas se réveiller, ni échapper à son sort. Autant faire un choix.

– La droite. Laissez-moi la droite.

Le jeune homme tenta vaguement de se débattre alors que les deux autres étendaient son bras gauche sur le bitume.

– Arrête de gigoter. Si je rate l'articulation, tu ne t'en prendras qu'à toi-même.

La machette produisit un son mat en s'abattant. Le cerveau de Sayon ne reçut pas immédiatement les signaux de douleur. Il eut le temps de contempler sa main qui gisait sur le trottoir et son moignon sanguinolent, d'où jaillissait par intermittence une fontaine de sang, avant le shoot. Il ne

vit plus que du noir. Son hurlement se répercuta contre les habitations.
Un instant plus tard, il fut lâché et autorisé à se recroqueviller sur son membre mutilé, secoué par les sanglots, en essayant d'étancher l'hémorragie à l'aide de son maillot.
– Arrête de chialer, *cabrón*, tu peux toujours te branler.
– Jimmy, ramasse ça.
– Pourquoi moi ?
– Alonso coupe, tu ramasses, je fournis le sac. Répartition des tâches.
– C'est vraiment dégueulasse. Beurk. Omar, c'est quoi ce sac de merde ?
– Sac en papier, mec. Je vais au magasin bio maintenant. Le plastique, c'est mauvais pour la planète.
Ce furent les derniers mots que Sayon entendit avant de sombrer dans l'inconscience, et il songea à l'ironie de la situation. Il pouvait bien crever ; les tortues et les dauphins ne s'étoufferaient pas.

Taisha.
La clé de la porte d'entrée restait dans la serrure. De cette manière, Taisha empêchait Sayon d'utiliser la clé qu'il avait volée et elle était en sécurité.
Sauf s'il décidait de faire sauter la serrure. Ou bien d'attendre que Quint rentre de l'école pour s'en servir comme d'un otage. La pénible réalité, c'était qu'ils n'étaient plus en sûreté avec lui dans les parages. Le cocard de son fils lui faisait plus de mal que ses propres blessures. Sayon ne toucherait plus au moindre de ses cheveux, même si cela signifiait qu'elle devait sacrifier tout le reste.
Après que Quint eut quitté l'appartement, la jeune femme s'assit pendant deux heures en face de la porte, son couteau de cuisine entre les mains. Prendre la décision était l'étape la plus difficile. Quand elle aurait accepté qu'elle ne pouvait échapper à l'épreuve qui se profilait, les choses couleraient toutes seules. Quelles devaient être les priorités en termes de nouveau départ ? Quel était l'essentiel, que pouvait-elle se permettre de laisser derrière eux ? Y avait-il des règles pour ce genre d'occasion ?
Elle tourna et vira pendant les trois heures qui suivirent dans le modeste appartement, rassemblant vêtements et objets à valeur sentimentale. Le reste, elle trouverait un moyen de le remplacer. Sitôt que Quint serait rentré de l'école, ils partiraient pour la gare routière. Elle retirerait l'argent qui restait sur son compte, ils monteraient dans un bus, sans doute au hasard. Ils s'arrêteraient quelque part, au hasard aussi, sans doute. Elle trouverait un endroit temporaire, un motel, ou mieux, un foyer. Et elle se redresserait. Elle ferait ce qu'il faut.
Quand elle eut rassemblé autant de bagages qu'ils pourraient en porter, elle se rassit exactement au même endroit, le couteau de cuisine dans les mains, et pleura toutes les larmes de son corps.
Son téléphone avait vibré toute la matinée. Son manager avait laissé plusieurs messages qu'elle

avait supprimés sans les écouter. Elle n'avait pas la force d'inventer un mensonge, ni pour ses collègues, ni pour sa famille qui, à la faveur d'une visite inattendue, découvrirait un jour qu'elle et son fils avaient disparu et que l'appartement était squatté ou à l'abandon. Quint était solitaire, il souffrirait peut-être moins du déracinement. Taisha devrait faire son deuil en silence. Il ne devait pas y avoir de larmes quand Quint rentrerait, alors elle les versait maintenant, à l'insu de tous.

Ses sanglots s'étaient asséchés quand, vers treize heures, on sonna.

Aussitôt, Taisha vint se plaquer contre la porte, couteau levé, guettant le moindre bruit.

Sayon ne sonnait jamais. Mais sa méfiance n'en diminua pas pour autant.

– Qui est là ? cria-t-elle.

Une voix masculine, calme et posée, lui répondit.

– Belle journée, Mrs Rogers. Nous sommes missionnés par l'Église des Saints des Derniers Jours. Auriez-vous quelques minutes à nous accorder pour parler de Jésus-Christ notre Seigneur ?

Une deuxième voix masculine s'éleva.

– On est censés être rassurants et ça, c'est pas rassurant. Personne n'ouvre jamais aux Mormons !

– Et rappelle-moi la dernière fois que quelqu'un a ouvert de son plein gré à ta sale gueule de poil de carotte irlandais, champion ?

– Pas faux.

– Bon Dieu, ta mère t'a bercé trop près du mur. Mrs Rogers, vous êtes là ?

S'il y avait bien une chose que Taisha avait compris de cet échange incongru, c'était que les deux individus au seuil de sa porte n'avaient rien de missionnaires mormons.

– Allez-vous-en ! répliqua-elle. Je vous préviens, je suis armée !

– Oh, Mrs Rogers, tout le monde garde son calme. Ça va sans doute vous paraître difficile à croire, mais nous sommes des gentils dans cette histoire.

– Quelle histoire ? Dégagez ou j'appelle la police.

– J'aimerais autant que vous ne fassiez pas ça. Nous sommes envoyés par quelqu'un qui vous veut du bien, à vous et votre fils. Mon patron... Admettons, ce n'est pas Jésus. Mais il vous adresse ce message : "Nous célébrerons notre réunion avec des bulles." Je suppose que ça vous cause ?

Taisha abaissa lentement son couteau en tremblant.

– C'est Jake qui vous envoie ?

– Pour des raisons de sécurité, répondit l'homme derrière la porte, je ne peux pas dévoiler l'identité de mon mandataire. Mais il m'a dit de vous dire cette phrase, et il a dit que vous comprendriez.

Pendant quelques secondes, elle se permit d'y croire. Puis elle releva son couteau. C'était un piège. Jake était en Espagne, en train de tourner un film. Elle refusait de croire qu'il soit en mesure de l'aider. Si c'était le cas, pourquoi n'avait-il pas gardé Quint auprès de lui ? Pourquoi l'avait-il renvoyé à l'expéditeur comme un colis encombrant, autorisant ainsi son père à s'en servir comme d'un punching-ball ?

– Vous mentez. C'est Sayon qui vous envoie, c'est ça ?

Des ricanements puérils éclatèrent de l'autre côté du battant.

– Sayon ne viendra pas vous serrer la pince avant un bout de temps, ma belle. Bon, assez tergiversé. Mrs Rogers, Jimmy ici présent va défoncer votre porte. Ne le prenez surtout pas mal, d'accord ? Vous n'en aurez plus besoin.

– De quoi ? Une seconde, Omar. Le défonçage de porte, ça rentre pas dans le "rassurant".

– Arrête de vouloir réfléchir, tu te fais du mal. Fais ça en douceur. Mrs Rogers, éloignez-vous de la porte ! On entre !

Elle crut qu'ils bluffaient. Jusqu'à ce qu'elle entende :

– Tu fais quoi ? J'ai dit en douceur.

– En douceur, en douceur, t'es rigolo. J'ai besoin d'un peu d'élan, quand même.

Taisha eut tout juste le temps de reculer jusqu'à sa cuisine avant que le ciel ne lui tombe sur la tête. Dans un fracas de tonnerre, la serrure sauta, les gonds de la porte aussi. Très lentement la porte oscilla, comme pour ménager un effet de suspense, puis elle s'écrasa dans l'appartement.

Taisha se retrouva face au dénommé Jimmy, un géant roux en costume aux manches trop courtes, qui contemplait son œuvre avec une grimace confuse. À ses côtés, appuyé contre le chambranle, un homme moins jeune, moins grand et moins mince se massait la tempe d'un air fatigué.

– En douceur, Jimmy, soupira Omar. En douceur.

Jimmy leva ses bras démesurés dans un geste d'impuissance.

– Hey, dis. J'avais prévenu. Défoncer une porte, c'est... Enfin, on n'a pas la *vibe* "rassurant" tout de suite. Regarde-la, la pauvre, avec son petit couteau.

– Dites, Mrs Rogers, heureusement qu'on est arrivés. Il vous a sacrément arrangé le portrait, votre Sayon. Mazette.

– Il a une sacrée droite, ce fils de chien.

– Ouais, eh ben c'est tout ce qu'il lui reste.

Jimmy scruta le visage souriant d'Omar avant de s'éclairer à son tour.

– J'ai compris ! Fendard ! C'est parce qu'Alonso lui a coupé la...

– Ta gueule, Jimmy ! Bordel ! On n'explique pas une blague !

– Ah ouais. Ouais, soyez rassurants, tout ça.

Taisha recula, le bras ballant, mais tenant fermement le couteau. Sayon l'avait peut-être frappée plus fort qu'elle ne le pensait et elle déraillait totalement. Ou alors, les deux guignols en costume qui venaient de dégonder sa porte, aussi surréaliste que cela puisse paraître, étaient bien ce qu'ils

prétendaient être. Comme s'il lisait dans ses pensées, Omar lui décocha un sourire... rassurant.
– Je me doute que c'est un peu inattendu, mais il va falloir nous faire confiance maintenant. Et si vous posiez votre couteau, pour commencer ? Jimmy et moi sommes désarmés.
– Omar a un flingue, ajouta aussitôt Jimmy, mais il l'a laissé dans la voiture. Il ne veut pas que ça vous fasse peur.
– Mrs Rogers... Taisha, je vous explique. Vous allez rassembler vos affaires et nous suivre jusqu'à notre voiture. On vous dépose en face de l'école, vous récupérez votre fils, et on vous emmène tous les deux en sûreté. Mais pour ça, il faut d'abord poser votre couteau. Confiance mutuelle, d'accord ?
Taisha le fouilla du regard. Son visage n'exprimait qu'empathie et sérénité. Quant à l'autre, il était manifestement trop stupide pour mentir, serait-ce pour sauver sa propre vie.
D'un geste prudent, elle déposa le couteau sur le comptoir de la cuisine.
– En sûreté, c'est-à-dire ? Où ça ?
– Pour le moment, moins vous en savez, mieux ça vaut. Mais notre patron n'a pas laissé le moindre détail au hasard. On dirait qu'il tient beaucoup à vous deux. J'ai un enfant aussi, vous savez. Deux, même, plus jeunes que le vôtre. Jamais je ne ferais de mal à un enfant. Vous me croyez ?
– Et Sayon ?
– Il ne vous causera plus d'ennuis. C'est une promesse. Il ne sait même pas où vous allez.
Taisha s'appuya faiblement contre le comptoir. Oh, Jake... Si seulement il lui avait envoyé une garantie, quelque chose de plus tangible qu'une simple phrase codée pour l'assurer que tout irait bien. L'idée de s'en remettre à quelqu'un pour les emmener loin d'ici était trop tentante, et elle soudain trop épuisée.
Je vais nous commander des bulles.
La phrase n'avait pas été choisie au hasard. Jake savait que ce soir-là, l'espace d'un instant, elle s'était sentie honteuse. Il le savait. Ce ne pouvait être que lui.
– D'accord.
– Oy ! s'exclama Jimmy en désignant ses bagages rassemblés dans un coin du salon. C'est que vous étiez en train de prévoir votre départ toute seule. C'est plutôt couillu. Pas d'inquiétude maintenant, on se charge de tout.
– Et ça nous fait gagner du temps, renchérit Omar. Vous avez pris le nécessaire ? Vêtements, objets précieux, papiers importants, souvenirs ? Ne vous en faites pas pour le reste. Vous aurez tout ce qu'il vous faut là où on va.
Alors même que son comparse parlait, Jimmy avait soulevé la valise de Quint et le sac de Taisha comme s'ils ne pesaient rien et quitté l'appartement. Omar s'empara des sacs de courses et s'apprêta à le suivre. Ils partaient avec ses affaires, avec la confiance absolue qu'elle leur emboîterait le pas.

Ils ne lui voulaient réellement aucun mal. Ou peut-être étaient-ils tellement sûrs d'eux qu'ils n'avaient aucune crainte de la perdre si elle décidait de prendre la fuite.

Oh, la ferme. Elle s'agrippait d'une main au bord de la falaise, prête à tomber, et on lui tendait une corde. Peu importait de ne pas voir le visage de son sauveur : au point où elle en était, prendre la corde et se laisser hisser ne relevait plus du risque, mais de la chance. Sa seule chance.

Au moment de franchir le palier, Taisha fit une halte douloureuse, clé en main. Elle ne reviendrait jamais ici. Une page se tournait.

Après une longue hésitation, elle laissa tomber la clé sur la porte dégondée. D'ici deux jours, tout aurait disparu. Un four chez l'un, un lit chez l'autre. Un coup de vent effacerait en quelques heures les empreintes de leur passage. Ce serait comme s'ils n'avaient jamais vécu ici. Les éclats de rires, les larmes versées, les coups de colère et l'amour donné, toute trace du microcosme qu'ils avaient formé, rien que tous les deux, serait oubliée.

La bourrasque les emmenait ailleurs. Mais elle les emmènerait ensemble. Comme d'habitude. Elle voulait croire qu'après le choc initial, ils pourraient reconstruire leur vie à l'identique, ou presque.

Les escaliers tremblaient atrocement sous le pas d'Omar. Elle n'aurait plus jamais à les monter. Des ascensions plus terribles l'attendaient peut-être, mais c'était déjà un soulagement.

Un Hummer gris aux vitres teintées, aussi imposant qu'un char militaire, était garé au pied même des escaliers, coffre ouvert. Jimmy et un troisième homme en costume jouaient au Tetris avec les bagages. Ils se tournèrent vers eux : Taisha s'arrêta net.

Même dans les quartiers chauds, un visage couvert de tatouages donnait mauvaise réputation. On voyait trop de ces visages dans les émissions de télé-réalité sur le trafic de drogue transfrontalier, les gangs ultra-violents de certaines rues de L.A ou les prisons auto-gérées du Honduras. Des tatouages qui hurlaient à la face du monde entier : "le crime est mon métier." Le costume du troisième homme ne trompait personne.

Taisha se rapprocha d'Omar.

– J'ai accepté de vous faire confiance. Mais je ne monte pas dans une voiture avec lui.

L'homme en question prit la mouche.

– Yo, c'est de la discrimination !

– C'est les tatouages, intervint Jimmy. Tu n'es pas "rassurant". Ce n'est pas une insulte, c'est un fait.

– On dirait qu'un annuaire de gangs t'a chié sur le visage. Ça rend difficile la reconversion.

Le dénommé Alonso pointa un doigt accusateur vers Taisha.

– Ce n'est pas chrétien. On ne juge pas un livre sur ce qui est écrit en police gothique.

Il laissa tomber le sac qu'il tenait et s'engouffra par la portière passager, qu'il referma rageusement derrière lui. Avec un soupir, Omar se dirigea vers le coffre.

– Ne faites pas attention à lui.
– Ne pas faire attention ? s'insurgea-t-elle. Il m'a menacée.
– Non, il boude. Même cause, conséquences largement différentes. Écoutez, ils sont plus doués pour faire peur, je vous l'accorde. Mais nous ne serons payés que si vous arrivez, vous et Quint, vivants et intacts. On ne fait pas ça par charité. Alors montez dans la voiture. Pour la dernière fois, vous ne risquez rien.
Il ferma la portière du conducteur derrière lui. Un instant plus tard, le moteur démarra dans un grondement infernal.
Taisha inspira profondément.
Comme promis, ils la déposèrent devant l'école de Quint. La fille de l'accueil la salua, mais Taisha évita son regard et se dirigea directement vers les salles de classe, indifférente à ses appels inquiets. Elle s'introduisit sans frapper dans la salle des CM2, interrompant le cours de la jeune institutrice Mrs Sherman.
– Excusez-moi. Quint, prends tes affaires. On y va, vite.
La mine solennelle, Quint laissa immédiatement tomber sa carte de géographie et ses crayons de couleur. Mrs Sherman prit moins bien la chose.
– Mrs Rogers, nous sommes en plein cours. Il n'est pas l'heure pour Quint de...
– Quint a rendez-vous chez le dentiste.
– Je suppose qu'il avait rendez-vous chez le dentiste pendant tout le mois de septembre également ?
– Non, il avait une leucémie. La chimio, ça fatigue.
Mrs Sherman plissa les yeux. Visiblement, elle allait se prouver moins crédule que Stephanie du Comic-Con. Alors que Quint rejoignait Taisha, elle repassa à l'attaque.
– Et son visage, comment l'expliquez-vous ? L'absentéisme et maintenant, des bleus ? Nous allons être forcés d'avertir les services sociaux.
– Mais faites donc.
Ils devaient quitter les lieux promptement, avant que quelqu'un n'ait la brillante idée d'alerter la police de proximité. Quint avait du mal à suivre le pas précipité de Taisha.
– Maman, c'est la deuxième fois que tu dis que j'ai un cancer alors que c'est faux. Mamie m'a dit que si on répétait un gros mensonge à trois personnes différentes, alors il devenait vrai. Je ne voudrais pas avoir de cancer, quand même.
– Mamie dit beaucoup de bêtises pour que les enfants se comportent bien, Quint. Un cancer est la dernière chose dont tu aies à te soucier pour l'instant.
En plein milieu de la cour, Taisha arrêta son fils et s'accroupit devant lui.
– Écoute-moi bien, ma puce. Trois hommes vont passer nous prendre dans un 4x4. Obéis-moi. Ne

pose pas de questions. Et surtout ne les fixe pas du regard, c'est très malpoli. Compris ?

– Compris.

Elle l'embrassa rapidement sur la joue et ils reprirent leur chemin vers le portail. Ils l'avaient à peine passé que le Hummer refit son apparition au bout de la rue. Taisha passa devant Quint afin que celui-ci ne soit pas assis à côté de Jimmy. La voiture décolla dans un hurlement de moteur.

Omar jeta un coup d'œil sévère au garçon dans le rétroviseur central.

– Hey, petit. La ceinture de sécurité.

Sans un mot, Quint s'attacha. Jimmy lui fit un signe de la main. Ses longues jambes étaient repliées selon un angle inconfortable derrière le siège d'Omar.

Une fois sur l'autoroute, Omar roula plein sud. Plus rien ne fut dit pendant une bonne heure. Le conducteur passait un disque de vieux standards de blues et fredonnait par-dessus. Taisha se demanda si quelqu'un lui avait déjà dit qu'il avait une belle voix. Sa trajectoire aurait-elle été différente si quelqu'un avait eu la générosité de reconnaître son talent et de mettre son travail au service de ses ambitions de jeune homme ? Tellement de choses dépendaient de si peu. Une décision. Un choix. Une rencontre.

Si Sayon ne lui avait pas donné assez d'argent pour emmener Quint à San Diego, ils n'auraient jamais rencontré Jake. S'ils n'avaient pas rencontré Jake, Quint ne serait pas parti loin de chez lui. Si Quint n'était pas parti, Sayon ne les aurait pas terrorisés. Si Sayon ne les avait pas frappés, ils ne laisseraient pas leur ancienne vie derrière eux pour rejoindre une destination inconnue, avec une compagnie des plus improbables. En lui donnant cet argent, Sayon avait provoqué exactement le contraire de ce qu'il avait souhaité : leur fuite, hors d'atteinte. Et on parlait d'ironie du sort.

Taisha commençait doucement à somnoler quand Alonso mit le disque en pause et rompit finalement le silence.

– C'est blessant, vous savez. Ce que vous avez dit tout à l'heure.

Omar et Jimmy gémirent de concert.

– Vous, la ferme. C'est à la dame que je parle. Je vais vous raconter une histoire.

Il se tourna vers les passagers à l'arrière. Le voyant pour la première fois, Quint écarquilla les yeux. Sous prétexte de le serrer contre lui, Taisha lui plaqua une main sur la bouche.

– Ne fixe pas du regard, marmonna-t-elle.

– Un jour, il y a très longtemps, au Mexique. J'avais un travail, c'était tuer une femme de Dieu. Une religieuse, c'est le mot. Et vous savez ce qu'elle a dit ?

Il semblait attendre une réponse. Taisha déglutit.

– Non ?

Il mit le doigt sur sa poitrine.

– Elle m'a dit qu'elle voyait le cœur à l'intérieur. Un cœur qui saigne dans sa recherche de Jésus. Elle m'a dit que Dieu ne me juge pas pour mes péchés, que ce qui est écrit sur ma peau est la cicatrice d'une blessure spirituelle que seul le Seigneur sait guérir. C'est la fin de l'histoire.

Une longue pause s'ensuivit. Taisha soutint son regard sans mot dire. Mieux valait ne pas prendre le risque de prononcer la moindre syllabe susceptible d'envenimer les choses. Alonso finit par baisser les yeux sur Quint.

– *Chiquito*. Tu n'as pas perdu quelque chose, par hasard ?

Et de nulle part, il fit émerger la casquette rouge et blanche des L.A Dodgers. Quint enleva la main de Taisha de son visage pour hurler sa joie.

– C'est ma casquette ! M'man, regarde, c'est ma casquette que Jake m'a offerte ! Merci !

Avec un sourire sec, Alonso ajusta la casquette sur le crâne de Quint. Il lui tendit également le portable que Sayon lui avait volé la veille, avant de leur tourner le dos.

– Dis, Alonso, interpella Jimmy. La femme dont tu parles, tu l'as tuée au final ?

– Bien sûr que oui, *coño*. Quand on t'a confié un travail, tu le fais jusqu'au bout.

Omar remit le disque en marche et chanta à tue-tête. Taisha ne demanderait pas ce qu'Alonso avait fait pour retrouver et obtenir les objets volés. Peut-être qu'il y avait du bon sens dans les propos d'Omar : moins elle en savait, mieux cela valait.

Ils continuèrent de longer paisiblement la côte, des heures durant. Taisha suivit la course du soleil dans le ciel, qui finit par s'assombrir. Il devait être près de dix-neuf heures quand Omar, lassé d'entonner pour la énième fois *I Put a Spell on You*, céda le volant à Jimmy, qui déroula ses jambes avec un grognement de soulagement.

Quatre heures plus tard, ils s'arrêtèrent à une station essence sous une nappe d'encre parsemée d'étoiles. Quint dormait profondément sur les genoux de Taisha.

– Jimmy, essence, ordonna Omar à voix basse. Alonso, trouve-nous quelque chose à manger.

Sans discuter, les deux hommes quittèrent la voiture.

– Désolé, je ne peux pas vous laisser vous dégourdir les jambes. Les stations de ce genre sont truffées de caméras.

– Qui craignez-vous exactement ?

Omar dégaina un paquet de cigarettes de la poche de sa veste.

– Personne, tout le monde. On ne peut simplement pas prendre le risque d'exposer notre client.

L'homme souleva la cigarette qu'il tenait au niveau de ses yeux.

– Des années que j'essaie d'arrêter, marmonna-t-il. Mais ce truc vous colle à la peau. On va continuer plein sud, Mrs Rogers. Plein sud toute la nuit. On ne roule pas trop vite pour éviter d'attirer l'attention. Si tout se passe bien, on y sera vers huit ou neuf heures demain matin.

Il ouvrit la portière, descendit. Au moment de refermer, il se pencha et ajouta à voix basse :

– Vous avez le bonjour de Grenade.

Cinq minutes plus tard, Alonso prit le volant après avoir jeté deux sandwiches club et une bouteille d'eau aux pieds de Taisha. Omar conquit le siège passager et enclencha un best of de Cyndi Lauper.

Taisha laissa sa tête basculer contre le siège, caressant la joue de son fils recroquevillé en chien de fusil. Elle n'avait pas besoin de plus. Sa vigilance s'abaissa enfin, elle respira et ferma les yeux.

Plein sud.

Elle avait le droit de s'endormir.

Wyatt.

Après la troisième joggeuse qui le regarda de travers, Wyatt commença à nourrir des doutes. Omar avait heureusement évité le coche des huit heures et sa caravane d'actifs se rendant au travail ou déposant les enfants à l'école. Mais il arrivait d'une minute à l'autre, et le nombre de femmes au foyer en manque d'occupations à Pasadena était plus élevé que Wyatt ne l'avait prévu.

Pasadena, le petit paradis de l'Américain moyen. Derrière lui, une maison de taille raisonnable en béton blanchi, trois chambres, ameublement signé Ikea. Passée une barrière blanche, une pelouse fraîchement tondue, le jardin avec ses deux arbres maigres et ses emplacements en friche, prêts à être nourris par des mains maternelles. Devant, un drapeau américain pendait mollement d'un poteau en terre, attendant la bonne brise pour flotter fièrement et éveiller les esprits patriotes.

Wyatt avait lui-même retiré la pancarte "À vendre" après avoir conclu l'accord avec l'agent immobilier, la veille au soir. Ce geste, c'était le rêve de tant de personnes. On se noyait dans les crédits pour acheter son petit nid d'amour dans une banlieue sympathique, on faisait trois enfants, qu'il fallait ensuite nourrir, habiller et emmener au foot et au baseball. On gaspillait des heures de vie dans les bouchons, chaque matin et chaque soir, pour financer cette vie routinière.

Tous les matins, on se déprimait avec les mêmes infos à la radio. Tous les soirs, une fois les gamins couchés, on s'abrutissait avec les mêmes débilités à la télévision. On oubliait de baiser. On oubliait qu'on vieillissait et que le temps n'était pas étirable. Et puis un jour, vlan ! la retraite. On finissait de payer la maison, les trois gosses se lançaient dans la même vie, il fallait bien les aider. Tricot, jardinage, les enfants nous oubliaient, le lave-vaisselle lâchait il fallait en acheter un nouveau, et on continuait de cracher son pognon. Cracher, cracher, cracher. La plupart des Américains rêvaient de passer leur vie à dépenser de l'argent qu'ils n'avaient pas. Wyatt avait regardé passer tous ces bons pères de famille en pick-up, toutes ces ménagères qui fuyaient leur propre ombre pré-ménopausée, et il avait mesuré sa chance d'avoir échappé à ce cauchemar.

Le Hummer qu'il attendait depuis presque deux heures, seul avec son attaché-case sur le trottoir, se gara enfin le long du trottoir d'en face. Omar traversa la route en s'étirant pendant que Jimmy ouvrait le coffre. Wyatt accueillit son vieil ami d'une claque dans le dos.

– Tout s'est bien déroulé ? Vous les avez bien traités ?

– On n'est pas des baby-sitters, mec. Mais pas une trace de doigt, c'est promis. Et tu ne devrais plus entendre parler de Hayes. On a rapporté un souvenir, comme prévu. Tu le verras quand Jimmy se sera sorti les doigts du cul !

La moitié supérieure de Jimmy disparaissait entièrement dans le coffre.

– Pas ma faute ! Il y en a partout dans le compartiment, ça a transpercé ton sac bio de mes deux !

Wyatt fronça les sourcils.

– Ton sac bio ? Qu'est-ce que c'est que cette histoire ?

– Un sac en papier du marché bio, mec. Et on est devenus flexitariens, avec Dina et les enfants. On peut tous contribuer à sauvegarder la planète, mec.

Il regarda Omar avec compassion. Son acolyte semblait tellement heureux dès lors qu'il parlait de son étroite vie de famille. Il s'était fait avoir, lui aussi. Cela déchirait le cœur de Wyatt de voir un homme de sa trempe gâcher ses talents de la sorte.

– Fait chier ! s'écria Jimmy en plein milieu de la route. Je t'en donnerai, du végan !

Le fond du sac imbibé de sang avait craqué. Une main amputée gisait sur l'asphalte, à la vue de tous. Wyatt vérifia d'un coup d'œil rapide que personne n'arrivait dans leur direction.

– Ramasse ça tout de suite, crétin ! siffla-t-il.

Le visage contorsionné par le dégoût, Jimmy recueillit la main au creux du sac abîmé et se hâta de les rejoindre sur le trottoir. Ils franchirent le portail et Wyatt les guida le long du court chemin de graviers, jusqu'à un porche surmonté d'un toit en pente. Là, Jimmy déplia précautionneusement le sac. Une vague puanteur de viande plus très fraîche émanait déjà de la main coupée. La césure était nette et précise, un seul coup visible : du travail de professionnel. Alonso n'avait pas perdu la main, contrairement à d'autres. Jimmy désigna un tatouage difficile à distinguer.

– Regarde, il avait même mis son prénom, au cas où il l'oublierait.

– Ne te moque pas, je crois qu'Alonso en a un aussi.

En effet, à y regarder de plus près, "Sayon nigga" pouvait être déchiffré dans le creux entre le pouce et l'index. Wyatt passa son portable en mode flash et captura quelques clichés du trophée de chasse.

– Dégage ça de dessous mon nez, Jimmy, ordonna-t-il. Et ramène les bagages.

Quand Jimmy se fut éloigné, Omar se racla la gorge et baissa le menton vers ses chaussures.

– La dame et son gamin. On peut savoir pourquoi le patron les veut ?

– Depuis quand tu poses des questions, toi ? C'est son affaire.

– Simple curiosité. Écoute, mec... La prochaine fois qu'il y a besoin de nous... J'aimerais que tu me mettes en congé auprès du patron. Du genre, à durée indéterminée.

Wyatt le fixa longuement du regard.

– Qu'est-ce que tu me chantes, là ?

– Je me fais vieux, Wyatt.

– Alonso est plus vieux que toi.

– Mais c'est la vie d'Alonso. Il ne voit rien d'autre. Maintenant, j'ai une autre raison de vivre. Ça va devenir de plus en plus dur de concilier les deux, tu vois ?

Ils demeurèrent silencieux alors que Jimmy et Alonso déposaient les premiers sacs sous le porche. Omar continuait à fixer le sol, Wyatt regardait Omar avec plus de tristesse qu'Omar ne pouvait l'imaginer. La conversation reprit quand les autres se furent éloignés.

– Je ne peux pas faire ça. L'équipe ne fonctionne pas sans toi. Alonso n'a aucun sang-froid et Jimmy est incapable de distinguer sa gauche de sa droite. Tu les imagines meneurs d'hommes ?

– Trouve quelqu'un d'autre.

– Ce n'est pas si facile. Tu as signé un contrat, Omar. Pas avec du papier et de l'encre, avec ton sang. Tu ne peux pas te retirer comme ça.

Omar hocha lentement la tête.

– C'est comme ça. Le passé te colle à la peau.

– Fut un temps où ça ne te dérangeait pas.

– Je ne sais pas, mec... Je viens de passer, quoi, dix-sept heures dans une voiture avec cette femme et son gosse. Et je ne pouvais pas m'empêcher de me demander : combien de temps avant que le boss se lasse ou change d'avis ? Combien de temps avant que je doive leur rendre une vraie visite, de celles qu'on rend d'habitude ? Je ne voudrais pas avoir à leur rendre visite, mec. Je me fais vieux pour ce genre de merde.

Jimmy et Alonso revinrent avec le reste des bagages. Même s'il avait pu répondre, Wyatt n'aurait pas su quoi dire à son ancien compagnon de cellule. Ils avaient partagé un paquet d'années de vie, et puis Omar avait pris la tangente. Wyatt n'avait pas à se sentir responsable.

– Prenez toutes les précautions habituelles, ordonna-t-il. Restez dans le quartier cinq ou six jours. Ne me contactez qu'en cas de problème.

Tous trois opinèrent du chef.

– Bon boulot. Cent-vingt-cinq chacun, comme prévu.

Il confia la mallette à Omar, qu'il retint par le coude alors que les deux autres regagnaient la voiture.

– Je lui parlerai, mais je ne promets rien.

– Je comprends. Tu es un frère, Wyatt.

Alonso ouvrit la portière arrière du Hummer à la manière d'un chauffeur de limousine et se fendit d'une révérence théâtrale.

– Allez en paix avec le Christ dans vos cœurs !

Wyatt leva les yeux au ciel. Omar avait raison, vieillir ne réussissait pas à Alonso. C'était peut-être lui qu'il aurait à mettre à la retraite anticipée, un de ces jours.

Taisha sortit de la voiture et eut un moment d'arrêt en le reconnaissant. Quint ne fit pas tant de manières : il sauta du 4x4 et fonça en direction de la maison, comme si les heures épuisantes de leur voyage ne pesaient plus rien. Avant qu'il ait pu réagir, le garçon se jeta contre lui et l'enserra de toutes ses forces.

– Merci de nous avoir sauvés, Monsieur Wyatt.

Wyatt lui concéda un très bref sourire avant de le repousser aussi gentiment que possible – il avait une réputation à préserver. Mais c'était un de ces moments où il comprenait soudain ce que Mr Longfield avait vu dans le gamin. Cette pureté enfantine, cet optimisme féroce, cette confiance en la vie que tous avaient perdue et que tous cherchaient un jour ou l'autre à retrouver. Dommage que le patron ait besoin de s'accrocher à ce petit trésor comme une sangsue pour lui en sucer jusqu'à la dernière goutte.

Ce n'était pas à lui d'en juger, toutefois.

– Les garçons sont restés polis, j'espère ? demanda-t-il à Taisha. Ils sont un peu rugueux aux angles. Pas habitués à...

– Ce genre de... mission. J'ai cru comprendre. Jake est ici ?

– Non, il est toujours en Espagne. Il m'a chargé de te dire qu'il pense beaucoup à toi, Quint.

Le garçon eut un sourire déçu. Il s'était sûrement imaginé que Jake se cachait à l'intérieur de la maison. Wyatt les invita à franchir le seuil et les laissa vagabonder craintivement d'un bout à l'autre, ouvrir délicatement les portes sans vraiment pénétrer à l'intérieur des pièces, comme des visiteurs dans une église, comme des invités qui n'avaient pas vraiment été invités.

– La maison a été mise au nom de Mr Longfield hier. Il en est propriétaire et il ne prélèvera aucun loyer, le temps que vous vous retourniez. Vous conviendrez d'un arrangement ensemble.

Le soulagement qui passa sur le visage de la jeune femme était indescriptible.

– Dites-lui qu'on ne pourra jamais assez le remercier.

– Pas d'inquiétude. J'ai un avion dans quelques heures, mais il y a une dernière chose à régler. Nous avons besoin de photos de vos... des marques de coups.

Taisha serra Quint contre elle, manifestement gênée par l'idée de les exhiber ainsi.

– Pour quoi faire ?

– Disons que c'est une mesure de protection, au cas où le père de Quint déciderait de faire des siennes sur un plan juridique. C'est peu probable, mais Mr Longfield ne peut se permettre la

moindre erreur.
Taisha ne répondit pas. Elle ne savait pas à quel point cela lui coûtait, à lui aussi. Ce n'était pas elle qui devrait envoyer les photos de son protégé défiguré au patron. Comme elle demeurait immobile, il enleva la casquette du crâne de Quint et le positionna dans la lumière.
Un cliché de face. Un de profil. Un gros plan sur l'œil enflé. La douleur immortalisée en trois clics. Lorsque ce fut fait pour le garçon, la mère se plia à l'exercice à contrecœur.
Wyatt envoya les photos en retournant à sa voiture de location. Avant de partir, il avait conseillé à Quint de mettre la casquette au lave-linge, car quelqu'un d'autre avait transpiré à l'intérieur.
Trois petites taches couleur rouille en salissaient le côté, que personne ne semblait avoir remarquées, sauf lui. Travail bâclé.
Le sang, ce n'était pas rassurant.

Jake.
Le bip d'une carte magnétique vint perturber son confortable état de torpeur thérapeutique. Il ne voulait pas la voir. Quand avait-il jamais été heureux de la voir ? Si elle ne lui avait pas été aussi utile, il y avait belle lurette qu'elle aurait fini crevée sur le sol d'une salle de bains.
Quand les choses n'allaient pas, Jake fantasmait sur la mort des gens en guise de passe-temps. C'était ainsi qu'il voyait Amanda mourir : nue, sur le ventre, à la merci de n'importe qui. Son visage détruit par de multiples chocs contre le sol, jusqu'à ce que le nez et les arcades explosent, éparpillant des fragments d'os et de cartilage sur les dalles glacées. La tête enveloppée dans le rideau de douche, maintenue jusqu'à ce qu'elle s'étouffe dans son propre sang. Les yeux exorbités, sa bouche formerait des ronds de poisson agonisant dans un dernier et vain instinct de recherche d'oxygène. La douche coulerait encore.
Dans sa main, son téléphone. Ses doigts d'habitude si agiles auraient échoué à composer le numéro qui pouvait la sauver.
La lumière du salon agressa ses yeux habitués à l'obscurité. Avec un gémissement sonore, il attrapa le coussin qui soutenait sa tête et le plaqua sur son visage. Il nageait à vue dans un brouillard épais depuis qu'il s'était enfermé sans rien expliquer à personne. Il appliquait la même procédure à chaque fois qu'un problème d'envergure se présentait : il envoyait chacun à sa tâche puis s'enfermait dans le noir et attendait, comme un enfant boudeur, qu'on vienne lui annoncer que le problème était résolu.
Il ne supportait pas ses congénères humains lorsqu'une tempête faisait rage sous son crâne. Trop bruyants, trop futiles ; il se sentait hélas capable de sauter à la gorge du premier venu.
– Vous avez dormi un peu ?
Il releva le coussin pour fusiller Amanda du regard. Il avait dû dormir sept ou huit heures depuis

que Quint avait quitté le tournage. Combien de temps cela faisait-il ? Quarante-huit, soixante-douze heures ? Des médicaments en certaine quantité l'avaient aidé à trouver la paix d'un néant total. Le reste du temps s'était écoulé au ralenti. Il avait posé sa montre près de son oreille et parfaitement entendu le tic-tac de la trotteuse hésiter, avant de diminuer sensiblement de vitesse. Pendant sa léthargie sans sommeil, il ne s'était levé que pour procéder à la vidange systématique du mini-bar. Boissons avec ou sans alcool, tout y était passé. Pour des raisons tout à fait pratiques, il avait utilisé les bouteilles vides pour uriner sans avoir à ramper jusqu'aux toilettes. Ses patchs et le reste de sa médecine douce étaient à portée de main, il n'avait besoin de rien d'autre.

– Je plains votre maquilleuse, commenta Amanda en contemplant son visage. J'ai des nouvelles.

Elle tenait le téléphone personnel de Jake, qu'elle lui avait confisqué despotiquement dans l'espoir qu'il ne se terrerait pas dans l'attente tourmentée d'un message libérateur. Idiote. Il n'avait pas besoin du téléphone. La généreuse torture de ses pensées lui était amplement suffisante.

– Wyatt ? Donne.

– "Colis bien réceptionnés"... De la poésie, Wyatt. Tout s'est bien passé. Et il y a des photos.

Il tendit la main.

– Je ne suis pas sûre que ce soit le bon moment.

– Donne-moi ce putain de téléphone !!!

D'habitude il ne criait jamais sur elle, il était trop malin pour ça. Elle l'observa un moment sans rien dire. Le triste spectacle d'une débauche solitaire. Un tableau de la déréliction, saisi sur le vif. Il voyait bien à quel point elle le détestait. Eh bien, elle pouvait le détester autant qu'elle le voulait, tant qu'elle lui redonnait accès à son téléphone.

Elle le lui jeta à la figure. Il eut à peine le temps de lever le bras pour protéger son visage de l'impact. Le bruit de l'écran contre son coude lui indiqua que l'appareil n'avait pas résisté au choc. Il ramassa le téléphone, fendu en diagonale sur toute sa longueur, mais encore en état de marche, et cliqua sur la première photo.

Les vues étaient peu plaisantes, mais des preuves palpables des faits. Il eut même droit à un zoom sur l'un des tatouages qui ornaient le dos de la main tranchée. Un gloussement rauque s'échappa de sa gorge. Un type assez stupide pour se faire tatouer son propre nom n'avait pas besoin de ses deux mains. C'était à peine s'il avait mérité qu'on laisse sa tête de bouffon sur ses deux épaules.

– Ravie que ça vous mette de bonne humeur. Vous penserez à supprimer celles qui vous impliquent directement dans un crime.

– Heureusement que tu me le dis. Je n'ai pas obtenu de master à Berkeley, moi.

Il fit disparaître les trois premières photos à regret. Celles qui montraient Taisha le laissèrent de marbre. C'était regrettable que Quint ait dû voir sa mère dans un tel état. Regrettable qu'elle lui ait choisi un père minable et dangereux. Sayon aurait dû être dégagé de leurs vies depuis le début. Un homme, par sa constitution profonde, n'était pas supposé intervenir dans l'éducation de sa progéniture. La nature elle-même le prouvait. Dans combien d'espèces la mère était-elle seule détentrice des droits et devoirs parentaux ? Dans combien d'espèces les pères massacraient-ils la portée avant qu'elle ait la capacité de se défendre ? Dans un documentaire animalier, il avait eu vent d'une espèce unique en son genre, chez laquelle le mâle s'occupait des œufs jusqu'à leur éclosion : l'hippocampe.

Les humains n'avaient rien à voir avec les hippocampes. Parce que quelques psychologues criminels avaient décidé que la présence du père était essentielle à un développement réussi, le modèle le plus délétère était devenu le noyau familial de référence. Et tous les jours, des milliers d'enfants étaient détruits par cette mise en conformité arbitraire.

Jake avait fait ses recherches et s'était vu forcé d'en conclure que l'espèce humaine n'apprenait rien de son passé. Les cultures anciennes avaient été oubliées, condamnées, anéanties. Qui se souvenait que les Grecs et les Romains, deux civilisations rivalisant de splendeur, avaient élevé le rapt pédérastique au rang de tradition citoyenne ? Quand le garçon avait atteint l'âge d'être arraché des jupes de sa mère, un étranger à la famille procédait à un enlèvement rituel et prenait le garçon sous son aile, afin de lui enseigner ce que le giron maternel ne pouvait apporter. Le père se fondait dans l'ombre. Le rôle d'éducateur ne lui était pas attribué parce qu'il ne pouvait en faire qu'un abominable gâchis : un fait connu des millénaires avant l'ère moderne.

Aujourd'hui, il voyait dans les dernières photos le résultat de l'erreur sur laquelle ils avaient basé leur société moderne : un enfant dont l'œil avait triplé de volume. Quint essayait gauchement de sourire, mais ça ne prenait pas. On aurait dit une photo d'identité judiciaire ; à la place de l'ardoise habituelle, il tenait son téléphone pour attester de la date. Le regarder rendait Jake physiquement malade. Il ferma les yeux pour échapper aux vertiges et ravala la bile qui lui brûlait la gorge.

– Est-ce que j'aurais dû le garder ici ?

C'était plus une question pour lui-même mais Amanda, bien sûr, se sentit obligée de répondre.

– Pour qu'il apprenne que sa mère a été envoyée à l'hôpital, ou que vous soyez recherché par Interpol pour enlèvement de mineur ? Bien sûr, ç'aurait été la plus grandiose des idées. Il est en sécurité maintenant. Vous pouvez vous concentrer sur le travail pour lequel vous êtes payé et que vous ne faites pas.

– J'entends du jugement dans ta voix. À quelle heure est mon appel ?

Elle contourna la table pour atteindre les fenêtres et posa les yeux sur les bouteilles surprise. Un air éphémère de dégoût passa sur son visage.

– Charmant. Laissez tomber ce soir, vous n'êtes pas en état. Je vais dire que votre voix sera revenue

demain soir, qu'ils prennent de l'avance sur l'éclairage avec les doublures. Ils n'ont pas avalé l'histoire du rhume dû à la clim', mais personne n'ose râler pour le moment.
Elle ouvrit en grand l'une des fenêtres de la pièce, laissant entrer un air frisquet qui le fit frissonner.
– Ouf, on respire. Jake, vous avez vingt-quatre heures pour manger, dormir, vous laver, retrouver une alcoolémie décente et une tête qui passe à la caméra. Oh, et pour réapprendre à pisser dans des toilettes, ce ne serait pas de refus.
– Dans cet ordre ?
– Je fais monter une équipe de ménage et un repas consistant, ce n'est pas une proposition. Vous avez eu les nouvelles que vous espériez, plus d'excuses pour vous vautrer dans la soue.
– Je peux garder le portable que tu as cassé, chef ? demanda-t-il d'une voix mielleuse.
– J'en commande un dans l'heure. Que je ne vous voie pas vous brûler les yeux à force de regarder ces foutues photos.
Elle ouvrit la porte et le transperça d'un dernier regard impénétrable.
– Il ne va pas s'envoler, votre gosse. Soyez professionnel, pour l'amour du ciel.
Amanda jeta la pancarte "Ne pas déranger" derrière elle et referma la porte, le replongeant dans un silence angoissant.
– "Soyez professionnel, pour l'amour du ciel", l'imita-t-il avec son air de pimbêche mal baisée.
Il lança le portable directement sur un bibelot qui ornait une étagère, le brisant en mille morceaux, et espéra qu'il valait très cher. Ce n'était pas lui qui le paierait.
Brûler le monde. Distribuer des allumettes et des fusils d'assaut. Les laisser s'entretuer, s'arracher les yeux et les entrailles, et conduire les ambulances dans les fleuves et les précipices. Et quand il ne resterait plus que des corps immobiles et de la fumée, ce n'était pas dans des bouteilles qu'il urinerait. Non, il irait pisser sur chaque cadavre pour éteindre les dernières braises. Il régnerait sur les restes du monstre qu'avait été l'humanité, son prince héritier à ses côtés.
Le monde l'avait créé tel qu'il était. Maintenant, le monde devait assumer qu'il porte haut la couronne de plomb qu'on lui avait confiée.

Laurence. (1982)

Laurence alluma un joint sur le chemin de chez lui. Depuis son expulsion du collège et son début timide dans les affaires, il disposait d'une réserve constante de beuh qui l'aidait à relativiser la douleur permanente dans ses phalanges. Le dos de ses mains était profondément égratigné à force de se frotter au cuir de la ville.
Il repéra de loin Travis et deux de ses potes, en train de fumer sur leurs escaliers à trois maisons de la sienne. Travis n'avait que seize ans, mais c'était lui qui gérait la distribution pour Marcus jusqu'à

ce qu'il sorte de taule.

En le voyant, Travis se leva et lui tapa dans la main. Laurence salua brièvement les deux autres et suivit son patron un peu à l'écart.

– Tout s'est bien passé ?

– Il te paiera ce soir, l'informa Laurence. Enfin, c'est ce que j'ai compris. La moitié de ses dents était par terre, il articulait pas terrible.

Travis lui refila un sachet d'herbe, plié en deux de rire. Le bégaiement de Laurence ne s'arrangeait pas avec les années. Il ne s'agissait plus de moquerie mais de complicité, toutefois. Quand on ne pouvait changer certaines choses, autant les tourner à son avantage, en faire des armes. En tournant son élocution en dérision, il retirait aux mots des autres tout pouvoir de le blesser. L'insulte perdait sa force et devenait inoffensive.

De toutes façons, le premier qui se serait foutu de sa gueule l'aurait amèrement regretté.

– Mon frangin est content de ton boulot. Il réfléchit à te faire passer aux choses sérieuses. Tu piges ce que ça veut dire ?

Laurence jeta un coup d'œil à ses poings endoloris. Cela signifiait que bientôt, il n'aurait plus à s'en servir. Finies, les corrections de gamins et de junkies trop faibles pour se défendre correctement. On lui donnerait un flingue et il s'attaquerait au gros gibier endetté, peut-être même à la concurrence.

– Ouais, je pige.

– Continue comme ça et on va te faire gagner du biff comme jamais t'en as gagné. Plus de salaire en nature, c'est pour les petites mains. Tu seras un vrai. Hey, t'as faim ? On allait bouffer un doMac avec les potes, tu veux venir ? C'est moi qui invite.

Si peu d'années auparavant, Laurence était Little Italy, le petit Blanc bègue de neuf ans qui avait la taille d'un mioche de six ans. Celui à qui on lançait des graviers, dont on se servait comme paillasson. Et puis, vingt mois auparavant, il s'était mis à pousser à une vitesse incompréhensible. À treize ans, il culminait à un mètre soixante-quatre et ne semblait pas vouloir s'arrêter. Le petit Blanc bègue rattrapait maintenant les caïds de quartier. Il s'était mis à la musculation, seul dans sa chambre, selon une routine sévère. Son impressionnante masse sèche, facilement dissimulable sous ses vêtements, ne laissait pas de surprendre ceux qui avaient le malheur de le provoquer.

Incroyable comme le respect se trouvait vite, une fois qu'on avait la capacité de se défendre et la rage nécessaire pour attaquer. Sa réputation lui avait valu ce respect. Quand l'école n'avait plus voulu de lui – bien après qu'il avait cessé de vouloir de l'école – le respect lui avait valu un boulot. Maintenant, le boulot lui valait des invitations à dîner.

Laurence refusa poliment. Il mourait de faim, mais plutôt mourir que de manger avec ces crevards. Derrière une façade indifférente, il n'oubliait pas facilement. Il n'avait pas oublié qu'à une époque pas si lointaine, ç'aurait fait rigoler Travis et son frère de lui rouler dessus en bagnole.

– Comme tu veux. Je t'appelle, mon pote.

Il serra Travis dans ses bras avec un sourire. C'est ça, "mon pote". Confie-moi un flingue. Tu n'as pas idée du métal que tu vas manger quand viendra le bon moment. Il continua vers chez lui avec, dans la tête, le portrait de Travis défiguré par des coups de feu. Marcus voudrait se venger, bien sûr. Il pouvait envoyer toute la ville contre lui. Si le pire arrivait, qui en aurait quelque chose à foutre ? Personne, lui le dernier. Au mieux, il prenait le contrôle du business. Ce n'était pas la carrière dont il rêvait, mais qu'est-ce que la rue avait d'autre à lui offrir ? Il aurait du pouvoir, de l'argent, de l'adrénaline. Mieux que ce qu'avaient les gens enfermés dans un bureau.

Travis n'avait pas mentionné la surprise sur son palier. Celeste faisait partie de ces choses qu'il ne pouvait pas changer.

Elle s'était encore écroulée sur les marches en l'attendant, espérant le vampiriser comme la sangsue de profession qu'elle était. Chaque fois qu'elle revenait, il la trouvait plus laide. Le regard plus éteint, le teint plus jaune, les dents plus pourries, les joues plus creusées. Parfois, elle avait été tabassée. Des taches rouges apparaissaient sur sa peau, qu'elle grattait jusqu'au sang avec ses ongles dégueulasses jusqu'à ce qu'ils deviennent purulents. Ses cheveux tombaient en plaques. Et à chaque apparition, elle lui promettait de revenir le chercher pour le tirer des griffes de Lorenzo, inconsciente qu'il était trop tard, pour elle comme pour lui. S'il avait cru en un avenir pour elle, il serait venu la chercher lui-même pour l'éloigner de son enfer. Il n'y avait jamais cru. Il devait désormais contenir sa nausée chaque fois qu'il la dégageait de la porte d'entrée.

Dans la lumière tombante, Laurence jeta son mégot et donna un léger coup de pied dans ses côtes.

– Celeste, barre-toi de là. Tu ne veux pas que le vieux te voie. Bouge.

Il se pencha pour lui secouer le bras sans ménagement. La tête de Celeste bascula mollement en arrière, à un angle profondément anormal. Personne ne dormait comme ça.

Il n'osait prendre son pouls sur sa peau nue. Il attendit une minute entière que sa poitrine se soulève au rythme de sa respiration. En vain. Laurence regarda autour de lui sans trop savoir ce qu'il cherchait. Il était un peu tard pour de l'aide. Ce qu'il lui fallait, c'était un sac mortuaire.

La salope. Elle avait fait exprès de venir crever ici. Elle s'était déplacée volontairement, pour qu'il n'ait d'autre choix que de la retrouver et de constater l'obscénité de son trépas. La salope.

Et maintenant, il devait rentrer et prévenir Lorenzo. Il sortit sa clé. Non, tant pis, il ne dirait rien à son père, il lui laisserait le privilège de disposer du cadavre à sa guise. Il se racla profondément la gorge et lâcha un énorme mollard qui atterrit sur la joue de Celeste. Elle n'avait qu'à pourrir ici pour un moment. Après tout, c'était sa dernière volonté.

Laurence s'arrêta au moment d'insérer la clé dans la serrure. Et si Lorenzo lui couvrait la tête d'un sac et la pliait pour la faire rentrer dans la poubelle ? Soudain, l'idée de voir Celeste renversée et emportée par le camion des éboueurs lui fut insupportable. Il dégringola les marches et fuit.

Il marcha longtemps, sans savoir où il allait. Sans comprendre pourquoi tant de larmes coulaient sur ses joues, et pourquoi il revoyait encore et encore son glaviot glisser sur la joue de Celeste telle une limace répugnante, jusqu'à souiller les lèvres qui l'avaient autrefois embrassé.

Il erra ainsi, au hasard des rues, pendant une bonne heure avant d'enfin admettre qu'il ressentait de la tristesse. Mais surtout, il était en colère, dans une immense colère. Les choses auraient pu être tellement différentes.

Si elle s'était comportée en adulte comme la mère qu'elle était censée être pour lui.

Si elle n'était pas restée avec cet enfoiré de Lorenzo.

Si elle avait appelé à l'aide quand c'était encore possible.

Si elle avait tenu sa foutue promesse quand elle le pouvait encore, quand la drogue ne l'avait pas encore engloutie. Si elle avait fait leurs bagages, pris son petit garçon par la main pour l'emmener à la gare la plus proche et tout recommencer, ailleurs, loin de lui.

Ou plus simplement, si elle avait baisé Lorenzo correctement et régulièrement. Lorenzo n'aurait peut-être pas ressenti le besoin de lui faire ce qu'il lui faisait. Mais avec des "si"...

Il finit par s'arrêter dans le halo jaune pisse d'un lampadaire, près d'une clôture d'immeuble, et enfonça franchement deux doigts dans sa gorge. Un haut-le-cœur lui secoua le corps entier, il aspergea le bitume de sa bile. Il espérait que le reste partirait avec, qu'il évacuerait les souvenirs, les images et toutes ces émotions qui le bouffaient de l'intérieur. Comme avec l'alcool et la beuh : rien de mieux qu'une bonne gerbe pour se purifier.

Force fut de constater qu'il se sentait exactement le même, avec une gorge irritée et des abdominaux douloureux.

– Hey, les mecs. Ce serait pas le petit Blanc débile qui bosse pour Marcus et son frangin ?

Laurence pivota sur ses talons et se retrouva acculé au grillage par trois jeunes qu'il n'avait jamais vus de sa vie. Il s'était inconsciemment égaré hors du territoire de Marcus, là où, par définition, il était désormais en danger. Les mecs en face de lui avaient la force du nombre. Ils étaient plus âgés, plus grands, plus forts. Il s'était fait avoir comme un bleu en les autorisant à le bloquer, dos à une paroi. La logique voulait qu'il tente de fuir. S'il était assez rapide, il pouvait escalader le grillage, faire le tour de l'immeuble et ressortir dans la rue adjacente.

Sinon, il lui faudrait s'en sortir à la force des bras. Il s'en savait capable. L'un d'entre eux était un morceau, mais ses muscles étaient bien cachés. Laurence était plus vif, plus agile et il frappait pour faire mal, pas pour gaspiller de l'énergie. Aucune raison de flipper.

– Je me suis perdu. Je cherche pas les problèmes.

Le plus gros des garçons jeta un coup d'œil aux autres en rigolant.

– Ouais, c'est bien lui. Celui qui peut pas aligner trois mots comme un type honnête.

– Qu'est-ce que tu fous ici, blanco ? On t'a vu vomir sur notre trottoir.

– Je suis malade. J'ai la chiasse aussi, tu veux voir ?

Le meneur cracha par terre.

– On t'a vu te faire gerber. Mon avis, c'est qu'on t'a demandé de venir baliser sur notre territoire. J'appelle ça de la provoc.

– C'est quoi sur ta gueule ? Tu pleures ? Les mecs, il pleure de trouille !

Leurs yeux se détournèrent fugitivement de lui pour chercher la complicité des autres. Laurence en profita pour prendre la poudre d'escampette.

Il n'avait pas prévu que le grillage serait aussi souple et se balancerait sous son poids comme une brindille pliée par le vent. Avant qu'il ait pu passer les jambes de l'autre côté, il fut rattrapé par le dos de son tee-shirt et tiré violemment en arrière. Un bras passa autour de son cou, l'emprisonnant dans une étreinte mortelle. Des étoiles dansèrent devant ses yeux. Le mec le plus massif apparut dans son champ de vision.

– On va te faire passer l'envie de lever la patte à nos coins de rue.

Son poing s'enfonça dans son ventre une première fois. Laurence serra les dents. Il leva les mains pour agripper le bras qui le maintenait, incitant son geôlier à resserrer encore sa prise. Très bientôt, privé d'afflux sanguin, son cerveau court-circuiterait. Mais il n'avait pas besoin de plus d'une seconde pour se dégager.

Au moment où son adversaire distribuait son deuxième coup, sa tête s'approcha juste à portée. Laurence avait anticipé, pris appui sur le bras autour de sa gorge et bandé tout son corps. Il se souleva, envoyant ses deux pieds percuter brutalement le menton de son bourreau. La mâchoire de ce dernier claqua, ses dents s'entrechoquèrent et il recula avec un gémissement.

Sans attendre, Laurence déplaça son pied gauche derrière les jambes de celui qui le tenait, pivota pour libérer un bras et enfonça son coude dans ses côtes, trois fois de suite. Comme il digérait les impacts, son assaillant n'eut d'autre choix que de desserrer, juste assez pour que Laurence se faufile hors de son piège avec la souplesse d'un serpent, tout en pesant de tout son poids pour le faire reculer. Le gars trébucha sur le pied gauche de Laurence tendu là en embuscade et perdit l'équilibre, laissant tout champ libre au garçon qui s'empara de lui.

Laurence frappa deux fois, sur l'oreille et le nez. Système D, douleur et désorientation.

Deux secondes plus tard, le jeune homme qui l'avait étranglé était à genoux, le bras droit emprisonné dans une clé intolérable qui tirait le coude jusqu'à sa limite d'extension. Plus le mec hurlait, plus Laurence le soumettait. Il pouvait choisir de le briser d'une seule secousse. Les bagarres de rue lui avaient appris une vérité simple : rends-toi maître d'une articulation, tu te rends maître de l'homme.

Le premier type s'était mordu la langue, son menton et le devant de son top étaient souillés de sang. Le poing levé, il se précipita vers lui avec un grognement de rage.

– Un pas de plus et je lui casse le bras.

Il s'arrêta, soufflant comme un bœuf, et regarda son camarade gémissant.

– Tu entends comme il a mal ? continua Laurence. Son os ne lui transperce pas encore la peau.

À contrecœur, le garçon recula. Une autre voix s'éleva alors dans le dos de Laurence.

– Hey, Bruce Lee. Lâche mon pote et je te jure qu'on règle ça en un contre un.

Laurence se retourna progressivement, emmenant avec lui son otage qui lâchait de gras sanglots infantiles. Ni plus costaud, ni plus impressionnant que les autres, le troisième gars était demeuré silencieux lors de leur altercation et avait disparu pendant la lutte. Il s'avérait qu'il était resté là, sur le côté, guettant le bon moment pour intervenir sans le trouver.

– Un contre un ? répéta Laurence. Je suis censé leur faire confiance pour rester spectateurs ?

– Parole d'homme. Je t'exploserai la tronche à la loyale, c'est juré.

Laurence jaugea son nouvel adversaire des pieds à la tête. Dix-sept ans, à tout casser. Plutôt maigrelet, pas beaucoup plus grand que lui. Il le prendrait comme il avait pris les autres. Le garçon lâcha sa proie geignarde et l'envoya rouler sur le côté d'un coup de pied. Il ouvrit les bras avec un sourire provocateur... et se calma subitement quand l'autre sortit un cran d'arrêt.

– C'est ce que tu appelles "à la loyale" ?

– Tu ne souris plus ? Viens que je te dessine un petit sourire à ma façon.

Merde, merde, merde. Laurence n'avait jamais combattu contre un type armé. D'instinct, il fixa ses yeux sur la lame. S'il la perdait du regard ne serait-ce qu'une seconde, il était fichu.

Les attaques se succédèrent à une vitesse telle qu'il ne put placer aucun coup. Le couteau sifflait dans l'air et il ne pouvait que l'esquiver tant bien que mal, reculer, chercher une ouverture, esquiver, reculer encore... Jusqu'au moment où son dos se heurta au type à la langue douloureuse, qui le repoussa brutalement en avant.

Il se retrouva soudain à portée de la lame et n'eut pas d'autre choix que de tenter de passer sous la garde opposée. Sa main gauche écarta le couteau de son nombril d'un coup sur l'avant-bras, son crochet opposé vint saisir son rival en pleine mâchoire. Pas le temps de savourer sa victoire : la main libre de son adversaire l'atteignit en plein plexus solaire et profitant de sa paralysie, le bras armé le faucha juste sous les côtes.

Laurence recula avec un glapissement de douleur. Le sang coulait en cascade paresseuse sur son ventre. La pointe du couteau l'avait ouvert du flanc jusqu'au bas du sternum, comme on dézippait une fermeture éclair. La brûlure lui coupait le souffle. Avant de pouvoir reconstruire une défense, il fut renversé sur le dos.

– On verra si tu dégueules aussi bien avec le bide troué, petit bâtard.

Un sifflement assourdissant l'interrompit dans son élan, sauvant la mise de Laurence. Un homme émergea de la nuit, chopa l'agresseur par le col et le fit gicler à trois mètres de là.

– Éloigne-toi de lui ! Vous trois, j'ai prévenu les flics. Vous avez deux minutes pour déguerpir.

– C'est qu'un blanco qui bosse pour Marcus. Laisse-nous nous occuper de son cas.

– Tu veux finir en perpète, crétin ? Touche à un seul de ses cheveux et ton souhait est exaucé. Dégagez, j'ai dit !

Après tergiversation, les trois jeunes s'enfuirent au petit trot, crachant derrière eux des chapelets d'insultes. Le nouveau venu s'agenouilla et, alors même que Laurence tentait de se relever pour s'échapper à son tour, le força à se rallonger de deux mains fermes.

– Non, non. Toi, tu restes couché. Laisse-moi voir.

Il souleva son tee-shirt poisseux. Laurence grimaça. Bon Dieu, qu'est-ce que ça pissait, il en foutait partout. Avec deux doigts précautionneux, l'homme écarta les bords de la plaie.

– Rien de grave. Mais ça va continuer de baver un moment. Enlève ton tee-shirt et appuie dessus.

Réticent, Laurence se vit obligé d'obéir. Il retira son haut et le pressa sur la blessure.

– Voilà. C'est bon, je peux y aller ?

– Tu me remets ? Parce que moi, Larry, sûr que je me souviens bien de toi.

Évidemment qu'il le remettait, c'était exactement la raison pour laquelle il ne voulait surtout pas rester. La trentaine tassée, les cheveux ras et la barbe épaisse, Joe Mosley, le coach de son ancien collège. En plus de s'occuper de l'éducation sportive, Coach Mosley était le responsable de la sécurité. Laurence avait rapidement arrêté de compter le nombre de coups de pieds au cul qu'il lui avait distribué. Pourtant, lors de la commission disciplinaire, Mosley avait plaidé pour une exclusion provisoire – en vain, et Laurence s'en trouvait bien satisfait.

– Laissez-moi me lever.

– Reste allongé encore une minute, tu risques de tourner de l'œil. Alors, Larry. Ce bégaiement, ça ne s'arrange pas. Et on serait en droit de se demander ce que tu fais dehors à cette heure. Comment vont les affaires depuis qu'ils t'ont viré ?

– Super. Vous voyez bien. Je ne m'en suis jamais aussi bien tiré, Coach.

– Toujours aussi crâneur. Si je ne m'étais pas pointé, on serait sans doute en train de ramasser ton cadavre. Je connais le petit con au couteau. Il n'aurait pas hésité une seconde.

Mosley enleva un instant le tissu de la plaie. Le saignement diminuait déjà.

– Tu te débrouillais bien au début. Tu sais ce qui t'a mis dedans ?

Laurence lui coula un regard soupçonneux. Depuis quand le coach les observait-il dans l'ombre ?
– Le regard. Tu ne regardais que son cran, erreur. Peu importent les armes utilisées. Pendant un combat, ne lâche jamais les yeux de ton adversaire. Si tu vois ses yeux, tu vois tout ce qui se passe autour. La main armée et l'autre, l'imprévisible. Et avec un peu d'entraînement, tu peux anticiper ses coups et ses déplacements.
– Merci du conseil. Je vais rentrer chez moi.
Le Coach secoua la tête et lui adressa un sourire beaucoup trop satisfait de lui-même.
– Tu as besoin de points de suture, et quelque chose me dit que tu n'y auras pas droit à la maison. Tu viens avec moi.
– Non, je vais plutôt rentrer chez moi.
– Regarde les choses sous cet angle : soit tu viens avec moi et tu me laisses te recoudre, soit j'appelle vraiment la police et je les laisse gérer la situation. À toi de voir.
Laurence renversa la tête avec un grondement frustré. Il avait été confronté plusieurs fois aux flics lors de bagarres. Les Noirs avec qui il se battait étaient systématiquement embarqués quand lui s'en sortait avec un simple avertissement. Néanmoins, le jour où Lorenzo aurait à venir le chercher au commissariat, il ne ferait plus assez peur à son père pour éviter la raclée de sa vie.
– Sage décision.
Joe le souleva par les aisselles et passa un bras autour de ses épaules.
– Je peux marcher tout seul, ça va.
– Comme tu veux, gros dur. Continue à appuyer.
Mosley partit en avant mais fixa une allure délibérément tranquille, jetant de fréquents regards derrière lui pour vérifier que Laurence suivait. En moins de cinq minutes, ils tournèrent dans une allée sur l'aile d'un bâtiment tagué, qui aurait tout aussi bien pu être à l'abandon. Mosley déverrouilla l'imposant cadenas posé sur les poignées de deux battants métalliques et le fit entrer.
Plongée dans l'obscurité, une salle couvrant pratiquement toute la surface de l'immeuble contenait les ombres impressionnantes d'équipements de sport et, trônant au centre, surélevé sur une estrade, un ring. Les néons clignotèrent avec le rugissement d'un générateur. Laurence s'avança entre les sacs de frappe, poires de vitesse raccommodées, rameurs aux poignées usagées, tapis fendus laissant voir leur mousse.
– C'est mon soir de fermeture. On est tranquille.
Le garçon se tourna vers Mosley qui sortait d'un bureau, une trousse de secours à la main.
– C'est à vous, tout ça ?
– C'est moi le manager, en tout cas. C'était une salle de sport qui a fermé. Je l'ai reprise en location et j'en ai fait une salle de boxe, avec du matériel de récup'. Tout le monde est le bienvenu,

moyennant cotisation. Les vestiaires et les douches sont au fond.

Laurence suivit le coach jusqu'à une porte coulissante menant à des vestiaires aux murs décrépits. Plusieurs casiers étaient enfoncés. Mosley poussa deux bancs l'un contre l'autre.

– Je n'ai jamais pris le temps de mettre en place une véritable infirmerie, alors ça devra faire l'affaire. Installe-toi.

Il se laissa glisser en position allongée tandis que Mosley s'asseyait à côté de lui.

– Comment je peux être sûr que vous savez ce que vous faites ?

– Entre le collège et mes activités ici, j'ai dû me former. Montre-moi.

Laurence enleva timidement le tee-shirt trempé. Le sang s'écoulait toujours en petits ruisseaux fatigués.

– Il ne t'a pas raté.

Au début, le jeune blessé se tordit le cou afin d'épier les moindres faits et gestes de Mosley. Sans lâcher le moindre gémissement de douleur, même quand ses mains rudes étalèrent la pommade anesthésiante sur la fente sanguinolente qui barrait son abdomen. Il serra les dents jusqu'à ce que son crâne tremble, mais jamais il ne se plaignit. Au bout du troisième point de suture, il s'autorisa à reposer la tête sur le banc et ferma les yeux pour échapper aux tiraillements.

L'image de Celeste affalée sur ses escaliers comme un chien crevé revint au galop. Il s'efforça de penser à autre chose, en vain. Alors au lieu de se dérober, il l'affronta. Il la détailla, la cartographia et en rangea le moindre élément dans les tiroirs les plus profonds de sa mémoire, où il n'aurait plus jamais à aller la chercher. Quand il eut terminé, il savait qu'il ne pleurerait plus jamais pour elle. Peut-être même qu'il ne pleurerait plus jamais.

– Tu t'es endormi ?

Laurence rouvrit doucement les paupières. Le Coach l'observait avec curiosité. Sa plaie avait été proprement bandée.

– Je pensais, c'est tout.

Les yeux de Joe vagabondèrent longuement sur son corps. Il se laissa contempler sans rien dire.

– Tu as une belle musculature, Larry, finit par soupirer Joe. C'est rare, chez un garçon de ton âge.

– Je m'entraîne.

– Je me doute. Pour les boulots que te donne Marcus, c'est ça ? Tu sais que tu vaux mieux que ça.

– Je peux y aller ?

– Pas tout de suite. Défroque-toi, on va faire un truc ensemble.

Joe se dirigea vers un placard dans le fond des vestiaires. Laurence sourit pour lui-même, habitué à l'amertume qui se déposait sur sa langue. Il s'était douté qu'autant de gentillesse ne pouvait être désintéressée, que la douceur de Joe attendait quelque chose en retour. Il avait remarqué les errances coupables de son regard.

Résigné, il retira ses chaussures, déboutonna son jean et se débarrassa des deux couches d'un coup. Il enleva aussi ses chaussettes. Lorenzo n'aimait pas qu'il garde ses chaussettes, et il supposait que ce devait être la même chose pour tout le monde. Ce ne serait qu'un mauvais moment à passer.

– Mais qu'est-ce que tu fais, bordel ?

Laurence se redressa vivement, le cœur battant la chamade. Dos au placard ouvert, le coach détournait explicitement les yeux, le front plissé par la confusion. Il lui lança un short et un maillot.

– Enfile ça et rejoins-moi sur le ring.

Il s'enfuit littéralement des vestiaires, prenant grand soin de ne pas accorder un coup d'œil à son intimité. Laurence s'habilla, les joues brûlantes. Maintenant, Mosley allait penser qu'il n'était qu'un petit pervers. Et si c'était ce qu'il était ? Et s'il avait compris ce qu'il avait voulu comprendre ? Grâce à Lorenzo, il savait se servir de son corps comme d'un instrument de chantage. C'était ainsi qu'il le contrôlait désormais. Qu'il évitait les punitions, qu'il obtenait des faveurs. Il n'avait fait qu'imaginer que le coach fonctionnerait de même. Un homme qui travaillait auprès d'enfants, l'emmenait dans un endroit isolé, lui demandait d'enlever ses vêtements... La confusion était compréhensible. Non ?

Laurence pénétra à nouveau dans la salle, intimidé. Joe tournait sur le ring comme un lion en cage.

– Coach, je suis désolé, marmonna-t-il. J'ai cru que...

– Tais-toi et monte.

Il escalada l'estrade et passa sous un élastique. Mosley examina ses mains, les posa sur les siennes, paumes contre paumes, et lui demanda d'enfiler une paire de gants de boxe noirs. Lui-même passa ses mains dans les lanières de deux pao.

– Direct désigne ton bras fort, cross ton bras faible. Je te donne des consignes, tu places tes coups au centre des pao. Rien de plus simple. Ne pousse pas trop ta gauche, tu risques de rouvrir tes points. Ta force doit venir de la rotation de ton épaule. C'est parti, en garde.

– Pourquoi on fait ça ?

– Qu'est-ce que tu peux être chiant ! Fais-le, arrête d'être contre tout par principe. Allez. Direct, cross. Direct cross, Larry.

Laurence monta les gants devant son visage et frappa. Gauche, droite. Gauche, droite. Droite, gauche. Gauche, droite. Un gamin de cinq ans aurait pu le faire. Puis Joe monta la difficulté d'un cran. Droite, gauche, droite. Gauche, gauche, gauche. Droite, gauche, gauche. Il accéléra peu à peu, exigeant de lui une concentration de plus en plus extrême. Laurence se trompa, jura. Continua. Ses bras le brûlaient. La sueur lui tombait dans les yeux, coulait le long de son dos.

Sa respiration avait trouvé le même rythme que celui que le coach transmettait à ses coups. Inspire pendant la consigne, expire-expire-expire. Inspire, expire-expire-expire. L'effort était confortable, presque apaisant. Jusqu'à un certain point.

– Comment tu te sens ?

– Ça va.

Inspire, expire-expire-expire.

– Waouh. Tu as réussi à sortir deux mots sans bégayer. Quel exploit.

Inspire, expire-expire-expire.

– Tu ne crois pas que tu devrais faire un effort pour parler comme une personne normale ?

Inspire. Inspire, expire-expire.

– Parce que q-q-q-q-quand tu paaaaaarles comme çççça, mon vieux, tu as l'air d'un sacré débile.

Expire-expire. Inspire. Il ne savait plus où il en était. Il se trompait, il le savait. Il ne savait plus où il devait frapper.

– Je comprends qu'on se foute de ta gueule.

Il frappa à droite, à droite, encore à droite. Son souffle avait disparu.

– La-la-la-larry le déb-b-b-b-b-ile !

Laurence fonça sur Mosley mais fut violemment repoussé à l'autre bout du ring.

– Je suis pas d------------– d-------------------– mmmmerde !

Ses blocages résonnèrent plus fort que sa voix. Joe se débarrassa de ses boucliers et affronta sans peur son regard incandescent. Il y avait au creux de ses pupilles une vague fraîche qui commençait déjà à apaiser son accès de rage.

– La voilà ta faiblesse, Larry. Tu te sers de la colère comme d'une arme. Elle est utile à certains, pas à toi. Elle t'aveugle au combat, elle entrave ta parole, elle te bouffe la vie. Contrôle l'émotion, ne la laisse pas te contrôler.

– J'ai pas demandé vos leçons de vie à la con.

– C'est vrai, oublie. J'ai une offre pour toi. Je t'ai vu te battre de trop nombreuses fois. Tu as quelque chose que les autres n'ont pas. Avec de la technique, et si tu viens à bout de tes pulsions, tu peux devenir un excellent boxeur.

Laurence l'examina attentivement. Toute colère était retombée comme un soufflé.

– C'est quoi, l'offre ? s'enquit-il avec défiance.

– Je m'occupe de t'entraîner. Tu viens ici quand tu veux, tous les soirs si ça te chante, c'est autant de temps que je te consacrerai. Je te dispense de cotisation, à deux conditions. La première : tu quittes la bande de Marcus et tu retournes au collège. Si je te croise à traîner dans la rue, je mets fin à notre accord.

– Ils ne voudront jamais me reprendre.

– Ils te laisseront une autre chance si je me porte garant de ton attitude. Ce qui signifie que tu ne sauteras plus à la gorge du premier qui te contrarie.

– Et la deuxième condition ?

– Quand tu seras prêt, tu te battras pour moi.

Joe s'approcha de lui et délaça ses gants.

– J'organise des matches. Ils ne sont pas exactement... légaux, tu vois le topo ? C'est ce qui me permet de maintenir la salle à flot. J'ai un partenariat avec un bookmaker, les gens viennent pour le spectacle et les paris. Les flics ferment les yeux parce que la salle réduit la délinquance du quartier. On fait venir un autre gars, je fournis le gars à domicile. En cas de victoire, cinquante-cinquante avec mon champion sur la cagnotte. Tu pourrais te faire des ronds.

Il lui retira ses gants et recula, dans l'attente de sa réponse. Laurence essuya ses mains moites sur le short emprunté.

– Il faut que je réfléchisse.

– Tu sais où me trouver, dans ce cas. Ne réfléchis pas trop longtemps, Larry. Les opportunités se saisissent ou elles passent. Tu peux garder les habits.

Laurence descendit du ring.

– Hey, Larry.

Le Coach s'était appuyé sur les élastiques du bord du ring et le scrutait pensivement.

– Tout va bien à la maison ? Avec ton père ?

– Ouais.

– S'il y avait un problème, tu me le dirais ?

– Non.

Il hocha la tête et lui fit un signe de la main.

– Allez, fiche le camp.

11

Souvenirs de Bainsbridge Island

Taisha.

– Arrête de gigoter, Quint.

– Il faut qu'on y aille. *Ve* vais ra*tf*er *tf*ous les bonbons.

Quint n'avait jamais été aussi excité à l'occasion d'Halloween, et pour cause : Taisha ne l'avait jamais autorisé à sortir réclamer des sucreries chez les voisins lorsqu'ils habitaient encore Rainier View, Seattle. Au lieu des paquets de bonbons attendus, il aurait pu tomber sur des doses d'héroïne ou des cachetons du marché noir.

Mais cette année, Halloween se déroulait à Pasadena. Taisha avait peu à peu fait la rencontre des voisins de sa rue, des Blancs pour la plupart, aussi charmants les uns que les autres. Elle avait reçu des saladiers de cookies et des plats de lasagnes en gage de bienvenue. C'était un univers radicalement différent. On s'y racontait sans doute encore plus de ragots qu'à Rainier View, mais il régnait dans la rue une ambiance sereine qu'elle n'avait encore jamais connue. Si cela ne faisait aucun doute qu'un bon nombre des chefs de famille ici gardait un Smith & Wesson sur l'étagère la plus haute du placard, ils ne l'exposaient pas à tous les vents. Le soir, les gamins jouaient sur leurs jolis vélos jusqu'à la tombée de la nuit. Puis le silence marchait seul sur les trottoirs vacants, interrompu de temps à autre par les aboiements d'un chien ou quelqu'un qui sortait les poubelles.

Eileen, de la maison à étage juste en face, lui avait fait don d'un costume de vampire dans lequel son petit dernier ne rentrait plus. Taisha avait également investi dans une blouse médicale, l'avait aspergée de faux sang et comptait se promener avec une seringue pleine d'eau qu'elle actionnerait avec un rire diabolique au passage de chaque enfant.

La jeune femme ferma la dernière pression sur la cape rouge et noire de son petit Dracula, ajusta le col et le contempla fièrement.

– Fais-moi un grand sourire, pour voir.

Quint sourit, dévoilant ses canines en plastique emboîtées sur ses vraies dents.

–Tu es beaucoup trop mignon pour un monstre suceur de sang, ma puce.

La sonnette retentit, Taisha s'empara du saladier de bonbons qu'elle avait préparé et alla ouvrir la porte, s'attendant à être assaillie par une bande de petiots déguisés et gourmands. À la place, deux adultes lui faisaient face. Le premier se présentait en élégant et luxueux costume à rayures verticales noires et blanches et nœud papillon à tête de chat. Sur son visage était peinte la figure ronde de Jack Skellington, dont la bouche courait d'une oreille à l'autre en un sourire à la fois tendre et menaçant.

Taisha ne l'aurait jamais reconnu s'il n'avait pas chaussé ses éternelles lunettes teintées.

Elle le serra dans ses bras, se passant de toute permission. Son costume sentait la chaleur du pressing, lui sentait la peinture à maquillage. Elle ignorait si une embrassade pouvait communiquer toute l'étendue de sa reconnaissance. Deux vies sauvées, changées à jamais. Deux plantes flétries, arrachées à une terre sans eau pour être replantées dans un terreau noir et riche en nutriments, déjà en train de repousser plus belles et plus fortes.

Par-dessus l'épaule de Jake, elle avisa Wyatt, engoncé comme à son habitude dans un costume-cravate sombre, les lunettes de soleil sur le nez alors que la nuit était déjà tombée.

– Vous ne vous êtes pas déguisé.

– Bien sûr que si. "Monsieur Anderson, ravi de vous revoir."

Taisha fouilla dans sa mémoire à la recherche de la référence, sans succès. Ce fut la voix timide de Quint, derrière eux, qui l'éclaira.

– L'Avent *Fmiff*, dans *Matfrikf*.

Contrarié, Quint enleva ses dents en plastique. Jake se sépara de Taisha avec un sourire moqueur.

– On dirait que votre fils a de bonnes références cinéma, à quelques consonnes près.

– Et on se demande quand il a eu l'occasion de regarder les *Matrix*, inappropriés pour son âge.

– En streaming quand vous aviez le dos tourné, à tous les coups. D'ailleurs c'était la version russe.

– Non, on les a regardés ensemble, le contredit Quint en toute innocence. Mais Jake m'a caché les yeux au moment où l'équipage de Neo se fait massacrer et quand les robots-pieuvres déchiquettent le général. Sinon, c'était vraiment chouette.

Jake se masqua de l'air penaud d'un enfant pris la main dans le pot de confiture, qui força un sourire sur le visage de Taisha.

– Ce gamin est beaucoup trop honnête pour mon bien.

Taisha s'écarta, effaçant l'obstacle physique qu'elle représentait entre Jake et son fils. L'émotion circulant entre eux lui rappelait ce feu d'artifice vieux de trois mois seulement, ces fusées multicolores qui avaient éclaté dans la bulle d'intimité qu'ils avaient créée sur scène. Trois mois, et déjà une éternité de complicité dans leur regard. Trois semaines sans nouvelles l'un de l'autre, et une éternité de chagrin qui s'envolait à présent.

– Qu'est-ce que tu attends pour me faire un câlin ?

Quint avait des larmes dans les yeux. Les vingt jours qui venaient de s'écouler avaient sans doute été les plus longs de sa vie. Pour une raison qu'elle n'était pas sûre d'appréhender, même après avoir mesuré le rôle que Jake avait joué dans leur sauvetage impromptu, il s'était persuadé que l'acteur ne reprendrait plus contact. Il se jeta sur lui avec une telle force qu'ils tombèrent tous deux en arrière en se bidonnant.

– Je pensais qu'on ne se reverrait jamais, s'indigna Quint, sa voix étouffée dans le costume de Jake. Mais tu es là.

– Et il était temps, tu as encore grandi. Je me suis dit que venir faire la tournée d'Halloween avec toi serait une bonne surprise.

– C'est vrai ?

– Tu voudrais que je rate la seule soirée de l'année où je peux me promener dans la rue sans être reconnu ? Tu penses bien que Monsieur Jack et l'agent Fmiff vous accompagnent.

Jake et Quint partirent devant, bavardant comme deux vieux amis de jeunesse laissant derrière eux des années de séparation. Taisha et Wyatt venaient derrière comme les deux gardes qu'ils étaient : ils gardaient le silence, n'ayant pas grand-chose à partager.

Ses voisines furent nombreuses à se montrer intriguées par les deux hommes qui escortaient Taisha et son fils. Elle savait que les rumeurs iraient bon train dès le lendemain matin. Le premier jour, elle avait débuté la partie sans subtilité en ouvrant sa porte avec une lèvre fendue et une pommette enflée. Là encore, elle laisserait les gens parler.

Elle se fondait dans la masse de Pasadena et de sa paix chèrement payée. Au creux de son oreille, les voix sournoises de ses frères et sœur murmuraient qu'elle blanchissait à vue d'œil. Ils n'auraient jamais pu comprendre qu'elle préfère pactiser avec les amis du système plutôt que de traîner des chaînes jusqu'à la fin des temps. Elle avait de l'ambition pour Quint, et si elle devait se gentrifier pour satisfaire cette ambition, changeant par là même la couleur de ses fréquentations, elle n'hésiterait pas une seconde.

Au bout de deux heures de chasse aux sucreries, les rues commencèrent à se vider de ses plus jeunes passants, qui s'endormaient dans les bras de leurs parents. Jake envoya Quint discuter avec deux voisins et ralentit jusqu'à ce qu'elle parvienne à sa hauteur.

– Vous vous habituez à la vie californienne ? s'enquit-il aimablement tandis que Wyatt prenait légèrement ses distances.

– Je n'aurai jamais assez de mots pour vous remercier.

Le visage de Jake s'assombrit et le ton de sa voix fléchit, légèrement éraillé.

– J'ai vu les photos, Taisha. Je n'ai pas été capable d'empêcher ça et j'en suis responsable. Ne me remerciez pas. Pardonnez-moi.

Ils demeurèrent tous deux silencieux un moment, le temps de détacher les longes de leurs fantômes pour qu'ils aillent frapper à d'autres portes, comme le reste de leurs congénères ce soir. Taisha repartit enfin sur une note plus gaie.

– Quint vous a dit qu'il a réussi les tests du Candelaria Institute ?

– Seulement trois ou quatre fois. Je ne lui ai pas précisé qu'ils m'ont tenu informé. À vrai dire, je ne doutais absolument pas de son succès.

Cela avait été une surprise de plus, le jour même de leur arrivée à Pasadena. Au point où ils en étaient, elle pensait ne plus pouvoir s'étonner de rien, et pourtant, les larmes avaient encore coulé lors de ce coup de téléphone.

– *Bonjour Mrs Rogers. Maria Ibañez du Candelaria Institute. Auriez-vous quelques minutes à m'accorder pour que nous parlions de votre fils, Quinton ?*

– Excusez-moi, vous êtes... ?

– *Maria Ibañez, directrice du Californian Candelaria Institute of Arts for Children. Mr Longfield ne vous a pas parlé de nous ? Parce qu'il nous a bien parlé de Quint et de son incroyable potentiel, selon ses propres mots.*

– Je... Oui, il est incroyable. Je vous demande pardon, je débarque...

– *Aucun problème. Le Candelaria Institute est une école privée pour les enfants qui présentent des aptitudes particulières pour les arts en tous genres.*

– Je vois... Et Jake, je veux dire Mr Longfield vous a parlé de mon fils ?

– *C'est cela. Normalement, nos classes sont déjà pleines, mais je vous propose de nous donner rendez-vous avec Quint afin de lui faire passer quelques tests. Si nous sommes satisfaits de ses résultats, il sera possible d'envisager une rentrée tardive.*

– Je ne pense pas pouvoir me le permettre financièrement.

– *Mr Longfield m'a fait clairement comprendre qu'il prendrait les frais de scolarité en charge le cas échéant. Vous avez un ami très précieux, Mrs Rogers. Nous prenons rendez-vous ?*

Quint avait été intégré au cycle d'actorat dès le début de la semaine suivante. Par curiosité, Taisha s'était renseignée sur les frais d'inscription. Le montant de soixante-mille dollars par an l'avait fait bondir. Une bagatelle pour Jake, elle en avait conscience, mais elle n'avait pas l'intention de vivre à ses crochets pour les dix années à venir.

– J'ai décroché un poste d'hôtesse de jour dans un *diner*, se lança-t-elle. Juste en attendant de trouver mieux, mais je veux vous payer un loyer. Et rembourser Candelaria, dollar par dollar s'il le faut.

Le sourire de Jake s'étendit par-dessous sa bouche peinte, et il en aurait paru doublement effrayant si ce n'avait été pour prononcer des paroles aussi conciliantes.

– Candelaria est un cadeau que je fais à Quint, ne me retirez pas le plaisir de lui faire plaisir. Quant à la maison, je ne tiens absolument pas à la garder, donc vous pourriez me verser des apports plutôt que des loyers. Vous serez officiellement propriétaire d'ici vingt-cinq ans. Sans intérêts ni inflation, évidemment. Qu'en dites-vous ?

Taisha le dévisagea, bouche bée. Jamais elle n'avait envisagé qu'une seule seconde sur cette Terre, elle, pouvait prétendre posséder sa propre maison. C'était une ambition bourgeoise, une étape de vie pour les gens éduqués, qui avaient su faire quelque chose d'eux-mêmes. Elle avait compté que Quint entre dans *sa* maison par la grande porte, un jour ; elle n'avait jamais osé espérer entrer dans la sienne, même par la fenêtre.

– Je n'accepterai pas moins de mille dollars, dès ce mois-ci, continua Jake. D'un autre côté, je vous ai déniché un travail qui devrait faire l'affaire.

La jeune femme s'arrêta net sur la chaussée. Il parcourut une petite dizaine de mètres avant de prétendre remarquer qu'elle ne le suivait plus.

– Qu'est-ce que j'ai fait, encore ? Que vaut un réseau si on ne s'en sert pas ?

Taisha avait envie de pleurer, tiraillée entre la joie et l'impression d'être si redevable que jamais elle ne pourrait se libérer du passif qui les liait désormais. Elle se demanda si Jake pouvait comprendre, s'il avait déjà eu une dette morale de la sorte, si quelqu'un avait appuyé assez fort sur sa vie pour lui donner un tout nouvel équilibre et s'il lui avait été donné de combler cette dette un jour. Taisha avait jusque là fait son petit chemin de vie sans rien devoir à personne. Et la voilà qui devait absolument *tout* à la plus grande star de cinéma au monde, un homme dont elle avait parfois l'impression qu'il n'était pas vraiment là, qu'il n'était que le pur produit de son imagination.

Leur changement de vie était synonyme de célébration, mais les bulles avaient cette fois une saveur douce-amère, celle d'une victoire en demi-teinte. Elle et son fils étaient devenus comme Amanda, comme Lewis, comme Wyatt, comme tout le reste de l'entourage de Jake, supposait-elle : des membres de sa collection, tenus par une corde invisible, mais bien palpable.

Jake revint vers elle et lui tendit la main, l'invitant à faire d'elle-même le pas qui les séparait.

– Bienvenue à Hollywood, ma belle.

Taisha ravala ses larmes, posa sa main dans la sienne et avança.

Jake.

La méticulosité avec laquelle Mervin Byrd confectionnait ses rails de cocaïne résumait le personnage dans toute sa splendeur obsessionnelle.

Chaque matin, il passait une bonne demi-heure à s'habiller de façon que couleur et motifs soient parfaitement assortis. Surtout, rien ne devait dépasser ou partir de travers. Il cirait ses chaussures et changeait de boutons de manchette tous les jours. Au bureau, il passait plus de temps à astiquer son plateau en verre qu'à abattre du vrai travail. Pour cette raison même, Jake avait pensé qu'une assistante de plus ne lui ferait pas de mal.

Il ne s'attendait pas à ce que Mervin ait le culot de sortir la blanche pour accueillir Taisha dans les bureaux d'Inside Pictures. C'était toujours ainsi qu'ils débutaient une entrevue, mais ils étaient "entre eux". Et comme à son habitude, le producteur avait besoin de cinq minutes pour former des traces

de longueur, largeur et densité égales.
Jake jeta un coup d'œil nerveux du côté de Taisha. Pour l'occasion, elle portait un élégant tailleur neuf qui avait dû lui coûter la moitié de son ancien salaire de serveuse. Ses mains se tordaient spasmodiquement sur son sac à main.
– Vous avez jeté un coup d'œil à ma collection ? demanda Mervin sans quitter des yeux son œuvre architecturale en cours.
Taisha avait manifestement été hypnotisée par la cocaïne face à elle. Jake vola à son aide en désignant, au fond de la pièce, le cabinet transparent dans lequel étaient exposées huit statuettes dorées. Deux Oscars, un Golden Globe, un BAFTA, et quatre autres récompenses en provenance de Cannes, Venise, Berlin et leurs festivals prestigieux. Hébétée, Taisha se racla doucement la gorge.
– Oui, elle est... très impressionnante.
– N'est-ce pas ? Et la moitié a été récoltée grâce à la perle qui se trouve à côté de vous. Vous comprenez pourquoi je n'ai pas pu refuser lorsqu'il m'a parlé de vous, Mrs Rogers.
L'acteur leva ostensiblement les yeux au ciel. Certes, l'assortiment de distinctions était plutôt élogieux pour une maison de production qui avait commencé aussi petit qu'Inside Pictures. Mais l'homme à la tête de ce studio raisonnait comme tous les requins qu'il avait rencontrés au fil de sa carrière. En public, il épiloguerait sur la nécessité de nourrir la masse populaire avec des blockbusters comme *Farrell Cosma* afin de se donner les moyens de prendre des risques financiers tels que pour *Within Four Walls*, au nom de l'art. En réalité, *Farrell Cosma* et consorts n'avaient de raisons d'être qu'eux-mêmes. À moins de les fondre ou de les vendre aux enchères, les Oscars que Mervin devait briquer quotidiennement ne pouvaient soutenir son train de vie actuel.
Pour Merv, Jake n'était donc pas une "perle" à proprement parler. Plutôt une mine d'or. S'il ne pouvait lui refuser aucune faveur, c'était bien parce que cette mine d'or détenait plus de pouvoir sur lui que le contraire. Certaines personnes avaient de l'argent, d'autres *étaient* l'argent. Ces derniers menaient la danse.
Enfin satisfait de son travail, Mervin sniffa un rail de sa tablette et la présenta à Jake avec un sourire engageant. Celui-ci refusa d'un geste de la main. Il ne pourrait plus faire croire à Taisha qu'il était exempt de toute consommation, mais il pouvait encore essayer de sauver les meubles. Encouragée par son refus, Taisha déclina également la proposition de Mervin.
– Bien, Mrs Rogers. Vous savez vous servir d'un ordinateur, je présume ? Taper des courriers, répondre à des mails, utiliser Internet ?
– Ça n'a pas de secret pour moi. Je tenais à vous remercier pour l'opportunité que vous m'offrez, Mr Byrd. Je vous assure que je ne vous décevrai pas.
Mervin fut saisi d'un sourire attendri.

– Vous n'êtes pas de cette ville, ça se voit. Vous allez apporter un vent de fraîcheur à cet endroit, c'est moi qui vous en remercie.

Ils furent emmenés par une autre assistante dans un bureau jouxtant celui de Mervin, au dernier étage de l'immeuble. L'endroit, alourdi par des dizaines de plantes exotiques, donnait la sensation de quelques mètre carrés de jungle sauvage. Ne manquait que le bruissement des oiseaux dans les hauteurs, mais en ouvrant la fenêtre, c'était plutôt l'agitation du centre-ville qui leur parvenait.

Il n'aurait pas pu rêver cage plus dorée pour la mère oiseau.

Taisha s'enfonça dans son siège avec un soupir de soulagement. Au contraire, Jake inspira profondément le parfum végétal de la pièce.

– Honnêtement, vous n'auriez pas pu trouver de boulot plus confortable dans les collines. Mervin est un amour. Vous n'avez pas les bons attributs pour lui plaire, il vous épargnera les mains aux fesses. Dans ce business, c'est assez rare pour être souligné.

– Je peux vous poser une question ?

La voilà qui pointait le bout de sa queue, la discussion qu'il n'avait plus moyen d'éviter.

– Je sais ce que vous allez dire. Mervin... C'est un autre monde, il ne s'est pas rendu compte. Quint n'a jamais été exposé aux drogues en ma compagnie, et il ne le sera jamais. C'est une promesse.

– Donc vous en prenez, n'est-ce pas ?

Il chercha les meilleurs mots pour ne pas l'effaroucher. Elle n'était pas agressive, seulement préoccupée. Il était déterminé à ce que Quint ne mette pas son nez dans la farine tant que cette échéance pouvait être repoussée. Si le garçon voulait consommer quand il le devait et pas parce qu'il en avait envie, il lui fallait commencer à un âge où il serait apte au contrôle de lui-même.

– Je reconnais ne pas avoir été totalement transparent avec vous. Je pensais que c'était une évidence. La coke fait partie du boulot. Ici, c'est un instrument de socialisation. Dans d'autres milieux, on prend un verre ; ici, on prend un rail. Et il est tout à fait possible d'avoir une consommation occasionnelle. Si j'étais accro, vous l'auriez remarqué.

Il s'attendait à être poussé dans ses retranchements, à ce qu'elle fasse preuve de sa combativité habituelle. Mais elle se contenta de baisser les yeux.

– Ce ne sont pas mes affaires, pas vrai ? Vous ne devriez même pas avoir à me répondre.

L'espace d'une seconde, il faillit laisser paraître son étonnement. Était-il possible qu'enfin, après des semaines de lutte du charmeur de serpent contre son cobra, il ait réussi à la mater ? Se pouvait-il qu'elle se soit résolue à danser au son de sa flûte, qu'elle qu'en soit la mélodie ? Il s'était trop accoutumé à l'affrontement sous-jacent dans leur relation. Faire preuve d'indulgence le placerait maintenant pour de bon dans ses faveurs.

– Je comprends. Je passe beaucoup de temps avec Quint, il est normal que vous ayez des

questionnements. Mais il n'a pas besoin de drogue, Taisha. Vous êtes déjà son héroïne.
Elle éclata de rire.
– Avouez que vous l'aviez préparée, celle-là.
– Même pas.
Jake repartit aux studios ce matin-là l'esprit incroyablement léger. Il se sentait même physiquement aérien. Les efforts finissaient toujours par payer : la mère tiendrait sa place et ne viendrait plus s'interposer dans ce que Quint et lui avaient à construire ensemble. De grandes choses. De belles choses. Plus rien ne pouvait faire entrave à leur destin.

Laurence. (1985)

Laurence jeta quelques vêtements dans son sac de sport, puis il chercha sous le matelas la boîte en fer-blanc qui contenait toutes ses économies et la fourra dans le sac avec les habits. C'était tout ce qu'il pouvait se permettre d'emmener.
Rien de tout ça n'était censé arriver. Il avait un match de boxe ce soir.
Dans la pièce principale, Lorenzo était toujours affalé contre un pied de la table. Le coin du plateau était taché de sang, le même sang qui gouttait de la nuque de son père inconscient. Laurence se précipita hors de la maison ; une fois dehors, il adopta une allure tempérée, tâcha de maîtriser le tremblement de ses mains, essuya la sueur qui lui coulait dans les yeux. Ne pas se trahir.
Tout était la faute de Lorenzo. Il allait rejoindre la salle quand ce porc avait interposé son corps lâche et violent entre lui et la porte d'entrée. Il s'était dégueulassé le marcel avec de la bière et n'avait pas pris de douche depuis trois ou quatre jours. Lorenzo se sentait négligé ces derniers temps. Il avait de quoi l'être : Laurence ne vivait presque plus à la maison. Presque tout son temps libre après les cours, il le passait à la salle. Rarement de retour avant une heure du matin, il fermait la porte de sa chambre et avait cessé depuis longtemps d'avoir peur qu'elle soit rouverte au beau milieu de la nuit. À seize ans, il avait moins grandi qu'il ne l'espérait et plafonnait à un mètre soixante-et-onze, mais sa musculature comme sa réputation de combattant étaient en béton armé. Désormais, c'était lui qui terrifiait Lorenzo.
Habituellement. Quand celui-ci n'avait pas encore assez bu pour se sentir pousser des ailes.
– Où tu vas comme ça ? avait-il grogné en essuyant ses mains crasses sur son ventre.
– J'ai un match.
– Ah. Avec Coach Mosley. Le super Coach Mosley, hein ? Vous vous aimez beaucoup, pas vrai ? Au point que le petit Larry en oublie son papa. Tu vis sous mon toit, je te signale. Je ne peux pas tout faire ici. Les courses, le ménage, la bouffe... Je n'en suis plus capable.
– Tu en serais parfaitement capable si tu n'étais pas bourré à longueur de journée. Je dois y aller.

Lorenzo s'était approché de lui de son pas de pachyderme, en pleurant. Il était toujours plus grand et plus lourd que lui. De la morve s'écoulait de ses narines. Son odeur lui avait filé un haut-le-cœur.
– Tu me manques, Larry. Mais tu n'as pas de cœur. Tu es comme ta putain de mère, hein ? Elle aussi, elle préférait aller se faire tripoter le cul par des macaques. Mais avant, tu aimais bien ce que je te faisais. T'étais la petite pute à papa. Elle aimait ça, la petite tarlouze, hein ?
Il avait enfoncé sa pogne moite dans son caleçon, Laurence n'avait pas maîtrisé sa réaction. C'était la première fois qu'il levait la main sur son père, et ç'avait été pour un crochet si puissant qu'il avait envoyé Lorenzo au tapis, KO à la première reprise. L'homme avait basculé en arrière et son crâne était venu heurter le coin de la table avec un craquement distinct et écœurant.
Lorenzo n'avait plus bougé.
Laurence se dirigeait vers la salle de boxe en sachant très bien qu'il ne combattrait pas ce soir. À l'heure où il était censé grimper sur le ring, il se trouverait dans un car à destination de l'autre bout du pays. Un accident, pas de remords. Au contraire, il avait fait ce qu'il aurait dû faire des années auparavant et que la société devrait le remercier. Mais la prison ne faisait plus partie de ses plans. Il refusait de plonger pour ce déchet.
Pour être honnête, il ne savait même pas pourquoi il prenait le temps de passer à la salle. Il n'obtiendrait aucune aide du coach. Ce connard ne pouvait plus le piffer depuis le soir du premier match. Il n'avait pas peur, il en fallait beaucoup pour effrayer Coach Mosley, et ça ne l'empêchait pas d'utiliser l'adolescent comme son arme la plus affûtée. Mais à chaque fois qu'il le regardait, Laurence sentait bien qu'il se méfiait de lui jusque dans la moelle de ses os.
Le premier soir de match avait mis une fin tapageuse à l'entente cordiale qui avait jusque-là animé leurs entraînements. Il avait quatorze ans alors, cela faisait plus d'un an qu'il se défonçait au travail tous les soirs et comme promis, il retournait au collège, même si ce n'était que pour faire acte de présence. Pour la première fois, le coach lui confiait le ring. Face à lui, en poids super-léger, un grand échalas à l'opposé de Laurence et son physique ramassé, vitesse réduite mais allonge mortelle. La salle était pleine, l'ambiance électrique, les encouragements et les cris rebondissaient sur les parois du gymnase en un écho assourdissant.
Cinq secondes après le premier coup de gong, il avait étalé son adversaire, le même crochet du gauche qui avait fauché Lorenzo. La foule hurlait au perdant groggy de se relever, déçue par le manque de spectacle. Ils étaient venus pour voir la chair se taler, les corps s'abîmer, le sang jaillir. D'un seul coup de poing foudroyant dans la tempe, Laurence avait mis fin à leurs espoirs.
Alors Laurence s'était avancé vers son opposant et avait frappé. Il avait eu le temps de placer trois coups et ouvrir l'arcade sourcilière avant que l'arbitre le repousse brutalement et que les bras de métal de Mosley le projettent dans son coin du ring. Joe l'avait assis de force sur son tabouret. Ses

yeux étaient fous.
– Il était *out*, abruti ! Tu avais la victoire sur un plateau ! Reste où tu es, nom de Dieu.
Il avait obéi et attendu, impassible, la fin des délibérations animées entre l'arbitre, Joe et l'entraîneur de l'autre garçon. Sans surprise, Laurence avait été disqualifié, donnant la victoire par défaut à son adversaire ensuite évacué vers les urgences.
Le garçon avait été agoni d'injures par ceux dans le public qui avaient misé sur lui. Lorsqu'il avait finalement reçu une canette de bière encore pleine sur l'épaule, il s'était levé pour repérer l'auteur du délit et lui donner la leçon qu'il méritait. Mosley en avait décidé autrement : il l'avait chopé et enfermé avec lui dans son bureau, loin du mécontentement menaçant de la grande salle. Le grondement des parieurs, étouffé, avait laissé place à un calme étrange, plus agressif que le bruit, empli de la colère de Mosley palpitant sous une fine couche de flegme.
– Tu vas rester là jusqu'à ce que tout le monde soit parti, avait lâché Joe.
Il lui avait retiré son protège-dents et avait délacé son premier gant. Lorsqu'il avait été en mesure de le retirer, il l'avait jeté contre la vitre dans un geste de rage qui ne lui ressemblait pas.
– Tu mériterais que je les laisse te tabasser jusqu'à ce que tu ne puisses plus te relever. Et seulement là, au lieu de venir t'aider, j'irais te mettre un pain à ma façon. Tu verrais ce que ça fait d'être frappé quand tu es à terre, sans moyen de te défendre.
Les épaules secouées par un gloussement puéril, Laurence avait entrepris de délacer lui-même son deuxième gant.
– On peut savoir ce qui te fait marrer comme un crétin ?
– Coach, plus personne ne peut me mettre à terre. Grâce à vous. Qu'ils s'y mettent à dix ou à vingt, je les attends. Je n'ai plus peur.
– Si tu penses ne plus avoir peur, c'est que tu n'as toujours rien compris. Tu es le gamin le plus effarouché que j'aie jamais rencontré, Larry. Tu t'es laissé emporter...
– Je ne me suis pas laissé emporter. Ce mec, je ne le connaissais même pas.
– Alors pourquoi, bordel ? Pourquoi tu as fait ça ?
Laurence avait haussé les épaules avec une moue insensible.
– Les gens viennent ici parce qu'ils ont soif de violence, non ? Tout ça, ce n'est que du divertissement. Une façon pour eux d'évacuer leurs pulsions, pour rentrer chez eux l'esprit vide, embrasser leurs gosses et baiser leurs femmes sans avoir honte de rien. Je fais le travail à leur place, coach. Je suppose que j'ai une âme de show-man.
C'était là, à cet instant précis, qu'il avait situé le changement chez Mosley. Une incompréhension effrayée, un rejet physique de ce qu'était devenu Laurence : une particule à contre-courant dans la bonne marche de l'univers. Susceptible d'y construire un nouvel ordre... ou d'y répandre le chaos.

– Qu'est-ce qu'on t'a fait ? avait-il marmonné. Qu'est-ce qu'on t'a fait pour que tu nous détestes autant ?

– Je ne déteste personne, plus maintenant. Je suis juste au-delà de votre compréhension. Un jour tout le monde connaîtra mon nom, mais personne ne saura jamais qui je suis. Croyez-moi sur parole.

Cette parole qu'il maîtrisait de plus en plus, comme tout le reste. Il avait entamé un combat personnel contre son bégaiement et il le gagnait. Perdre n'était plus une éventualité. Il conquérait le pouvoir sur sa propre vie, étape indispensable avant de contrôler celle des autres. Le show business, là serait sa porte d'entrée chez les plus grands de ce monde. Plus jamais il n'aurait à souffrir l'étroitesse d'esprit de ces vers aveugles qui prétendaient connaître la lumière du jour. Sa décision était prise. Chaque jour serait un pas de plus vers cet achèvement.

La mâchoire du coach était si serrée que Laurence s'était étonné qu'il parvienne à prononcer le moindre mot.

– Je ne fais pas pousser de mauvaises herbes ici, Larry. Tu n'as plus le droit à l'erreur. Gagne le prochain match et proprement, ou je te fiche dehors.

Ils ne s'étaient plus jamais adressé la parole de façon complice. Laurence n'avait plus fait un pas de travers ; en échange, Joe avait continué de le former jusqu'à atteindre ses propres limites. En dépit de toutes ses leçons de morale, Mosley continuait de l'aligner à chaque soirée, et il gagnait tous ses affrontements. Il rendait cet enfoiré riche. Le matelas de dollars sur lequel dormait le coach allégeait sa mauvaise conscience.

Tout prenait fin ce soir.

Mosley discutait avec son bookmaker au pied du ring quand Laurence traversa la salle d'un pas précipité. D'ordinaire, il prenait toujours le temps d'aller les saluer. Ils échangeaient quelques infos sur l'adversaire et les cotes. Son entraîneur le suivit dans la minute, apparaissant dans son dos alors qu'il déverrouillait son casier pour la dernière fois.

– Hey, Larry. Un problème ?

– Vous devez aligner quelqu'un d'autre, coach. Je m'en vais, pour de bon.

Il y eut un long silence alors qu'il vidait son cabinet de son maigre contenu : quelques affaires sales et surtout, trois grammes de cocaïne qui ne devaient pas tomber entre les mauvaises mains. Il prenait une bonne dose avant chaque match. Le coach fermait les yeux. Ce n'était pas comme s'ils organisaient des dépistages.

Ses gants de combat étaient là également. Il s'entraînait avec cette paire noire depuis près de deux ans. Leur histoire commune n'était pas tout à fait terminée. Il laissa tomber son sac chargé sur le banc où, trois ans auparavant, Mosley avait recousu une blessure qui n'était aujourd'hui plus qu'un fin trait violacé sous ses côtes. Joe suivit son geste du regard. Sa posture tranquille ne trahissait aucune inquiétude, mais ses yeux durs ne pouvaient être trompés.

– Explique-moi. Quoi qu'il se passe, on peut trouver une solution ensemble. Ne fais pas de bêtise.

– J'aurais besoin d'un dernier service, vous me devez bien ça. Donnez-moi une heure avant d'envoyer les secours chez moi. Une heure, c'est tout ce que je demande, ça devrait suffire.

– Qu'est-ce qu'ils vont trouver chez toi, Larry ?

Laurence affronta le regard de Mosley sans ciller.

– Ce que je sais, c'est qu'il vaudrait mieux que je ne sois plus dans le coin quand ils le trouveront.

– On va faire autrement. J'annule le match et on va chez toi ensemble, d'accord ? Et quoi qu'on trouve sur place, on arrange le coup.

– Vous ne donnez plus les ordres, Coach. Vous saviez que ça arriverait un jour.

– Si tu fuis maintenant, tu fuiras toute ta vie. C'est ça que tu veux ? Devenir un paria ?

Encore une preuve que le coach n'avait jamais vu plus loin que le bout de son nez. Un paria ? Non. Il n'avait pas l'intention de se cacher. Il allait mourir. Le temps était venu pour Laurence J. Sebastiani de disparaître, un spectre dans un nuage de poussière dispersé par le vent.

– Vous saviez que les racines du liseron peuvent s'enfoncer jusqu'à cinq mètres de profondeur ? fredonna-t-il sereinement devant un coach paralysé. Arrachez-le et il repoussera plus fort qu'avant. Pour peu que vous lui donniez un support, il pourra grimper jusqu'à quatre mètres de hauteur et faire des fleurs magnifiques. Pas mal pour une mauvaise herbe, non ?

Joe lui barrait encore la sortie, mais son corps avait comme perdu sa colonne vertébrale. D'une pichenette, Laurence aurait pu le renverser sur le côté. D'une voix qui avait perdu toute substance, Mosley souffla :

– Est-ce que tu sais au moins où tu vas ?

Oh oui, il savait. Il avait toujours su. Laurence avait passé son enfance dans une nuit perpétuelle, obscure et glacée. Il allait se donner le droit, enfin, de profiter un peu du soleil.

–Dites-leur de chercher du côté du pont, répondit-il. Dites-leur que je voulais passer de l'autre côté. Une heure, coach. Bonne chance pour ce soir.

Le garçon sauta dans un bus vers le nord de Detroit. Arrivé à l'Ambassador Bridge, le pont suspendu qui reliait la ville à Windsor, Canada, il marcha un bon kilomètre, serrant les dents contre la morsure glaciale des bourrasques et le vacarme rugissant des camions. Lorsqu'il estima qu'il avait été assez loin, il sortit ses précieux gants de boxe de son sac et les déposa précautionneusement sur le bitume. Puis, sans un regard derrière lui, il revint sur ses pas.

Aucune voiture de police ne l'attendait lorsqu'il parvint à la gare routière. La capuche de son sweater relevée sur son visage, il se dirigea directement vers le comptoir de Greyhound Lines, où un

homme à la calvitie naissante s'ennuyait profondément. Il frappa avec insistance contre la vitre.
– Hey. Vous avez une ligne directe pour Los Angeles ?
Le mec s'essuya le nez et rajusta ses lunettes rondes embuées.
– Los Angeles, Californie ?
– Vous connaissez une autre Los Angeles, vous ?
– On a une ligne directe. Elle arrive de New York à onze heures demain matin.
C'était beaucoup trop tard. Il devait être loin d'ici avant que Mosley ait la bonne idée de cracher la vérité aux flics.
– Et avec correspondance ? Comment je peux partir pour L.A le plus vite possible ?
Le vieux consulta ses registres, laissant Laurence trépigner d'impatience.
– Le mieux serait de prendre le bus qui part pour Nashville, Tennessee dans une demi-heure. Il faudra descendre à Lima, Ohio, prendre la correspondance vers Denver, Colorado, descendre au terminus, et là vous aurez un car jusqu'à Los Angeles, Californie. Vous arrivez après-demain. J'aurai besoin de vos papiers d'identité.
Il avait volontairement laissé ses papiers derrière lui ; ils n'avaient plus aucune valeur. Mais il devait prouver dix-sept années révolues pour voyager seul. Il fit discrètement glisser quarante dollars par l'ouverture de la vitre. Le réceptionniste examina les billets puis tenta de déchiffrer ses traits sous sa capuche. Dans l'obscurité ambiante et avec sa vue laborieuse, ce serait peine perdue. Il finit par hausser les épaules et empocha l'argent.
Une demi-heure plus tard, assis au fond du bus presque vide qui démarrait, Laurence se fit un oreiller de son sac, réchauffa ses mains à l'intérieur des manches de son sweater et ferma les yeux.
Dans moins de trois heures, il descendrait à Lima, Ohio.
Si tout se passait comme il le prévoyait, les autorités auraient découvert le cadavre de Lorenzo. Le coach aurait envoyé la police sur la piste du fleuve. Ils auraient découvert la paire de gants déposée comme sur un autel sur le pont, quarante mètres au-dessus de la masse grondante de la Detroit River. Ils renonceraient évidemment à chercher son corps et noteraient dans un rapport concis ce qui devait être la seule vérité à jamais retenue : rongé par la culpabilité après l'accident ayant coûté la vie à son père, un adolescent s'était donné la mort en sautant de l'Ambassador Bridge, ne laissant derrière lui qu'une paire de gants de boxe en hommage à son entraîneur bien-aimé, le dernier homme à l'avoir vu en vie. Ainsi s'achevait l'histoire des Laurence Sebastiani.
Après-demain, un garçon sans identité poserait le pied à Los Angeles, Californie. Trente dollars en poche et une ardoise vierge. Un passé, un présent et un futur prêts à être inventés de toutes pièces. Il pourrait écrire ce qu'il voudrait. Accomplir ce qu'il pressentait être un destin brillant. Devenir maître de son propre empire.

Le monde n'avait pas idée de ce qui allait lui tomber dessus.

Quint.

À huit heures et demie ce samedi, Quint fut réveillé par un texto mal orthographié de Lewis l'informant qu'il l'attendait devant la maison. Il sauta du lit et tira le rideau de sa fenêtre, pour constater qu'un magnifique coupé Audi était en effet garé devant le portail. Assis sur le capot, Lewis se grillait une cigarette.

Excité comme une puce, le garçon remplit son sac à dos de tout ce dont il aurait besoin pour la journée et tout ce qu'il voulait montrer à Jake. Au moment de courir vers la porte d'entrée, il huma l'odeur des toasts dans le grille-pain et perçut le bruit de la graisse du bacon frémissant dans la poêle. Dans son enthousiasme, il avait oublié la tradition du week-end que sa mère avait instaurée à Pasadena : un petit-déjeuner royal qu'ils faisaient durer jusqu'à dix heures, au lieu du bol de céréales pris en vitesse avant d'attraper le bus.

Il soupira, partagé. Mais Lewis attendait, et donc Jake attendait aussi.

– Maman, j'y vais ! s'écria-t-il. Bon week-end !

– Pardon ?

Taisha déboula de sa chambre en enfilant un tank top.

– Où est-ce que tu crois aller sans me prévenir, jeune homme ?

– Chez Jake. Je vais passer le week-end chez lui. Je pensais qu'il t'en avait parlé, Lewis est dehors.

– Non, il ne m'en a pas parlé.

Sa mère ouvrit la porte d'entrée à la volée. Insouciant, Lewis lui lança un grand sourire et un signe naïf de la main. Elle répondit brièvement avant de refermer et couler un regard sévère à Quint.

– Quelle est la première règle, Quint ?

– Ne pas sortir de la maison sans ton autorisation, marmonna-t-il, penaud. Je pensais que tu savais.

Près d'un mois après leur déménagement express, sa mère avait du mal à relâcher sa vigilance, comme si Sayon était susceptible de ressurgir au coin de la rue. Il ne comprenait pas pourquoi elle ne pouvait pas faire plus confiance à Jake. Jake disait que Sayon n'était plus un problème. De toutes façons, Sayon n'aurait jamais tenu à eux suffisamment pour entreprendre le voyage. Mais tout de même, Taisha demeurait sur ses gardes. Seuls leurs stigmates physiques avaient disparu. Quint faisait encore des cauchemars la nuit.

Mais les cauchemars s'espaçaient et maintenant que Jake était de retour, il ne s'était jamais senti autant en sécurité.

– Je suppose que j'aurais dû m'en douter, souffla Taisha. Et moi qui avais prévu un pique-nique à Manhattan Beach, tant pis pour moi. Il va faire un temps radieux.

Une pointe de culpabilité vint fourrager dans la tête de Quint. En même temps, il devait admettre qu'il avait beaucoup plus envie de passer le week-end dans la gigantesque villa de Jake que de pique-niquer sur la plage avec sa mère, comme ils le faisaient à Bainsbridge Island. Ils n'étaient plus à Seattle ; il avait tant d'autres choses à découvrir.

– On pourra sûrement y aller le week-end prochain, suggéra-t-il.

Avec un sourire empreint de nostalgie, Taisha posa un baiser tendre sous sa casquette, sur ses cheveux tondus de frais.

– Sûrement. Sois sage, d'accord ?

Il ouvrit la porte, s'élança sur le chemin de graviers... et s'arrêta net, réalisant qu'il avait oublié l'essentiel. Il remonta jusqu'au seuil et serra Taisha de toutes ses forces contre lui.

– Je t'aime, maman.

– Je t'aime aussi, ma puce.

La conscience plus légère, Quint grimpa enfin à l'arrière de l'Audi.

Il retrouva Jake devant un petit-déjeuner gargantuesque, puis ils prirent l'ascenseur vers les installations sportives souterraines de la villa : une seconde piscine chauffée à l'année que jouxtaient un second jacuzzi, un sauna ainsi qu'une salle équipée d'appareils sportifs et d'un ring de boxe.

Quint se prélassait dans l'eau quand de la pop new wave retentit dans les enceintes installées aux quatre coins de la salle. Peu après, Jake réapparut en caleçon de bain, longeant la piscine d'un pas nonchalant. Il plongea élégamment là où la piscine atteignait plus de deux mètres de profondeur. Pendant de longues secondes, il n'émergea pas. Quint commençait à s'interroger quand il sentit des doigts s'agiter sur ses côtes et se tortilla pour échapper à la menace sous-marine. Jake refit surface avec un prodigieux ébrouement et enferma le garçon dans une étreinte d'acier. Il avait beau gigoter dans tous les sens, Quint ne pouvait plus s'échapper.

– Je t'ai manqué ?

– Non, répondit-il d'un ton provocateur.

– C'est comme ça qu'on brise un cœur, ce n'est pas très malin. Tu sais ce que je fais aux gens qui me brisent le cœur ?

– Non.

– Bien sûr que non, personne n'a pu te le dire. Ils sont tous morts noyés.

Dans un éclat de rire, Quint fut projeté en l'air et retomba dans une éclaboussure chlorée.

Dédaignant l'horloge, ils s'amusèrent comme deux gamins l'auraient fait, enchaînant courses de vitesse, combats de frites en mousse, acrobaties et concours de la plus belle bombe, jusqu'à ce qu'enfin, Quint se fatigue. Il restait coi face aux ressources inépuisables que Jake manifestait pour la récréation pure. Il lui vint à l'esprit que les parents de Jake, peut-être, ne l'avaient pas laissé jouer assez quand il était enfant ; peut-être était-ce pour cette raison que Jake aimait tant qu'ils se retrouvent tous les deux : pour rattraper ce temps perdu.

Le souffle court, il se laissa lentement aller en arrière et raidit son corps pour faire la planche. Ses jambes s'enfoncèrent aussitôt, il n'avait jamais été très doué pour l'exercice. Mais Jake vint glisser un bras sous ses cuisses et l'autre main sous sa tête, lui permettant de flotter en toute sérénité. Pendant plusieurs minutes, aucun d'entre eux ne parla. Quint finit même par fermer les yeux.

– J'ai eu mon capitaine au téléphone, finit par dire Jake à voix basse, comme par respect du silence qui les enveloppait. La mer est bonne pour sortir le bateau cet après-midi. Ce sera sans doute la dernière occasion de la saison. Qu'est-ce que tu en dis ?

– Trop bien. Et on pourrait dire à ma mère de venir.

Suivit une hésitation juste assez longue pour que Quint soulève ses paupières.

– Non, Quint, ce serait juste nous deux. Tu sais quoi ? Je suis certain que ta mère est très contente de ne pas t'avoir dans les pattes ce week-end. Tous les week-ends, d'ailleurs.

– Pourquoi ?

– Parce que tous les parents ont besoin de moments pour eux, de temps en temps. Elle a dû se faire plein de nouvelles amies à Pasadena, non ? Peut-être même qu'elle va rencontrer quelqu'un dans les prochains mois.

– Qui ça ?

– Un petit ami, Quint, pouffa Jake. Sa vie ne s'arrête pas à toi, tu sais.

Le garçon réfléchit à cela. Il n'avait pas envie que sa mère rencontre "quelqu'un". Quand les adultes tombaient amoureux, ils finissaient par vouloir vivre ensemble et il ne voulait vivre avec personne d'autre que sa mère. Et Jake. Mais les deux ensemble, apparemment, ça n'était pas possible.

D'un autre côté, si sa mère rencontrait d'autres personnes, alors il n'avait plus à s'en faire pour elle. Il pouvait passer autant de temps qu'il le voulait avec Jake sans culpabiliser.

–En vrai, souffla-t-il, ça m'arrange un peu. Elle voulait pique-niquer à la plage ce midi, comme on faisait à Bainsbridge. Mais si elle va pique-niquer avec ses nouvelles copines, ce sera pareil.

– Sûrement. Tu es content d'être de retour ?

– Oui. Et que tu sois rentré. J'avais peur...

Il se tut, hésitant à tâter ce terrain. Et si les blessures n'étaient pas toutes refermées ?

– Peur ? De ? Dis-moi, cookie.

– ... Peur que tu ne me laisses pas revenir, après tout ce qui s'est passé avec mon père.

– Rien de tout ça n'était ta faute, si ?

– Mais j'ai pensé... Quand je suis parti, tu n'es pas venu avec moi à l'aéroport et... J'ai pensé que tu ne voudrais plus me voir parce que je causais trop d'ennuis... ou que je n'étais pas assez bien.

Les larmes s'étaient incrustées dans la partie en toute discrétion. Il avait de la peine à s'avouer que l'aéroport de Grenade hantait son sommeil bien plus fréquemment que Sayon, décor d'un rêve monstrueux. Dans son cauchemar, tout le monde était parti. Les hôtesses, les autres passagers, tout le monde, sauf Amanda et lui. Il devait prendre cet avion, l'avion même qu'il apercevait par la baie vitrée, mais il savait que s'il y posait un seul pied, il ne reviendrait jamais sur Terre. Et il attendait, attendait, certain de reconnaître la silhouette de Jake au bout du terminal, d'un instant à l'autre... Mais Jake n'arrivait pas, Amanda le poussait vers l'avion et...

– Regarde-moi.

L'instant d'après, Quint se retrouva contre Jake, les jambes nouées autour de sa taille. En catastrophe, il voulut essuyer son visage, mais Jake lui prit les mains et les posa autour de son cou. L'émotion faisait trembler sa voix et la ralentissait à un rythme étrange et saccadé.

– Ne laisse jamais rien ni personne te faire croire que tu n'es pas assez bien. Tu es un prince et tu as l'avenir d'un roi. Tout ce que tu désires, tu peux l'avoir. Le monde va être à tes pieds, Quint. Parce que le monde va te connaître comme mon héritier. Je suis... profondément désolé, à Grenade j'ai été lâche. Je ne supportais pas de te voir partir. Ce n'était pas parce que tu n'étais pas assez bien. Toi et moi, on joue hors catégorie, on est spéciaux. N'oublie jamais ça, tu es spécial.

Quint hocha la tête, ses larmes taries. Il ne comprenait pas tout ce que Jake disait, mais peu importait. Son héros ne l'avait jamais gardé loin de ses pensées. Jake n'avait pas l'intention de le lâcher de sitôt. Ses bras forts et rassurants autour de lui, ses paroles de réconfort, ses mots qui promettaient tant, c'était tout ce dont il avait besoin. Il aurait juste aimé que Jake apparaisse bien plus tôt dans sa vie. Mais tout n'irait qu'en s'améliorant désormais.

– Tu ne me crois pas ? demanda Jake avec un léger sourire.

– Si. C'est juste que je ne me sens pas plus spécial qu'un autre.

– Parce que tu n'as pas encore confiance en toi. Ça viendra, en temps et en heure. En attendant, aie confiance en moi, ça suffira.

Quint avait confiance. Il ne pouvait faire autrement. Il avait dix ans et tout le poids d'une société avait écrasé ses dix premières années. Pas même l'amour de sa mère n'avait pu le protéger d'une existence sclérosée par le rejet. Grâce à Jake, il percevait maintenant pourquoi. L'être humain ne savait que refouler ce qu'il ne comprenait pas. Ce qu'il vivait, auprès de Jake, c'était une deuxième naissance ; il grandissait là où il aurait dû grandir dès le début, si la nature avait correctement fait son travail. Dans le monde des gens spéciaux, bien loin de tout le reste.

Jake avait avancé dans la zone la plus profonde de la piscine et ne semblait pas près de s'arrêter.

– Je n'ai plus pied, l'informa factuellement Quint.

– Et ?

– Et bientôt, tu n'auras plus pied non plus.
– Aie confiance en moi. Seigneur, si tu pouvais te voir comme je te vois. Tu as le visage d'un ange.
Le garçon plongea les yeux dans le regard trop intense de l'adulte et se rappela brutalement la dernière fois qu'il y avait lu une telle fièvre. Le malaise s'insinua en lui, inopportun, indésirable.
– Je n'ai plus pied, constata Jake en battant des jambes.
– Je t'avais prévenu.
– Prends de l'air.
Ils gonflèrent leurs poumons et Jake s'immobilisa, les immergeant tous les deux.
Quint pensait que l'eau le protégerait de la brûlure de son regard, mais le contraire se produisit. Des ondes de chaleur se propagèrent à travers le doux chuintement contre ses tympans. Malgré le chlore qui lui piquait les yeux, il ne pouvait plus les détourner. Ils demeurèrent entre deux eaux, flottant sans aucun autre contact que leur peau l'une contre l'autre, jusqu'à ce que Quint s'agite, manquant d'air, la poitrine douloureuse. Jake posa sa bouche sur la sienne.
Parce qu'il ne savait que faire d'autre, Quint descella les lèvres. Pas la moindre goutte d'eau ne s'engouffra en lui. Seulement le souffle chaud de Jake, qu'il inspira, qu'il inspira à fond. Ils refermèrent les lèvres, mais pas avant que Jake se soit vidé de tout son oxygène en lui. Ils étaient parvenus au fond de la piscine. Jake donna un coup de pied contre le carrelage et ils crevèrent la surface dans le nuage de bulles que Quint relâchait.
– C'est ça, la confiance, murmura Jake, à bout de souffle.
Saisi d'un léger tournis, Quint ne répondit pas. Trop d'air d'un coup, peut-être. Jake glissa une main sur sa nuque et l'embrassa à nouveau. Cette fois, en lieu et place d'air, ce fut la langue de Jake qui pénétra dans sa bouche. Il eut un sursaut de surprise que la prise de Jake sur lui absorba. Ce n'était ni agréable, ni désagréable. C'était *autre.* Son vertige augmentait.
En trois brasses, Jake les ramena au bord de la piscine, utilisant son corps pour maintenir Quint contre la paroi. Ils étaient désormais si collés l'un à l'autre que le garçon pouvait sentir chaque courbure, chaque nervure de son corps. Tout.
Quint resta immobile, comme figé dans la pierre pendant que Jake prenait du plaisir contre lui. Il se souvenait de tout ce que Jake lui avait expliqué. Ils étaient spéciaux, et leur amour était spécial. Ce n'était que de l'amour. Que de l'amour.
Il aurait seulement préféré ne pas se sentir physiquement malade.
Les gestes de Jake ne le rebutaient pas. C'était un adulte, il savait ce qu'il faisait. C'était lui-même qui se dégoûtait de les recevoir. Il bandait dans une incompréhension furieuse, démuni quand il s'agissait de résister aux sensations procurées. Il sentait la respiration de Jake s'accélérer, entendait les halètements à son oreille et s'en voulait de le mettre dans un tel état de vulnérabilité.

Peut-être que ce que Jake trouvait si beau et prometteur en lui était en réalité sale et trompeur. Sinon, comment expliquer qu'il se sente comme un imposteur, un intrus dans une peau étrangère quand Jake lui faisait l'amour ? Qu'il soit parasité par l'envie d'être ailleurs ? Aimait-il Jake comme il le fallait, ou le trahissait-il s'il ne pouvait se laisser aller aux mêmes gestes ?
Comme la première fois, l'unique solution qui se présenta à Quint fut d'éteindre la partie véhémente de son esprit fragmenté. Tirer sur le fil d'un coup sec, que tout s'éteigne dans un arc électrique, détourner l'énergie sur la partie qui ne le bousculait pas, celle qui acceptait le plaisir physique, celle qui n'avait qu'un seul objectif : rendre à Jake tout l'amour que celui-ci lui donnait.
Impulsivement, il osa ce qu'il n'avait pas osé la première fois : il libéra une main et la glissa dans le short de Jake.
Jake cria.
Quint retira vivement sa main, terrifié par la décharge impromptue qui avait filé entre ses doigts. Il les releva à la surface, uniquement pour constater que tout s'était déjà dilué. Le front de Jake reposait contre son épaule. Son cœur tambourinait assez fort pour ébranler Quint.
– Je suis désolé, gémit-il. Je ne voulais pas... Je ne sais pas ce que...
– Tout va bien, cookie. Tout va parfaitement bien. Tu m'as surpris, c'est tout.
Jake déposa un baiser dans le creux de son cou.
– Tu as froid.
Alors seulement, Quint réalisa qu'il grelottait. La température de l'eau n'avait pas bougé ; c'était comme lorsqu'il se réveillait gelé en plein été, parce que son drap avait glissé par terre.
Ce genre de froid.
Comme promis, ils partirent faire du bateau dès la fin du déjeuner. Le yacht de Jake était moins modeste que ce qu'il avait voulu faire croire le jour de leur rencontre. Malgré tout, ses pointes de vitesse se ressentaient comme d'enivrantes poussées à la frontière de la gravité terrestre. Ils se retrouvèrent bientôt au milieu de la baie de Los Angeles. La côte n'était plus qu'une fine ligne à peine visible à l'horizon, de l'autre côté du bateau le ciel sans nuages rejoignait l'océan dans une continuité quasi-parfaite ; dans le sillage puissant du yacht qui envoyait des rejetons d'écume monstrueux affronter les lames du Pacifique d'automne, Quint aperçut les ailerons de plusieurs dauphins joueurs, et il goûta pour la première fois ce que Jake appelait "être spécial".
Il y avait les personnes qui savaient descendre. Ces apnéistes capables de ralentir leur organisme suffisamment pour échapper au temps.
Il y avait les personnes qui savaient monter. Ils échappaient à l'espace, ces pilotes qui regardaient les villes et les montagnes de si haut que la planète se transformait en construction Lego.
Et il y avait eux. Eux qui ne montaient ni ne descendaient, eux qui ne tentaient d'échapper ni à

l'espace ni au temps, mais s'en rendaient maîtres. Ici et maintenant.

Quand le capitaine laissa les commandes à Quint, celui-ci demanda :

– Où est-ce que je vais ?

Il y avait tant de possibilités. Aucune barrière.

– Où tu veux, souffla Jake dans son oreille. Le monde est à toi.

12

Fêtes de famille

Taisha.

Au réveillon de Noël l'année précédente, Taisha avait accepté à contrecœur l'invitation de sa mère, en sachant parfaitement que c'était une mauvaise idée. Ils s'étaient amassés à vingt dans un appartement minuscule. Comme tous les ans, on se marchait sans cesse sur les pieds et on se disputait la préséance dans la cuisine. La matriarche avait suspendu deux guirlandes sur sa plante verte en guise de sapin ; on s'était mis d'accord à l'avance pour ne pas s'offrir de cadeaux.

L'ambiance s'était dégradée très vite. Sa petite sœur jouait les béni oui-oui, mentionnant Jésus, Marie ou Joseph à chaque fin de phrase, et insistait pour suivre la messe à la télévision. Sa mère ne résistait pas à l'envie de l'attaquer aussi souvent que permis sur son célibat et l'éducation de son fils. Le plus jeune de ses frères profitait de l'alcool qu'il n'avait pas eu à acheter pour se mettre la plus belle mine de l'année. Quant aux cousins et cousines de Quint, ils n'avaient rien à envier aux plus cruels de ses camarades de classe quand il s'agissait de se moquer de son bégaiement.

Elle avait fini par s'éclipser avant le dessert. L'une de ses nièces avait traité Quint d'Oreo et les parents de la petite avaient refusé de la corriger, approuvant de fait l'insulte proférée. Taisha en avait eu assez d'entendre qu'elle se croyait meilleure que les membres de sa famille et de son peuple et qu'elle les trahissait chaque jour que Dieu faisait.

C'était le même prêche tous les ans. Impossible de faire comprendre à ces têtes de pioche que ce n'était pas trahir son sang et son histoire que d'ambitionner mieux pour la génération qui allait leur succéder. Quint serait toujours conscient de ses racines et de son héritage ; et cela ne rendrait son ascension que plus méritante.

Le même prêche tous les ans. Mais si cette année n'avait pas pris une tournure inattendue, elle aurait une fois encore répondu à l'invitation, leur promettant une soirée scandaleusement déprimante.

Au lieu de cela, elle se trouvait maintenant à l'arrière d'un coupé Audi à la délicieuse odeur de cuir bien entretenu, grimpant les collines de Beverly Hills pour aller passer le réveillon chez une star. À ses côtés, Quint ressemblait au plus beau des pingouins dans son costume à nœud papillon.

Taisha serait bien venue par elle-même, maintenant qu'elle pouvait se le permettre. Elle gagnait une somme assez confortable pour louer une petite Honda. Néanmoins, dans son habituelle élégance débordant d'autoritarisme, Jake avait insisté pour leur envoyer Lewis, avec à la clé la possibilité d'épater le voisinage impressionnable. On ne manquerait pas de regarder s'éloigner la classieuse voiture avec chauffeur, se demandant qui pouvaient décidément bien être ces "amis" haut placés et comment elle, une mère célibataire africaine-américaine désargentée il y a encore peu, avait été amenée à les fréquenter.

Tandis que Lewis se garait dans la cour, ils s'émerveillèrent des décorations mises en place pour l'occasion. À Rainier View, il était rare de voir la moindre décoration extérieure ; au mieux, pochoirs faits maison sur les vitres ou guirlande de papier sur la rambarde. À Pasadena, les familles les plus aisées rivalisaient d'imagination pour créer des motifs complexes avec des guirlandes électriques : bonhommes de neige par ci, Santa Claus par là, un sapin, un traîneau... Des efforts colossaux pour entretenir l'esprit de Noël dans un endroit qui ne voyait jamais la neige et connaissait à peine le froid. Jake avait élevé ce principe au rang d'œuvre d'art.

Mais ça n'avait rien à voir avec l'opulence de la décoration intérieure. Partout où ses yeux se posaient, des avalanches de guirlandes tombaient en cascade, les flammes de dizaines de bougies se reflétaient dans le sol briqué et des lampes à ombres créaient des silhouettes magiques sur les murs. Un majestueux sapin alourdi de boules d'orfèvrerie précieuse projetait une étoile en or plaqué vers le haut plafond.

Jake se tenait debout près de la table basse, au milieu des délicats canapés de cuir, habillé d'un superbe costume trois-pièces en satin bleu que les bougies faisaient chatoyer de la tête aux pieds. Il baissa modestement les yeux alors qu'ils s'approchaient.

– Soyez honnête, Taisha. C'est too much, c'est ça ?

– C'est exactement la beauté dont le monde a besoin.

Quint et lui se fendirent d'un *check* si complexe qu'ils avaient sûrement passé tout un week-end à le concevoir juste pour sidérer ceux qui le verraient.

– Mr Hayes. Vous êtes facilement l'homme le plus élégant de cette soirée.

– Trop aimable, Mr Longfield. Vous êtes facilement l'homme qui fait le plus mal aux yeux de cette soirée.

– Va t'asseoir, morveux.

Leur relation avait atteint un niveau de complicité qu'elle ne pouvait plus frôler, même du bout de ses doigts. Alors pourquoi chercher à s'interposer ? Tout en refusant de se reconnaître en tant que tel, Jake se comportait avec Quint comme le père dont il avait toujours eu besoin. Elle sentait les changements s'opérer chez son fils, elle le voyait évoluer presque à vue d'œil. Il grandissait, souriait de plus en plus souvent, se faisait des amis et ne semblait même plus faire cas de ses blocages, qui devenaient moins fréquents. Il ne sourdait plus la peur et la honte ; il respirait l'épanouissement, l'impatience inusable de découvrir chaque journée comme si c'était la première, et l'envie insatiable de la vivre comme si c'était la dernière. Il se reconnectait à sa nature d'enfant, enfin libéré de la fébrilité, et commençait à réagir à son environnement avec la maturité d'un adulte. Taisha ne doutait pas une minute que Jake, chaque week-end, lui préparait une adolescence saine et tâchait d'arrondir les angles de la transition qui s'annonçait.

Tant pis si pour cela, elle devait sacrifier autant de temps avec Quint.

Seules certaines nuits jetaient une ombre sur ce tableau idyllique. Les cauchemars de Quint ne s'étaient pas arrêtés depuis leur arrivée à Pasadena. Sayon en avait disparu, et lorsque Quint venait contre elle, murmurer ses frayeurs à la nuit pour les exorciser, il ne s'agissait plus que de Jake. Jake ne voulait plus le voir, Jake se transformait en monstre, Jake ne se réveillait jamais de sa sieste. Plusieurs fois, elle avait songé à appeler Jake pour lui en faire part avant de se raviser, de peur de trahir la confiance que Quint lui accordait. Il demeurait de son rôle de mère d'apaiser les terreurs irrationnelles que subconscient et obscurité s'amusaient ensemble à fabriquer.

Les membres de l'équipe étaient tous sur leur trente-et-un. Les bonnes vieilles habitudes, en revanche, ne se perdaient pas : Wyatt se tenait toujours en retrait, silencieux et impénétrable, Amanda était collée à son portable, Lewis était... eh bien, fidèle à lui-même et Stewart, sitôt arrivé, s'empara de la première bouteille de champagne pour la déboucher et servir les personnes présentes.

Elle et Quint étaient les seuls invités venus de l'extérieur. La seule famille de Jake était composée de personnes qu'il payait. Les payait-il aussi ce soir pour rester ? Leur sort l'attristait tout autant. Il ne leur restait pas d'autre refuge un soir de Noël. Amanda, Stewart, Lewis, Wyatt : aucun d'entre eux ne pouvait ou ne voulait prétendre à une famille de sang. Et elle, le pouvait-elle désormais ? Peut-être était-elle comme eux. Peut-être étaient-ils devenus sa seule famille. Peut-être aurait-elle dû se sentir triste pour elle-même.

– Où est Azrah ? demanda soudain Jake.

– Je suis là.

L'apparition qui suivit fut digne des grands classiques de Disney dans lesquels la princesse, en entrant, figeait le bal entier par la seule force de sa beauté. Azrah s'arrêta au bas des escaliers, habillée d'une robe bustier vert amande qui mettait parfaitement en valeur son teint mat. Ses longs cheveux ondulés, d'un noir de jais, tombaient en cascade sur ses épaules nues.

Alors qu'elle s'avançait dans la lumière des bougies, Taisha songea que la nature se montrait parfois d'une générosité à rendre jalouse n'importe quelle femme, et soit maudite toute notion de sororité. Lors de sa première journée ici, elle avait à peine remarqué Azrah, dissimulée dans une tenue de travail peu flatteuse, les cheveux attachés, si discrète qu'elle avait à peine mémorisé son visage, encore moins son prénom.

Mais Azrah grimaça, gênée.

– Peut-être je vais mettre un châle.

Pas moins de sept paires d'yeux étaient fixées sur elle dans un moment suspendu. Taisha se résolut à

intervenir pour les libérer de l'ensorcellement.
– Certainement pas. Vous êtes magnifique, et nous très impolis.
Azrah accepta maladroitement le mocktail de jus de fruits exotiques que Stewart lui tendait et s'assit entre Taisha et Lewis, prenant soin de tirer sur sa robe pour ne pas dévoiler le haut de ses cuisses.
– Cette robe vous va vraiment à merveille, Jake fit-il innocemment remarquer. Je me demande bien qui a pu vous l'offrir.
– C'est vous, monsieur, sourit Azrah.
– Quelle mauvaise foi, souffla Amanda. C'est moi qui l'ai choisie, cette robe. Comme si vous alliez perdre votre temps à traîner dans les rayons pour femmes.
– Je ne traîne pas dans les rayons pour femmes, confirma Jake. Qu'est-ce que ça voudrait dire de moi ? Passons à notre traditionnel toast de Noël.
Il se racla la gorge.
– Comme chaque année, je souhaite exprimer toute ma gratitude pour le travail que vous avez fourni. Je vous paie, et je vous paie cher, mais pour autant je ne considère pas votre dévouement comme allant de soi. Donc, merci à chacun de vous.
Une atypique distribution de cadeaux suivit. Dans l'impassibilité la plus totale, Wyatt reçut la miniature d'un avion monoplan d'une facture manifestement soignée, qui avait dû valoir très cher. Une plaisanterie d'initiés, puisque le garde du corps aviophobe recevait l'une de ces maquettes tous les ans, sous prétexte qu'il ne pouvait caser un simulateur de pilotage dans sa chambre. Lewis ouvrit une minuscule boîte qui contenait la clé d'une moto de course flambant neuve, pour le récompenser de n'avoir envoyé que deux voitures en réparation cette année.
Après avoir fait promettre au jeune chauffeur de ne tuer personne en la conduisant, à commencer par lui-même, Jake régala Stewart d'une semaine aux Maldives, puis franchit les barrières du mauvais goût en présentant son cadeau à Amanda.
– Pour tes soirées en solitaire. Ne l'ouvre pas ici, personne ne t'aidera à expliquer ce que c'est à Quint.
Taisha se retint de justesse d'éclater de rire face à la mine perplexe de son fils.
Puis il tendit le dernier paquet à Azrah, précisant cette fois qu'Amanda l'avait choisi – et ce détail semblait essentiel aux yeux de l'assistante. Pour une fois, Amanda avait abandonné son portable et observait, inquiète, la réaction de l'autre femme. Azrah déroula un long foulard flamboyant de plusieurs nuances de violet et de fuchsia.
– Je l'ai trouvé dans une boutique spécialisée, expliqua doctement Amanda. Tu ne portes jamais qu'un seul hijab noir quand tu sors, alors j'ai pensé qu'un peu de couleur te ferait plaisir. Il est teint et tissé artisanalement.

Des larmes montèrent dans les yeux de la femme, qui serra le voile contre son cœur. Il était rare de voir un sourire aussi large et sincère sur le visage d'Amanda.

– Merci beaucoup. C'est très bien. Très beau. Je vais le mettre dehors. Merci, Amanda. Merci, Mr Longfield.

– Au risque de me répéter, je me sens immensément privilégié de vous avoir autour de moi. La vraie famille, c'est celle que l'on choisit. Je bois à la personne bien plus intelligente que moi qui a dit ça pour la première fois et qui ne sera, hélas, pas passée à la postérité. *Cheers.*

Ils levèrent tous leur verre à son incitation.

– Je n'ai pas terminé, continua Jake. Quint, ce toast est pour toi. En te regardant, je ne peux jamais m'empêcher de penser : quelles étaient nos chances pour que tout se combine aussi parfaitement ? Chaque fin de semaine, je te vois gagner en assurance, en talent, en attachement au travail qu'on accomplit ici. Je suis spectateur de ton intelligence, de ton humilité, de ta générosité. Je suis sûr maintenant que je côtoie un futur grand. Une créature en chrysalide, qui ouvrira son cocon pour devenir un être humain bien meilleur que moi. Bien meilleur que nous tous réunis. Et pour l'année qui va s'ouvrir, je ne souhaite qu'une seule chose : pouvoir continuer à être témoin et acteur de ton ascension. À Quint.

Tout le monde leva sa flûte en l'honneur du garçon. Taisha ne but pas. Elle garda les yeux posés sur Quint et observa l'échange de regards entre son garçon et Jake. Elle n'aurait pas pu poser de mots sur ce qui passait entre eux, mais l'envie lui étreignit le cœur en même temps qu'un vif moment de gratitude envers l'existence. Jake avait raison, tout semblait écrit. Voulu. C'était Noël. Elle eut une pensée pour sa petite sœur et songea qu'elle irait peut-être remercier Dieu pour Quint et Jake.

– Je n'ai pas encore tout à fait terminé.

Amanda laissa échapper un gémissement exaspéré.

– Je sais que tout le monde a faim. Mais dans tout ça, il m'est impossible d'oublier Taisha. Nos débuts n'ont pas été faciles. Il vous a fallu un moment pour m'accorder votre confiance, et je le comprends. Aujourd'hui, tout est arrangé et je vous en suis extrêmement reconnaissant. Quint ne serait pas qui il est sans vous. Et pendant que j'y suis, j'aimerais vous demander une faveur.

Taisha haussa les sourcils.

– Jake, vous avez trop bu. Ça ne vous ressemble pas de me demander des faveurs sans considérer que j'ai déjà accepté.

– Et bim, t'es cramé ! s'exclama Quint en rigolant.

– J'ai bien réfléchi, je l'ai observé, et je pense qu'il est temps pour Quint de faire son entrée. Il est mûr pour décrocher ses premiers contrats. J'aimerais votre autorisation pour le signer chez Teddy Kowalski, un manager d'enfants acteurs qui m'a été vivement recommandé par mon propre agent. Je donne une soirée ici pour le réveillon du Nouvel An. Des personnes très importantes seront là, producteurs, agents, acteurs, réalisateurs... Quelques dizaines d'amis. L'idéal serait que Quint participe à cette soirée. Je me chargerai de faire des présentations essentielles.

Prise au dépourvu, Taisha balaya la pièce du regard. Ils la scrutaient tous comme ils avaient lorgné sur Azrah tout à l'heure.

– Ce que vous pensez être mieux, Jake. Tant que Quint est d'accord. Mais je veux être présente à cette soirée.

– Très honnêtement, ça le pénaliserait. Il ne sera pas vu comme autonome si sa mère lui colle aux basques. Mais il sera chaperonné, bien évidemment. Amanda s'en chargera.

– Amanda ne s'en chargera pas, protesta Amanda avec véhémence. J'aurai assez à faire.

– Moi, je peux.

Azrah adressa à Taisha un sourire aimable.

– Je peux rester avec Quint. Sinon je suis dans ma chambre et je dors pas. C'est pas de problème.

Les mains de Quint étaient sagement posées sur ses genoux, mais il avait croisé le plus de doigts possible. Taisha céda.

– Très bien, si Azrah reste avec toi et que tu te couches avant une heure du matin.

– Merci, merci, merci ! T'es la meilleure maman du monde !

Son garçon lui sauta au cou sans cérémonie. Jake battit des mains ; s'il n'avait pas conservé une maigre conscience de son âge, il n'aurait sans doute pas hésité à lui faire un câlin, lui aussi.

– Épatant. Vous ne pouviez prendre une meilleure décision. C'est l'heure du cadeau. Le cadeau. Amanda, le cadeau, où est le cadeau ?

– Oh, le cadeau.

Amanda traversa la pièce à pas mesurés – sa robe entravait ses habituelles enjambées – pour disparaître dans la cuisine et revint quelques secondes après ; le cadeau tirait une langue amicale dans ses bras. Sous les yeux ébahis de Taisha, l'assistante déposa sur les genoux de Quint un chiot golden retriever couleur sable, pantelant. L'animal s'empressa de lécher le nez du garçon avec un geignement qui aurait fait fondre un iceberg.

– Oh, je l'adore ! s'exclama Quint, déjà conquis.

– Il a trois mois. Il a besoin d'être éduqué mais l'éleveur m'a assuré que c'était une crème. Il sera parfait pour vous tenir compagnie, Taisha. Vous pouvez même l'emmener au travail.

Le chiot tourna sa gracieuse tête vers Taisha et plongea ses beaux yeux noirs, brillants comme des boutons de bottine, dans les siens. Si hésitation elle avait jamais pu avoir, elle fut noyée dans l'amour liquide qui se déversait de ces puits sans fond. Sentant ses barrières s'effondrer sans résistance, l'animal sautilla maladroitement des genoux de Quint aux siens et lui lécha le visage.

Sa patte avant droite n'était qu'un appendice minuscule, recroquevillé contre sa poitrine. Ses doigts et ses griffes étaient bien présents, mais ne touchaient pas le sol.

– Qu'est-il arrivé à sa patte ? demanda-t-elle.

– Il est né comme ça. Il apprend à vivre avec, exactement comme n'importe quel autre chien. Il peut se déplacer, sauter, courir... un peu différemment. Personne ne voulait de lui, à cause de cette patte. Mais il peut être un aussi bon compagnon que ses frères et sœurs.

– Eh bien il a une nouvelle famille maintenant, affirma Quint. Pas vrai, Maman ? On va l'appeler Pancake. Tu veux bien ?

– Si tu veux.

Pancake aboya frénétiquement, comme pour marquer son approbation.

Taisha dévisagea Jake, décela la malice dans ses yeux et sourit d'un air entendu. Quint aussi pouvait tout faire, ce n'était pas quelques entraves verbales qui l'empêcheraient de vivre sa meilleure vie... juste un peu différemment. La meilleure famille était celle que l'on se choisissait. Jake et Quint s'étaient choisis.

Taisha l'admit ce soir-là, la notion de famille avait pris une toute autre dimension ces derniers mois, pour elle aussi. Et ce Noël, finalement, elle le passait chez elle.

Quint.

Jake l'avait prévenu d'en quoi consistait le réveillon du Nouvel An.

– J'ai parlé d'une soirée à ta mère, mais c'est une fête, avait-il dit. La nuance, c'est que tu vas voir plein de choses dont tu ne devras parler à personne. Il y aura des gens très connus. Parle à un maximum de personnes avant que tout le monde soit complètement bourré. Tu vas devoir te débrouiller comme un grand pour leur faire savoir qui tu es, pour les impressionner. C'est comme ça que ça fonctionne, par le culot. Tu es capable de leur faire tourner la tête plus que n'importe quel cocktail, alors fonce. Seulement trois règles à respecter : pas d'alcool, pas de produits, et ne monte pas dans les chambres du deuxième étage. Si tu enfreins l'une de ces règles, tu entendras parler de moi. C'est bien clair ?

Quint avait répondu que tout était clair. En fait, il réalisa au fil de la soirée qu'il ne pouvait pas avoir compris avant d'avoir vu.

Il ne comprit l'ampleur qu'allait prendre cette fête que lorsqu'il vit arriver, vers dix-huit heures, des camionnettes réfrigérées contenant de quoi nourrir toute la Somalie pour une journée ; un van transportant six agents de sécurité d'une société privée, armés, qui se déployèrent sur l'ensemble de la propriété ; l'équivalent d'un car de serveurs, d'hôtesses et de barpeople que Stewart mit au travail avec l'autorité d'un maître d'hôtel ; un DJ mondialement connu qui fit installer ses platines dans le large espace du salon et un véhicule médicalisé avec trois secouristes prêts à dispenser les premiers secours pour petits bobos, comas éthyliques et overdoses.

Il ne comprit qui était l'homme en survêtement de marque que Jake salua comme un vieil ami, que lorsqu'il énuméra, telle une liste de courses, les fournitures qu'il avait apportées dans sa lourde sacoche : marijuana, ecstasy, amphétamines, crystal meth, dépresseurs variés, acide, kétamine, ainsi qu'une quantité faramineuse de cocaïne raffinée.

Il ne comprit qui étaient les six jeunes femmes légèrement vêtues qui se présentèrent en horde bruyante vers vingt heures, que lorsqu'une d'entre elles laissa tomber son sac à main, répandant sur le sol maquillage, menottes, lingerie fine, préservatifs et d'autres objets dont Quint ne voulait pas connaître l'utilisation.

Le premier invité avait la trentaine bien tassée, des cheveux roux et des dents déjà jaunies par la nicotine. Il traînait derrière lui une odeur de tabac froid, mais son visage respirait la sympathie. Sous le porche de la villa, il serra la main de Jake avec enthousiasme.

– Jake. Si ma vieille mère au fin fond du Nouveau-Mexique savait où son Teddy passe le réveillon, elle en ferait une *zawał serca*, comme elle dit. Une crise du cœur ! C'est un grand honneur.

– Merci d'être venu, Ted. Chris ne m'a dit que du bien de toi. Je ne veux pas t'ennuyer avec le travail ce soir, mais tu es le premier arrivé, alors des présentations formelles sont de mise. Quint ?

Quint avança de quelques pas, plaqua un sourire poli sur son visage et tendit la main à l'inconnu. *Ne fais pas ton timide.*

– Quinton Hayes. Je suis enchanté de vous rrrencontrer, Mr Kowalski.

Le manager lui serra la main avec un large sourire.

– Teddy pour toi, petit gars. Tu as eu une sacrée chance, dis-moi, de te dégoter un tel mentor.

– C'est vrai, mais Jake d-d-it que la seule chanccce est celle que l'on provoque.

– Et il a bien raison. On va faire du bon travail ensemble, j'en suis sûr.

– Je t'en prie, Ted, intervint Jake en posant une main sur l'épaule de l'agent. Fais comme chez toi.

Lorsque Kowalski les eut quittés, Quint lâcha un soupir tendu et jura tout bas. Pas de longs blocages, heureusement, mais les achoppements présents dans sa parole étaient suffisants pour se discréditer en tant qu'acteur. Jake passa une main affectueuse dans son cou pour attirer son attention.

– Respire, cookie. Tu es au point.

– Tu crois qu'il m'a entendu bégayer ?

– Je n'en suis pas sûr. Même si c'est le cas, garde confiance. Souviens-toi de nos exercices. C'est toi qui contrôles ton corps, pas le contraire. Et oublie les "Jake dit que", "Jake pense que". Ils doivent t'admirer, pas m'admirer à travers toi. Vends-toi. "C'est vrai, mais la seule chance est celle que l'on

provoque, vous ne pensez pas ?" Rebondis toujours en leur donnant l'opportunité de s'exprimer ; ça les flatte, ils aiment tous ça.
Les invités se déversèrent bientôt le chemin de graviers. Ce fut le début du véritable tour de force. Campé pendant une heure dans le froid aux côtés de Jake, Quint dut saluer chaque arrivant et tenter de retenir tous leurs noms. Pour chaque invité, il fallait souvent compter trois ou quatre personnes en plus ; compagnon, épouse, maîtresse officielle ou officieuse, un éventuel agent de sécurité, sans compter le train des arrivistes et autres pique-assiettes qui parvenaient à se greffer à un attelage pour entrer dans le saint des saints. À chaque série de salutations, Quint dut sourire et trouver quelque chose d'original à dire, même lorsqu'il avait affaire à une véritable star et que son premier réflexe aurait été de demander un autographe. Jake se pliait à l'exercice sans aucun effort, plein d'esprit entre deux éclats de rire charmants.
À mesure que les fêtards défilaient par dizaines, la tension musculaire qui emprisonnait le dos de Quint se délogea. Son bégaiement s'atténua jusqu'à devenir inaudible pour une oreille innocente. Ce n'était finalement pas si difficile.
Jake profita d'un rare répit dans le flot de ses hôtes pour s'étirer comme un chat.
– Il est temps de se mêler au beau monde, Quint. Tu vas devoir t'en sortir tout seul. Et n'oublie pas les trois règles, Azrah n'est qu'une garantie pour la conscience de ta mère.
Quint opina avec la solennité adéquate. Jake lui laissait les clés de son avenir, à lui de s'en servir de la bonne manière. Il se sentait investi d'une mission. Presque adulte.
Il y avait maintenant tellement de monde qu'on devait presque pousser les murs du gigantesque salon. Certains convives repoussés par la foule avaient trouvé refuge autour de la piscine intérieure, dans le sous-sol, et les plus audacieux bravaient le froid tout relatif du trente-et-un décembre sur la terrasse. Quint s'arma d'un mocktail, de son courage et de son allure la plus désinvolte. Pendant près de deux heures, il navigua de groupe en groupe et mit en application ce que Jake lui avait appris : se présenter à nouveau quand cela était nécessaire, répondre aux questions avec tout le bagout dont il était capable, rire aux plaisanteries même quand il ne les comprenait pas et prétendre avec beaucoup de conviction s'intéresser aux conversations même quand il n'avait aucune idée de leur sujet.
Les choses ne commencèrent à déraper qu'après vingt-trois heures.
Les files d'attente vers la cuisine et vers les toilettes ne désemplissaient pas. Certaines personnes faisaient des allers-retours fréquents entre les deux. Lorsque vingt-trois heures sonnèrent, le DJ lança un set énergique, et ils furent nombreux à accaparer le salon pour en faire une piste de danse. Quint se trouva fasciné par l'observation de cette jet-set si aisément déconnectée de la réalité. Les pupilles dilatées, la transpiration, les rires incontrôlés. Une jeune femme très alcoolisée s'agrippa au sapin de Noël et refusa de le lâcher, hurlant qu'elle s'imprégnait des bonnes ondes de la nature. Tout

à la fois émerveillé et terrifié, Quint se demandait ce qu'il y avait de si délicieux à se laisser emporter loin de tout. Ou peut-être s'étaient-ils déconnectés il y avait bien longtemps et cette insouciance était-elle une tentative de se rattacher à la réalité qu'ils avaient oubliée.

– Tu trouves ça captivant, n'est-ce pas ?

Une femme appuyée contre le mur derrière lui contemplait la scène d'un air lointain. Selma D. Une actrice que personne n'échouait à reconnaître, tant sa beauté d'albâtre et sa capacité à s'imposer face à ses partenaires de jeu masculins étaient encensées par la presse. Elle faisait partie des quelques personnes venues seules ; grande, élancée telle une flèche vers le ciel et juchée sur des talons vertigineux, elle avait dû se pencher pour planter un léger baiser sur la joue de Jake.

Quint n'avait pas recroisé Selma depuis son arrivée et fut surpris de la voir ressurgir, l'air bien plus sobre et assommé d'ennui que la plupart de ses collègues.

– Toute cette... agitation, continua-t-elle avec un geste de la main vers la piste de danse. Tous ces gens riches et célèbres qui croient que le vase ne débordera jamais, qui le remplissent avec tout ce qui peut les court-circuiter.

– Je ne sais pas, madame, répondit poliment Quint. Je n'ai jamais rien... consommé. Même pas une goutte d'alcool, madame.

Elle sourit doucement.

– Mais tu es là. Cela signifie qu'elle arrivera tôt ou tard, la fin de ton euphorie naturelle. Après vient le besoin d'être là et ailleurs à la fois. Le besoin de réduire ton monde à un tout, tout petit champ, parce que notre monde privilégié est devenu si grand, bruyant et incompréhensible. Tu es le jeune protégé de Jake, c'est ça ?

– Oui, madame. Quinton Hayes.

– C'est ça. Est-ce qu'il te parle de la solitude, au moins ?

– De la solitude ?

Elle passa une main caressante sur sa joue.

– Lorsque ton heure viendra, tu marcheras seul pour le reste de ta vie. Notre bulle collective nous isole du reste du monde, et nos bulles privées nous séparent de nos semblables. Regarde-les, comme ils se sont tous retranchés. Ils pensent que l'alcool et la drogue font fusionner les bulles, mais ils se cloisonnent juste un peu plus.

Au lieu de les regarder, eux, il la dévisagea gravement. Il n'était pas certain d'avoir compris ses propos sibyllins et se doutait que l'ivresse de Selma n'y était pas pour rien, mais il sentait la différence entre elle et eux. Il sentait, d'une certaine manière, qu'elle avait quitté sans aucun regret ce qu'elle appelait leur "bulle collective".

– Comment vous avez fait ? demanda-t-il.

Il savait qu'elle avait saisi. Elle se pencha vers lui et le regarda longuement dans les yeux.
– Garde les deux pieds ancrés au sol et souviens-toi qu'aucun d'entre eux, quoi qu'on te dise, ne te laissera jamais partager sa bulle. Fais cela, et tu ne t'envoleras pas comme eux pour ne plus jamais toucher terre.
– Mais madame, Jake me laisse partager sa bulle. Il m'y protège.
Selma se redressa et sirota son gin tonic, perdue dans le vague, comme si sa remarque ne méritait pas de réponse. Enfin elle se tourna à nouveau vers lui, mais son regard était toujours absent, égaré dans ses propres souvenirs.
– Jake Longfield est... un excellent acteur, un enchanteur de haut niveau. Mais sa bulle est plus opaque que celle de n'importe qui à Hollywood. Il n'est pas devenu le poids lourd qu'il est aujourd'hui par son seul talent ou son capital sympathie. Il te fait partager sa bulle ? Tant mieux pour toi. Prends garde à ce qu'il ne t'y emprisonne pas.
Quint déglutit, mal à l'aise. Pour la première fois de la soirée, il se trouvait à court de mots. Mais Selma ne le laissa pas longtemps dans l'embarras. Elle vida son verre d'un trait et soupira :
– Je crois qu'il est temps pour moi de me retirer.
– C'est le Nouvel An. Vous ne pouvez pas partir avant le décompte de minuit.
– Pour toi alors, je reste jusqu'au décompte. On trinquera ensemble à deux-mille-onze.
En réalité, le décompte n'était plus très loin et Quint eut à peine le temps d'aller chercher une boisson pour lui et Selma que le DJ arrêta la musique.
– Mesdames et messieurs, deux minutes avant minuit. Votre hôte a quelques mots à vous adresser.
– Je suis là. Ici, oui, sur le plongeoir.
Quint et Selma fendirent la foule pour atteindre le bord de la terrasse. Jake se tenait au bord du plongeoir de la piscine, armé d'un mégaphone. Ses cheveux et sa chemise étaient trempés de sueur : il aurait déjà sauté dans le bassin que ça n'aurait fait aucune différence. Surtout, il paraissait complètement hilare et dut reprendre longuement son souffle tandis que le bruissement des conversations s'estompait graduellement.
– Je suis ravi d'être déchiré en si belle compagnie pour un réveillon de plus. Je vous souhaite à tous une merveilleuse nouvelle année, à tous ceux qui sont là ce soir, même sans invitation. Continuez de faire du bon travail... Et redistribuez au moins cinq pour cent du pognon que vous amassez, bande de vautours. Agissez au nom de la cohésion nationale, bordel.
Le décompte du disc-jockey mit un terme au laïus de Jake, très bien accueilli par son public si l'on en croyait les applaudissements nourris à chaque fin de phrase et les fous-rires qui avaient éclaté dans la foule. Quint, lui, se trouvait un poil décontenancé par ce collage pâteux de formules socio-lyriques, loin de l'éloquence habituelle de Jake. À ses côtés, Selma n'avait pas ri non plus.

Au terme du décompte, les cris de joie éclatèrent, les verres furent levés, parfois renversés, et Jake sauta dans la piscine, entraînant à sa suite plusieurs imprudents qui, contrairement à lui, n'avaient pas de vêtements secs à disposition. Selma posa une main manucurée sur l'épaule de Quint.

– J'ai été ravie de te rencontrer. S'il te plaît, n'oublie pas que les barreaux les plus solides sont ceux qu'on ne voit pas. Bonne année.

– Bonne année, Mrs D. Et bon retour.

Le garçon finit son verre en songeant aux paroles étranges de Selma. Était-il piégé à son insu ? Mais lorsqu'on avait été privé de liberté, on devait forcément se sentir malheureux. Or, tout allait bien. Il ne se sentait pas emprisonné ; il se sentait aimé, protégé, épanoui. Jake... Jake décidait de beaucoup de choses. De tout. Et alors ? Cela fonctionnait comme ça. Jake savait mieux, il n'y avait aucune raison de soudain douter de la façon dont il menait leur barque.

La file d'attente devant la cuisine s'était délitée à cette heure, les entrées s'étaient faites plus sporadiques. Respectant les consignes de Jake à la lettre, Azrah s'était faite aussi discrète que possible sans jamais lâcher Quint d'une semelle. Elle entra à sa suite sans cacher son soulagement : les parois étouffaient remarquablement le son abrutissant des basses dans les enceintes.

L'homme en survêtement avait installé ses quartiers généraux sur le territoire de Kiyoshi. Le comptoir immaculé du cuisinier était dissimulé sous des sachets de tailles diverses contenant poudres et cachets, ainsi qu'une petite compteuse de billets et une tablette couverte d'empreintes et de restes de rails. Une prostituée était en pleine transaction quand Quint et Azrah entrèrent.

Quint se dirigea vers le frigo d'un air aussi détaché que possible, mais il ne pouvait s'empêcher de laisser traîner regard et oreilles.

– Le mec qui nous a engagées a dit qu'on aurait un tarif promotionnel.

– C'est le tarif promotionnel, poupée. À prendre ou à laisser.

– Elle a intérêt à être bonne.

– Tu te crois au coin de ton épicerie de quartier ? C'est une des plus pures sur le marché.

Quint s'empara d'une canette de Coca au moment où le dealer flanquait une grande claque sur les fesses de sa cliente. Azrah se détourna, mal à l'aise. La prostituée lui adressa un doigt d'honneur indigné avant de s'éclipser.

– Va te faire mettre, ducon.

L'homme efflanqué s'appuya contre le plan de travail avec un ricanement. Le *pschitt* de la canette attira son attention. Il souleva son menton pointu dans la direction de Quint.

– Tu sais pourquoi ça s'appelle du Coca, ton truc ? Parce qu'il y a de la coke dedans.

Le garçon lorgna sur sa boisson d'un air suspicieux.

– Non, c'est pas vrai.

– Puisque je te le dis. Enfin, il y en avait avant. Après, quand le gouvernement a décidé de rendre la cocaïne illégale, ils l'ont enlevée de la recette. Du moins, c'est ce qu'ils disent. Personne ne la connaît, leur recette. Alors si ça se trouve, tu bois de la coke et t'en sais rien.

Quint avala ostensiblement une longue gorgée, ce qui fit sourire le jeune homme.

– Moi c'est Max. Tu es le premier gamin que je croise ce soir. Tu es venu avec qui ?

– Quint, on y va, intervint Azrah avant qu'il puisse répondre. C'est mieux, d'accord ?

Il lui prêta à peine attention. Le calme lui réussissait pour le moment et il devait admettre que l'étalage de produits sur le comptoir piquait sa curiosité.

– Avec personne, répondit-il. Je suis le meilleur ami de Jake.

– Rien que ça ! Tu veux quelque chose, Quint ? Je te fais un échantillon gratos. Une petite trace ?

– Non, merci. Je n'ai pas le droit.

– Mais tu aimerais bien, pas vrai ? Allez, viens voir ce que j'ai en stock. Promis, je te montre juste.

– Quint, non, insista Azrah. Viens avec moi maintenant.

Max n'inspirait absolument aucune confiance ni sympathie à Quint. Mais il n'allait pas lui forcer la drogue dans le gosier, après tout. Il se décida à poser sa canette et le rejoindre ; aussitôt, Azrah quitta la pièce. Le dealer passa un bras trop ferme autour de ses épaules et se lança dans des explications détaillées.

– Ces petits cachets avec des formes marrantes, c'est des taz. Avec ça, mon gars, c'est l'éclate toute la soirée. C'est plus pratique et plus efficace que la coke, mais il se trouve que c'est moins cher, alors les bonnes gens préfèrent ces petits sachets de blanche que tu vois là. C'est plus classe, plus de leur standing. À ne pas confondre avec la brune à côté. L'héro. Les effets sont inverses sur le corps et sur la réputation, mais j'en connais qui se font des *speedballs.* Ils mélangent les deux. Une drogue dit à ton cerveau de se détendre, et l'autre lui dit de s'énerver. Ça rend les mecs complètement dérangés, à force. Je te montrerai le reste après, mais tu vas bien goûter un peu de ma blanche ?

– Je n'ai pas le droit.

– Pour me faire plaisir. Prends-en un peu sur ton doigt et frotte-la sur tes gencives, tu vas voir.

La porte de la cuisine s'ouvrit à la volée et Jake entra, suivi de Wyatt, Amanda, Azrah et deux armoires à glace de la sécurité.

– Lâche le gamin tout de suite, Max. Lâche-le !

Ses cheveux étaient encore mouillés ; il s'était changé après son plongeon mais le col de sa chemise était déjà inondé de sueur. La dilatation de ses pupilles se remarquait dans la lumière, même derrière ses lunettes. Son corps semblait tendu comme un arc ; plus trace de l'euphorie qui avait ponctué le décompte de minuit.

Max desserra son bras autour des épaules de Quint et lui donna une claque fraternelle dans le dos.

– Relax, mec. Je vais pas le violer, le môme.

– Quint, viens ici. Tu as pris quelque chose ?

Effrayé, Quint se hâta de rejoindre Jake, qui l'empoigna violemment et le força à lever la tête vers lui. Il ne l'avait jamais vu dans un tel état de nervosité.

– Je n'ai rien pris. Je te jure. Je te jure, Jake.

– Tu en es bien sûr ?

– Il voulait que je prenne de la cocaïne mais j'ai dit non, je te jure.

L'acteur le sonda du regard pendant quelques secondes. Enfin il s'adoucit et caressa son visage en un geste brutal, mais qui se voulait tendre.

– Qu'est-ce que je t'ai dit tout à l'heure, Max ? s'écria-t-il d'une voix fatiguée et éraillée.

Max leva les mains d'un innocent bafoué.

– J'ai rien fait. Il raconte des craques.

– Je t'ai demandé une chose ! Une seule chose, Max ! Ne rien vendre au gosse. Qu'est-ce que tu n'as pas compris là-dedans ?

Là-dessus, le jeune dealer esquissa un sourire provocant.

– Tu m'as dit de ne rien lui vendre, pas de ne rien lui donner. J'y peux rien, je suis commerçant.

– Je ne vois pas ce que tu trouves drôle là-dedans.

Sur un signe de tête de Wyatt, les deux agents de sécurité se précipitèrent sur Max comme deux chiens de garde dont on venait de lâcher la laisse. Ils le maîtrisèrent sans peine, malgré ses cris d'alarme et les coups qu'il distribuait au hasard. Azrah éclata en sanglots.

– On devrait emmener Quint se coucher, intervint Amanda sans dissimuler son inquiétude.

Quint ne demandait que ça. Il détestait la tournure que prenaient les événements, et l'état de Jake, et les hurlements de Max qui n'avait pas fait grand-chose après tout, et les pleurs d'Azrah et cette impression sous-jacente que quelque chose se passait très mal et que c'était sa faute. Mais Jake agrippa son bras dans un étau.

– Quint va rester ici et il va regarder ce qui arrive quand on me poignarde dans le dos. Que ça serve de leçon à tout le monde. Max, je mets un terme officiel à notre relation d'affaires.

– Va te faire foutre ! Lâchez-moi, putain !

Les deux colosses aux ordres de Wyatt n'eurent besoin que d'un geste et les coups se mirent à pleuvoir. La prise de Jake sur le bras de Quint ne lui autorisait plus aucun mouvement, alors il crispa les paupières très fort. Même ainsi, il n'échappa pas au son écœurant des phalanges contre la chair, aux grognements de douleur et à Jake qui soliloquait à ses côtés, s'adressant à tout le monde et à personne.

– J'accueillais son business chez moi. Des années de collaboration. Des centaines de milliers d'euros engrangés grâce à moi, un réseau imbattable grâce à moi ! Et qu'est-ce que je récolte ? Il fait exactement ce que je lui ai dit de ne pas faire. Il me regarde dans les yeux et il ment. Il se permet de plaisanter. J'ai l'air de vouloir plaisanter ? Je ne plaisante pas avec un dealer minable, un putain de vendeur de mort. Je demande poliment, je m'attends à être obéi. Ça suffit, vous en foutez partout.

Quint ouvrit prudemment les yeux. Max, le visage enfoncé, le nez brisé, les deux arcades ouvertes, fuyait sur le carrelage comme une serpillière dégorgeant du sang. Dans un effort olympien, il se redressa juste assez pour cracher un glaviot sanguinolent qui atterrit juste aux pieds de Jake.

– T'es qu'une pute, Longfield, un junkie de merde. Vous vous croyez supérieurs dans vos baraques à cinquante millions, à fêter la nouvelle année en chiant sur le reste du monde. La vérité, c'est que vous ne valez pas plus que les pauvres types qui vagabondent à la recherche d'un fix. Il suffit qu'on vous enlève ce à quoi vous marchez, et vous devenez exactement comme eux. Une bande de cabots affamés, la bave aux lèvres, prêts à tout pour un bout de viande. Prêts à mordre et prêts à rouler sur le dos. Ça t'arrive de te regarder dans un miroir quand t'es défoncé, Jake ? Ou en manque ? Si je te croisais seul dans la rue, je te pisserais dessus. Vas-y, dégage-moi. Tu feras moins le malin d'ici trois ou quatre jours.

Jake avait écouté attentivement le discours de Max, jusqu'au bout, immobilisant d'un geste les gardes qui s'apprêtaient à frapper à chaque insulte. Tics et spasmes musculaires couraient sous son visage, ses yeux comme ceux d'un félin qui chasse dans une obscurité quasi-totale.

– Tu as terminé ?

– Va bien te faire enculer. Là, j'ai terminé.

Le geste inattendu de Jake répondit en une fraction de seconde à la question que Quint se posait depuis des mois : oui, Wyatt portait un flingue. Jake dégagea l'arme de la ceinture de son garde du corps et en posa la bouche sur le front de Max, indifférent aux exclamations horrifiées d'Amanda et d'Azrah et à l'inquiétude des deux agents de sécurité. Seul Wyatt garda son calme, comme toujours.

Les larmes se mirent à couler sur le visage de Quint alors qu'il regardait Jake et peinait à le reconnaître. Jake lui avait lâché le bras mais il ne pouvait plus partir maintenant. La terreur à l'idée d'entendre le coup de feu sitôt qu'il aurait le dos tourné lui tordait le ventre.

– Patron, donnez-moi le pistolet, demanda Wyatt.

– Dis-moi à quoi je ressemble maintenant, Max. Dis-moi ce que je verrais dans le miroir, puisque tu sembles très au fait de ce genre de choses.

Même avec le canon pointé sur son crâne, Max ne se démonta pas. Il fusilla Jake du regard.

– T'as pas ce qu'il faut pour tuer quelqu'un.

Jake arma le pistolet en un clic.

– Tu n'as aucune idée de ce dont je suis capable. Aucune putain d'idée, petit génie.

Très lentement, Wyatt posa sa main sur le flingue, sans chercher à le repousser. Le doigt de Jake était sur la détente. Un mouvement brusque, et le tir partait se loger dans la cervelle de Max.

– Patron, vous ne pouvez pas faire ça.

– Je peux faire ce que je veux ! hurla Jake, le bras tremblant. Personne ne me manque de respect sans en payer le prix.

– Exact. Mais là, c'est trop dangereux. Il y a des centaines de personnes derrière la porte. Pensez aux conséquences. Vous ne voulez pas connaître la prison.

– Ils ne m'enfermeraient jamais. Tu arrangerais les choses, non ? C'est pour ça que tu es là, Wyatt. Tu plongerais pour moi s'il le fallait. Pas vrai ?

Tout le monde perçut la menace à peine voilée. Wyatt demeura d'une sérénité à toute épreuve.

– Bien sûr que je le ferais. Mais imaginez ce qui se passera si vos invités entendent le coup de feu, s'ils voient le cadavre. Imaginez comment vous expliquerez sa présence à la police. Imaginez si la presse apprend que quelqu'un a été tué chez vous. Si des détails sortent, si les flics ont des soupçons malgré tout... Boss... Jake, le gamin est là. Vous ne voulez pas lui faire ça, à lui.

Seuls ses derniers mots l'atteignirent. Le visage de Jake fut à nouveau assailli par les tics, ses yeux s'abaissèrent vers Quint. Le garçon parla avant d'avoir réellement réfléchi à ce qu'il devait dire. Il parla comme il aurait parlé au Jake qu'il connaissait et aimait, et espéra seulement qu'il était bien là, quelque part derrière le déséquilibré sous emprise qu'il avait devant lui.

– Je ne veux pas que tu tues quelqu'un, supplia-t-il, des larmes dans la voix. Max a juste fait une bêtise. Moi aussi, ça m'arrive de faire des bêtises. S'il te plaît.

Jake essuya la transpiration qui coulait sur son son visage.

– Tu entends ça, Max ? Il demande grâce pour toi. Ce monde ne mérite pas l'être humain que tu aurais pu tuer. Et tu ne mérites pas le coût de la balle.

Au soulagement de tous, il désarma le pistolet que Wyatt rangea prudemment à sa ceinture.

– Disposez de lui, ordonna-t-il aux autres agents.

Jake enferma Quint dans une étreinte ferme et pressa sa tête contre son sternum. Il sentait l'ammoniac.

– Je suis désolé, cookie. Tout va bien.

Ces mots, c'était Jake. La poitrine de Quint convulsa dans ses pleurs, tandis qu'au-delà de leur bulle partagée, il entendait Max être traîné hors de la cuisine. Amanda se perdit dans un grondement frustré.

– Nom de... Je suis passée à ça de l'infarctus ! Un de ces jours, ça se terminera vraiment mal, Jake.

– J'aurais dû le laisser faire son beurre sur un gamin, sous mon toit ?

– On ne pointe pas une arme sur quelqu'un en plein milieu d'une soirée de réveillon. Point final.

– Je ne suis pas enclin à entendre ton opinion sur la question. Je commence à fatiguer d'entendre ton opinion sur chaque question. Wyatt, je crains que Max ait épuisé son espérance de vie dans un travail dont il avait sous-estimé la dangerosité.

– Très clairement, patron.

Quint s'enfouit un peu plus dans la chemise de Jake. Dans le noir, il voulait croire qu'il n'entendait pas la conversation qui se déroulait tout autour de lui.

– Quelle merde. On a besoin d'une solution, tout de suite. Il nous faut un autre vendeur.

– Ce soir ? s'étrangla Amanda. Vous débloquez totalement. On a déjà la marchandise de Max sur les bras, il faut la refourguer.

– Ah oui ? Débrouille-toi, alors. Tu sais distinguer la coke de la ket ? Moi je ne sais pas. La dernière chose dont j'ai envie, c'est d'être coincé dans un puits sans fond pendant deux heures après avoir sniffé une trace de blanche. C'est ce que tu veux, me mettre hors de combat ?

– Ça ne risque pas d'arriver, parce que vous n'allez plus toucher à rien cette nuit. Vous avez pris assez de cocaïne pour l'année qui vient de commencer.

– Toi, tu ne me donnes pas d'ordres. Je veux quelqu'un de compétent et fiable ici, dans l'heure.

– Je vais en parler à quelques-uns de vos amis.

– Tu ne parles de rien à *personne*, idiote. Pour qu'on répande des rumeurs ? Qu'on dise que je drogue un gamin pour qu'il joue le nain de cirque pendant mes soirées ? Hors de question, je n'ai pas d'amis dans cette foutue savane. Des serpents, voilà tout ce tu trouveras là-dehors. Par devant ils applaudissent, par derrière ils attendent le premier faux pas pour me faire dégringoler. Wyatt, demande à Omar de faire jouer ses contacts.

– Je vais plutôt demander à Alonso de...

– Tu crois que je ne sais pas pour qui Alonso roule ? Manquerait plus que je sois embarqué dans leurs pathétiques guerres de rues. Et ne me parle pas de Jimmy, il est à peu près aussi intelligent que ma chaussette gauche. J'ai dit Omar et ce sera Omar.

Il y eut un instant de flottement. La respiration de Jake regagnait en rapidité. Quint appuya son crâne contre sa poitrine dans l'espoir simplet que cela aiderait à l'apaiser.

– Je pourrais appeler Omar, boss. Mais il passe les fêtes en famille. Vous aviez promis de mettre fin à ses obli...

– Vous vous êtes donné le mot pour considérer que mes ordres sont des suggestions. C'est quoi, le problème d'Omar ? Alzheimer ? Il a oublié combien de fois je l'ai sorti de la merde, combien de fois je l'ai récupéré avant qu'il soit remis au trou ?

– Non, il sait...

– Si Omar passe le réveillon en liberté, c'est grâce à moi ! S'il a une famille, c'est grâce à moi ! Tu me fous cette feignasse au boulot ! Maintenant !

– Entendu, patron.

– Et enlève-moi ce ton geignard de ta bouche. Vous êtes tous en train de me tourner le dos, pas vrai ? Je ne peux faire confiance à personne. La seule personne qui a mes intérêts à cœur ici est un enfant de dix ans.

– Ce que je crois surtout, Jake, c'est que vous êtes complètement parano.

– Oh, la ferme. Tu serais la première à me sacrifier.

– Jake, écoutez-moi. C'est la cocaïne qui parle, vous redescendrez d'ici une demi-heure. Pourquoi ne pas aller vous reposer un peu pendant qu'on remet les choses en ordre ici ?

– Tu ne me confineras pas dans ma chambre comme un gosse puni.

Quint releva brusquement la tête et tira sur la chemise de Jake pour attirer son attention. Manifestement, il était le seul épargné par sa psychose. Il avait réussi une première fois, ça pouvait encore fonctionner.

– Viens m'aider à m'endormir, s'il te plaît, implora-t-il. Maman voulait que je me couche avant une heure du matin, et il va être une heure. J'ai eu peur. Je serais mieux avec toi.

Jake hésita, jeta des coups d'œil méfiants à Wyatt, Amanda et Azrah. Sans un mot de plus, il le souleva dans ses bras et prit la direction des étages. Apercevant distinctement le signe reconnaissant que lui adressait Amanda, Quint s'alourdit contre Jake, feignant un épuisement intense.

Dès qu'ils eurent refermé la porte de la chambre, la musique se réduisit à un battement sourd. Continuant sa comédie, Quint se glissa sous la couette en chancelant. Jake l'observait sans le voir, absent. Une tache de sang grandissant sur sa manche le réveilla de sa transe. Il se débarrassa de sa chemise et de son débardeur comme s'ils le brûlaient et s'assit au bord du lit, dos à Quint. Il posa ses lunettes, laissa tomber sa tête dans ses mains et ne bougea plus.

Au bout de plusieurs minutes, soucieux, Quint posa une main sur son épaule. Jake sursauta. L'homme regarda l'enfant comme s'il ne le reconnaissait pas. Ses pupilles avaient entamé leur retour vers une taille normale, mais son regard était brumeux, revenant d'une époque qui n'était pas la leur.

– Qu'est-ce qu'il y a ? demanda Quint timidement.

– Rien, cookie. Ce n'est pas toujours simple de...

Il ne termina jamais sa phrase. C'était une expérience profondément troublante que d'être confronté au chagrin d'un adulte sans être armé pour le comprendre. Alors Quint réagit de la seule manière dont il savait le faire avec Jake. Il posa sa main entre les jambes de son meilleur ami et pressa doucement.

– Tu veux que...

Mais Jake lui prit la main, l'embrassa et la déposa sur le matelas.

– Non, il faut que tu dormes. Pousse-toi un peu.

Déconcerté, Quint le laissa prendre place. Un ruisselet de sang dégoulinait encore d'une marque de patch sur son bras.

– Est-ce que je t'ai déjà parlé d'Al ? demanda-t-il dans un murmure. Al Morris ? C'était mon meilleur ami il y a vingt-cinq ans, exactement comme nous maintenant. Il avait les réponses à toutes mes questions. Il savait quoi faire. Il aurait sans doute agi bien mieux que moi ce soir. Mais je ne le saurai jamais.

– Pourquoi ?

– Je l'ai laissé derrière moi et il est mort. Je le regrette à chaque minute de ma vie. Des soirs comme ça, je me demande ce qu'il aurait pensé de moi. Les choses auraient peut-être été différentes si je n'avais pas décidé de le quitter. Ne me laisse jamais derrière toi, Quint. Même le jour où tu n'auras plus besoin de moi, et crois-moi, ce jour arrivera plus tôt que tu ne l'imagines. Reviens toujours me voir ou je n'y survivrai pas.

– Je ne te laisserai jamais derrière, souffla Quint. Jamais. C'est promis.

Jake essuya distraitement le sang qui gouttait sur le drap.

– Tu n'auras plus jamais à avoir peur de moi. C'est moi qui te le promets. Maintenant dors.

Le garçon ferma les yeux. Jake laissa reposer une main légère sur sa joue, et finalement, il réalisa que la fatigue n'avait pas été si lointaine.

Jake.

Jake donna une fête pour son anniversaire, le premier mars. Quint n'y participa pas.

Ce n'était pas parce que Jake l'avait refusé, au contraire. Il avait fait son *mea culpa* à plusieurs reprises sur ce qui s'était passé le soir du Nouvel An, et s'était engagé à ne pas reproduire les mêmes erreurs. On n'avait plus entendu parler de Max.

Taisha non plus n'y avait pas mis son veto. Elle n'était pas au courant de ce qui s'était passé. Pour autant qu'elle sache, son jeune acteur de fils avait jeté les premiers fils de sa toile d'araignée et déjà, les résultats se faisaient sentir : contrat de management, premières auditions, premiers petits rôles. Quint s'éclipsait peu à peu de son monde, qu'elle remplissait de promenades sur la plage avec son chien handicapé et de clubs débiles avec ses voisines tout aussi handicapées.

Non, c'était Quint lui-même qui avait décidé qu'il serait absent ce soir-là.

– Je suis déjà pris, avait-il dit lorsque Jake l'avait informé de l'événement.

Jake aurait cru à une plaisanterie si le garçon n'avait aussitôt plongé le nez dans son jus de fruits, évitant précautionneusement son regard.

– Je vois, avait-il commenté platement. Et que se passe-t-il le week-end prochain qui soit plus

important que mon anniversaire ?
– Je serai... parti pour le week-end.
– Parti où ? Avec qui ? Ne me fais pas jouer aux devinettes, Quint.
– Les parents de Darleen ont une maison en front de mer à Oceanside. Darleen m'a invité pour le week-end, et j'ai déjà dit oui. Elle va m'en vouloir si je change d'avis.
– Qui est Darleen ?
– Une copine de Candelaria... Ma petite copine.
Stupéfait, il s'était tu pendant un moment.
– Toi, tu as une petite copine ? Depuis combien de temps ?
– Un mois. En fait, deux.
– Deux mois ? Deux mois, Quint ? Pourquoi j'en entends parler seulement maintenant ?
– Parce que... Parce que j'avais peur que tu ne veuilles pas. Que tu te fâches.
Quint avait eu raison de craindre sa réaction. Jake s'entendait parler et avait l'impression de sonner comme le plus grotesque des maris jaloux. Pendant un instant, c'était ainsi qu'il s'était senti : laid d'une jalousie qui n'avait aucune raison d'être. Al n'avait montré aucune marque de possessivité lorsque lui-même avait commencé à fréquenter d'autres personnes. Ce n'était pas la même chose, simplement. Et Quint n'avait que dix ans. Que faisait-on avec une petite copine à dix ans ? Que se racontait-on, où se touchait-on ? Il avait songé à le lui demander, puis s'était dit qu'il préférait finalement ne rien savoir de plus. Quint avait sa première amoureuse, elle était inoffensive.
– Si tu es contre, dit Quint, je lui dirai qu'on ne peut plus être ensemble, ce n'est pas si grave.
– Ne dis pas de bêtises. Va à Oceanside si tu en as envie. Je m'en remettrai si je sais que tu t'amuses.
Quint avait esquissé un sourire faussement timide, un sourire qui excitait Jake ; le garçon le savait et en usait.
– J'ai pensé qu'on pourrait le fêter en privé, le week-end d'après.
– Je te ferai tenir parole.
Jake fêtait donc son anniversaire sans Quint et malgré tous ses efforts, il ne s'amusait pas. La chaleur sincère ou feinte de ses nombreux invités, la cocaïne et l'alcool ne suffisaient pas à combler le grand vide glacé à l'intérieur. C'était lorsque Quint était absent qu'il réalisait à quel point sa présence comptait. Il le voyait partout où il n'était pas, l'entendait, le sentait ; cela en devenait embarrassant. Il l'imaginait avec Darleen et ça n'aurait pas dû poser de problème, mais impossible de maîtriser ses pensées. Sa frustration grimpait, et sa queue avec.
Il combattait une demi-molle dans l'intimité de ses vêtements quand James J s'incrusta dans son champ de vision comme un moucheron sur la lentille d'une caméra : une nuisance visuelle. Et exactement comme sur la caméra, Jake ne pouvait pas juste taper dessus pour l'écraser, au risque de

faire des milliers d'euros de dégâts. Non, il ne pouvait qu'attendre que l'insecte veuille bien s'envoler. Au moins, toute raideur gênante dans son pantalon disparut comme par magie.

– Jake Longfield, ça faisait un bail !

Jake serra la main qui lui était tendue avec un sourire superficiel. Préserver les apparences.

– Jim. Quelle surprise de te voir.

L'un et l'autre savaient que James n'avait pas été invité. La cinquantaine dégarnie, exécutif très haut placé dans une major, celui que tout le monde appelait affectueusement JJ était de ces charognards qui harcèlent un animal blessé pour que celui-ci épuise ses dernières forces. Il avait de toute évidence flairé quelque chose ; ou plutôt, une petite fée avait murmuré à son oreille et il était venu vérifier les on-dit de ses propres yeux.

Ils avaient travaillé ensemble à plusieurs reprises à différents points de la carrière de Jake, et le feraient encore si c'était nécessaire. Mais depuis deux ans, leurs relations s'en étaient tenues à un domaine strictement professionnel.

– Joyeux anniversaire, vieux. Tes soirées sont toujours aussi somptueuses.

– Elles coûtent plus cher que les tiennes. Aucune viande importée, pas d'exploitation industrielle.

James ne releva pas la pique, mais son regard étincela.

– Oui, il paraît que tu as ton propre élevage maintenant. Mais j'ai eu beau flâner un peu, j'ai comme l'impression que ton spécimen d'exposition n'est pas là. Dix ans, ai-je entendu. Et... Comment dit-on maintenant ? Africain-Américain. Pas importé, certes, mais exotique tout de même. Tu parles d'un végétarien. Tss-tss, Jake, ce n'est pas bon de se voiler la face.

L'acteur finit son bourbon d'une traite. S'ils avaient été seuls, ç'aurait été le moment propice pour éclater son verre au visage de son interlocuteur. Il avait terminé de sourire, même pour sauver les apparences.

– Regarde où tu mets les pieds, JJ. Ton argent et ta réputation ne te sauveront pas ici.

– Je ne suis pas ton ennemi. Je dois admettre que ta... défection n'a pas été très bien prise par nombre de mes amis. Alors quand ils ont entendu parler du garçon, tu peux imaginer la tête qu'ils ont tirée. L'hôpital qui se fiche de la charité, la paille la poutre, enfin, je te laisse compléter le discours. Mais je leur ai dit de ne pas aller trop vite en besogne. Je leur ai dit : "Laissez-moi demander moi-même à Jake de s'expliquer." Et me voilà.

– Je n'ai à m'expliquer sur rien, et certainement pas pour toi. Vous utilisez des gamins et des fillettes qui ne parlent pas un mot d'anglais, qui s'abaisseraient à n'importe quoi pour dix dollars, défoncés jusqu'au sommet du crâne pour supporter ce que vous leur faites. Tu as déjà eu le courage de les regarder dans les yeux pendant que tu te servais d'eux ? Moi, j'ai regardé. Je peux te dire ce que tu y verrais. Rien. Ils ne sont plus là.

James secoua la tête en gloussant.
– Oh, Jake... Je crois surtout que tu n'as pas apprécié de regarder ton reflet dans le miroir. Tu savais exactement de quoi il s'agissait quand tu t'es pointé.
– Tu m'as dupé. J'imaginais quelque chose de... différent.
– Différent, comme ce que tu fais avec ton petit coco personnel ?
Cette fois, il esquissa un pas menaçant vers JJ, qui recula d'autant en jetant un coup d'œil anxieux sur le côté. Bien sûr, Wyatt avait dû se tendre, lui aussi.
– Fais attention, pour la dernière fois. Tu es incapable de concevoir à quel point c'est différent. Tu es étranger à l'amour.
– L'amour. Ah, l'amour... Quel mot splendide et pratique.
James se rapprocha légèrement de Jake et baissa d'un ton, l'obligeant à tendre l'oreille pour l'écouter.
– Il serait temps d'arrêter de te mentir, conseil d'ami. Tu dis que tu l'aimes, et je te crois. Et il t'aime sans doute en retour. Pas de problème. Mais ça ne te rend pas différent de nous. L'éleveur bio fait paître ses bêtes dans des pâturages verdoyants. Il leur laisse de l'espace pour se dégourdir les pattes, même une illusion de liberté. Il leur parle. Il leur donne des noms. Les animaux finissent même par s'attacher à lui... À ma connaissance, l'agneau finit tout de même dans l'assiette, Jake. Pas vrai ?
Le vide dans la poitrine de Jake était devenu un trou noir, béant, glacial, aspirant toute forme d'émotion humaine comme des points de lumière qui plus jamais ne s'en échapperaient. Son cerveau lui indiqua factuellement reconnaître cet état. L'état dans lequel il devenait capable de tuer. Sans colère, sans remords, sans affect. Comme ça. Parce qu'il le pouvait.
– Sors d'ici avant que quelqu'un ne se charge de te faire sortir.
– Je vois. Celui qui quitte une de nos réunions avec des griefs n'est pas censé y remettre les pieds. Mais si jamais tu changeais d'avis, nous pourrions faire une exception, à condition de te montrer partageur et d'amener ton jouet avec toi. Bonne soirée.
JJ s'éloigna d'un pas léger, les mains dans les poches, et se fondit dans la foule. Jake se glissa jusqu'à la baie vitrée ouverte sur la terrasse, où des fêtards se pressaient autour et dans la piscine. Il se sentait frigorifié, souillé par la bave que James avait répandue sur lui. Besoin de chaleur. Besoin de se nettoyer.
Il aurait pu simplement aller prendre une douche brûlante.
Mais son érection était revenue en force et il ne connaissait qu'une seule chose à faire pour se réchauffer, se purifier et débander tout à la fois. Comme un mendiant ardemment pressé par la faim, il était en manque cruel de sexe adulte. Cette envie qui l'avait rongé depuis le début de la soirée, il l'identifiait maintenant comme le besoin de baiser une grande personne, pour le soulagement. Peut-être aussi, un peu, pour se prouver qu'il en était encore capable.

Ses yeux parcoururent la débauche de corps mâles et femelles, en client face aux rayons d'un supermarché. Il s'était fixé une règle très claire : ne jamais coucher avec des personnes célèbres ou influentes. Cela relevait peut-être de la paranoïa à ce stade, mais il ne pouvait prendre le risque que soit dévoilé publiquement ce qui se passait dans son intimité.

Il prenait moins de risques avec les resquilleurs de bas étage. Pauvres, sans réputation, prêts à vendre leur dignité : facilement "incités" à se taire. Il repéra aisément la personne idéale : une inconnue totale, très jeune, fausse blonde, trop de maquillage, robe manifestement bon marché. Bien foutue, jolie, presque belle. Elle venait de se faire parachuter par un type à peine plus haut sur l'échelle sociale et cherchait désespérément une conversation à laquelle se greffer pour ne pas perdre la face. Elle ne savait pas encore s'y prendre. Il y avait toujours quelqu'un dont l'ego avait besoin d'être flatté dans les parages, si on savait le débusquer. Il tablait sur huit mois d'expérience, un an maximum. Pas encore assez pour en être désabusée, mais suffisamment mûre pour se faire remarquer quoi qu'il en coûte. Il n'aurait même pas à faire l'effort de la séduire.

Jake glissa quelques mots à un serveur, qui s'empressa docilement de frayer son chemin jusqu'à la jeune femme et lui offrir un cocktail. Il observa de loin leur échange, son visage qui s'éclairait d'un nouvel espoir et finalement, le serveur le pointa discrètement du doigt. Leurs regards se croisèrent, il ne laissa rien paraître si ce n'était un léger sourire.

Quand elle parvint jusqu'à lui, elle était à bout de souffle et ses joues rougies par l'excitation. Vue de près, elle avait un visage ennuyeux. Mais son visage n'avait pas d'importance.

– Waouh, souffla-t-elle. Merci pour le verre... Je ne m'attendais tellement pas à pouvoir vous parler, c'est incroyable. Je suis une grande fan. Vraiment, je regarde vos films depuis que je suis petite.

– Voilà qui ne me rajeunit pas.

Aussitôt, elle se confondit en excuses, renversant un peu de sa boisson au passage.

– Oh, oh, je suis désolée. Ce n'est pas ce que je voulais dire. Je suis tellement intimidée...

– Les anniversaires sont faits pour ça, après tout, nous rappeler que le temps ne s'écoule que dans un sens. Vous vous appelez...?

– Kate Brown. Et vous ? Euh, non, je sais comment vous vous appelez, ce que je peux être idiote.

Même son nom était ennuyeux. Cette femme pouvait tout aussi bien ne pas exister et personne ne s'en rendrait compte.

– Très bien, Meredith Ferdinand. Racontez-moi votre histoire.

Elle rit beaucoup trop longtemps à sa plaisanterie pour le laisser croire qu'elle avait trouvé ça drôle.

– Mon histoire ? Je suis actrice... Je n'ai fait que de la figuration pour l'instant, mais je passe énormément d'auditions, et j'ai vraiment l'impression que je suis à deux doigts de... Il ne me manque pas grand chose, ça devrait être pour très bientôt, vous voyez ? J'ai rencontré plusieurs agents très

cotés, tous très confiants en mon avenir. Ils n'avaient pas de place pour me représenter, mais je suis certaine que si j'avais un soutien de poids dans l'industrie, cela finirait de m'ouvrir les portes auxquelles j'ai frappé.
Jake avait à peine écouté ce qu'elle racontait. Il connaissait le discours par cœur. Juste une de plus à vouloir percer la muraille de béton de Hollywood avec une mèche à bois. Selon toute probabilité, elle finirait par rentrer chez ses parents dans le trou du cul du Nevada, ferait une croix sur ses rêves et se reconvertirait en nounou ou caissière. Au pire, elle sombrerait dans une addiction ou une autre et finirait morte sur un trottoir. Il méprisait la naïveté que les personnes dans son genre exhibaient comme une qualité. Ils venaient de la province, n'avaient aucune propension à la manipulation, aucune capacité à transformer leur fantasme en ambition, alors on devait avoir pitié d'eux ? Non merci. Il était arrivé là où il était avec de la chance, certes, mais aussi parce qu'il avait toujours fait ce qu'il fallait, même quand cela trahissait la morale commune.
Il ne ressentait qu'une vague condescendance pour le futur fantôme Kate Brown ; c'était juste ce dont il avait besoin ce soir. Elle n'était personne. Il s'imaginait déjà jouir sur sa silhouette anonyme, un flou artistique sous forme humaine. C'était beau.
– Il faut être prêt à de nombreux sacrifices, commenta-t-il sans émotion, parce qu'il fallait bien dire quelque chose. Le nom n'est qu'une petite partie de ce qu'on laisse derrière soi. Quel âge as-tu ?
– Vingt-et-un ans.
– Tout juste assez âgée pour boire ce cocktail légalement.
– J'aimerais trinquer avec vous, mais votre verre est tristement vide.
– Je n'ai pas soif.
Son regard erra sans gêne sur ses courbes. De toute évidence, elle comprit pourquoi il l'avait faite venir, puisque ses joues rougirent à nouveau.
– Tu es très jolie, Kate. Si tu étais enfant quand tu m'as rencontré sur ton écran, tu dois bien avoir fantasmé, à un moment où à un autre. Tu t'es déjà fait plaisir en pensant à moi ?
Kate esquissa un sourire tremblant, opina.
– Tu pourrais m'expliquer ça plus en détail à l'étage, continua-t-il alors que sa propre excitation montait face à l'effet qu'il avait sur elle. Si tu es d'accord, bien sûr.
Son dernier rempart de retenue s'effrita. L'hésitation fut brève. Aussi facilement que ça, il la mena jusqu'à sa chambre, Wyatt se positionnant sagement au pied des escaliers. Il la laissa contempler timidement son environnement alors qu'il leur préparait quelques traces de coke.
– Vous n'allez pas leur manquer, en bas ? demanda-t-elle.
Il sniffa deux poutres avant de lui répondre en lui apportant la tablette.
– Ils n'ont pas remarqué que j'étais parti. Ils ne sont pas là pour moi. On a tout notre temps.

Elle posa son verre vide sur un meuble et sniffa à même la tablette. Jake détestait quand les gens se permettaient une telle grossièreté. Il suffisait de se rouler un dollar quand on ne voulait pas passer pour un usager régulier ; maintenant, il devrait passer sa tablette au désinfectant. Putain d'amateurs.

– Tu es vierge ?

– Non. Mais je n'ai été qu'avec des garçons... peu expérimentés.

– C'est aussi bien. Je peux être un peu brutal et je préfère avoir la main sur les choses. Je veux jouir ce soir, alors ne me fais pas perdre mon temps. Est-ce que ça te dérange ?

Kate eut un blanc de quelques secondes, puis secoua la tête.

– Enlève tout.

De gestes qui se voulaient sensuels mais manquaient de la grâce nécessaire, elle dégrafa sa robe qui tomba à ses pieds dans un froissement de tissu. Jake tomba le pantalon et le caleçon et entreprit de raffermir sa trique. Elle se débarrassa de ses sous-vêtements décolorés par trop de lavages en machine et se tint devant lui, les bras repliés sur son ventre. Ses seins pointaient haut, ses hanches étaient pleines, son pubis épilé. Son corps resplendissait de jeunesse.

– Viens là. Tu es clean ?

Un oui. La pauvrette tenta de l'embrasser ; apparemment, son petit speech avait manqué de clarté. Empoignant ses cheveux jusqu'à la racine, il l'agenouilla et lui baisa la bouche.

Il ne ressentait rien. Cardiogramme désespérément plat. Jake se retira dans une cascade de salive, lui laissant le temps de tousser et s'essuyer avant de lui assener une gifle légère.

– Relève-toi.

Kate fit ce qui lui était ordonné, un peu engourdie par l'entrée en matière. Jake sortit le masque.

À part avec Al et Quint, il n'avait jamais pu faire l'amour correctement si leur visage était découvert. Les visages s'incrustaient dans la rétine. Il lui suffisait de les regarder un instant fugace et il débandait systématiquement dans les secondes qui suivaient.

Le masque était une simple langue de satin rouge qui prenait la forme d'un visage, assorti de liens. Il l'apposa sur Kate, qui lâcha un hoquet de surprise, et le noua fermement sur ses cheveux.

– Juste un petit accessoire. Pas d'inquiétude.

Là, c'était plus commode. Pas d'yeux ni de bouche, des formes à peine dessinées. Une étroite fente horizontale autorisait la respiration. Il caressa du bout des doigts la texture soyeuse et reluisante, retrouvant soudain en bas toute la vigueur que la fellation décevante lui avait retirée.

– Ce n'est pas très pratique pour respirer, avoua Kate en ajustant le masque.

– Il y a un trou. Tu respires par les narines, comme d'habitude.

– J'ai compris, mais... Je ne respire pas très...

– Le trou est pour le nez, la coupa-t-il, pas pour la bouche.

Il la guida jusqu'au lit, cala un oreiller sous sa tête et retira ses lunettes et le reste de ses vêtements.

– Je vais peut-être te faire mal. Tu n'as toujours pas de problème avec ça ?

– Non.

– N'hésite pas à crier si tu en ressens le besoin.

Sans attendre de réponse, il s'enfouit jusqu'à la garde dans un sillon si sec que cela fut d'abord très déplaisant pour eux deux. À mesure qu'il la travaillait néanmoins, le corps de Kate s'activa et se fit glissant, lui permettant des coups de reins de plus en plus violents. Elle ne protestait pas.

Physiquement, il sentait la chaleur s'accumuler dans son bas-ventre.

Mentalement, un immobilisme total, presque effrayant.

Il souleva ses hanches et chercha un angle plus direct. Enfin, les premiers gémissements de douleur, mal camouflés par une simulation de plaisir, parvinrent jusqu'à ses oreilles. Sur la bonne voie, il accéléra encore. Au moment même où il croyait atteindre son but, l'orgasme se déroba à lui. Jake se retira en silence.

– Tu... Tu as joui ? demanda Kate avec une pointe d'espoir dans la voix.

– Pas encore. Tu as des fesses magnifiques. Je vais passer par là, si ça ne te dérange pas.

– Oh. Non, mais... Un peu plus doucement.

Cette fois, son plaisir connut une escalade expéditive, jusqu'au bord du basculement. Il pouvait voir la jouissance juste devant lui, à portée. Mais il tendait le bras et ses doigts ne la touchaient pas. Alors il appuya sur la tête de Kate, étouffant ses cris dans l'oreiller. Il appuya, continua à se déboîter le bassin contre ses fesses, appuya, absorba les convulsions du corps sous le sien et les mouvements et les cris dont l'intensité diminuait petit à petit...

Il lâcha tout avec une exclamation déçue.

Kate releva le visage de l'oreiller avec une inspiration douloureuse, suivie de sanglots horrifiés. Il roula sur le côté et reprit lentement son souffle, couvert de sueur, les yeux rivés au plafond.

Son corps l'avait trahi. C'était une vidange dans les règles de l'art, mécanique, anorgasmique, sans âme, sans extase. Des milliards de gamètes relâchés dans un environnement peu amical parce qu'un organisme, le sien, avait sans réflexion rempli son rôle dans la reproduction biologique. Et lui n'avait rien reçu en retour. Son pénis était redevenu flasque entre ses cuisses. Travail terminé. Il aurait voulu l'arracher pour autant d'égoïsme. Et moi ? Quelle est ma place dans ton œuvre de charité ? Rien à foutre de la préservation de l'espèce humaine. Je veux jouir comme les autres.

Kate s'était débarrassée du masque et pleurait en silence, le visage gonflé par les larmes, deux traînées de morve reliant son nez à ses lèvres. Maintenant, elle était incontestablement laide. Il baissa le regard, ignora les ecchymoses qui apparaissaient sur ses hanches pour se focaliser sur le mélange de sperme, de sang et de merde s'écoulant entre ses fesses. Il traversa la chambre jusqu'à la salle de bains et jeta une boîte de mouchoirs sur le lit.

– Si tu pouvais... C'est en train de ruiner les draps.

Puis il repoussa le battant, urina et passa cinq bonnes minutes sous la douche.

– Je crois que je saigne, geignit Kate quand il coupa finalement l'eau.

Sans blague. De la buée s'était formée sur le miroir toujours brisé. De nombreux mois plus tôt, il avait demandé à l'intendant de ne pas faire réparer la vitre. Il en trouvait le reflet agréablement inamovible. Complaisant, sans doute. Mais il ne gaspillerait pas les années filantes qui lui restaient sur Terre à se battre contre des fantômes.

– Je saigne. Il y a du sang. Je saigne.

Agacé, il revint dans la chambre pour trouver la jeune femme prostrée sur elle-même, recouverte de mouchoirs usagés dont elle contemplait le contenu avec épouvante.

– Ce sont des choses qui arrivent, répondit-il en s'efforçant de conserver un ton conciliant. Rien de grave. Tu peux partir tranquille.

– Je... pars maintenant ?

– Je ne crois pas que tu sois bonne pour un deuxième round, alors... Merci, c'était sympa.

Sitôt qu'elle fut sortie, Jake appela Amanda.

– Une fille est en train de descendre les escaliers. Blonde, la vingtaine, fatiguée, des yeux de panda. Kate Brown.

– *Sérieusement ?*

– Je sais, complètement oubliable. Mais tu ne pourras pas la louper maintenant.

Quand Amanda se montra enfin, il avait nettoyé sa tablette à grande eau et s'était refait deux traces, mais l'euphorie n'était pas au rendez-vous. Assis sur son lit, il ruminait de sombres pensées sur ce que son corps tentait de lui dire et qu'il ne voulait pas entendre. Maintenant il regrettait tout, la conversation avec James et Kate Brown. Un doute s'était immiscé qui n'allait plus jamais le lâcher.

– Seigneur, Jake, ça sent comme dans un bordel ici.

– Tu l'as eue ? demanda-t-il, ignorant sa remarque.

– Mary Smith ? Il faudra vous faire tester. Je lui ai commandé un taxi et je l'ai laissée partir avec la somme habituelle, une pilule du lendemain et l'adresse d'un psy.

Il se releva brusquement et alla ouvrir une fenêtre. L'air frais lui fouetta le visage, faisant monter jusqu'à lui les bruits de la fête qui continuait en contrebas.

– Un psy, pour quoi faire ? Elle a consenti à tout ce qui s'est passé.

– Je ne ferai aucun commentaire sur ce qui s'est passé ici, marmonna Amanda. Je n'étais pas là et elle ne s'est plainte de rien. J'ai agi en fonction de ce que j'ai constaté. Besoin d'autre chose ?

– Trouve-moi un... un... Un garçon.

Faire taire le doute. Si une femme ne convenait pas, il trouverait bien autre chose qui ferait l'affaire.
– Je crois que le mot que vous cherchez est homme.
Qu'essayait-elle de faire ? Le déstabiliser. Nourrir, derrière son air innocent, les pensées intrusives qui l'accablaient. Elle savait ce qui le tourmentait. Elle savait et s'en servait.
– Oui, un homme. Majeur et vacciné. Mais si tu pouvais éviter le genre de Peter Falk ou Kirk Douglas, ça m'arrangerait. J'apprécie un minimum de souplesse.
– Professionnel ?
– Peu importe. Quelqu'un qui n'ait pas besoin de psy en sortant.
Elle allait s'éclipser quand il changea abruptement d'avis.
– Amanda, attends. Laisse tomber, je suis fatigué.
Il avait soudain la certitude qu'il se ferait plus de mal que de bien. Qu'il échouerait, une fois encore. Qu'une fois encore, il serait acculé à se demander qui il était, ce qu'il était, et si ce qu'il était avait sa place dans la bonne marche du monde.
C'était juste une soirée de merde, parce que Quint n'était pas là.
– Ce n'est même pas mon anniversaire, murmura-t-il à la nuit. Ils n'ont même pas le bon chiffre.
Ce fut Amanda qui lui répondit.
– Je sais. Mais vous avez officiellement quarante-trois-ans. Au point où vous en êtes, ça n'a plus vraiment d'importance.

Le garçon sans nom. (1985)
Sanderson and Associates. Agence de mannequinat.
Le garçon avait passé sa première nuit à Los Angeles dans la rue et il n'avait pas dormi, de peur de ne jamais se réveiller. Sa mine devait être affreuse ; il s'était débarbouillé dans les toilettes d'un café avant de venir, mais sa dernière douche datait de plusieurs jours. Autant dire qu'il n'avait pas toutes les chances de son côté. Il avait épuisé un petit paquet de dollars dans des tasses de noir serré, pour ne pas être viré du *diner* pendant qu'il épluchait les pages blanches. S'il voulait entrer dans le show business, le mannequinat était la porte idéale. Ses seuls atouts étaient sa jolie gueule et son corps de sportif entraîné, et c'était là qu'ils pouvaient clairement faire la différence.
Dix heures du matin. Il avait choisi l'établissement par intuition et ne se laissait pas la possibilité d'échouer. C'était une question de vie ou de mort, littéralement.
Une sonnette suave accompagna son entrée dans le hall. Sur les murs étaient encadrées des photos des clients de l'agence dans des publicités pour parfum, lingerie, maillot de bain, costumes ou sur les podiums des défilés. Les hommes à gauche, les femmes à droite. Il observa les torses imberbes, les expressions savamment travaillées, les muscles dessinés sous les chemises, les regards intenses.

Rien de sorcier là-dedans.

Derrière le comptoir, une secrétaire qui aurait facilement pu se trouver affichée sur le mur refusa catégoriquement de lever les yeux de son travail. Pendant un instant, il dut se contenter de parler à son haut chignon sévère.

– Je voudrais voir Mr Sanderson.

– Désolée, vous devez prendre rendez-vous.

– Eh bien donnez-moi un rendez-vous.

Elle soupira ostensiblement et consentit enfin à le regarder.

– Vous n'êtes pas client de l'agence. Votre nom ?

Le garçon jeta un coup d'œil rapide et aussi discret que possible sur l'agenda ouvert sur son bureau. Un prénom ici, un nom de famille là.

– Kevin Hamilton.

La secrétaire ne cilla pas.

– J'ai l'air d'être un perdreau de l'année, jeune homme ? Vous avez des références ? Des photos, un book ? On vous a recommandé ?

Il lui adressa son sourire le plus charmeur.

– Je ne savais pas qu'il fallait déjà être mannequin pour entrer dans une agence de mannequinat.

Complètement indifférente à ses efforts, la jeune femme haussa les épaules.

– Revenez quand vous aurez au moins l'ébauche d'un book, et si possible un nom. On verra ce qu'on peut faire à ce moment-là. La porte est de ce côté.

– S'il vous plaît, j'ai juste besoin de parler à quelqu'un, juste cinq minutes.

– Je peux toujours appeler la patrouille la plus proche. Ils ont une grande capacité d'écoute.

Il balança son sac par terre et s'affala sur une chaise en plastique, prêt à patienter le temps qu'il faudrait. Sanderson et ses amis ne pouvaient pas se terrer là-derrière vingt-quatre heures sur vingt-quatre. Au bout de quelques minutes, la secrétaire se leva pour lui adresser un regard noir.

– Vous comptez vraiment squatter ici ?

– Je ne squatte pas, j'attends. C'est bien une salle d'attente, non ? J'attends. C'est mon droit.

– Si vous n'avez pas dégagé avant la fermeture, ce sera le commissariat.

Le garçon regarda défiler les personnes qui avaient rendez-vous, des femmes à la plastique parfaite et de jeunes hommes grands et bien bâtis. Le mieux qu'il put tirer d'eux fut un regard bref et indifférent. Vers midi, Mr Sanderson sortit déjeuner avec l'un de ses associés. Ils passèrent devant lui sans lui accorder ne serait-ce qu'un coup d'œil. Il tenta de les interpeller, mais c'était comme si un mur épais les séparait. Inaudible. Invisible. Inexistant.

Il n'abandonna pas pour autant. Il quitta le hall pour acheter un hot-dog auprès d'un vendeur ambulant puis revint s'asseoir sur le même siège, au grand dam de la secrétaire. Vers quatorze heures, l'épuisement lié à sa nuit blanche le rattrapa. Il s'étira sur une longueur de trois sièges et s'endormit.

Le froid de la fin d'après-midi le réveilla. La luminosité avait largement baissé au dehors et il frissonnait malgré le chauffage. Ses chances s'amenuisaient minute par minute.

Une demi-heure, peut-être une heure passa. Deux voix masculines s'élevèrent dans les couloirs et peu après, un jeune homme qu'il n'avait pas vu passer, sans aucun doute un client, quitta l'agence en saluant aimablement la secrétaire. Celle-ci décrocha son téléphone.

– Bonsoir monsieur. J'ai besoin d'aide pour déloger un squatteur de mon lieu de travail... Je lui ai demandé à plusieurs reprises de quitter les locaux mais il n'en fait qu'à sa tête et je dois fermer... Oh, il ne s'est pas montré agressif, mais...

Paniqué, le garçon se précipita vers le comptoir, sauta pour s'étaler dessus et atteindre le téléphone. D'un coup sec, il débrancha l'appareil. La secrétaire ouvrit grand des yeux scandalisés.

– Comment osez-vous !

– Bonne soirée, Mary... Il y a un problème ?

Tous deux se tournèrent vers le couloir derrière le comptoir, d'où venait de surgir un grand mec mince, hispanique, trentenaire qui respirait le chic et le bon goût.

– Mr Delgado, soupira la secrétaire avec soulagement. Vous ferez peut-être entendre raison à ce *redneck*. Il arrive de nulle part ce matin, ne donne pas d'identité, n'a rien sur lui et réclame à voir Mr Sanderson comme si c'était son droit le plus fondamental. Il a attendu ici toute la journée. Je prévenais la police puisque vous étiez le dernier à partir, mais ce malappris a...

– Respirez, Mary. Ce jeune homme n'a pas l'intention de faire de mal à quiconque, je me trompe ?

Le garçon soutint le regard sombre de l'homme en costume, essuya la sueur qui avait émergé sur son front à l'idée que les flics le recherchent. Il secoua docilement la tête.

– Comment t'appelles-tu ?

– Il dit s'appeler Kevin Hamilton, répondit à sa place la secrétaire, mais j'ai bien vu qu'il venait de l'inventer. Je ne sais pas pour vous, mais je trouve ça louche.

– Très bien, "Kevin". Est-ce que je peux faire quelque chose pour toi ?

Le garçon hésita. Mary avait furieusement rebranché le téléphone et se tenait parée à décrocher à la moindre mauvaise réponse.

– Vous êtes agent ? demanda-t-il.

– Anthony Delgado, associé de Mr Sanderson. Je m'occupe exclusivement de clients masculins.

– Alors signez-moi. Je peux faire du bon travail.

La secrétaire ricana ostensiblement, mais Delgado ne répondit pas tout de suite. Tout ce qu'il devait

voir, c'était un ado crasseux qui chancelait sur des jambes épuisées.
– Tu as un endroit où dormir ce soir, Kevin ?
Le garçon haussa les épaules. Il pouvait trouver des tas d'endroits, mais il n'y dormirait certainement pas. Los Angeles était une ville hypocrite : lumineuse et fancy le jour, la nuit elle devenait grouillante de vermine. Au moins, Detroit ne cachait jamais sa part d'ombre.
– J'ai une chambre d'amis très confortable et je cuisine plutôt correctement. Tu pourrais me parler de tes projets autour d'un vrai dîner, qu'est-ce que tu en penses ?
Le garçon repéra la mine désapprobatrice que Mary affichait, qui confirma ce qu'il pensait avoir deviné. Il était maintenant certain de ce qui l'attendait s'il acceptait la proposition. Cela n'avait que peu d'importance. Il s'était juré de faire absolument tout ce qui était en son pouvoir pour trouver le succès et ne laisserait pas un échange de bons procédés l'arrêter.
Assuré de son accord, Delgado adressa sourire poli à la secrétaire.
– Bonne soirée et à demain.
Mary ne lui souhaita pas la pareille. Le garçon sentit le poids de son regard révulsé dans son dos longtemps après qu'ils eurent quitté l'agence. Delgado le mena jusqu'à une Chevrolet de bon standing mais bien cabossée. Peinture rayée, portière conducteur enfoncée, un seul phare en état de marche, un rétroviseur déboîté qui pendait misérablement : les dégâts n'étaient pas apparus par accident.
– J'ai renoncé à la faire réparer, expliqua Anthony. Ils s'y remettent dès qu'ils la voient à l'état neuf. Des petits jeunes de mon quartier qui n'aiment pas les pédés.
Ils s'infiltrèrent dans la circulation dense des Angelenos qui faisaient leur navette quotidienne. La radio diffusait de la musique latine à faible volume. Tout le corps du garçon lui faisait mal, perclus de courbatures. Le front appuyé contre sa vitre, il contemplait le flux des lumières multicolores de la Cité des Anges, dont il avait tant rêvé.
– Ton accent n'est pas californien, reprit finalement Anthony. On ne peut pas le rater. D'où tu viens ?
– Lima, Ohio, répondit le garçon sans réfléchir.
Il s'y était arrêté trois heures pour sa correspondance. Rien à voir à Lima, Ohio. Personne n'entreprendrait le moindre voyage pour visiter Lima, Ohio.
– C'est ça, je reconnais maintenant. Les Grands Lacs. Et tu es venu seul depuis l'Ohio ? Tu n'es même pas majeur, si ?
– J'ai dix-sept ans.
En réalité, il avait eu seize ans trois semaines plus tôt, en janvier. Mais dix-sept ans, c'était plus passe-partout. Anthony hocha la tête pensivement.
– Tu ne veux toujours pas me dire ton vrai nom ? Au moins ton prénom ?

Le garçon ne répondit pas. Il n'avait plus ni nom, ni prénom.

– Je suppose que Kevin suffira pour l'instant. Je ne vais pas te chercher des noises, tu sais. Pour faire autant de kilomètres à cet âge, il faut avoir de bonnes raisons de partir.

Il faisait totalement nuit quand ils pénétrèrent dans un appartement décoré avec goût et doté d'une terrasse spacieuse. Un chat filiforme et élégant, à l'image de son maître, vint se frotter contre leurs jambes. Le garçon en était encore à tester le confort du canapé quand Anthony lui apporta un set de serviettes repassées.

– Va prendre une bonne douche et rejoins-moi ici. On verra si je peux faire quelque chose pour toi.

Fasciné par la salubrité de la salle de bains, le garçon s'y attarda longtemps après s'être décrassé. Quand il revint dans la pièce principale, une serviette nouée autour de la taille, récuré jusqu'aux ongles et à l'intérieur des oreilles, une délicieuse odeur de friture flottait dans l'air. Dans la cuisine ouverte, Anthony avait enfilé un tablier et fabriquait on ne savait quoi au-dessus de deux poêles grésillantes, jouant avec épices et condiments. L'agent le repéra du coin de l'œil.

– Parfait. Je voudrais te regarder de plus près.

Il déposa des couvercles sur les poêles et alla éteindre la lumière dans la pièce. Puis il alluma un spot puissant, baignant tout un carré de parquet dans une clarté qui ne pouvait mentir, et invita le garçon à se placer sous la douche de lumière. Le garçon obéit et dénoua sa serviette, qui tomba mollement à ses pieds. Anthony haussa les sourcils, quelque peu surpris.

– Pas besoin de te demander si ça te dérange. Ne bouge pas. Je vais te toucher, ne crains rien.

Armé d'un mètre ruban, Delgado l'examina dans la lumière agressive de sa lampe, prenant du recul et lui demandant de faire des tours lents sur lui-même, s'approchant si près que le garçon sentait son souffle chaud sur sa peau nue, régulier, serein. L'agent murmurait dans sa barbe, passait ses mains sur certains galbes, corrigeait sa posture, lui demandait de bander certains muscles pour en mesurer le diamètre, frôlait respectueusement certains points sensibles comme la courbe de ses fesses. Et puis soudain, il éteignit son spot, ralluma la lumière et revint à sa cuisine.

– Tu peux te rhabiller.

Le garçon cligna des yeux, interloqué. Jamais, à aucun moment lors de son inspection, n'avait-il senti les choses basculer dans la direction qu'il avait supposée.

– C'est tout ? s'assura-t-il en ramassant sa serviette.

– Tu t'attendais à quoi ? Baiser ne fait pas partie de l'examen de passage. C'est un monde cruel que tu veux pénétrer, Kevin, mais nous ne sommes pas tous des criminels pour autant.

La réprimande était probablement méritée. Le garçon se cacha dans un survêtement propre et s'assit timidement à la table à manger. Il se permit d'engloutir son repas et se resservir sans dire un mot, tout au soulagement de se sentir enfin au chaud, propre et l'estomac plein.

– Je ne vais pas pouvoir te signer, Kevin. Ou quel que soit ton prénom.

Delgado avait aimablement attendu qu'il ait avalé jusqu'au dernier grain de riz dans son assiette pour lui assener la nouvelle.

– Tu as un beau visage, qu'on n'oublie pas facilement, et un vrai corps d'athlète. C'est étonnant pour quelqu'un de ton âge.

– Je suis boxeur. J'étais.

– Vraiment ? Eh bien, tu devais être un très bon boxeur. Avec tous les coups qu'ils se mangent, ils ne restent pas beaux très longtemps.

– J'étais le meilleur. Pourquoi vous ne me prenez pas ?

– Tu es trop petit, pas assez délié pour prétendre à un contrat de mannequinat. Un homme trop petit, ça manque de virilité, ça ne fait pas vendre. C'est comme ça. Les standards de l'industrie.

Le garçon secoua la tête. Il refusait de croire ce qu'il entendait. Il n'avait pas parcouru tout ce chemin, souffert ce qu'il avait souffert pour qu'on lui dise encore qu'il était "trop petit". Comme s'il était revenu au point de départ.

– Vous ne pouvez pas... Vous ne pouvez pas me disqualifier à cause de quelques pauvres centimètres. Je ferai ce qu'il faut... Tout ce qu'il faut.

Il plongea un regard suppliant dans celui de Delgado. Il plaisait à l'agent. Il l'avait entendu dans sa voix, perçu dans ses yeux. Il était prêt à lui tailler la pipe de sa vie pour décrocher ce foutu contrat. Mais Anthony, s'il avait saisi le sous-entendu dans ses paroles, n'en fit pas montre.

– Désolé. Parfois ça se joue à pas grand-chose, et je suis le premier à le regretter. Mais j'ai pensé à quelqu'un pendant qu'on mangeait. La pointure d'Hollywood dans le monde des doublures de cascade. Avec ton physique et si tu as le niveau de boxe que tu prétends, il pourra t'aider. Ça te tente que je lui passe un coup de fil ?

Le garçon voulait être au devant de la scène, pas relégué à un rôle de doublure dont personne ne connaîtrait jamais le nom – ce nom qui restait à trouver. Mais si ce devait être une étape, alors ainsi soit-il. Il donna son accord. Au guéridon sur lequel était posé le téléphone, Delgado chercha un nom dans son répertoire et composa le numéro.

– Mr Morris ? Pardon de vous déranger aussi tard. Tony Delgado, de l'agence Sanderson and Associates. Je vous appelle parce que j'ai devant moi un tout jeune homme que vous vous en voudriez de rater.

Rendez-vous fut pris avec le dénommé Mr Morris, le lendemain matin très tôt, avant que tout le monde ne doive partir au travail. Anthony lui montra la chambre d'amis et lui souhaita une bonne nuit. Le garçon se glissa nu sous les draps et tâcha de se détendre. Entre la douche relaxante et le moelleux sous son corps endolori, il aurait dû s'endormir facilement. Mais il tourna des heures et des heures avant de sombrer enfin dans un sommeil agité.

Le lendemain matin, il hésita plusieurs à fois à fausser compagnie à Delgado avant l'arrivée de Morris. Quand celui-ci entra, il demeura dissimulé dans le couloir, observant sans être vu. Il vit un homme qui avait dépassé la soixantaine, grand, un peu bedonnant, qui coiffait le peu de cheveux blancs qui lui restaient de façon à donner l'illusion d'une chevelure encore fournie. Sa voix était grave, impressionnante, comme si la foudre tombait à chaque fois qu'il ouvrait la bouche. Il ne semblait pas non plus très jouasse d'avoir dû se lever à une heure indue pour le voir.

Puis Anthony intima au garçon l'ordre de sortir de sa cachette. Il croisa pour la première fois le regard azur et lumineux d'Al, et Al croisa pour la première fois le sien, brun et obscur.

Il sut dès cet instant précis qu'Al jouerait un rôle décisif dans sa vie. Il l'avait harponné comme on hameçonnait un poisson et Al ne pouvait plus se libérer. Et bien que l'homme fasse son travail d'observation en bon professionnel, son regard subjugué ne cessait de revenir au visage du garçon.

– Tu n'es pas un cascadeur, finit-il par marmonner. Tu es une tête d'affiche, une gueule de cinéma, celle-là même que les types comme moi cherchent toute leur vie. Le genre de mec qu'on ne peut pas s'empêcher de regarder quand il rentre dans une salle sans faire de bruit. Pas vrai, Delgado ?

Anthony haussa les sourcils d'un air éloquent.

– Je n'ai pas pu le laisser à la porte de l'agence. Il a quelque chose.

– Il a *le* quelque chose. Petit gars, si tu signes chez moi, tu débuteras comme cascadeur. Mais je te le garantis, tu seras parti pour être le nouveau James Stewart.

Le garçon n'avait aucune idée de qui était James Stewart, mais le discours en lui-même lui plaisait. Ils se serrèrent la main et dirent adieu à Anthony Delgado.

Le garçon emménagea chez Al, dans une petite villa confortable qui commençait à sentir le vieux ; comme Al lui-même, un mélange de savon et des langues-de-chat dont il aimait s'empiffrer à l'heure du goûter. Il fut d'abord soumis à plusieurs tests physiques qu'il passa haut-la-main. Al le fit se mesurer dans un corps-à-corps à l'un de ses clients. Le contrat fut signé.

Avant le week-end, il était inscrit à une audition pour un second rôle. Alors seulement, le garçon lâcha le morceau sur son bégaiement, de crainte qu'il ne se dévoile au pire moment. Al garda le silence une minute, puis il lui prit le visage entre les mains.

– Je n'ai pas entendu le bégaiement. J'ai entendu le contrôle dans ta voix, que tu ne relâches jamais. Tout s'apprend. Tu vas prendre des cours de comédie avec les meilleurs professeurs. Je te garantis qu'on va faire quelque chose de toi, quelque chose de grand. Quand j'étais jeune j'ai été agent d'acteurs. J'ai arrêté. Les acteurs sont des gens compliqués. Trop sensibles. Ils ne supportent pas l'échec, il faut sans cesse les porter à bout de bras. Au moins les cascadeurs, ils se portent tout seuls. Mais toi... Toi, tu es différent. Tu es spécial. N'oublie jamais ça. Tu es spécial. Et ce que nous avons

tous les deux, ce sera toujours spécial.
Al emmena le garçon se constituer une garde-robe. Costumes Armani, polos Lacoste, chaussures Gucci, une montre Cartier et un bracelet en cuir Longchamp pour affiner sa nouvelle apparence. Devant le miroir de la dernière boutique, il ajusta les manches de la veste de son protégé.
– Contemple ton reflet. Je te présente le nouveau Kevin Hamilton.
Le garçon ne se reconnaissait pas et c'était exactement l'effet recherché. Seul son nom d'emprunt demeurait un poids constant sur son esprit. Choisi avec trop de hâte, il sonnait faux, grotesque.
– Il te manque quelque chose, intervint soudain Al d'un ton excité. Des lunettes.
– J'y vois très bien.
– Des lunettes sans correction, pour ajouter une touche unique à ton regard. Fais-moi confiance.
Ce fut ainsi qu'il sortit de chez Oliver People's avec une paire de lunettes hors de prix, aux verres légèrement teintés de bleu, pour ne plus jamais voir le monde de la même façon.
Le jour de l'audition, il réalisa à quel point il était facile et agréable de prétendre être quelqu'un qu'il n'était pas. Lorsque la directrice de casting lui demanda son nom, il hésita un instant, baissa les yeux... et les posa sur le bracelet que lui avait offert Al.
– Longfield, dit-il.
– Longfield. Et votre prénom ?
Il jeta un coup d'œil à Al, qui l'observait intensément depuis son siège. Al qui, parfois, faisait ressurgir en lui les images de son grand-père du fond de sa mémoire.
– Jake Longfield.
– Jake pour Jacob, je suppose ? C'était impressionnant, Jake. On vous rappellera.
Dans la semaine qui suivit, le garçon raconta une partie de son histoire à Al. Il ne pourrait jamais parler de certaines choses, à personne ; ces choses se décomposeraient et mourraient d'elles-mêmes, comme son ancien nom qui sonnait à présent aussi faux que Kevin Hamilton. Mais il confia le reste à son agent et mentor et parfois il pleura, et il n'eut pas honte. Al était la première personne dans sa vie à regarder en lui et ne pas trembler face à ce qu'il voyait. Il voyait la grandeur, la beauté. Il voyait un avenir. Tout ce qui échappait à tous les autres.
Sept jours après l'audition, Al fut notifié du résultat : Jake Longfield n'avait pas obtenu le rôle, mais cela s'était joué à pas grand-chose. En revanche, il était engagé pour doubler l'un des rôles principaux. Le même jour, le garçon fit refaire ses papiers officiellement perdus auprès des autorités de Los Angeles. Jacob Albert Longfield, dit Jake Longfield, né le premier mars mille-neuf-cent-soixante-huit à Lima, Ohio. Les nouvelles étaient suffisamment bonnes pour sabler le champagne, même si le garçon n'était officiellement pas autorisé à consommer d'alcool.
– Jake Longfield alors, commenta Al en remplissant leurs flûtes. C'est comme ça que je dois

t'appeler maintenant ?
– C'est comme ça que je m'appelle.
– Eh bien, à Jake Longfield, et au futur.
Ils trinquèrent et burent en silence. Avec un soupir, Al s'appuya contre la table, couvant Jake du regard. Ses yeux clairs commencèrent à le brûler comme parfois ils le faisaient, quand Al pensait que Jake ne le remarquait pas. Cette fois néanmoins, il ne chercha pas à s'en cacher, et secoua la tête comme s'il ne revenait pas de quelque chose.
– Tu es beau, murmura-t-il. Tellement beau. Si tu savais à quel point.
Jake avait seize ans, il avait été violenté et violé pendant des années mais il n'avait jamais fait l'amour. Il n'avait même pas la moindre idée de ce qui l'attirait parce qu'il n'avait jamais vraiment ressenti de désir sexuel, et une chose était certaine : il n'en ressentait pas pour Al. Al était un vieil homme flétri et il n'avait pas vraiment envie de découvrir ce qui se cachait sous ses vêtements.
En revanche il l'aimait comme il n'avait jamais aimé personne, et se savait aimé en retour. Leur relation était spéciale. C'était le mot qu'Al avait utilisé. Et s'il lui fallait coucher avec Al pour préserver cette relation, il le ferait sans aucune hésitation. Il apprendrait à honorer ce physique qui le repoussait. Il apprendrait à toucher Al et à le goûter sans dégoût, il apprendrait à lui donner du plaisir et à en prendre, à lui montrer cet amour qu'il ressentait pour lui.
Tout s'apprenait. C'était Al qui le lui avait appris.
Soutenant son regard sans broncher, il s'approcha d'Al jusqu'à combler l'espace entre eux. La respiration d'Al se fit courte, excitée. L'homme passa ses doigts dans ses cheveux souples et, sans prévenir, s'empara de sa bouche, la dévorant comme un affamé. Jake le laissa caresser sa langue, sucer ses lèvres, lécher son visage sans bouger. Tout s'apprenait.
– Je t'aime, exhala Al.
– Moi aussi.
– Tu ne dois parler à personne de ça. Tu le sais ? Je pourrais avoir de gros problèmes, de très gros problèmes. Même quand tu seras majeur, ça doit rester notre secret. Notre secret, rien qu'à nous.
– Je ne le dirai à personne.
Jake tomba à genoux, palpa l'érection d'Al et commença à déboucler sa ceinture, mais son ami l'incita à se relever.
– Tout doux, lui dit-il en caressant sa joue. Laisse-moi te guider. J'ai promis de te guider et je le ferai, dans tous les aspects de ta vie. Fais-moi confiance.
Alors Jake ferma les yeux et s'abandonna à la bouche et aux mains d'Al. Il était sorti de la fange. Quelqu'un était là pour s'occuper de lui désormais.
Et ça, ça n'avait pas de prix.

13

Trahison

Quint.

L'hiver et le printemps filèrent dans une effervescence telle que Quint ne vit pas le temps passer, accaparé par ses cours, ses week-ends avec Jake, les dîners de travail, les auditions, les tournages ; et le peu qu'il arrivait à préserver, il le donnait à sa mère. Pancake ne remplaçait pas son petit garçon. Elle ne se plaignait jamais, mais il la connaissait assez pour savoir qu'elle en souffrait. C'est pourquoi, quand l'été arriva et que les cours prirent fin, il décida de conserver le rythme qu'ils avaient appliqué toute l'année : Quint passait la semaine chez Taisha et le week-end chez Jake.

Jake ne cacha pas qu'il était peu satisfait de cet arrangement. Plus les mois passaient et moins il cherchait à dissimuler son obsession. Malgré ses scrupules, Quint utilisait parfois son désir ou sa peur de le perdre pour obtenir ce qu'il voulait. Mais ces ruses, c'était Jake qui les lui avait inculquées. Ils évoluaient dans un monde où l'emprise sur les émotions des autres était la clé de toutes les portes. Il ne doutait pas une seconde que Jake savait quand il était manipulé et que si Quint détenait ce pouvoir, c'était parce que Jake avait l'indulgence de le lui laisser.

Engrenage au sein d'une machine bien huilée, Quint entama son mois de juillet sans que la moindre pensée inopportune ne vienne troubler son quotidien. Miséricordieux, son esprit le laissa oublier. Oublier Rainier View et Seattle, Josh, Sayon. Oublier qu'il était noir, bègue et jeune, si jeune, et que la société le piétinerait s'il prenait à Jake l'envie de l'abandonner. Oublier que ça ne faisait qu'un an à peine et non toute une vie que Jake était apparu pour effacer tous les problèmes d'un coup de baguette magique. Oublier tout ce qu'il avait vu et qu'il devait oublier. Oublier que Jake n'avait pas le droit de lui faire l'amour et que cela le rendait malade.

Tout avait trouvé sa place juste et satisfaisante, jusqu'au jour de ce mois de juillet si desséchant, où l'esprit magnanime qui l'avait préservé des mois durant décida soudain de décrocher.

À l'heure la plus écrasante de la journée, Quint et Lewis s'étaient installés dans un square et dégustaient une savoureuse glace à la pistache que Lewis leur avait achetée à un stand pris d'assaut par gamins et touristes. Quint observait le match de soccer qui avait lieu à une dizaine de mètres de lui. Une équipe en maillot, l'autre torse nu. Des enfants de son âge, lui semblait-il. Juste une bande de mioches croyant posséder le monde quand ils possédaient le ballon. Ils ne savaient rien.

Il soupira et reporta son regard sur le bâtiment d'Inside Pictures, tout au coin du square derrière une circulation toujours aussi féroce. Cette réunion était interminable.

– Ce qu'il fait chaud, râla-t-il.

– Hmm. Je te parie qu'ils ont la clim dans leurs bureaux chic.

– Pourquoi Jake ne m'a pas laissé venir avec lui ?

D'habitude, Jake l'emmenait partout où il allait, même quand il s'agissait de meetings privés et très ennuyeux pour lui. Aujourd'hui, il aurait tout donné pour être assis sur le siège moelleux d'une salle de réunion à la température ambiante de vingt-et-un degrés, même s'il devait pour cela faire semblant d'écouter les discours barbants de vieux types en costume-cravate.

Mais non, pas cette fois. Jake était entré seul, plus de deux heures auparavant.

– C'est parce qu'il signe des contrats. C'est toujours des affaires ultra-secrètes, parce qu'il y a des gros sous en jeu. Des gros, gros sous. Même Amanda n'a pas le droit d'y être.

Quint jeta un regard malicieux au jeune chauffeur.

– Dommage pour toi. Lewis, toute la ville est au courant que tu en pinces grave pour Amanda. Pourquoi tu ne tentes pas ta chance ?

– Qu'est-ce que tu en as à faire, toi ?

– J'ai un pari en cours avec Stewart.

Lewis se renfrogna, vexé. En voilà un qui ne savait pas faire semblant. Lewis n'aurait jamais pu faire carrière dans le show business.

– C'est plus facile à dire qu'à faire. Et si elle ne m'aime pas, je fais quoi ? Tu as une copine, toi ?

– Oui, Darleen, de l'école. Et elle, je sais qu'elle m'aime.

– Comment tu peux être sûr qu'elle t'aime, d'abord ?

– Parce qu'on s'embrasse avec la langue. Exactement comme avec Jake, et Jake m'aime.

Quint arrêta juste à temps un gros morceau de glace qui se faisait la malle de son cornet et enroula sa langue pour le gober d'un seul coup. La glace lui gela l'intérieur de l'œsophage.

Puis il réalisa ce qu'il venait de dire et la chaleur ne revint jamais dans sa poitrine.

Au moment même où il se figeait, terrifié, Lewis pouffa de rire.

– Pff, n'importe quoi. C'est une grande personne. Comme s'il allait t'embrasser avec la langue. Tu ne m'auras pas avec tes blagues débiles, petit dégueulasse !

Lewis le bourra d'un coup d'épaule et Quint força un rire sur ses lèvres. En parlant de Lewis, Jake marmonnait souvent "Dieu bénisse les imbéciles". Lewis, dans sa naïveté d'éternel enfant, n'aurait pu imaginer le soulagement qu'il lui procurait en refusant de le croire. Une plaisanterie. Oui, et pas le genre de plaisanterie qu'on répétait à l'envi. D'ici quelques minutes, il l'aurait même oubliée. Pas assez de place sous son crâne pour s'embarrasser de tels détails.

Pour autant, le garçon ne parvint pas à étouffer la terreur froide et silencieuse qui s'était insinuée en lui. Vingt minutes plus tard, Lewis reçut un texto de Jake et ils rejoignirent l'Audi. Le chauffeur s'arrêta en double file devant Inside Pictures, sortit du véhicule indifférent aux klaxons qui retentissaient derrière lui et escorta son patron jusqu'à la voiture à la place de Wyatt, qui avait pris sa semaine de congés annuelle.

Jake se glissa sur la banquette de cuir et laissa aussitôt tomber sa veste.

– Clim' en panne. Lewis ! Plus rapide que le Faucon Millenium, mon ami. Je crois me rappeler qu'il y a une piscine chez moi. Et mets la soufflerie à fond.

– On est partis, patron.

Quint expira doucement et coinça ses mains sous ses cuisses pour les empêcher de trembler. Il savait que les colères de Jake étaient à la hauteur du mal qu'on lui faisait. Mais il n'avait rien à craindre. Jake ne saurait jamais. Ce serait comme si rien ne s'était jamais passé.

– Tu as l'air bizarre. Un problème ?

Il secoua la tête et essuya son visage avec son tee-shirt. Ses sueurs étaient désormais froides, sournoises, hypocrites.

– J'ai trop chaud, c'est tout.

– Tu ne t'es pas trop ennuyé ?... Hey, cookie ?

Quint ne put se résoudre à répondre. Il ne faisait plus confiance à sa bouche pour prononcer les mots appropriés. Ce fut Lewis qui répondit finalement d'un ton guilleret :

– Nan, on a bien discuté, pas vrai Quint ? Et le gamin m'a sorti une de ces blagues, patron, vous allez pas en croire vos oreilles. Il a dit...

– Elle était nulle, cette blague ! l'interrompit Quint. Tais-toi !

– Tu veux pas te taper la honte, c'est ça ? Il a dit que sa copine l'embrassait avec la langue, et il a dit que vous faisiez pareil, patron. Pas avec sa copine, je veux dire, avec Quint. N'importe quoi.

Un silence de mort s'installa. Quint luttait pour empêcher ses larmes de couler. Maintenant il sentait le regard de Jake sur lui, forant un trou dans son crâne. Les nuages d'orage s'accumulaient de l'autre côté de la banquette ; la climatisation de l'Audi ne pouvait plus rien pour alléger l'atmosphère suffocante. Tout ça à cause de quelques mots qu'il avait laissés échapper – et comment avait-il pu les laisser lui échapper ?

– En effet, finit par lâcher Jake dans un calme terriblement menaçant. Elle est nulle, cette blague. Pourquoi tu as dit une chose pareille ?

Son bégaiement refit brutalement surface. Il aurait préféré se faire hurler dessus.

– Je sais pas. Pour faire mon intéressant, c'est tout.

– Il y a des moyens moins étranges et moins dangereux de faire son intéressant. Si tu avais dit ça à quelqu'un d'autre que Lewis, les conséquences auraient pu être graves. Lewis sait que c'était une blague, un mensonge, n'est-ce pas Lewis ?

– Sûr, patron. Et vous me connaissez, muet comme une tombe.

– Lewis ne le répétera pas. Mais d'autres personnes pourraient croire que c'est la vérité. Tu imagines ce que ça voudrait dire, pour toi comme pour moi.

– Pardon, Jake. Je ne le referai jamais.

– Bien. C'est tout ce que je voulais entendre.

La conversation s'arrêta là. Quint finit par lever timidement les yeux vers Jake. Celui-ci s'était renversé sur l'appuie-tête et semblait se reposer, les yeux fermés. Ses traits ne trahissaient aucune tension. Alors c'était tout ce à quoi il aurait droit en guise de remontrance ?

Il n'y croyait pas une seconde.

Quand ils arrivèrent à la Baraque, Jake l'informa qu'il allait d'abord prendre une douche avant de le rejoindre à la piscine. Il resta plus d'une heure dans le bassin au-dehors. Seul. Il nagea des longueurs, encore et encore, jusqu'à ne plus supporter de reproduire à l'infini le même mouvement, de se retrouver face au même champ de vision, comme un lion tournait en cage. En cage, derrière des barreaux qu'il ne voulait pas voir. Et quand il ne le toléra plus, il s'assit sur les marches de résine, regardant fixement l'eau clapoter contre sa peau. Attendit. Avant d'admettre que la punition était en cours et qu'il ne se passerait rien s'il restait ici, même jusqu'à la tombée de la nuit.

Finalement il émergea et rentra dans la maison silencieuse, enveloppé dans son drap de bain. Les lieux semblaient désertés. La porte de la suite de Jake était entrouverte, il frappa doucement.

– Entre. Ferme derrière toi.

Jake était assis sur le lit, nu, dos à lui. Le garçon referma la porte et fit quelques pas en avant.

– Viens. Viens t'asseoir près de moi.

Il y avait quelque chose de profondément anormal dans sa voix, Quint n'aurait pas su dire quoi exactement. La parole ralentie, l'articulation délibérément exagérée, il y avait déjà été confronté lorsque les émotions de Jake le débordaient. Mais il y avait autre chose, de sourd, lointain et à la fois omniprésent, pénible, d'une respiration en bulles rouges, d'une agonie d'animal blessé sur le bord d'une route.

Un animal, se sachant vulnérable, n'hésitait pas à mordre.

Quint laissa tomber sa serviette sur le lit et vint s'asseoir aux côtés de Jake. Il se bâillonna, refrénant un cri d'effroi.

– Tes mains...

Jake baissa les yeux sur ses mains, qui balançaient mollement entre ses cuisses. Le sang gouttait à un rythme précipité sur le parquet, formant une petite flaque entre ses pieds. Il sourdait de coupures profondes et irrégulières sur ses paumes et à l'intérieur de ses doigts, comme s'il avait voulu écraser du verre à mains nues. C'était d'ailleurs ce que Quint le soupçonnait d'avoir fait. L'impact au beau milieu du miroir de la salle de bains était entouré de fragments qui ne tenaient que par la volonté

divine. Il suffisait de gratter un peu pour les faire tomber en une averse étincelante et affilée.
Quatre patchs étaient collés sur ses bras.

– Ce n'est rien. Ça ne fait pas mal. Viens là.

Jake l'attira contre lui et pressa sa tête contre sa poitrine, peignant la joue et les lèvres du garçon de son sang. Quint lutta contre un haut-le-cœur comme l'odeur de rouille envahissait ses narines. La peau de Jake était brûlante et parcourue de frissons. Il avait éteint la climatisation dans la chambre.

– Qu'est-ce que tu voulais me dire ?

– Je suis désolé, pour ce que j'ai dit à Lewis.

Jake caressa son visage de gestes mal contrôlés. Quint serra les dents. Il sentait les rigoles de sa chair à vif contre sa joue.

– Je sais que tu es d-d-désolé, cookie. C'était une errrrrreur. Ce n'était pas volontaire.

Quint fronça les sourcils. Ses oreilles lui jouaient-elles des tours ?

– Non. Je ne ferais jamais ça exprès. C'est que... ça m'a échappé.

– Ça t'a écha-a-a-aaaappé. Les mots se sont en-en-enfuis de ttta b--------ouche. Hein ? C'est ça ? C'était un accident. J--uste un accident. Parce que si ça n'en était pas un, je pourrais te tuer.

La main de Jake agrippa tout d'un coup ses cheveux tandis que son autre main pressait un éclat de verre contre sa gorge. L'arête aiguisée comme un rasoir creusait gentiment, presque tendrement sa peau lisse. Juste derrière, le sang pulsait avec vigueur. Quint avait vu assez de films pour savoir ce qui se passerait si Jake poussait ses doigts, juste un peu. Débit maximal, et personne pour fermer le tuyau d'arrosage.

Le petit se mit à pleurer sans bruit. À travers la menace et la douleur, il existait là, au beau milieu d'un torrent de détresse enragée, une source d'amour bruyante et limpide qui ne pouvait se tarir. Même ce geste de mort n'était qu'une main qui tâtonnait dans le noir, recherchant la vie. Ils avaient échangé leurs fluides tant de fois, tant de fois caressé entre leurs mains une peau douce abritant un chenal gorgé de sang. Ce ne serait qu'une fois de plus. Comme une victime à son vampire, Quint était prêt à sacrifier ce qu'il avait de plus précieux en échange de ce qui avait été donné.

– Je pourrais te t-t-tuer, Quint, tu m'entends ? Pour ta trahison.

Il ne voulait pas mourir, c'était trop tôt. Mais s'il fallait mourir, alors mourir de sa main serait le dernier présent de son existence. Il ferma les yeux et attendit le coup fatal.

L'éclat de verre s'écarta de son cou.

– Ou je p----ourrais me tuer moi-même, ça ne changerait rien.

Jake posa l'esquille sur sa propre gorge d'une main tremblante. La tête de Quint se trouvait juste en dessous. Ce serait une vraie douche. De ça, il ne voulait pas. Il refusait de continuer à vivre dans un monde où Jake aurait disparu. Ce serait comme enlever l'oxygène de l'air qu'il respirait.

– C'est ce qui mmm'arrive. La trahison, Quint, elle me-me-me massacre de l'intérieur. Tu m'entends ? Tu comprends ?
– Je ne voulais pas.
– C'était un aaaccident. Je choisis de croire que tu n'as rien dit à p-p-p-personne à part Lewis.
– C'est la vérité. Je te jure, personne n'est au courant. Jamais je ne te ferais ça. Je t'ai promis.
Jake demeura immobile un instant et relâcha une plainte semblable à celle d'un enfant terrifié. En lieu et place de sang ce furent des larmes, chaudes et abondantes, qui tombèrent sur le visage de Quint. Prudemment, celui-ci décontracta la main de Jake sur ses cheveux, puis ses doigts crispés sur le morceau de verre qu'il jeta au loin. Enfin, il se réfugia dans les bras de Jake autant qu'il lui permit de trouver abri dans les siens.
– Tu sais ce qu'ils me feraient s'ils savaient pour nous, s'ils savaient à quel point je t'aime ? Ils me traîneraient dans la boue. Ils me jetteraient en prison et je serais... violé et assassiné.
– Pardon. Pardon, Jake.
– Et toi. Toi. Jamais ils ne te comprendraient. Ce monde n'accepte pas ce que nous sommes. Le monde craint ce qu'il ne peut pas comprendre. Dis un seul mot, et tout disparaîtra. Ce qu'on partage, rien que nous deux... Disparu. Envolé. C'est ça que tu veux ? Est-ce que tu m'as jamais aimé ?
– Bien sûr que si. Je t'aime. On est meilleurs amis, pour toujours.
– Sors d'ici.
Jake le repoussa soudainement, rampant à l'autre extrémité du lit. Le garçon tenta de le rattraper, mais il refusa catégoriquement de se laisser toucher. Il saisit Quint par les poignets, y laissant des empreintes rouges, et le fit tomber au sol.
– Jake...
– Dehors !!! Dehors !!!
Le pire de ses cauchemars se réalisait. Il se fichait du sang et du morceau de verre et de la drogue et de tout le reste, mais il ne supporterait pas d'être excommunié. Le monstre de ses nuits, il l'avait devant les yeux : Jake qui le regardait comme il avait naguère regardé Max. Comme il regardait un traître. Atteint en plein cœur. Capable, au moindre mot de travers, au moindre geste malvenu, de perdre l'esprit et rendre coup pour coup. Et Jake ne voulait pas lui faire de mal. Il lui ordonnait de partir pour ne pas se laisser emporter par le chagrin.
Alors Quint obéit et s'enfuit. Ouvrant la porte à la volée, il percuta de plein fouet Azrah, qui referma en vitesse la porte derrière lui. Elle le prit par la main et il la suivit sans un mot, égaré dans une brume d'angoisse hébétée, piquée de larmes polaires. Sans avoir compris le pourquoi du comment, il se retrouva assis sur le lit immaculé d'une chambre du deuxième étage. Agenouillée, Azrah le scrutait de la tête aux pieds.

– Tu as le sang partout.

Quint se regarda. L'orage avait bel et bien éclaté, et il n'avait pas pu échapper à l'averse. Il était recouvert de sang. Même ses larmes rougissaient en emportant avec elles le sang sur son visage.

– Ce n'est pas le mien, gémit-il.

Il ne savait pas pourquoi il avait dit ça.

– Ce n'est pas le mien. Ce n'est pas mon sang. Ce n'est pas mon sang. Ce n'est pas mon sang...

– J'ai compris. Quint, calme-toi.

Tout à coup, il ne parvenait plus à respirer. C'était vraiment arrivé. Sans Jake, son air était dépourvu d'oxygène. Il tenta d'inspirer, en vain. Sa poitrine se recroquevillait sur elle-même, ses muscles écrasaient ses poumons et son cœur. Il ne pouvait plus respirer.

Il était en train de mourir.

Il se voyait bizarrement de l'extérieur, petit bonhomme couvert de sang et de sel, suffoquant, priant dans un silence imposé. Il avait oublié qu'il était encore si petit. C'était beaucoup trop jeune pour partir. Il n'avait fait que prononcer quelques mots, par erreur, et le monde s'était effondré sur lui. Il fallait que quelqu'un comprenne que tout ça n'était qu'une gigantesque méprise et arrête tout. Son âme quittait-elle déjà son corps ? Non, c'était trop absurde de mourir ainsi. Où était Jake ? Jake lui avait promis de toujours le protéger. Ou bien était-ce le contraire ? Il devait rester pour protéger Jake... ? Il ne savait plus. Tout se déformait maintenant, comme pour le poisson rouge à travers la paroi de son bocal. Cela devait vouloir dire qu'il n'appartenait plus totalement à ce monde. Peut-être que c'était cela, la bulle dont Selma D parlait. Jake l'avait expulsé de sa bulle, et il avait dû s'édifier sa bulle personnelle. Mais il ne voulait pas de cette bulle. Il voulait retrouver celle de Jake. Il voulait ne plus toucher terre avec lui. S'ils étaient ensemble, loin, loin au-dessus des autres, ils pouvaient décider de ne plus jamais redescendre. Redescendre... Redescendre au fond de la piscine... Redescendre à cet instant où sa poitrine s'était resserrée, où ses poumons avaient crié grâce, où son corps s'était tordu vers le haut en un réflexe de survie... Cet instant où Jake avait posé ses lèvres sur les siennes.

Quint inspira comme un noyé qu'on venait de ranimer.

– C'est ça, chéri. Respire doucement. Respire.

Les sanglots le déchirèrent et il paniqua. Non, il ne voulait plus manquer d'air. Il inspira, avala goulûment ce dont on essayait de le priver.

– Pardon ! Pardon ! Pardon ! Je voulais pas lui faire mal ! Je voulais pas !

– Je sais. Tout va bien maintenant. Regarde-moi.

Il plongea ses yeux dans ceux d'Azrah, noirs et doux comme ceux d'une biche, et ne les lâcha plus. Le souffle lui manquait à nouveau. Aide-moi. Aide-moi. Il ne pouvait plus dire les mots.

– Je prends tes mains. Concentre sur nos mains.

Azrah attrapa ses mains moites dans les siennes, fraîches, fermes. Ses pouces se posèrent sur le point sensible entre le pouce et l'index et décrivirent des cercles réguliers, rapides et appuyés.

– Suis les ronds, Quint. Suis les ronds. Et respire.

Il allait s'évanouir. Il allait mourir s'il ne respirait pas maintenant.

– Suis les ronds.

Il suivit les ronds.

Il allait mourir.

Il suivit les ronds.

Sa poitrine se relâcha d'un seul coup, il évacua l'air pollué de ses poumons et engloutit un nouveau bol d'oxygène, qu'il relâcha aussitôt, puis un autre, et encore un autre.

– C'est ça. C'est bien. Respire avec les ronds.

Peu à peu, il parvint à accorder sa respiration au rythme des pouces d'Azrah sur ses mains. Inspire, expire, inspire, expire. La tête lui tournait. Les cercles se firent plus lents et sans même qu'il ait à y réfléchir, son souffle ralentit également.

Lorsqu'enfin il retrouva une respiration normale, une vague d'épuisement déferla sur lui et il bascula lentement en arrière. Azrah s'allongea à côté de lui, et tout naturellement il vint se nicher dans ses bras. Elle sentait l'eau de Javel. Il s'en fichait. Il pleura doucement contre sa poitrine.

– Il ne voudra plus jamais me voir.

Dans ses cheveux, elle chuchota une longue phrase dans une langue qu'il ne connaissait pas. Puis :

– Tout va aller mieux. Tu passes la nuit dans la chambre ici. Demain, tout va bien.

Demain, tout va bien.

Le murmure d'Azrah résonnait dans ses oreilles quand il se réveilla plein d'espoir. Mais on n'était pas demain, il faisait nuit. Il s'était couché exceptionnellement tôt, aux alentours de vingt-heures trente. Dans l'intimité la plus parfaite, il avait prié pour qu'Azrah ait raison. Pour que demain tout s'arrange, qu'il soit réveillé par Jake et que tout redevienne comme avant.

Il ne devait pas être tard, la touffeur de la journée s'attardait. Quint regarda l'heure sur son téléphone : vingt-deux heures cinquante-sept. Tout semblait silencieux. Rien ne bougeait dans sa chambre. Alors pourquoi s'était-il réveillé ?

Une porte claqua, si fort que les murs tremblèrent. Quint sursauta et bondit hors du lit. Pendant un instant, il ne perçut plus rien. Et puis, en tendant un peu l'oreille, il les entendit : des voix au dehors, du côté de la terrasse. Des cris.

Le cœur battant la chamade, il tira les rideaux et ouvrit l'un de ses volets, se ménageant une ouverture juste assez grande pour distinguer ce qui se passait à la lueur des projecteurs de la piscine.

Nu comme un ver, Jake exécutait un sur-place titubant non loin du bassin. Dans la lumière blanche des lampes, il remarqua tout de suite le sang sur ses bras.

Au moins huit patchs étaient collés là et un flot ininterrompu de divagations sortait de sa bouche.

– Papa a été un vilain garçon... Papa a été vilain ! Vilain ! Il faut... chercher dans la malle. C'est dans la malle, forcément, la malle. *Capisce* ?

À quelques pas de lui, Amanda arrachait ses cheveux décoiffés par poignées. Chaque fois que Jake se détournait d'elle, elle s'approchait tout doucement de lui, pour s'immobiliser, les mains levées en signe d'apaisement dès qu'il la regardait à nouveau.

– Pour la énième fois, Jake, éloignez-vous de la piscine. Allons discuter à l'intérieur.

– Je ne veux pas discuter. Je veux... chercher dans la malle... Où est-ce qu'ils ont mis... Où est-ce que j'ai mis... Little Italy. Il devait mourir, Little Italy devait mourir !

Derrière Amanda, Azrah parlait au téléphone, trop bas pour que Quint puisse distinguer ce qu'elle disait par-delà les hurlements des deux autres.

– On ira le chercher ensemble. Mais éloignez-vous de cette putain de piscine ! Maintenant !

Jake pointa un doigt accusateur vers la jeune femme.

– Ne prends pas ton ton de Berkeley avec moi !

– Je prendrai le ton que je veux avec son altesse de la connerie, tant que vous serez saoul et défoncé ! Reculez, tout de suite !

Sans cesser de la regarder, Jake avança jusqu'à se retrouver juste au bord du bassin. Là, il s'accroupit et plongea ses yeux dans l'eau. Amanda en profita pour se rapprocher à pas mesurés.

– Amanda... Je l'ai trouvé. Il a le visage de Dieu.

– Dieu n'habite pas dans votre piscine. La seule chose que vous pouvez voir, c'est votre reflet.

– Tu n'écoutes pas ce que je dis.

Stewart débarqua sur la terrasse, demandant d'une voix encore à moitié assoupie ce qui se passait. Amanda se tourna vers lui, une fraction de seconde seulement. Une fraction de seconde de trop.

Jake bascula en avant dans un *splash* discret. Quint poussa un hurlement horrifié qui capta l'attention d'Amanda pendant un bref instant, avant qu'elle ne réalise ce qui venait de se passer.

Stewart, à présent tout à fait réveillé, sauta dans l'eau sans aucune hésitation et plongea dans une inspiration bruyante. Le silence qui suivit se répercuta contre les murs de la Baraque, projetant des pulsations sourdes et angoissées dans le vide nocturne. Agenouillées au bord de la piscine, Amanda et Azrah ne pouvaient qu'attendre fébrilement.

– Il ne va pas y arriver, gémit Amanda. Lewis !!! Lewis lève-toi, bordel !!!

Stewart refit surface dans un vacarme terrible. Un bras enroulé autour des hanches de Jake, il faisait son possible pour maintenir sa tête bringuebalante hors de l'eau.

– Plus avec nous, fit-il entre deux grognements d'effort. Trop lourd !

– Merde, merde, merde, merde ! Lewis !!!

Amanda se glissa dans l'eau et barbota maladroitement jusqu'à eux.

– Passe ton bras sous son épaule. Voilà, comme ça. Je l'ai, ça va. Lewis !!! Qu'est-ce qu'il fout ?

Ils luttèrent pendant quelques secondes avant que Lewis, en boxer, ne se précipite à grand renfort de jurons paniqués pour les aider. Dans un effort collectif, ils parvinrent enfin à tirer le corps inerte sur les pierres de la terrasse. Alors que Stewart et Amanda sortaient de l'eau à leur tour, Azrah et Lewis s'empressèrent de retirer les patchs de ses bras, faisant repartir des saignements.

– À l'intérieur. Allongez-le sur le côté, ordonna Amanda. Et rappelez le neuf-cent-onze.

Le regard perçant de la jeune femme revint se river sur Quint.

Terrifié, Quint ferma sur-le-champ la fenêtre et se réfugia sous ses draps, comme si cela allait faire la moindre différence. Impossible de défaire ce qui avait été fait. Impossible de ne plus avoir vu ce qu'il avait vu. Au moment où il se recroquevillait comme un bébé dans son lit, Jake était inconscient deux étages plus bas. Peut-être mort.

Non, pas mort. Il faisait juste une sieste. Une longue sieste du dimanche, celle dont il avait toujours du mal à se réveiller. C'était un accident bête. Ou bien avait-il volontairement surdosé ses médicaments parce que Quint lui avait fait trop de mal. Quint n'était pas stupide. Ni sourd, ni aveugle. Il n'était pas un bébé. Il savait que c'était exactement ce qui s'était passé.

Amanda, dégoulinante d'eau, manqua de défoncer la porte et le découvrit d'un geste brusque. Elle le prit par les épaules et le secoua sans douceur.

– Quint, qu'est-ce que tu as vu exactement ?

Il se rappela sans mal la politique de la maison.

– Rien. Je n'ai rien vu.

– Alors tu es un garçon vraiment intelligent, parce qu'il ne s'est rien passé. Il ne s'est rien passé du tout, tu m'entends ? Il y a eu un problème... indéterminé. Maintenant habille-toi et prends tes affaires, Lewis te ramène chez toi.

La porte claqua derrière elle. Quint renfila ses habits de la journée et descendit au pas lent d'un automate. Il ne voulait pas voir Jake de près. Et pourtant, il n'y avait pas moyen d'y échapper. Ces deux certitudes s'affrontaient un peu plus à chaque marche qu'il passait. Le chemin jusqu'au rez-de-chaussée fut interminable, comme s'il allait à contre-courant d'un escalator.

Dans le salon, Amanda était au téléphone, une vue singulièrement habituelle dans le tableau apocalyptique qui l'attendait. Jake, couché sur le côté au beau milieu de la salle, avait été recouvert d'un plaid jusqu'à la taille. Une flaque d'eau et de vomi s'étendait à côté de sa tête, et ce devait être lui qui l'avait crachée, mais il ne montrait maintenant plus aucun signe de conscience. Azrah lui

maintenait la bouche ouverte tandis que Stewart, toujours dans ses vêtements trempés, avait posé ses deux mains et son oreille contre sa poitrine, les yeux fermés pour plus de concentration.
– J'ai perdu la respiration. Mais qu'est-ce qu'ils attendent, bon sang ?
Lewis apparut dans le champ de vision de Quint, vêtu d'un survêtement, et le détourna de force de la scène. Trop tard.
Le jeune chauffeur avait perdu toutes ses manières débonnaires. Il ne fit aucune remarque quand Quint s'installa sur le siège passager et éteignit la musique sitôt qu'il eut mis le contact. L'ambulance surgit à toute allure au moment où ils quittaient la cour, baignant les graviers blancs dans la lumière éthérée des gyrophares.
Ils roulèrent un bon quart d'heure dans un silence terrible avant que Quint n'ose enfin parler, dans un murmure, comme si prononcer les mots plus haut allait les rendre plus vrais.
– Il va mourir, hein ?
– Nan, il va pas mourir. Raconte pas de conneries. C'est déjà arrivé, ça. C'est rien, c'est soigné en deux temps, trois mouvements.
– C'est déjà arrivé ?
– Ouais. C'est ses foutus patchs de... d'anti-douleur, là. C'est compliqué à doser. Alors des fois, il se trompe. Mais les docs, une fois, ils lui ont fait une piqûre et il s'est réveillé, paf, comme ça. C'est vrai. Du Narcan, ça s'appelle. C'est magique. Non, il ne va pas mourir.
– Il ne respirait plus. Peut-être qu'il va mourir quand même.
Lewis cogna un poing frustré contre le volant.
– J'en sais rien, Quint. Et franchement, j'ai pas envie d'en parler.
Quint laissa sa tête retomber contre la vitre. Jake avait tenté de le prévenir : si le garçon lui faisait du mal, il n'y survivrait pas. Et il semblait qu'il doive porter ce fardeau jusqu'à la fin de ses jours.

Taisha.

Immobile, Taisha regardait la tache de bave qui s'étalait sur son jean, juste sous la langue de Pancake. C'était un compagnon absolument adorable mais il n'avait pas la climatisation intégrée, les journées caniculaires de Pasadena lui étaient pénibles. Malgré les ventilateurs, la pauvre bête écrasée de chaleur avait tendance à se répandre partout où elle posait sa tête.
C'était le moindre des désagréments. Elle avait souvent entendu dire que les chiens possédaient un sixième sens leur permettant de réagir aux émotions des êtres humains. Aujourd'hui, le labrador ne la quittait pas d'une semelle, geignait quand elle pleurait, grimpait sur le canapé en dépit de l'interdiction, léchait son visage et posait sa tête souriante sur ses genoux, jusqu'à ce que la peur et le chagrin s'apaisent, juste un petit peu.

Un bruit provenant de la chambre de Quint les alerta tous deux. Aussitôt, Pancake se laissa glisser du canapé et sautilla jusqu'à la porte au moment ou le médecin sortait, refermant précautionneusement derrière elle. Taisha proposa une chaise à la femme d'une quarantaine d'années, qui s'y assit avec un soupir fatigué.
– Il ne m'a pas dit un mot, expliqua le docteur. Je n'ai pas tiré un seul regard ni une seule réaction de sa part. Physiquement, tout va bien. Son état est probablement d'origine traumatique. Son esprit s'est retiré dans une coquille pour échapper à... ce qui a bien pu se passer hier soir. Vous avez essayé de contacter les personnes chez qui il devait passer la nuit ?
Taisha opina, refoulant bravement ses larmes.
– Je n'arrête pas, mais ça sonne dans le vide.
– Peut-être aurez-vous plus de chance en appelant les hôpitaux. À moins que vous ne receviez rapidement des nouvelles positives, je ne suis pas très optimiste.
– Qu'est-ce que ça veut dire, exactement ?
Le visage fermé, elle gribouilla sur son bloc d'ordonnances.
– Vous allez filer à la pharmacie de garde la plus proche, leur prendre de l'oxazépam et lui en donner dès que possible. Si vous ne voyez pas d'amélioration d'ici demain matin, rendez-vous sans tarder aux urgences psychiatriques de L.A.
Après le départ du médecin, Taisha investit la chaise qu'elle avait installée au côté du lit de Quint la veille au soir. Pancake s'allongea de tout son long contre son petit maître avec un gémissement. Elle se sentait tout aussi perdue que le malheureux chien. Quint ne leur accorda pas un regard. Les yeux dans le vague, les deux mains crispées sur son oreiller, il s'était recroquevillé en position fœtale sous son drap au moment où elle l'avait déposé sur son matelas, et n'avait pas bougé d'un pouce depuis.
Elle s'apprêtait à se coucher quand il avait frappé à la porte. Elle s'attendait à tout sauf à le récupérer sur le seuil, absolument seul, pâle comme la mort elle-même, tremblant malgré la chaleur de la nuit. La voiture qui l'avait déposé était déjà repartie et ça ne ressemblait pas à Lewis, qui prenait toujours soin de vérifier que Quint rentrait bien chez lui.
– Qu'est-ce que tu fais là ? Qu'est-ce qui s'est passé ?
Deux uniques larmes, une sur chaque joue, avaient coulé de ses grands yeux dépeuplés.
– Il va mourir, avait-il murmuré. Il va mourir et ce sera ma faute.
– Qui va mourir ? Tu parles de Jake ? Quint, réponds-moi. Je ne comprends pas. Parle-moi, bon sang. Parle-moi !
Mais ses lèvres s'étaient scellées et plus rien n'avait pu l'arracher à sa torpeur, comme si son fils n'était plus présent dans son corps. Taisha avait tenté de contacter Jake et Amanda. Le téléphone de Jake était éteint, celui d'Amanda sonnait en vain.

Quint n'avait pas dormi de la nuit et par conséquent, elle non plus. Ce matin, elle avait laissé une dizaine de messages et n'avait pas été rappelée. Elle avait regardé les chaînes d'infos en continu, redoutant par-dessus tout d'entendre les nouvelles du décès de Jake, mais rien.

Les épaules affaissées, elle dévisagea les traits immobiles de Quint et lutta contre une nouvelle envie de pleurer. C'était maintenant qu'elle devait se montrer solide. Elle se pencha et caressa sa joue. Il ne tressaillit même pas.

– Tu ne peux toujours pas me parler, ma puce ?

Elle ne s'attendait plus à obtenir une réponse. Elle n'osait demander à l'une de ses voisines de surveiller Quint pendant son absence. Des questions émergeraient forcément et les rumeurs se feraient insupportables. L'hypocrisie régnait maîtresse dans le quartier. Elle avait dû constater avec une certaine amertume qu'il n'était pas si simple de s'intégrer à une communauté qui vous regardait comme *quelque chose* de différent. En dépit de tous ses efforts, elle n'avait jamais réussi à organiser ce fameux pique-nique sur la plage et devait se contenter de promenades en solitaire avec Pancake, toujours heureux d'aller dénicher des coquillages ou des mégots dans le sable.

– Je vais devoir m'absenter un petit moment, continua-t-elle en espérant qu'au moins, Quint l'entendait. Juste pour trouver de quoi t'aider. Pancake va rester avec toi, d'accord ? Il va veiller sur toi. Il adorerait que tu lui fasses un câlin, tu sais.

Quint était-il encore conscient de son environnement ? Savait-il qu'elle était là, auprès de lui ? Sentait-il la chaleur de Pancake contre lui ? Elle sortit de la chambre, le cœur au bord des lèvres.

Elle s'apprêtait à quitter la maison quand une vibration sourde l'alerta. Paniquée, elle se précipita dans la chambre de Quint, vida son sac à dos par terre et repéra immédiatement le portable qui vibrait avec insistance.

"Meilleur ami".

– Allô ? Allô ? Jake, c'est vous ?

Une voix rauque lui répondit. Altérée, certes, mais jamais elle n'aurait pu échouer à la reconnaître.

– Et de toute évidence, ce n'est pas Quint.

– Nom de Dieu, vous êtes vivant ! J'ai pensé que... Bon sang, si vous saviez la trouille que j'avais. Il faut que... Quint ! Quint, c'est Jake ! Tu m'entends, Quint ? Jake est au téléphone avec moi, il est vivant !

Pas de réaction.

– Jake ? Jake, vous devez m'expliquer ce qui s'est passé. Quint est rentré hier soir et depuis il ne bouge plus et il ne parle plus et il ne mange plus rien et je suis terrifiée, et il a dit que vous alliez mourir et qu'il était responsable, j'ai essayé de vous joindre vous ne répondiez pas, je suis complètement perdue, je n'en peux plus, je...

– Calmez-vous. Calmez-vous, s'il vous plaît. Dites-moi comment va Quint.

– Mal. Il va mal. Il ne réagit plus à rien. Le médecin dit qu'il a été traumatisé. Jake, je vais peut-être devoir l'emmener à l'hôpital. J'ai peur, je ne veux pas... Je ne veux pas lui faire ça...

Le silence au bout du fil fut si long que Taisha dut vérifier que le téléphone ne s'était pas éteint.

– Jake ? Vous êtes là ?

– Tout est ma faute, Taisha. Il y a eu un... bête accident, et Quint n'aurait pas dû voir ça. Je suis tellement désolé.

– Quel accident ?

– ... Vous vous rappelez les anti-douleurs ? Les patchs sur mes bras ? J'ai... Il peut m'arriver de me mélanger les pinceaux et de... me tromper dans la dose.

Le sang se figea dans les veines de Taisha.

– Vous avez fait une overdose ?

– C'est une description un peu extrême de la réalité. J'en avais un peu trop dans le sang. Une quantité gérable, légèrement abusive. Sauf que j'ai mis ma somnolence sur le compte de la fatigue et quand Quint a été endormi, j'ai bu un ou deux verres de whisky. Et ensuite... J'ai eu l'idée brillante de faire une promenade au clair de lune. Au bord de la piscine. J'ai frôlé la noyade, et il est possible que Quint ait cru au pire. Je suis désolé, il n'y a pas de mots pour exprimer à quel point je m'en veux.

Taisha ferma les yeux un instant.

– Je vous en prie, ne raccrochez pas.

– Pourquoi est-il persuadé que c'est sa faute, Jake ? Expliquez-moi ça.

– Je ne peux pas vous l'expliquer. Il s'est peut-être senti impuissant, il a certainement dû avoir très peur... Peut-être que si vous me laissiez lui parler...

– Comment vous vous sentez ?

– Moi ? Au meilleur de ma forme. Ils me laisseront sortir demain. Je me sentirais rassuré si je pouvais au moins parler à Quint.

– Il ne parle plus. Mon enfant ne parle plus.

– Laissez-moi au moins essayer. S'il vous plaît.

Elle l'imagina allongé sur un lit d'hôpital. Regarda son fils, allongé sur son lit.

– Je vous le passe.

Elle s'agenouilla au chevet de Quint et posa le téléphone sur l'oreille du garçon. Tout doucement, une lumière se ralluma dans le regard de son fils. Une lueur triste et épuisée, mais bien présente.

– Jake ? fit Quint d'une voix terne.

Pancake leva la tête en remuant la queue. Taisha s'affaissa sur le côté, soulagée comme jamais.

– Tu étais mort... Pardon. Pardon... Oui, je sais... C'est promis... Moi aussi. À la semaine prochaine.

Taisha porta le portable à son oreille, seulement pour constater que Jake avait déjà raccroché. Quint cligna doucement des yeux.

– J'ai faim, chuchota-t-il.

– Sandwich au beurre de cacahuètes ?

Il hocha la tête. Elle se pencha et le serra dans ses bras aussi fort que possible.

– M'man, tu me fais mal.

– C'est parce que je t'aime, ma puce. Et parfois l'amour, ça fait mal.

Jake.

Jake laissa tomber la tête sur ses oreillers en grimaçant. À la moindre inspiration, une pelletée de braises était ravivée au creux de ses poumons.

Et comme si la situation n'était pas déjà assez pénible, la personne la plus habilitée à lui tenir compagnie durant ces longues heures n'était autre qu'Amanda. Elle avait repoussé son fauteuil à roulettes dans un coin de la spacieuse chambre, le plus loin possible de lui, et pianotait sur son téléphone tout en le couvant d'un un œil défiant. Elle avait tout entendu de la conversation qui venait de se dérouler.

– Est-ce que je peux dire ce que je pense ? s'enquit-elle d'une voix tranquille.

– Depuis quand tu demandes la permission ?

– Depuis que vous avez le culot de commettre un suicide raté à la moindre contrariété.

Cela le fit rire, mais son rire se transforma aussitôt en quinte de toux qui le laissa sur le carreau.

– Vous vous êtes donné du mal. Mais le coup de la piscine, ce n'était pas prévu. Vous avez failli vous prendre à votre propre piège. Si on n'avait pas été là, vous y seriez passé, et ce n'était pas ce que vous vouliez. Ce que vous vouliez, c'était obtenir l'obéissance du gosse. Lui faire payer quelque chose et vous assurer sa docilité. Un caprice de bébé. Vous me rendez malade.

– Tu as atterri au bon endroit. Va vomir dans un autre service, j'essaie de dormir.

– Je n'ai pas fini. Moi et les autres, on peut supporter ce genre de "cascades" deux fois, trois fois. Mais nous sommes des adultes et vos employés, pas votre famille. Derrière vos beaux discours, vous le savez. Quint a dix ans. Il a tout vu. Il vous a vu tomber, il vous a vu arrêter de respirer. Et à cause de vous, moi j'ai dû lui dire de se taire. Apparemment, il a pris ça très littéralement. Est-ce que vous assumez ce que ce gamin vient de subir ? Est-ce que ça en valait vraiment la peine ?

Jake regarda ses mains. Il avait eu droit à quelques points de suture ; elles étaient à présent bandées de la base du poignet jusqu'à la dernière phalange. Il n'avait aucune idée de ce qu'il avait fait pour les abîmer de la sorte. Il se souvenait à peine de ce qui s'était passé avec Quint. Des images floues, des mots isolés lui revenaient. Un puzzle impossible à reconstituer.

En revanche, il se rappelait pourquoi il avait augmenté ses doses. Il se rappelait ce que Quint avait dit à Lewis. D'une manière ou d'une autre, une leçon marquante était nécessaire. Il avait dû faire peur à Quint, pour leur bien à tous les deux. Son seul but avait été de les protéger du reste du monde. Il ne se le reprochait pas.

– Ça en valait la peine, lâcha-t-il dans un souffle douloureux. Plus que tu ne l'imagines. Il va déjà mieux, il s'en remettra.

– En surface, peut-être. Mais vous venez d'ouvrir une plaie dont il gardera la cicatrice toute sa vie. Jake, écoutez-moi, s'il vous plaît. Si vous l'aimez, laissez-le tranquille. Vous n'êtes pas bon pour lui. Regardez les choses en face et prenez la décision qui s'impose.

– Il ne veut pas s'en aller. C'est la dernière chose dont il a envie.

– Évidemment, c'est un enfant ! Il ne se rend pas compte ! Vous vous en doutez forcément !

– À dix ans, je savais parfaitement ce que je voulais. Grandir, partir, être respecté. Quint est bien plus intelligent que je ne l'étais. Il sait exactement ce qu'il veut, il est fort.

– Pas aussi fort que vous ne l'espérez. Aucun enfant ne l'est. J'ai essayé de vous prévenir quand il était encore temps. Les premiers dégâts sont faits. Il n'est pas encore trop tard pour l'autoriser à soigner ses blessures en paix.

– Tu n'as pas la vision d'ensemble, Amanda. Quint est spécial ; pour l'instant, je suis le seul à savoir à quel point. Il a besoin de moi. Dans quelques années, tu comprendras pourquoi.

Amanda cacha sa tête entre ses mains pendant un long moment. Jake apprécia le silence. Il s'assoupissait gentiment quand elle releva des yeux secs, mais rougis et cernés de mascara.

– Alors accordez-moi une faveur et décrochez. Votre cœur finira par lâcher. Il va s'affaiblir, petit à petit, jusqu'à la dose de trop. Ce n'est pas moi qui le dis, ce sont les médecins. Je ne veux pas être là le jour où ils n'arriveront pas à vous sauver.

Jake la dévisagea longuement. Amanda avait pleuré. Il réalisa qu'il arrivait au bout de son rouleau. Elle aurait tenu cinq ans avant d'être usée jusqu'à la trame. Bientôt, elle allait le quitter. C'était une affaire de mois, de semaines peut-être.

Il était peut-être temps pour elle, mais pas pour lui. Il avait encore besoin d'elle. Entrer en cure de désintoxication était envisageable. Le problème, c'était qu'il n'était pas certain de vouloir s'arrêter.

En fait, il était même certain de ne pas vouloir s'arrêter. Il consommait depuis si longtemps qu'il ne savait même plus pourquoi il consommait. L'envie et le besoin, le désir et la peur, l'habitude et la compulsion s'entrelaçaient pour former une créature mentale informe avec qui il avait forgé une amitié de circonstances. Les limites de son imagination, c'était sa vie sans la drogue.

Il contrôlait. Et tant qu'il avait la main mise sur ce qu'il prenait, tout irait bien. Tenter le destin à chaque rail, à chaque patch ? Il lui semblait que depuis qu'il avait cessé de craindre son père, il avait cessé de craindre sa propre mort. Sur cela aussi, il avait l'intuition qu'il aurait le contrôle. Il contrôlait sa vie et contrôlerait aussi la façon dont elle prendrait fin. Ce serait un ébranlement dont on se souviendrait pour des décennies. Les plus grandes légendes mouraient en adressant un doigt d'honneur à la vieillesse. Sans doute cela se terminerait-il ainsi, pour lui aussi.

En attendant, il devait retenir Amanda aussi longtemps que possible.

– Je vais y réfléchir.

Elle parut sincèrement surprise.

– Vraiment ?

– Vraiment. Mais pas tout de suite. Tout de suite je vais dormir, parce que j'ai l'impression de me perforer un poumon à chaque mot que je prononce. Tu penses que c'est possible ?

Amanda le regarda, regarda la perfusion, les bandages, la canule, les tracés sur l'électrocardioscope qui bipait régulièrement. Son visage s'adoucit.

Elle reprit son travail sur son portable et il ferma les yeux, satisfait. Elle le laisserait tranquille pour quelques semaines au moins. Il reverrait Quint le week-end prochain, et tout serait arrangé.

La paix s'achetait parfois à un prix exorbitant.

Jake (2001).

Les rayons rasants de l'aube sur les collines de Beverly Hills transformaient la surface de la piscine en flaque rouge sang. Jake termina sa tasse de café brûlant d'une traite en contemplant la nappe de lumière qui rampait sur le monde.

Le terme était cette semaine. Il ne pouvait s'empêcher d'espérer en secret que la vague d'hémoglobine engloutissant Los Angeles dans son creux cuivré était un signe quant au déroulement des événements prochains.

Une main douce caressa son bras.

– Tu t'es levé bien tôt ce matin.

À regret, il se détourna de la baie vitrée et baissa les yeux sur sa femme. Elle sourit timidement. Son ventre énorme s'était avancé en ogive au fil des mois, comme si le fœtus s'était allongé à l'horizontale. Il formait maintenant une protubérance repoussante qui le frôlait dès qu'Aviya s'approchait de lui. Jake ne pouvait s'empêcher de tressaillir à ce contact. Au début, elle le faisait exprès pour l'obliger à réagir. Et puis un soir, il avait donné un coup de poing dedans. Une frappe insignifiante, pas destinée à décrocher le bébé ni même assez puissante pour lui faire mal. Mais elle avait compris la leçon. Depuis, elle se tenait toujours à une distance respectueuse et se gardait de pointer son appendice directement vers lui.

– J'ai une interview en ville à neuf heures, répondit-il platement.

Le sourire d'Aviya disparut et des larmes apparurent dans ses yeux.

– Arrête de me regarder comme ça. C'est insupportable.

– Comment je te regarde ?

– Avec dégoût. Il sera là dans quelques jours, Jake. Je ne te demande pas de t'occuper de lui. Mais si tu le regardes comme tu me regardes maintenant... Un enfant absorbe tout, l'amour et le reste. Il n'a rien fait pour mériter ta colère.

– Non, c'est vrai. Je te la réserverai, promis.

Une larme glissa le long des cils d'Aviya et tomba sur sa joue.

– Mrs Longfield, vous ne devriez pas rester debout comme ça ! Venez vous asseoir, je vous prépare un petit-déjeuner consistant.

Tout juste levé, Stewart fonça en direction de la cuisine. Aussitôt, Jake plaqua un sourire sur son visage, passa une main tendre dans les cheveux auburn de son épouse et déposa un baiser léger sur la larme qui salissait sa peau. Goût de sel sur ses lèvres.

– Stewart a raison, ma chérie, dit-il tout haut pour être entendu. Ne tente pas le diable, va t'asseoir.

Ils avaient un accord tacite pour préserver les apparences en dehors de leur couple. Personne ne connaissait la vérité aux traits grotesques sous le masque sans aspérités.

– Si proche du terme, je ne veux pas vous voir faire autre chose que paresser, insista l'intendant. Asseyez-vous ou je vous ferai asseoir.

Aviya finit par obéir et s'installa à la table à manger.

– Vous savez que le bébé ne va pas glisser tout seul si je me tiens à la verticale, Stewart.

– S'il est aussi pressé de dévorer la vie que son papa, on ne sait jamais ce qui pourrait se passer.

Jake s'isola mentalement de leurs jacasseries agaçantes. Il n'avait pas l'énergie pour les encaisser de si bon matin. Surtout, il n'encaissait pas d'être appelé "papa". Avant même de savoir écrire son nom, il avait décidé qu'il ne serait pas père, alors personne ne lui forcerait la main. Aviya aurait beau mettre au monde l'enfant le plus merveilleux qu'on puisse imaginer, il avait beau avoir la certitude que le petit garçon attendu était bien de lui, ça ne ferait pas de lui son père pour autant. Il avait perdu contre elle maintes batailles ; il ne la laisserait pas gagner la guerre.

La grossesse d'Aviya avait été la première fois depuis très, très longtemps qu'il avait été pris en traître. Il n'avait pas vu venir le coup et avait donc échoué à l'esquiver.

Jake et Aviya s'étaient rencontrés trois ans auparavant, à une soirée de récolte de fonds pour une association qui venait en aide aux enfants malades. Jake en était le parrain et la principale figure médiatique et à ce titre, il tenait le rôle de maître de cérémonie au gala annuel à Los Angeles.

Cette année-là, Me David Johnson, un éminent avocat new-yorkais à la tête de plusieurs cabinets, s'était propulsé en tête des bienfaiteurs avec une donation record de plusieurs millions de dollars. Naturellement, ils avaient été placés à la même table et c'était avec lui que Jake avait passé la majeure partie de la soirée. Assise à côté de lui se trouvait Aviya, sa ravissante fille, qui l'avait dévoré du regard pendant des heures sans se cacher le moins du monde, jusqu'à l'embarrasser devant papa-maman. De sept ans sa cadette, rayonnante de jeunesse, elle n'en était pas moins cultivée, moteur de conversation et possédait un sens de la répartie qui n'avait pas grand-chose à envier au sien. De la bouche de son père fier comme un coq, Jake avait appris qu'elle serait bientôt diplômée de l'université de Columbia. Elle était charmante. Belle, charmante et entreprenante, si bien que Jake s'était mis à réfléchir intensément à la façon dont il pourrait la soustraire à la surveillance intimidante de ses parents pour coucher avec elle.

Elle avait pris les devants. Un peu avant minuit, tous les autres étant allés danser, ils s'étaient retrouvés seuls à table. Il avait engagé une discussion qu'il voulait courtoise.

– Votre père a dit que vous alliez être diplômée de Columbia, mais il n'a pas dit de quoi.

– De droit, bien entendu. Quoi d'autre ? C'est l'ambition de mon père que je devienne l'une de ses associées. Johnson and Johnson, ça fait rêver, non ?

– Ce n'est pas votre rêve, visiblement.

– J'écris des scénarios. Je ne les ai jamais fait lire jusqu'ici, mais je sais que ma place n'est pas dans un cabinet d'avocats. Je voudrais écrire pour Hollywood.

Il s'était penché vers elle.

– Vous avez piqué ma curiosité. Vous devez absolument me montrer ces scripts.

Elle s'était penchée à son tour, dévoilant un décolleté pigeonnant, et avait murmuré à son oreille :

– Montrez-moi les vôtres et je vous montrerai les miens.

Son pied était sorti de son escarpin et caressait sa cuisse sous la table sans aucune équivoque.

– Mes scénarios ne sont pas à la portée de tout le monde, avait-il répondu le souffle court. Ils exigent... beaucoup d'ouverture.

– Donnez-moi une chance.

Il ignorait comment elle s'était débrouillée mais en moins de cinq minutes, ils avaient échappé aux regards scrutateurs de Mr and Mrs Johnson et ils baisaient comme des animaux dans les toilettes.

Jake avait laissé leur relation suivre son cours naturel, contrairement à son habitude. Ils prenaient l'avion chacun leur tour entre New-York et Los Angeles et se voyaient officiellement pour des sessions de travail sur l'écriture d'un script, alors même qu'elle sortait major de sa promotion, à l'indicible enchantement des parents. Cela avait duré un peu plus d'un an, puis Aviya avait débarqué à Los Angeles sur un coup de tête pour ne plus jamais en partir. Elle ne supportait plus le secret de leur couple et avait demandé – exigé, plutôt – qu'il se décide à l'épouser.

À sa propre surprise, Jake avait constaté que l'idée de se mettre à la colle avec elle ne le dérangeait pas plus que ça. Elle était amoureuse de lui, furieusement, désespérément. Il n'était pas épris d'elle, mais elle était persuadée du contraire et c'était ce qui importait. Ils avaient trouvé un alter ego l'un en l'autre, ils s'admiraient et se respectaient, elle était inconnue de la presse et surtout, elle n'était pas repoussée, en fait à peine intriguée et plutôt émoustillée par sa sexualité particulière. Elle ne posait pas de questions. Une perle rare, en somme.

Après une cérémonie en toute intimité, Jake avait vendu son *condo* de célibataire et ils s'étaient installés dans le manoir de Beverly Hills. Pendant bon nombre de mois, ils avaient vécu dans une entente irréprochable. Au fil des années, il s'était fait à l'idée qu'il ne tomberait plus jamais amoureux comme il avait été amoureux d'Al. Mais ce qu'il entretenait avec Aviya était aussi proche du bonheur qu'il pensait pouvoir l'être.

Jusqu'à ce jour d'été deux-mille où il avait reçu l'appel d'un Mr Johnson aux anges, le submergeant sous une marée de félicitations et remerciements pour avoir comblé son désir de voir la famille s'agrandir. Jake avait fait illusion : il était au courant, bien sûr, et au comble de la joie. Après avoir raccroché, il était allé voir Aviya qui se prélassait sur un transat, au bord de la piscine.

Surgi de sa colère, le vide avait envahi sa poitrine. Ce vide qui le rendait capable de tout. Elle n'avait pas paru très repentante.

– Je n'ai pas trouvé la bonne occasion pour te le dire. Enfin, tu sais maintenant. C'est une merveilleuse nouvelle, non ?

Ils n'avaient jamais parlé d'enfants. En ce qui concernait Jake, ce n'était pas un sujet. Il avait considéré que puisqu'Aviya ne parlait pas de cette envie, ça n'en était pas un pour elle.

En effet, elle ne lui avait parlé de rien. Dans son dos, elle avait cessé sa contraception et lui demandait d'en assumer les conséquences. Soudain, son corps naguère magnifique le dégoûtait. Il rêvait d'ouvrir son ventre sur toute sa largeur et d'en arracher l'embryon qui s'était développé sans lui demander son avis ; un parasite qui s'apprêtait à lui sucer le sang pour le reste de son existence.

– Ce n'est pas une nouvelle du tout, avait-il assené sans perdre son sang-froid. Je vais te prendre rendez-vous dans une clinique. On dira à tes parents que tu l'as perdu.

Aviya avait mis un moment à digérer ce qu'elle entendait.

– Si tu ne voulais pas d'enfant, il fallait me le dire avant. Je ne t'aurais pas épousé.

– Si tu en voulais, il fallait me le dire avant. J'aurais fait une vasectomie.

– Jake, je ne m'en débarrasserai pas. Je ne vais pas avorter pour ton bon plaisir.

Il avait pensé lui écraser le ventre jusqu'à expulser l'intrus dans une douche de sang. Mais ça laisserait forcément des traces.

– Si tu décides de le garder, je te fous dehors. Et tu peux te mettre la pension alimentaire où je pense, ma belle. Je dirai qu'il n'est pas de moi.

Aviya s'était levée de son transat et l'avait affronté avec une détermination féroce.

– Tu oublies à qui tu parles. Mon père est l'avocat le plus puissant de la Côte Est. Il t'assassinera, il te mettra sur la paille. Tu seras humilié devant un tribunal, forcé de cracher un montant de fric que tu n'imagines même pas dans tes pires cauchemars. Oh, et j'aurai des tas de choses à dire à la presse que tu préférerais ne pas voir sortir. C'est vraiment ce que tu veux ?

L'étendue du piège dans lequel il s'était laissé enfermer commençait seulement à lui apparaître clairement. Il s'était promis de ne plus jamais perdre le contrôle. En attendant, il devait s'occuper de la personne face à lui, qui venait de basculer du statut de femme docile à celui de méprisable maître-chanteur.

Il ne pouvait pas la frapper, ce serait signer son arrêt de mort. Mais il pouvait la terroriser, sans qu'il soit possible de prouver qu'il l'avait fait. Il se trouvait qu'Aviya était sévèrement aquaphobe depuis qu'elle avait manqué de se noyer dans la piscine familiale à l'âge de six ans. Elle n'entrait jamais dans la leur et par bonheur, n'avait jamais appris à nager.

Jake avait empoigné Aviya par les cheveux et l'avait balancée dans la partie la plus profonde du bassin. Il l'avait laissée se débattre une vingtaine de secondes, incapable d'appeler à l'aide, ses membres s'agitant dans tous les sens sans coordination, sa tête faisant des saluts sous la surface. Puis il l'avait soulevée par le bras, lui laissant l'opportunité de reprendre un souffle terrifié.

– Sors-moi de là. Sors-moi de là, pitié.

– Promets-moi d'avorter.

– Va te faire foutre.

Il l'avait lâchée à nouveau et contemplé ses efforts vains pour se maintenir à flot. Cette fois, il avait patienté jusqu'à ce qu'elle ait bu une bonne tasse avant de la stabiliser.

– Tu vas avorter ?

Aviya pleurait et toussait. Incapable de parler, elle avait hoché la tête. Il avait pris rendez-vous à la clinique pour le jour même. L'après-midi venu, elle lui avait échappé. Aviya s'était réfugiée chez l'une de ses puissantes amies, Selma D, que Jake lui-même lui avait présentée. Impuissant, il ne s'était jamais autant détesté que ce jour-là. Elle était revenue, le sourire aux lèvres, le lendemain de l'expiration du délai légal d'avortement, refermant son filet sur lui.

Depuis, ils n'étaient mari et femme qu'aux yeux des autres. Leur chambre ne serait jamais assez spacieuse à leur goût pour s'abriter des frôlements de leurs corps. Chaque fois qu'elle posait les yeux sur lui, elle se rappelait que l'homme merveilleux qu'elle avait épousé s'était révélé être un sociopathe sans aucun scrupule. Chaque fois qu'il posait les yeux sur elle, il se rappelait la conspiration et la chose à naître qui allait bientôt vagir, chier et demander de l'amour sous son toit, squatteur ignoble de sa vie.

– Monsieur, le téléphone pour vous.

Stewart le fit émerger de ses sombres réflexions.

– Un certain Laurence Sebastiani. Il dit être un ami de longue date. Vous reprendrez un café ?

Le cœur de Jake manqua un battement.

C'était impossible. Ce nom était mort. Cet homme – ces hommes étaient morts. Il avait pris soin d'effacer les traces derrière lui, il n'y avait pas moyen de retracer leur existence à la sienne. Impossible... À moins que...

– Je ne connais pas de Laurence Sebastiani, murmura-t-il.

– Dans ce cas, je lui dirai que c'est une erreur. Un café, Mr Longfield ?

– Non, merci.

Il confia sa tasse vide à Stewart, mais alors que l'intendant s'apprêtait à refouler l'homme à l'autre bout du fil, il se rétracta.

– Attends une minute. Il s'appelait Lorenzo à l'époque. Passe-le moi.

Haussant les épaules, Stewart lui laissa le combiné. Injectant un enthousiasme de façade dans sa voix, il s'exclama :

– C'est toi, Lorenzo ? Je te pensais mort !

Aviya haussa un sourcil, peu ébranlée par la plaisanterie. Elle ne pouvait pas deviner qu'il n'avait jamais été aussi sérieux.

– Je sais ce que tu pensais, Larry. Mais ton vieux papa est plus solide qu'il n'y paraît.

– C'est une surprise de t'entendre. Juste une seconde, je m'isole un peu.

Jake passa sur la terrasse et referma précautionneusement la baie vitrée derrière lui. La fraîcheur d'un point du jour en avril le fit frissonner. À moins que ce ne soit d'entendre la voix de Laurence, près de quinze ans après l'avoir laissé pour mort sur le plancher de leur bicoque misérable.

– La dernière fois que je t'ai vu, lâcha-t-il d'une voix beaucoup moins enjouée, tu avais la nuque défoncée. Comment tu as pu t'en sortir ?

– Quelqu'un a prévenu les secours, je suppose que c'était toi, sinon qui ? Mais je ne m'en suis pas sorti indemne, Larry. Tu as fait beaucoup de dégâts.

– Dans mon souvenir, il ne restait pas grand-chose à faire. La bouteille s'était chargée du plus gros.

– Ta gueule, petit bâtard. Tu n'imagines pas ce que j'endure chaque jour à cause de toi. Cloué dans un fauteuil. Je peux encore respirer seul, c'est à peu près tout ce qui fonctionne. Tout ce qu'ils m'ont dégoté pour m'aider, c'est un putain de macaque. Un Negro vient tous les jours pour me faire bouffer, me laver et m'aider à pisser et chier. Tu comprends ?

Le destin n'était pas si chien que ça. Il n'avait pas tué cette ordure : c'était encore mieux.

– Comment tu m'as retrouvé ?

– Oh, ça... J'y ai cru longtemps, à ta pièce de théâtre au bord du pont, comme tout le monde. Tu sais que tu as une croix ici, à Highland Park ? Laurence Jacob Sebastiani, fils bien-aimé. Je n'étais pas mécontent, tu me diras. Je ne sors plus, alors pendant onze ans, je n'ai pas croisé ta sale petite gueule. Et puis un jour, un de tes films est passé à la télé. Tu n'as pas changé d'un poil de bite. Tu as réussi, pas vrai ? Jake Longfield mène la grande vie. Je me demande qui tu as dû sucer pour grimper aussi haut. T'étais un suceur de première classe. Une petite bouche de paradis. T'as dû en gober, pour arriver jusque là.

Les mots fendirent sa carapace et creusèrent, se glissèrent sous toutes les couches de protection successives pour déchirer le petit garçon réfugié tout au fond. Il respira profondément, les empoigna et les éjecta hors de son armure.

– Comment tu as obtenu ce numéro, Laurence ?

– T'es pas le seul baratineur de la famille, figure-toi.

– Pourquoi maintenant ? C'est quoi, ton plan ?

– J'ai pensé contacter tous les journaux que je connaissais, leur dire qui tu étais. Un imposteur, un petit white trash *coupable de tentative de meurtre. Et puis quelque chose m'a retenu. Je me suis dit que si je prenais mon mal en patience, si j'attendais que tu sois vraiment au sommet de ta gloire... La chute n'en serait que plus dure.*

– Tu as une si piètre opinion de moi. Le sommet est encore loin, et ce n'est pas toi qui m'arrêteras.

– Ça, c'est à toi de voir. Mon fauteuil commence à déconner et je suis à sec. Medicare ne m'en repaiera pas un.

Le jeune homme se permit de rire. C'était évidemment à propos d'argent. Qu'est-ce qui ne l'était pas, une fois que l'on atteignait son altitude ?

– Combien tu veux ?

– Un million en cash. Ou bien je balance tout à la presse, et je rigole pas avec ça. Eux aussi me paieraient cher pour les informations que j'ai.

– Un million et c'est terminé. Tu ne me recontactes plus jamais. *Capisce ?*

– Capisce. *On a un deal.*

– L'argent sera là dans deux jours, trois au max.

Il raccrocha sans attendre sa réponse. Il n'avait aucune intention de lui céder le moindre centime. La parole d'un homme tel que Laurence n'en valait pas un. Sitôt qu'il aurait la main sur son million, il accomplirait sa vengeance et s'en mettrait plein les poches au passage. Non, Jake irait lui-même distribuer à "Lorenzo" le bénéfice de ses actes passés, et ce ne serait pas une valise de billets.

Il était temps de clore le chapitre resté ouvert quinze ans plus tôt. Plus question d'accident, il ne

laisserait pas de place au hasard.
Jake rentra dans la cuisine où sa femme terminait son petit-déjeuner, alanguie sur sa chaise.
– Qu'est-ce qu'il voulait, cet ami d'enfance ? s'enquit-elle un peu trop curieusement à son goût.
– Me prévenir qu'une vieille tante du côté de ma mère vient de décéder. Je suis le dernier héritier. Il faut régler les frais de funérailles, signer des tas de papiers chez le notaire... Pas le choix, il faut que j'y aille.
– Que tu ailles où ?
– Où, à ton avis ? Lima, Ohio. Charmante ville de ma naissance. Je serai parti cinq ou six jours.
Aviya déposa son verre de jus de fruit avec tant de brutalité qu'elle en renversa la moitié sur la table. Aussitôt, Stewart fut à ses côtés pour éponger les dégâts.
– Tu vas manquer l'accouchement.
– Je ne t'aurais pas été d'une grande aide, trésor. Pas fan du sang et de la violence.
– Pourquoi ne pas prendre l'avion, comme tout le monde ?
– Wyatt a la phobie des avions.
– Ça ne l'a jamais empêché de t'y suivre.
– Ça suffit, Aviya. Tu n'es pas la première à passer par là, ne fais pas l'enfant. Ou devrais-je dire, ne fais pas d'enfant ?
La jeune femme se leva dans un grand raclement de chaise et se précipita dans les escaliers, camouflant ses larmes derrière ses mains. Stewart commença à débarrasser la table en silence, indiquant très subtilement sa désapprobation.
– Toutes mes condoléances, monsieur.
– Pour ?
– Votre tante, Mr Longfield.
Ils partirent à deux voitures, Wyatt et Jake dans l'Explorer de Longfield et les trois larbins dans un Hummer qui les suivait de près. C'était la dernière fois, il l'espérait, qu'il les accompagnerait dans une quelconque mission. Il leur avait promis soixante-mille chacun à leur retour ; en échange, aucune question ne devait être posée.
Lui-même avait enfilé une casquette, des vêtements passe-partout et retiré ses lunettes. S'il baissait la tête, on aurait du mal à reconnaître Jake Longfield. Il était plus préoccupé par les personnes en mesure de reconnaître Laurence J. Sebastiani.
Ils parvinrent à Highland Park le lendemain soir et se garèrent à une centaine de mètres de la maison. La nuit était fraîche, peu de monde lambinait dans la rue ; même les jeunes avaient préféré rentrer, ceux qui avaient du chauffage chez leurs parents en tout cas. Ils attendirent une demi-heure qu'un petit point de deal se disperse avant de profiter de l'obscurité pour se glisser jusqu'à la

résidence de Lorenzo. Ce fut une question de secondes pour qu'Alonso crochète la serrure, et les cinq hommes s'introduisirent sans bruit.

Jake enfila ses gants et chercha l'interrupteur là où ses souvenirs le plaçaient. La pièce principale s'illumina et il se demanda s'il avait bien investi la bonne maison : sol propre, murs presque salubres et une utilisation de l'espace optimale, laissant la place à un fauteuil de circuler n'importe où. Tout était rangé et à sa place. Des parois avaient été cassées pour agrandir les portes. Tout cela avait dû coûter bien cher au contribuable.

– Qui est là ? grogna une voix fatiguée. Trayvon, c'est toi ? Tu as oublié quelque chose ?

La télévision avait été mise à plein volume, le vieux devenait sourd. Cela l'arrangeait, les murs étaient fins dans le quartier. Il poussa la porte de la chambre entrouverte.

Laurence gisait au milieu de son lit double. Ses yeux, rendus vitreux par l'alcoolisme, étaient fixés sur un vieux western qu'il ne regardait pas vraiment. Il avait rasé sa moustache et quelqu'un qui n'avait visiblement pas son diplôme de coiffeur entretenait sa coupe de cheveux. Il était obèse désormais, et ridé comme un pruneau. Sentant la mort avant l'heure. Cela dit, il n'avait jamais eu l'air aussi soigné. Prévenant, l'auxiliaire de vie avait déposé l'interrupteur de sa table de chevet dans sa main droite et la télécommande dans l'autre. Un masque à oxygène relié à un respirateur de nuit était ajusté sur son visage. À côté du lit se trouvait un imposant fauteuil électrique à la batterie branchée sur la prise la plus proche.

– Bonsoir, Laurence, le salua Jake d'un ton détendu.

– Larry Junior. Je ne m'attendais pas à te voir en personne.

– Une petite réunion familiale s'imposait. Il y a eu du changement ici, en bien. À croire que j'aurais dû te briser la colonne vertébrale beaucoup plus tôt.

– Assez discuté, je veux mon fric.

– Laurence. Tu as sincèrement cru qu'on allait t'apporter une valise d'un million de dollars, juste comme ça ? Comment comptais-tu justifier ce soudain apport ? La loterie ?

– Qu'est-ce que ça peut te foutre ? Tu sais ce qui arrivera si tu ne me paies pas.

– Absolument. Il n'y a pas d'argent. Il n'y a que toi, moi et quelques amis qui vont nous aider à régler nos affaires. Jimmy ! Omar !

Il puisa une énorme satisfaction à voir l'air renfrogné de Laurence se métamorphoser en peur incontrôlable. Le vieux saurait enfin ce que ça faisait de se pisser dessus de trouille quand on était sans défense.

– Qu'est-ce que tu veux ? Avec qui tu es ? Laisse-moi tranquille !

Jimmy et Omar s'enfilèrent dans la chambre et posèrent un regard insensible sur Laurence.

– Mettez donc ce bon monsieur dans son fauteuil. N'ayez pas peur, il ne devrait pas vous résister.

Lorsque les deux gaillards soulevèrent la couette, Jake laissa échapper un bref éclat de rire. Il ne pensait pas avoir visé aussi juste : Laurence venait bel et bien de souiller son pyjama. Même à deux et avec leurs fortes carrures, Omar et Jimmy en bavèrent pour soulever le corps inerte du vieil homme et l'asseoir dans son fauteuil, dans lequel ils le maintinrent à l'aide de sangles. Aussitôt qu'il fut redressé, Laurence se mit à hurler.

– Au secours ! Au secours ! À l'aide !

Jake lui retira son masque et lui assena une gifle violente, qui le fit taire sans plus de discussion. Laurence se mit à pleurer comme un bambin.

– Je ne veux pas être excessivement brutal, expliqua calmement Jake. Mais ça implique que tu coopères, d'accord ? Pas de cris. Je t'ai assez entendu crier pour le reste de ma vie.

Le père avait été soumis. Le fils fit signe à ses hommes.

– Mettez la main sur les albums photos, tout ce qui ressemble de près ou de loin à un acte de naissance, un livret de famille... Cassez ce que vous voulez, mais gardez vos gants.

Alors que les bruits de l'opération leur parvenaient, Jake se pencha sur Laurence, obligé d'avaler sa morve faute de pouvoir l'essuyer.

– Tu vas avoir un petit-fils. Demain, après-demain. C'est un signe, non ?

– Un signe de quoi ?

– Que dit l'adage ? Une étoile qui s'éteint, une autre qui s'allume.

Les pleurs de Laurence redoublèrent.

– Ne me fais pas de mal. Je t'en supplie. Je retire tout ce que j'ai dit. Je ne raconterai jamais rien à personne, je ne veux pas de ton fric. On s'oublie, d'accord ?

– C'est un premier pas. Arrête de pleurer.

Il ré-enclencha la batterie du fauteuil et éteignit la lampe de chevet.

– Viens avec moi.

Laurence poussa le joystick de sa console et le suivit dans la pièce principale. Pendant un instant, ils observèrent l'équipe retourner chaque recoin, chaque placard, chaque tiroir.

– Ils vont trouver ce qu'ils cherchent à un moment ou à un autre, dit Jake. On serait partis plus vite si tu nous indiquais tout de suite où tu as mis les documents qui me concernent. Tu augmenterais aussi tes chances de sortir entier de ce merdier. Réfléchis bien.

Laurence n'eut pas à réfléchir longtemps.

– La malle de ton grand-père, dans ta chambre. Tout est dedans.

– Sans rire, tu as gardé cette antiquité ? Je t'aurais imaginé la mettre aux enchères. Si tu avais gagné un dollar à chaque fois que je m'en suis servi pour bloquer ma porte, tu n'aurais pas besoin de mon million. Alonso ! Tu trouveras une malle des années trente dans la chambre d'enfant. Prends tout ce

qu'il y a à l'intérieur.
Jake tira une chaise et s'assit lourdement face à Laurence. La fatigue du voyage se faisait sentir.
– Tu te souviens quand je rentrais encore dedans ? Je m'y cachais. La plupart du temps, tu étais trop saoul pour avoir le réflexe de m'y chercher. Et puis un jour, je me suis enfermé dedans comme un con. J'avais cinq ans, après tout. J'aurais suffoqué à l'intérieur si Celeste ne m'avait pas ouvert.
– Je ne me souviens pas.
– Cela fait presque trente ans. L'alcool a fait s'évaporer bien des choses sous ton crâne. J'étais tellement petit, si petit que tu aurais pu m'écraser la tête sous ta chaussure sans même t'en rendre compte. Tu te souviens comment m'appelaient les gamins du quartier ?
– Little Italy.
– Tu vois, tu n'as pas tout oublié. J'ai fait des recherches sur les enfants qui ne grandissent pas. Tu savais que l'hormone de croissance est produite en grande quantité pendant les phases de sommeil profond ? Des scientifiques ont découvert que les enfants maltraités ou traumatisés sont particulièrement sujets au retard de croissance. Tu comprends pourquoi ?
Laurence n'avait pas cessé de pleurer. Il secoua la tête.
– Parce qu'ils sont toujours sur leurs gardes. Ils ne dorment pas, pas assez profondément pour produire cette hormone qui les fait pousser. Fascinant. Au fond, je devrais te remercier. L'instinct de survie que j'ai développé grâce à toi, c'est encore lui qui te fait la misère aujourd'hui.
Alonso ressortit de son ancienne chambre, brandissant un paquet de documents.
– Prenez tout et partez, sanglota Lorenzo. Pitié. Tu as tout ce que tu veux. Promis, je ne dirai rien. Tu peux partir.
– Ils vont continuer à fouiller pour être sûrs que tu ne m'as rien dissimulé. Peut-être qu'une boisson t'aiderait à patienter. Tu veux quelque chose ?
Laurence hésita un instant, puis marmonna :
– Une bière.
Jake éclata de rire.
– Bon Dieu, tu n'as pas changé. Tu es capable de prendre une canette et l'ouvrir sans aide ?
– Non.
– Ah. Alors je crains qu'une bière ne soit hors de question. Un verre d'eau, pour compenser toute celle que tu as perdue depuis notre arrivée ?
Sans attendre de réponse, il alla se saisir d'un verre encore intact et le remplit au robinet. L'épuisement faisait craquer ses os et vagabonder son esprit. Il porta le verre aux lèvres de Laurence pour lui permettre de boire tout son soûl, puis il sortit sa fiole de cocaïne du revers de sa veste et sniffa une trace sur le dos de sa main.

– Que deviennent nos voisins ? demanda-t-il à Laurence, par association d'idées. Marcus et Travis. Comment se porte le business ?

Laurence lui coula un regard mauvais.

– Marcus fait des allers-et-retours en prison. Il est hors jeu, il s'est fait remplacer. Son frère a été descendu comme un chien il y a huit ans. Bon débarras, si on me demande mon avis.

– Je trouve ça triste. Mais on se trace son propre chemin, hein ? Et généralement, on finit par creuser sa propre tombe. Ton auxiliaire de vie a l'air de faire du bon boulot, non ?

– Trayvon ? Un repris de justice, comme les autres. Un de ces types que cet abruti de Coach Mosley a soi-disant "récupérés". Comment on inculque à des bêtes sauvages un comportement civique en leur apprenant à se battre ? Il n'y a qu'à voir ce qu'il a fait de toi.

– Tu as toujours été si plein de haine. Ça t'a pourri de l'intérieur. Tu n'es plus capable de ressentir autre chose.

– Parce que tu te crois un exemple ? Toi... Toi tu es un monstre, Larry.

– Les monstres n'existent pas. Les monstres sont une invention des adultes pour faire peur aux gosses, sois sage ou le croque-mitaine viendra te chercher. Je ne suis pas un monstre, papa. Je ne suis que l'homme que tu as contribué à créer.

Laurence se fendit d'une plainte d'enfant capricieux qui, l'espace d'un instant, les immobilisa tous.

– Je suis désolé ! Tu m'entends ? Je te demande pardon ! C'est ça que tu veux, pas vrai ? Je suis désolé pour ce que je t'ai fait subir.

– Là, ça devient intéressant. Tu es désolé de ne jamais avoir été là pour me défendre ?

– Oui.

– De m'avoir fait croire que j'étais responsable de ce qui m'arrivait ?

– Oui, oui.

– Tu es désolé de m'avoir insulté, humilié, terrorisé ? Tu es désolé pour les gifles, les coups de poing, les coups de pied, les bleus, les fractures, les brûlures de cigarette, les...

– Oui ! Je suis désolé !

– Je n'ai pas fini. Tu es désolé pour Celeste ?

– Oui.

– Tu es désolé pour les "excuses" aussi, je suppose ? Pour toutes les branlettes et les pipes, pour le foutre sur mon visage, pour les fois où tu m'as enculé jusqu'à me déchirer, où tu m'as écrasé avec tout le poids de ton corps, où tu as étouffé mes hurlements dans l'oreiller pour ne pas entendre la souffrance que tu...

– Oui ! Oui ! Oui, je te demande pardon, Larry. Je te demande pardon pour tout ça. Je suis désolé. Ce qui est fait est fait. Je le regrette.

– Est-ce que tu regrettes de m'avoir privé du bonheur d'être père ?

Il y eut un long silence. Jake savait que ses hommes avaient tout écouté. Laurence secoua la tête.

– Tu ne peux pas me mettre ça sur le dos. Tu ne peux pas te dédouaner de tous tes travers. On se trace son propre chemin, c'est toi-même qui l'as dit. Si c'est pour ça que tu es venu, je dois te décevoir, fiston.

– Oh, Laurence, tu étais bien parti. J'étais à ça de changer d'avis sur le sort qui t'est réservé.

– On a fait le tour, boss, intervint Wyatt à point nommé. On a ce qu'il faut.

Jake contempla le visage rouge et tremblotant de Laurence Sebastiani, qu'il croyait avoir banni quinze ans auparavant. Il chercha en silence, chercha la moindre raison, le moindre scrupule, le moindre regret qui pourrait l'arrêter sur le chemin qu'il avait tracé.

Il répugnait franchement à se salir. Un instant, il considéra l'idée d'aller au plus simple : demander à Alonso de se charger du vieux à la lame de son cran d'arrêt. Il estimait néanmoins que c'était son devoir d'appuyer sur le bouton. Ça ne se reproduirait pas. Mais c'était à lui de terminer ce qu'il avait commencé.

– Alonso, ton couteau. Allez m'attendre aux voitures.

– Ne fais pas ça, Larry. Je t'en supplie. Je t'en supplie.

– Laurence, on se creuse sa propre tombe. Tu n'aurais jamais eu l'occasion de dépenser ce million de dollars. Ton corps est un sarcophage périssable. Il est temps.

Il attendit patiemment que les quatre lascars soient partis, puis retira sa veste et ajusta ses gants. Pendant plusieurs minutes, Laurence ne fit que sangloter encore et encore, et il le laissa faire.

– Larry... Promets-moi que ce sera sans douleur.

Il sourit au vieil homme qui le regardait à travers une brume de larmes.

– Ferme les yeux et respire profondément. Au mieux, ce sera un rêve sans fin. Au pire, tu ne te rendras pas compte du pire. Au revoir, papa.

Sans un regard en arrière, il se faufila dehors et retourna à la voiture à petites foulées. Wyatt l'attendait au volant ; il avait mis le chauffage, éteint la radio et ne fit aucun commentaire sur ce qui venait de se passer, comme le stipulait son contrat. Jake retira ses gants et son tee-shirt maculés de sang et passa un polo neuf.

– On repart tout de suite ? demanda Wyatt sans émotion.

– On a encore un arrêt à faire. Démarre, je te guide.

Ils arrivèrent dix minutes plus tard aux abords de la salle du Coach Mosley. Lorsque les cinq hommes furent rassemblés près de la porte, Jake répondit brièvement aux regards interrogateurs.

– Profil bas, nous ne cherchons pas les problèmes. Les gars ici ne rigolent pas. Mettez-vous dans un coin et à moins que quelque chose dégénère, attendez-moi.

À l'exception de quelques équipements remplacés par du matériel neuf, la salle n'avait pas changé. Elle était en revanche beaucoup plus fréquentée que dans son souvenir. Près d'une trentaine de personnes s'entraînait ici malgré l'heure tardive. Il repéra sans difficulté le coach appuyé contre le ring, qui transmettait ses consignes à l'un de ses poulains en plein sparring.

Jake se contenta de flâner près de la porte du bureau de Mosley. Il ne fallut pas longtemps pour que certains s'étonnent de la présence de cinq étrangers aux visages peu commodes. Alerté, le patron aboya quelques ordres et se dirigea vers eux d'un pas vif. Allure qui ralentit considérablement quand il parut comprendre à qui il avait affaire.

Joe n'avait pas vraiment changé, à l'image de sa salle. Sa barbe grisonnait, mais son visage était toujours chargé de jeunesse, son corps entraîné, son regard pénétrant.

– Je peux vous aider, messieurs ? demanda-t-il d'un ton qui se voulait affable.

S'il avait bien reconnu Jake, il ne laissa rien transparaître. Celui-ci s'empressa de donner le change.

– Je cherche un certain Coach Mosley. C'est vous ?

– Pour vous servir.

– J'aurais besoin de vous parler en privé, quelques minutes. C'est possible ?

– D'accord, mais je ne veux pas de grabuge avec vos gorilles. Suivez-moi.

Il déchargea Wyatt du sac sur lequel il veillait et s'enferma avec Mosley, qui s'assit aussitôt et croisa les pieds sur son bureau, feignant une détente que la tension dans son corps détrompait. Jake remarqua qu'il ne lui offrait pas de chaise et sourit. C'était le jeu.

– Vous me reconnaissez, n'est-ce pas ?

– Bien sûr. Je devrais être aveugle pour ne pas vous reconnaître.

Joe laissa un sourire crispé fendre sa barbe. Ses yeux étincelaient.

– Vous êtes Jake Longfield. J'ai vu la plupart de vos films. Super travail. Je les adore.

– C'est gentil.

– Évidemment, ça ne me dit pas ce que vous faites à Highland Park, Michigan en pleine nuit, ni pourquoi vous demandez à me voir. Vous êtes bien loin des hauteurs de Hollywood ici, mon ami.

– Cette salle, elle marche bien ? On m'a dit que vous entraînez pas mal de... personnes à problèmes.

– C'est exact. Ils trouvent ici le cadre qu'on ne leur a jamais donné. Il vaut mieux évacuer sa colère sur un punching-ball que sur quelqu'un dans la rue. Vous ne trouvez pas ?

– Et ça fonctionne ?

Joe croisa lentement les bras sur sa poitrine. Son regard intense ne quittait pas celui de Jake.

– Bien sûr, il y en a qu'on ne peut jamais récupérer. Mais en dix-huit ans, ça n'a été que des exceptions qui confirment la règle.

– Je vois. Vous connaissez peut-être un certain Trayvon ? Un aide-soignant à domicile ?

Cette fois, Mosley posa ses pieds à terre et se pencha sur le bureau.

– Je connais Trayvon. Un type bien, dans la salle en ce moment-même. Vous lui voulez quoi, à Trayvon, Mr Longfield ?

– J'ai quelque chose à lui donner et j'ai pensé que vous pourriez lui transmettre, de la part de quelqu'un qui lui veut du bien.

Jake ouvrit le sac et plongea la main à l'intérieur. Joe bondit sur ses pieds, tendu comme un arc.

– Relax, coach.

Il trouva une enveloppe scellée qu'il balança sur le bureau.

– C'est tout. Écoutez-moi bien, là-dedans il y a une lettre et vingt-mille dollars. Il faut qu'il ait tout dès ce soir. Dites-lui que d'ici quelques heures, il va être arrêté. On va faire peser une grave accusation contre lui. Dites-lui que s'il suit précisément les instructions, il peut s'en sortir sans trop de dégâts. Peut-être même qu'il n'aura qu'une peine minimale, qu'il n'aura pas à retourner en taule. Mais s'il décide de la jouer solo, il va se faire ramasser.

– Qu'est-ce que tu as fait ?

Jake fut brièvement ramené à ce soir d'hiver où Joe lui avait posé peu ou prou la même question. Il arborait la même expression d'alors, celle du dresseur tentant d'approcher un animal dangereux.

– Moi ? Moi, je n'étais même pas là ce soir. J'étais à Lima, Ohio, pour régler une succession. C'est prouvé. Mais quelque chose est arrivé qui devait arriver tôt ou tard. Si Trayvon ne veut pas plonger, dites-lui de suivre les instructions dans l'enveloppe.

Joe passa des mains nerveuses dans ses cheveux, les yeux fixés sur les billets, en proie au doute.

– Coach ? Coach, je ne vous connais pas, mais je vois sans peine que vous êtes un homme de vertu. Si vous voulez le bien de ce jeune, faites ce que je vous dis. Vous lui donnerez ? J'ai votre parole ?

L'entraîneur serra les dents. Jake perçut l'effort que cela lui coûtait mais il finit par lâcher :

– D'accord. Vous avez ma parole.

– Merci. Il me reste à vous souhaiter une belle fin de soirée.

– Mr Longfield, attendez. Moi aussi, j'ai quelque chose à vous donner.

L'entraîneur tourna la clé de son placard en métal et en ressortit une paire de gants de boxe noirs. Une paire d'ancienne génération, en vrai cuir, rembourrage limité, fermée aux lacets.

Jake reconnut immédiatement les gants de Larry Sebastiani. Ceux qu'un adolescent de seize ans avait laissés sur un pont avant de faire un saut mortel. Sa poitrine se serra un instant.

– Ils appartenaient à un jeune que j'entraînais, expliqua Joe.

– Que lui est-il arrivé ?

– Il est mort, affirma Joe en le regardant droit dans les yeux. Comme je vous ai dit... Il y en a qu'on n'arrive pas à récupérer. C'était un champion. Mais j'ai commis des erreurs avec lui. Je lui ai appris à tout contrôler. Il est mort parce que c'était la seule façon pour lui de prendre le contrôle sur sa vie. S'il était avec nous aujourd'hui, j'aimerais pouvoir lui dire... que je me suis trompé, et qu'il a le droit de lâcher la manette de temps en temps.

Jake aurait aimé lui dire qu'il acceptait ses excuses. Qu'il ne lui en avait jamais vraiment voulu de ne pas le comprendre. Qu'il aurait lui aussi aimé que ça marche. Il voulait prendre les gants de boxe. Peut-être qu'en les prenant, il se donnerait le droit d'être quelqu'un d'autre. Renoncer au contrôle. Se laisser porter.

Mais il ne supportait pas de perdre le contrôle. Se laisser porter était un signe de faiblesse. Il était maître de sa vie, pas le contraire.

– Je suis touché, mais gardez-les. Je suis certain que là où il est, votre champion sait que vous avez fait de votre mieux. Et il va bien. Vraiment. Il va bien.

Ils venaient de dépasser Las Vegas quand le portable de Jake sonna. Emily, son assistante. Il avait pris le relais de Wyatt, celui-ci mit donc le haut-parleur en décrochant.

– Mr Longfield, Chaïm est né il y a une heure, à sept heures vingt-huit exactement. Il pèse trois kilos deux-cent-cinquante huit et mesure cinquante-et-un centimètres. Toutes mes félicitations.

Il ressentait autant d'attachement pour cet enfant qu'une mouche pour les œufs qu'elle venait de pondre. Et au nom du ciel, quel était l'intérêt de toujours faire part du poids et de la taille de la bête, comme si on s'apprêtait à la dépecer pour en faire un ragoût ? C'était un bébé, pas un poulet.

– L'accouchement s'est bien passé ?

– Oh, terriblement long. Dix-sept heures de travail. Mais Aviya a été une véritable guerrière. Elle et le bébé vont bien, ils sont magnifiques.

– Super. On est à... à peu près quatre heures de L.A. J'irai directement à Cedars-Sinaï.

– Encore une chose, j'ai reçu un appel tard hier soir. Albert Morris, votre ancien agent, est décédé avant-hier des suites d'un cancer, à son domicile. Je sais que vous n'étiez pas très proches, mais j'ai réservé votre réponse quant à votre présence aux funérailles, dans cinq jours.

Le silence grandit et finit par prendre toute la place alors que Jake luttait contre le nœud qui venait de bloquer sa gorge. L'Explorer se mit à faire de dangereuses embardées. Wyatt plaqua sa main sur le volant pour le stabiliser.

– Mr Longfield, vous êtes là ? Que dois-je leur répondre ?

– Je... J'y serai, Emily.

Wyatt raccrocha.

Ils s'arrêtèrent sur le côté de la nationale, le Hummer derrière eux. Jake et Wyatt échangèrent à nouveau de place, Wyatt redémarra sans un mot. Le silence devint rapidement insupportable. Jake fouilla dans les albums qui se trouvaient dans la boîte à gants.

She's So Unusual. Cyndi Lauper, mille-neuf-cent-quatre-vingt-trois.

"Comment ça, tu ne connais pas Cyndi Lauper ? Un jeune comme toi ?"

Il entendait la voix d'Al dans sa tête, aussi clairement que si c'était hier. Il démarra le disque.

"C'est la nouvelle reine blanche de la pop, enfin."

"Je croyais que c'était Madonna."

"Madonna ? Pff. Crois-moi, dans dix ans, tout le monde l'aura oubliée. Cyndi Lauper, c'est là-dessus qu'il faut te brancher."

Ils venaient de faire l'amour, Al s'était mis à danser nu sur *Girls Just Wanna Have Fun.* Il était si ridicule que Jake s'en était étouffé de rire. Il rit encore en se remémorant la scène.

Son rire se fondit dans un sanglot discret. Pendant qu'il était occupé à écouter les excuses hypocrites de l'homme qui l'avait élevé dans la haine, celui qui lui avait enseigné l'amour s'en allait seul et n'aurait jamais l'occasion d'entendre les siennes.

Présence solide à ses côtés, Wyatt l'accompagna jusqu'à la porte même de la chambre de maternité. Sa jeune épouse était profondément endormie, le teint hâve et les traits marqués par l'épuisement. Il contourna le lit sans bruit et s'approcha lentement du berceau.

L'enfant ne dormait pas, lui. Des cheveux brun foncé couronnaient déjà son crâne malléable. Leurs regards se croisèrent. Jake savait qu'à cet âge, il était pratiquement aveugle et ne voyait qu'une vague silhouette penchée sur lui. Mais aussitôt, le bébé lança ses petits poings dans les airs et émit un son de nourrisson typique, mélange dénué de sens de hurlement, de gémissement et d'exclamation. Un bracelet de plastique ornait son poignet. Chaïm Johnson.

Chaïm n'était même pas aussi laid qu'il l'avait supposé.

La porte s'ouvrit sur une infirmière puéricultrice qui lui adressa un grand sourire.

– Oh, vous êtes le papa ! Madame était déçue que vous manquiez la naissance, mais les gens dans votre milieu ont des obligations. J'allais lui donner son bain. Vous voulez peut-être le tenir un moment ?

– Non merci, vous pouvez y aller.

Apparemment sourde, l'infirmière souleva délicatement le nouveau-né et le tendit vers lui. Par réflexe, il recula d'un pas.

– Il est très tonique, mais il ne va pas vous mordre. Prenez bien garde à soutenir sa tête.

Elle colla Chaïm à sa poitrine. Il recula encore et trébucha contre le lit, haussant le ton.

– J'ai dit non. Je ne veux pas le tenir !

Aviya se réveilla avec un geignement. L'infirmière cala l'enfant contre elle, mise dans l'embarras mais incapable de cacher une pointe de jugement.

– Ce n'est pas grave. Cela met un peu de temps, parfois.

Alors qu'elle s'éclipsait, Jake s'affala dans le fauteuil au chevet du lit et endura le poids du regard azur d'Aviya qui le dévisageait.

– Tu as aussi mauvaise mine que moi, marmonna-t-elle. J'espère que tu aimais cette tante, Jake.

– Peut-être étais-je au mauvais endroit, répondit-il.

Elle parut prendre cela comme une excuse : ce n'en était pas une. S'il avait su, il n'aurait pas été à Highland Park, mais il n'aurait pas non plus été ici à lui tenir la main, en attendant qu'un enfant dont il ne voulait pas daigne venir au monde en explosant tout sur son passage. Il aurait été chez Al pour le veiller à l'heure de son trépas. Il aurait été là avant, pour l'aider à traverser l'épreuve des traitements. Il aurait été là encore avant, à l'annonce du diagnostic.

Mais il avait été absent.

Le jour où il avait décroché son premier rôle principal, à l'âge de vingt ans, aucune explication n'avait été nécessaire. "Je savais que ça arriverait un jour", avait dit le vieux manager, et il n'y avait rien à ajouter. Les offres pleuvaient. Jake avait rompu leur contrat et quitté la maison pour louer un appartement en toute indépendance. Au début, ils s'étaient vus chaque semaine. Puis chaque mois. Et puis la vie et le temps avaient fait leur œuvre. Les visites s'étaient transformées en coups de téléphone, coups de téléphone qui s'étaient espacés avant de finalement s'arrêter.

Al n'avait pas de famille. Il était mort dans son lit, probablement entouré de soignants indifférents à son sort. Peut-être était-il mort en pensant à Jake, en pensant que ce qu'ils avaient partagé n'était qu'une grande illusion, de la poudre aux yeux, juste une manière pour Jake de faire son nid.

Et il était trop tard pour changer cela.

Jake éclata soudain en sanglots, cachant son visage entre ses mains. Il avait perdu la seule personne qui ait jamais vraiment compté. Il l'avait perdue non pas aujourd'hui, mais des années auparavant, quand il l'avait oubliée. En guise de châtiment, jamais il ne s'était senti aussi seul.

La voix d'Aviya parvint jusqu'à lui.

– Une étoile s'éteint, une autre s'allume. Tu as une nouvelle famille maintenant. Tout ira bien.

Azrah Zaman.

C'était la première fois qu'Azrah quittait la Baraque après la tombée de la nuit. De jour déjà, elle se contentait souvent de promenades dans le parc pendant ses heures de relâche. La Baraque était le seul endroit où elle se sentait réellement en sécurité ; un comble quand on savait, comme elle, tout ce qui s'y passait. Mais rien ni personne ne l'avait jamais directement menacée et rien ne la menacerait tant qu'elle garderait les yeux baissés et la bouche close.

La sécurité avait son prix. Un prix que sa conscience ne pouvait plus assumer.

Lorsqu'elle avait répondu à son offre d'employée de ménage permanente, Jake s'était présenté comme son sauveur. Touché par sa situation, il l'avait soutenue dans toutes ses démarches pour obtenir un statut de demandeuse d'asile. Son dossier était toujours en attente. Quand on venait de là où elle venait, quand on portait le hijab et priait Allah, les délais devenaient interminables. Sept, huit, dix ans. Mais la peur que l'Immigration vienne frapper à la porte pour la mettre dans un avion à destination du Pakistan n'avait plus rien de tangible. Mr Longfield constituait un bouclier impénétrable. Après des années à fuir aux quatre coins de l'Europe, à se battre en vain pour une existence légale, c'était un répit bienvenu. Elle n'avait pas revu sa terre natale depuis dix ans.

C'était Amanda, en poste depuis quelques mois seulement, qui l'avait guidée à travers tous les portails administratifs. Amanda était donc la seule personne qui connaissait la raison exacte de son exil. Les deux femmes partageaient une connexion privilégiée. Autre chose que de l'amitié. Des mots qui ne pouvaient être prononcés mais qui restaient suspendus entre elles, qu'elles pouvaient voir toutes les deux, qu'elles n'essayaient pas de décrocher. À quoi bon.

Ce qu'elle faisait ce soir pouvait mettre Amanda en péril. En réalité, elle allait faire basculer de nombreuses personnes dans une situation délicate, voire dangereuse. Elle avait demandé conseil à Dieu, il lui avait répondu que la décision la plus juste était souvent la meilleure voie possible.

Du coin de l'œil, elle capta le regard méfiant du chauffeur de taxi dans le rétroviseur. Ici, lorsqu'une femme portait le voile, elle inspirait la peur. À Karachi où elle avait grandi et notamment dans sa communauté muhadjir, une femme qui ne le portait pas inspirait la honte. Ici comme là-bas, elle s'exposait à des représailles violentes.

Azrah avait inspiré une honte indicible à sa famille. Non parce qu'elle avait refusé de porter le voile, mais elle avait tenté de revendiquer sa liberté autrement. Lorsque son père lui avait trouvé un mari, à l'âge de seize ans, elle avait menacé de se tuer ; sa véhémence était telle qu'il avait cédé. Les années passant, on avait commencé à la regarder de travers. Une femme de vingt-quatre ans qui n'était pas mariée ? Cela cachait forcément quelque chose. On l'avait repérée en train d'embrasser des garçons à la sortie des établissements de nuit. Ses deux frères l'avaient battue à chaque fois. Elle avait recommencé à chaque fois.

Tout avait basculé le jour où on l'avait vue embrasser une autre fille. Zareen.

Ses frères l'avaient traînée dans une ruelle, frappée à coups de barre de fer. Ils avaient craché sur son visage et l'avaient laissée pour morte. Pendant dix-sept heures, elle avait cru l'être. Zareen avait sûrement été tuée aussi. Elle avait laissé les mouches se poser sur elle, le soleil la dessécher.

Une femme l'avait ramassée. Elle n'avait jamais connu son nom, ni vu son visage camouflé par une burqa. Une fois remise sur pieds, elle avait reçu de sa part juste assez d'argent pour payer un passeur vers l'ouest. Six ans plus tard, elle posait le pied sur le sol américain. Zareen à jamais dans sa mémoire, Amanda comme un nouveau soleil dans sa vie. Un soleil voilé.

Ils parcouraient maintenant les rues vides et silencieuses de Pasadena. Y régnait une tout autre ambiance que dans les collines, où une soirée se déroulait à chaque coin de rue le samedi. Dans quelques minutes, elle devrait commettre l'impensable. Elle ne se sentait pas prête. Sans doute ne le serait-elle jamais et pourtant, elle devrait bien se lancer, en commençant par demander pardon.

Invisible dans son uniforme, Azrah était responsable d'une tache essentielle dans la maison : elle nettoyait. Mr Longfield insistait pour que ses draps soient changés tous les deux jours, et c'était elle qui s'en occupait.

La première fois qu'elle avait repéré des traces de sperme sur les draps un dimanche matin, après la fameuse *movie party* du samedi soir, elle était allée vomir dans la salle de bains qui complétait la suite de son patron. Cela s'était reproduit, encore et encore, jusqu'à ce que plus aucun doute ne soit permis. Le samedi soir, elle était allée fouiner au premier étage. Plusieurs semaines d'affilée, elle avait marché sans bruit jusqu'à la porte de la chambre maîtresse. Le son de la télévision était si élevé qu'il n'était pas possible de distinguer d'autre bruit... Si ce n'était celui de la douche qu'on finissait systématiquement par allumer, souvent alors même que le film n'était pas terminé.

Azrah n'avait rien dit. Son ventre s'était tordu en silence. Elle avait gardé les yeux baissés, la bouche close. Elle avait trop à perdre.

Jusqu'à ce que la balance bascule de l'autre côté, la semaine précédente. Quelque chose avait mal tourné au centre-ville. Lorsqu'elle avait vu Quint monter dans la chambre de Mr Longfield, elle avait décidé de s'occuper des interrupteurs du couloir : de vrais nids à microbes qu'on oubliait tout le temps de désinfecter. Elle s'était particulièrement concentrée sur celui qui jouxtait leur porte.

Les mots qui lui étaient parvenus l'avaient terrifiée.

La technique qu'elle avait utilisée pour calmer Quint, c'était Zareen qui la lui avait apprise, lorsqu'Azrah paniquait à l'idée qu'elles soient découvertes ensemble.

"Il ne voudra plus jamais me voir", avait dit Quint.

Elle lui avait répondu en ourdou, de peur de le déstabiliser à nouveau.

"Si seulement il ne voulait plus te voir."

Le soir même, Jake avait surdosé sur le parquet du salon. Elle avait regardé ses yeux fermés, ses lèvres qui bleuissaient, sa poitrine qui avait cessé de se soulever... et elle avait espéré qu'ils ne parviennent pas à le sauver. Les choses étaient claires désormais. C'était lui ou Quint.

Il avait survécu.

Le lendemain, elle avait passé un coup de téléphone pour s'insuffler assez de courage. Aujourd'hui, Quint était revenu et Jake l'avait accueilli comme si rien ne s'était jamais passé. Elle n'avait pas besoin d'une autre gifle pour agir. Taisha était seule chez elle, du moins l'espérait-elle : c'était le moment ou jamais.

Sitôt qu'il fut payé, le chauffeur décolla dans un crissement d'accélérateur. La femme de ménage rajusta son hijab et regarda autour d'elle. Personne. Elle n'avait pas été suivie, *a priori*.

Taisha ne fut pas longue à répondre. Vêtue d'un pyjama léger, elle plissa les yeux pour la distinguer dans l'obscurité.

– Azrah ? Qu'est-ce qui se passe, Quint a un problème ?

– Oui, enfin... Je peux entrer ? C'est mieux pas rester dehors maintenant. On doit parler.

Le visage de Taisha pâlit d'inquiétude, mais elle s'effaça pour la laisser passer.

Une fois à l'intérieur, Azrah retira son foulard noir. Jolie maison. Pancake, le chien à trois pattes, faisait la sieste au pied du canapé. Elle aurait aimé avoir une maison comme celle-ci, et une famille, une famille avec un enfant et un chien, même à trois pattes.

– Je peux vous servir quelque chose à boire ? Jus de fruit, thé ? Un verre d'eau ?

Azrah soupira et implora la clémence de Dieu. Elle savait qu'il comprendrait.

– Vous avez alcool ? Quelque chose fort, pour nous deux.

Taisha.

Lorsqu'elle avait entendu sonner à la porte si tard, Taisha avait aussitôt pensé trouver Quint sur le pas de la porte, tremblant et muet. À la place il y avait Azrah, venue par ses propres moyens. Elle que Taisha n'avait jamais vue avec une bière ou une coupe de champagne, avait demandé de l'alcool sitôt le seuil franchi.

Alors qu'elle versait une petite quantité de rhum brun dans deux verres, la jeune femme se retenait d'appeler Jake sur-le-champ. Elle aurait dû écouter son instinct et empêcher Quint de partir ce matin. Il s'était présenté à la porte comme tous les samedi matins, son sac à dos sur les épaules ; pourtant, elle avait tout de suite lu sur son visage une appréhension inédite. Quoi de plus normal ?

– Tu sais que Jake te dirait de ne pas venir s'il n'avait pas l'énergie, ma puce.

– Oui, je sais. Il va bien.

– Mais toi, tu n'es pas obligé d'y aller si... Si tu as encore besoin de souffler. Tu peux rester à la maison juste ce week-end. Il comprendra que tu annules pour une fois. On pourrait dire à Darleen de venir, si tu veux.

– Darleen et moi, c'est terminé, l'avait coupée Quint d'un ton cassant. Elle était trop bébé.

Taisha avait haussé les sourcils sans commentaire. Pour le coup, *ça* ne ressemblait pas à Quint.

– Bon. On peut faire autre chose. Aller à la plage ou...

– Je vais chez Jake. Arrête d'insister.

Il y avait de la colère dans sa voix. Depuis quand se mettait-il en colère contre elle ?

– D'accord. Alors fais-moi un câ...

La porte avait claqué avant même qu'elle ait terminé sa phrase. Taisha avait mis le malaise sur le compte des événements récents et songé à lui prendre rendez-vous avec un thérapeute. Aucun enfant de son âge ne devait regarder quelqu'un en train de mourir.

Elle déposa les verres de rhum sur la table basse, avec la bouteille. Azrah vida le sien d'une traite, toussant et grimaçant alors que le liquide décapait tout sur son passage. Puis, sans attendre sa permission, elle se resservit. Par réflexe, Taisha déposa une main sur le corps chaud de Pancake, qui dormait dans ses jambes. Il échoua à la rassurer.

– Parlez, Azrah, je vous en supplie. Dites-moi au moins que Quint va bien.

– Je peux pas dire ça. Il est pas blessé, mais il va pas bien. Non.

– Il faut que j'aille le chercher ?

– Non, écoute-moi... C'est difficile... Difficile dire cette chose. Laisse-moi le temps.

Azrah expira lentement.

– Quint... Enfin, Jake... Quint doit arrêter de voir Jake. C'est pas bon. Jake... Je sais pas où commencer. Samedi dernier, Jake a dit à toi qu'il y a eu un accident. Vrai ?

– Oui. Anti-douleurs, alcool, piscine ; je connais le topo.

– C'était pas un accident, Taisha. Jake a pris beaucoup drogues... exprès. Jake prend beaucoup drogues, tout le temps. Je sais. Je nettoie. Fentanyl, beaucoup. Cocaïne, beaucoup. Tous les jours. Aussi Valium, codéine, oxycodone, morphine. Samedi dernier, Jake a collé huit patchs Fentanyl. Beaucoup trop. Exprès.

Taisha attrapa son verre et le vida, elle aussi. Alors c'était à propos de Jake. Jake était toxicomane et avait tenté de mettre fin à ses jours. Pas étonnant que Quint en ait été traumatisé. Mais il lui avait promis de ne jamais le faire toucher à la drogue. Il lui avait promis.

– Ne me dites pas que Quint prend de la drogue, pitié.

– Oh non, non. Jake veut pas que Quint prend la drogue. Surtout pas.

– Alors, quoi ? Jake a essayé de se suicider, c'est ça ? Il faut qu'il aille en cure, qu'il se soigne.

– Non, non. S'il vous plaît, écoute-moi. Il a pas voulu mourir, il a voulu effrayer Quint. Parce que Quint a dit quelque chose à Lewis qu'il doit pas dire.

– C'est Lewis qui vous a dit ça ?

– Non. Lewis est... Comment on dit.... Il est bête. Faible dans sa tête. Et il adore Jake, il dira rien, jamais. Non, j'ai entendu Jake disputer Quint. Et il a... Il a dit qu'il tue Quint si Quint répète ce qu'il a dit à Lewis. Maintenant, je suis très effrayée pour Quint.

Taisha sonda Azrah alors que cette dernière prenait une nouvelle gorgée de rhum.

– Désolée, mais ça n'a aucun sens. Azrah, vous vous montez la tête. Jake ne ferait jamais de mal à Quint, il a forcément dû dire ça sur le ton de la plaisanterie. Jake...

– Taisha, tu m'écoutes ! s'écria Azrah. Je sais que c'est dur pour toi. Comment dire... Jake a allumé la lampe dans la poche et l'a mise dans tes yeux. Il a pris le casque pour faire le marteau-piqueur et il l'a mis sur tes oreilles. Tu vois rien. Tu entends rien. Mais moi, je nettoie. Je vois tout. J'entends tout. Il faut croire à moi. Jake est dangereux pour Quint. Tu souviens Aviya Johnson ? C'est la femme à Jake avant.

Taisha se resservit une bonne quantité de rhum, choquée par le ton qu'avait pris Azrah et l'urgence qu'elle y percevait. Cette femme croyait sincèrement à ce qu'elle disait. Elle pouvait toujours se tromper, mais elle y croyait. Taisha porta un verre tremblant à sa bouche.

– Oui, je me souviens... Enfin, je sais qu'il est divorcé.

– J'appelle Aviya dimanche dernier, pendant que Jake est à l'hôpital. J'appelle, je dis pour Quint, je demande pour Chaïm. Chaïm, tu souviens ?

– Le fils de Jake, oui.

– Aviya dit : "Dis à Quint et sa maman qu'ils doivent partir. Partir très loin Jake. Jake a fait beaucoup mal à Chaïm. Jake fait beaucoup mal à Quint maintenant." Tu comprends, Taisha ?

Taisha dévisagea longuement Azrah. En plein cauchemar, elle sentait des larmes grasses enfler derrière ses paupières. Quelque chose était en train de s'écrouler dans son esprit. Non, elle ne comprenait pas, pas du tout. En tous cas, elle refusait de comprendre. Pas ça. Surtout pas ça.

– Je suis désolée, je... Je ne suis pas sûre que vous soyez... Je suis un peu perdue, je ne sais pas où vous voulez en venir, si vous essayez de me monter contre Jake, si...

– Taisha.

Azrah déposa son verre sur la table et vint s'asseoir à côté de Taisha, réveillant Pancake qui bâilla bruyamment. Elle prit les mains de Taisha entre les siennes.

– Taisha, je peux pas inventer ça. Si tu crois pas à moi, appelle Aviya, toi. Jake... Oh, je veux pas dire ça... Jake et les petits garçons. Il fait le sexe avec eux.

Les mots assassins étaient dehors. Ils flottaient dans la pièce, prenaient toute la place, gonflaient comme des baudruches, comme les larmes de Taisha. En fidèle cabot, Pancake les grogna. Elle tenta de les piquer, de les faire éclater alors que les sanglots pesaient sur sa poitrine jusqu'à l'étouffer.

– Vous vous trompez, Azrah. Vous vous trompez forcément. Jake aime trop Quint, il ne lui ferait pas le moindre mal. Jamais il ne ferait ça.

– C'est vrai, Jake aime Quint. Il aime Quint parce qu'il peut contrôler Quint. Parce qu'il peut... le faire comme lui. Le construire comme la même maison que lui. Il aime pouvoir. C'est un amour mauvais, très mauvais. Il fait beaucoup mal.

Les larmes de Taisha salaient le fond de rhum dans son verre. Avec un gémissement, Pancake se leva et lécha les larmes sur ses joues à mesure qu'elles coulaient. Elle ne pouvait pas en entendre plus. Son cœur lâcherait.

– Taisha, il faut que tu fais quelque chose... Crois à moi, pitié. Je nettoie. Je sais. Pardon, pardon, je sais depuis trop longtemps. J'ai vu le... Le sperme sur le lit, le...

– Stop ! Taisez-vous !

Elle se leva brutalement, dégageant ses mains de l'étreinte d'Azrah, cognant ses genoux contre la table, renversant son verre par terre. Ces mots qui sortaient de sa bouche ! Un de plus et elle sombrerait dans la folie. À présent, des images s'insinuaient dans ses pensées et s'éclairaient comme au flash d'un appareil photo. Son fils, son petit, son bébé... Non, non, elle ne voulait pas voir ça. Une odeur de chair brûlée lui emplissait le nez. Tout n'avait été qu'un mensonge, un mensonge aux dimensions babyloniennes. Ses genoux cédèrent, elle s'effondra par terre, dos contre le canapé. C'était trop. Trop pour elle. Elle en mourrait.

– Je vais mourir. Je vais mourir.

– Non, non, non. Tu ne meurs pas. Quint a besoin toi maintenant. Respire avec moi. Suis les ronds.

Comme son fils naguère, Taisha suivit les ronds. Son cœur continua de battre la chamade, les larmes continuèrent de ruisseler, mais sa respiration s'apaisa un peu. Surtout, son cerveau cessa de pédaler dans un vide étourdissant. Peu à peu, des pensées rationnelles réapparurent.

– Comment ai-je pu être aussi stupide ? murmura-t-elle.

– Tu es pas stupide. Mais Jake est pas stupide, il sait faire. C'est pas ta faute. Moi, je devais parler avant. Pardon.

– Qui sait ? Qui d'autre est au courant ?

– Moi, toi, Aviya. Lewis a pas compris, je pense. Les autres... Je suis pas sûre.

Azrah ramassa son verre et lui resservit un peu de rhum.

Taisha fit passer l'alcool d'un seul coup dans sa gorge et garda les yeux fermés, quelques minutes. Quand elle les rouvrit, les larmes se tarissaient pour laisser place à une rage brûlante au creux de sa poitrine.

– Il faut que j'aille chercher Quint maintenant. Il est en train de le torturer, je dois aller le chercher.

Azrah la retint contre le canapé.

– Non, non. Tu bouges pas, tu attends Quint demain, comme d'habitude. Sinon, Jake sait que tu sais et que je sais aussi.

– Et après, Azrah ? Qu'est-ce que je suis censée faire ? Fuir, encore une fois ? Aviya Johnson avait probablement assez d'argent, de relations... Que sais-je, de poids dans le contrat de mariage pour leur reconstruire une vie. Je n'ai rien de tout ça. Jake nous retrouvera. Il est capable de dépenser des millions pour s'assurer de notre silence.

– C'est vrai. Il y a la deuxième solution, tu sais laquelle. Tu attaques avant lui. Va voir la police.

Taisha rit amèrement. Elle avait passé sa vie à craindre et se méfier de la police. Et maintenant, elle devait s'en remettre à eux ?

– Pour leur dire quoi ? Avec quelles preuves ? Ils pourraient se retourner contre moi.

– Il faut que Quint parle. Fais parler Quint, c'est la seule manière d'y arriver. Si Quint parle... Seulement s'il parle, Taisha. Alors moi, je parle aussi. Mais Quint parle avant sinon je perds tout.

Taisha serra les mains de l'autre femme contre sa poitrine.

– Sa sacro-sainte parole contre la nôtre qui ne vaut rien... Qu'est-ce qui pourrait aller de travers ?

– Je sais, beaucoup choses. Mais on doit le faire. Pour Quint.

– Pour Quint.

14

Les histoires qu'on se raconte

Quint.

Lorsqu'il rentra chez lui ce dimanche, Quint sentit que quelque chose bougeait dans l'air. Une ondulation, un chatoiement bizarre : la lumière elle-même cherchait à camoufler ses véritables intentions. L'odeur différait également, ça sentait le détergent, comme si sa mère avait passé le week-end à récurer la maison de fond en comble. Et visiblement, c'était ce qu'elle avait fait. Tout brillait comme un sou neuf. La porte claqua derrière lui et sa mère bondit aussitôt du canapé pour l'accueillir. Depuis combien de temps l'attendait-elle sans rien faire ? Elle lui sourit mais le sourire sonnait faux.

Assez curieusement, il ne se sentait pas en sécurité.

Il devait y avoir un rapport avec la façon dont il lui avait parlé la veille. Quint lui-même ne s'était pas reconnu dans sa colère. Elle ne lui appartenait pas. Maintenant il s'en voulait, mais il ne s'excuserait pas. Même si dans cette décision, il ne se reconnaissait pas non plus.

Pancake boitilla jusqu'à lui pour lui lécher la main ; enfin, il émergea de son inertie.

– Salut, marmonna-t-il. Je vais dans ma chambre.

– Tu... Tu as passé un bon week-end ? demanda sa mère.

Sa voix aussi était anormale.

– Tranquille.

– Et si tu me racontais ce que tu as fait devant un bon goûter ?

– J'ai déjà goûté chez Jake.

– Eh bien tu auras un double goûter, quelle importance. Viens t'asseoir, ma puce.

Elle disposa sur la table un paquet de brioche et du jus de fruits. Il n'y échapperait pas et de toutes façons, on ne disait pas non à un double goûter. Des opportunités comme celle-ci ne se présentaient pas tous les jours. Quint déposa son sac et alla s'asseoir à côté d'elle.

– Alors, raconte-moi, insista-t-elle. Jake se sent mieux ?

– Oui, il va bien, répondit-il. On a fait du bateau hier après-midi, avec une productrice. Elle a dit qu'elle serait en contact avec Teddy. Enfin rien de spécial, tu vois.

– Qu'est-ce que vous avez regardé hier soir ?

– Je ne me rappelle pas le titre.

– C'était bien ? De quoi ça parle ?

– Oui, pas mal. Une histoire de boxe.

– Comment ça se termine ?

– Pff... En fait, je ne me rappelle pas. Je crois que j'ai dû m'endormir avant la fin.

– Le film était bien et pourtant tu t'es endormi avant la fin ?

Quint laissa tomber sa tranche de brioche à moitié mangée sur la table. La voilà qui revenait, cette colère rouge et brûlante, si brûlante qu'il avait envie de pleurer.

– Et alors ? J'étais fatigué ! Je me suis endormi, ça arrive.

– D'accord. Ne te fâche pas, ma puce.

Elle voulut passer une main dans ses cheveux mais il se dégagea rageusement.

– Quint, j'ai besoin que tu me racontes ce qui s'est vraiment passé la semaine dernière. Je sais que tu ne m'as pas tout dit. Il s'est passé quelque chose avant l'accident, Jake était en colère contre toi.

Le garçon évita prudemment le regard de sa mère. Lui mentir frontalement, il ne savait pas faire.

– N'importe quoi. Qui t'a raconté ça, d'abord ?

– C'est Jake, mon chéri. Dimanche dernier au téléphone, il m'a expliqué que tu avais fait une bêtise, qu'il s'était fâché trop fort contre toi et qu'il le regrettait. Mais il n'a pas voulu me dire ce que tu avais fait. Je crois qu'il avait peur que je te gronde aussi.

Les engrenages tournaient à pleine vitesse sous son crâne. C'était exactement ce que Jake lui avait dit, à lui, dimanche dernier au téléphone. "Tu as fait une bêtise, cookie, ça arrive. J'aurais dû mieux contrôler ma colère. Excuse-moi."

– Mais je ne vais pas te gronder, continua Taisha. Tout ce que je voudrais savoir, c'est... Quand il s'est fâché "trop fort", qu'est-ce qui s'est passé exactement ? Est-ce qu'il t'a fait mal, ma puce ?

– Non, répondit-il platement.

– Quint, j'ai besoin que tu me dises la vérité. C'est très important.

– Pour que tu aies une bonne raison de m'interdire d'y retourner ? Pour m'avoir pour toi toute seule ?

– Tu crois que c'était assez grave pour que je t'interdise de le voir ?

– Non ! Non, Jake ne me ferait jamais mal exprès.

Sa mère hocha doucement la tête.

– Mais pas exprès ? Est-ce que c'est possible qu'il t'ait fait du mal involontairement ?

– Non, il n'a rien *fait*. Il m'a effrayé, c'est tout, mais il était malade à cause des anti-douleurs. Il s'est mis en colère parce que j'ai fait l'idiot. C'est ma faute, pas la sienne. C'est tout.

Quint reposa son verre sur la table, si brusquement qu'il se renversa. Taisha le redressa et le resservit calmement.

– Je te crois. Alors dis-moi ce que tu as fait, toi.

– J'ai raconté des bêtises à Lewis. Pourquoi on parle de ça ? C'est rien, ce n'est pas important.

– Laisse-moi décider de ce qui est important. C'est tout ce que tu as fait, raconter quelque chose à

Lewis ? Alors pourquoi Jake se serait fâché aussi fort qu'il le dit ? Ce n'est pas une grosse bêtise, si ? Qu'est-ce que tu as raconté à Lewis ? Quint ? Quint, je te parle. Qu'as-tu dit à Lewis ?

– Je lui ai dit un secret, sans faire exprès. Un secret à Jake et moi, et Lewis est allé le répéter à Jake.

– Quel secret ?

Quint se mit à déchirer de tout petits morceaux du reste de brioche entre ses mains, dont il faisait de minuscules boulettes qu'il faisait rouler sur la table avec des pichenettes.

– Je ne peux pas te le dire. Parce que la dernière fois que je l'ai dit même sans faire exprès, Jake s'est fâché très fort et après il a eu son accident dans la piscine. Un secret, ça se garde. Si on le dit, ce n'est plus un secret.

– C'est vrai Quint, mais je suis ta mère. Tu peux me faire confiance pour garder le secret, non ?

– C'est un secret de meilleurs amis, entre Jake et moi. Personne d'autre. Et Jake a dit, surtout pas toi, d'ailleurs. Il a dit que si je t'en parlais, tu ne voudrais plus que je le voie.

– Ah, c'est comme ça ? Quel genre de secret ferait que je refuserais que tu voies Jake, à ton avis ? Réfléchis, mon chéri. Je sais que tu es assez intelligent pour comprendre. Parle-moi maintenant. Je pense que c'est ce que tu veux, au fond.

Quint appuya sur ses yeux jusqu'à se faire mal et voir des étoiles. Il écrasa la brioche dans sa main comme s'il écrasait son propre cerveau pour en extraire du jus de volonté. Les rouages s'étaient bloqués. Tout était en surchauffe.

– Laisse-moi tranquille ! Je n'ai pas le droit de te le dire. Ne m'oblige pas. Je ne veux pas que Jake meure, il n'a rien fait de mal.

– Que Jake meure ? Seigneur, Quint. Est-ce que tu t'entends ? Qui a dit que Jake allait mourir si tu me racontais ? C'est lui qui te l'a dit ?

– Il a dit qu'il se tuerait. Qu'il se tuerait ou qu'il me tuerait ou qu'il irait en prison et qu'ils le tueraient là-bas. Je ne veux pas qu'il meure. Je veux juste que tout soit comme avant.

– Quint, regarde-moi. Ma puce. S'il te plaît ?

Sa mère lui prit les mains, le força à lâcher la brioche massacrée et se tourner vers elle. Elle lui souriait, mais des larmes coulaient sur ses joues. Et voilà, voilà ce qui arrivait. Il avait laissé quelques mots s'échapper, et il rendait tout le monde malheureux. Il était monstrueux.

– Laisse-moi juste te poser une question, dit sa mère. Il y a une magnifique machine dans ta tête. Réfléchis. Si le secret que Jake te demande de garder pourrait l'envoyer en prison, comment peux-tu penser que ce n'est rien de mal ? Quelque chose ne colle pas. Quint, je pense que tu n'as pas fait de bêtise. Jake... Peut-être qu'il a fait une grosse bêtise. Il faut que tu m'en parles, tu te sentiras mieux. Tu es trop jeune pour garder ce genre de secret. Tu n'es qu'un enfant, mon bébé.

Elle l'attrapa et le serra dans ses bras en pleurant. Quint se laissa aller contre elle. Avait-il osé

oublier à quel point elle l'aimait ? À quel point ils s'aimaient ? La fatigue le berçait comme la marée clémente d'une nuit sans vent. Pour la première fois, il devait admettre que cela faisait du bien d'arrêter de prétendre être un adulte. Oui, il n'était qu'un enfant, un enfant avec une mère qui pouvait s'occuper du monde des adultes. C'était injuste que pendant si longtemps, on ait exigé de lui de faire semblant. Tout savoir, n'avoir peur de rien. Il ne savait rien et il avait peur de tout.
– Tu te souviens de notre pacte, à Seattle ? chuchota-t-il, la joue pressée contre l'épaule de sa mère. Quand on a dit qu'on ne laisserait personne décider de nos vies à notre place ? Je veux qu'on fasse un pacte, tout pareil. Je suis d'accord pour te dire le secret. Mais en échange, tu me promets que tu ne décideras pas à ma place. Que tu me laisseras voir Jake et que tu ne l'enverras pas en prison. Promets-le-moi.
Il la sentit hésiter.
– Je l'aime, maman. Même si toi, non. Si tu ne promets pas, je ne te dirai rien.
– ... D'accord. Je te le promets.
Lentement, il se sépara d'elle et s'empara d'une nouvelle tranche de brioche.
– On a commencé à Grenade, le jour de mon anniversaire.

– Oui. Enfin... Il y a une fois où... C'est un peu la honte.
– Ma puce, tu n'as aucune honte à avoir. Dis-moi.
– C'était en juin. La fois où il a essayé de mettre sa... de la mettre dans mon... Enfin, tu sais.
– Si tu veux m'aider, il faut que tu sois précis.
– Il a voulu mettre sa bite... Pardon, son zizi dans mon trou des fesses. Il y est d'abord allé avec ses doigts. C'était bizarre, j'ai pas vraiment aimé. Et ensuite il a essayé avec son truc mais... J'ai pas réussi à le laisser passer. J'ai commencé à avoir vraiment mal, alors j'ai utilisé notre mot de sécurité et il s'est tout de suite arrêté.
– Parce que vous avez un mot de sécurité ?
– Oui. Démentiel. Le même que pour les exercices de théâtre.
– Et tout ça se passe avec Jake ? Juste avec Jake ? Il n'a jamais amené personne d'autre ?
– Non. Juste Jake et moi. On fait l'amour, maman, c'est tout. Il ne m'a jamais blessé. Il ne m'a jamais tapé comme Sayon. On s'aime. Maman, arrête de pleurer.
– Ça va aller, ma puce. Je te promets. Tu pourrais... aller dans ta chambre un moment ? J'ai besoin d'être un peu seule, mon cœur.
Taisha éteignit l'enregistrement sur son portable. Elle porta sa tasse de thé intacte à sa bouche et constata avec une grimace qu'il était froid.
En face, les tasses de café que les deux inspecteurs avaient acceptées n'avaient pas été touchées non plus. Elles ne fumaient plus. Les policiers regardaient leurs mains, pâles, silencieux. Elle ne s'attendait pas réellement à une autre réaction. Elle-même s'était repassé les pires extraits au cœur de la nuit, dans le désir masochiste de se punir de n'avoir rien vu. Rien entendu. Rien fait. D'avoir souri et donné son fils à un pervers qui en avait fait son objet sexuel.
Les détectives arrivaient fraîchement du département de Beverly Hills et du LAPD. Taisha avait d'abord appelé la police de Pasadena, qui s'était dédouanée et lui avait conseillé de s'adresser aux services de Beverly Hills, où les actes auraient été perpétrés. Au standard de Beverly Hills, on avait plaidé le manque de moyens avant de contacter pour elle la division spécialisée de Los Angeles. À la suite de ces atermoiements, vers onze heures du matin elle avait finalement accueilli l'inspecteur Van et son adjoint de circonstance, l'inspecteur Colbert.
Colbert, impeccablement cravaté, lui donnait l'impression de découvrir avec horreur que les humains n'étaient pas les êtres remplis d'amour et de paix suggérés jusqu'ici par sa petite trentaine bourgeoise. Il était passé du rose pimpant au blanc cachet à mesure que Quint décrivait sans émotion les sévices qu'il avait subis. Van, elle, avait les deux pieds bien ancrés au sol. À quarante ans, elle avait visiblement plus d'expérience dans le domaine de la protection des mineurs et menait leur petite équipe. C'était une femme, d'origine étrangère avec ça ; et pourtant, Taisha sentait que ça

ne devait pas rigoler tous les jours autour d'elle. Peut-être qu'à elle, elle pouvait faire confiance.

Van releva finalement la tête.

– Il y a de quoi arrêter Longfield sur la base d'agressions sexuelles et viols multiples sur mineur, soupira-t-elle. Mais il aurait fallu qu'il dise tout ça à un officier de police.

– Votre enregistrement est inadmissible aux yeux de la loi, confirma Colbert. On a besoin qu'il témoigne pour nous.

– Vous l'avez entendu, il m'a fait promettre de ne pas vous appeler. J'ai brisé sa confiance pour vous faire entendre ça, et vous me demandez de le lui faire répéter devant vous ? C'est mission impossible. Ne me dites pas qu'il n'y a pas moyen d'utiliser ce fichier contre Jake.

– Sous cette forme, non, dit Van. Il sera rejeté en tant que preuve par n'importe quel tribunal. C'est la loi en Californie.

Toute manœuvre serait vaine. Jake avait réussi à retourner Quint contre lui-même. Taisha ne put ravaler ses larmes. Elle pensait avoir épuisé toutes ses réserves la veille, mais son corps détenait des ressources insoupçonnables.

– Taisha, attendez, intervint Van. On n'a pas dit notre dernier mot. On peut enquêter, essayer de trouver des antécédents...

– Il y a au moins un antécédent. Appelez Aviya Johnson à New York. Ce salaud a abusé de son propre fils.

– C'est un très bon élément, dit Colbert qui reprenait un peu de couleurs. Un antécédent, plus les déclarations de votre témoin mystère...

– Qui ne s'identifiera et ne parlera que si vous avez le témoignage de Quint.

– Alors il va falloir qu'on persuade Quint de lâcher Longfield, dit Van.

– À condition que Quint dise la vérité, bien sûr, ajouta Colbert.

Les deux femmes se tournèrent vers lui avec un regard noir.

– Qui accusez-vous de mensonge, mon fils ou moi ? cracha Taisha avec mépris. Est-ce que vous savez ce que ça m'a coûté de prendre mon téléphone ce matin pour vous appeler ?

– Probablement moins que ce que vous coûterait un procès en diffamation, lui répondit l'inspecteur en levant des mains apaisantes. Nous devons être certains que Quint n'invente rien. Le moindre événement un peu... enjolivé, et il perdra toute crédibilité aux yeux d'un jury. Une victime que personne ne croit, c'est l'acquittement assuré.

– Mon collègue manque cruellement de diplomatie, reprit Van, mais il n'a pas tort. Ce sera important d'être sûrs de ce qu'il raconte. Vous dites qu'ils communiquent ensemble par textos ?

– Vous n'y trouverez rien d'incriminant. J'ai déjà vérifié.

– Est-ce que votre fils a bonne mémoire, Mrs Rogers ?

– Oui, il est brillant.

– Une mémoire assez bonne pour, par exemple, se souvenir de détails physiques qu'il ne pourrait pas connaître sans avoir vu Longfield nu ?

Taisha haussa des épaules impuissantes.

– Peut-être, oui. Je l'espère. Encore faut-il qu'il soit disposé à les partager avec vous. Il est si... détaché de tout ça, comme si rien de grave ne s'était passé.

– On le constate hélas souvent chez les enfants abusés. On leur a trop répété que c'était normal, que c'était de l'amour. Mais on peut intervenir. C'est un grand garçon, intelligent... On peut y arriver.

– Je l'ai envoyé chez des amis mais je peux aller le chercher...

– Pas la peine. Laissez-nous le temps d'exhumer les vieux squelettes de Longfield, ça peut nous donner du poids sur Quint. Il faut que vous soyez consciente de ce que vous allez mettre en mouvement. Une fois Longfield arrêté, les médias et les avocats vont vous déchiqueter. Vous devrez sûrement déménager, vous blinder contre les unes, le chantage, pendant des années. Puis il y aura le procès. Ce n'est un moment facile pour personne. La plupart des gens comme vous ont abandonné en cours de route.

– Les gens comme moi ?

– Ceux dont l'enfant a été abusé par un riche et puissant. Bienvenue à Hollywood, ma belle.

– Vous pouvez aussi préférer intenter une action au civil, intervint Colbert. Certes, il n'y aurait aucune peine de prison à la clé, mais vous pourriez obtenir un joli pactole en compensation.

Taisha dévisagea Colbert et décida qu'elle ne lui adresserait plus la parole. Elle se détourna résolument de lui pour s'adresser à sa collègue.

– Je vis dans une maison qui appartient à Jake Longfield. Mon patron est l'ami et le producteur de Jake Longfield. Merde, même mon chien m'a été donné par Jake Longfield. Vous pensez que je ferais ça pour son argent ? Il me tient déjà et je me suis laissée enfermer, comme une conne. Notre vie lui appartient et je veux que ça cesse, même si je dois tout recommencer encore une fois. Je veux qu'on l'enferme, lui. Inspectrice Van, dites-moi franchement. Si Quint parle, est-ce qu'il y a une chance pour que ça marche ? La moindre chance ?

L'inspectrice affronta son regard sans flancher. Taisha lut dans ses yeux sombres une détermination telle que la flamme en elle qui menaçait de s'éteindre, rejaillit des braises mourantes.

– Il y a toujours une chance que ça marche, assena Van. Je vous promets de faire tout ce que je peux pour vous donner cette chance, si vous ne reculez pas.

L'autre femme tendit une main amicale par-dessus la table. Taisha serra les dents. Serra sa main.

Elle ne reculerait pas. Elle ne pouvait plus se le permettre.

Lorsque les deux inspecteurs eurent pris congé, elle vida les tasses de thé et de café dans l'évier et les frotta pendant vingt minutes. Elle se sentait le besoin de tout nettoyer. Si seulement elle pouvait laver la souillure, la marque sur son visage, la tache dans son cœur. En violant son fils, Jake l'avait violée, elle. Il avait "juté", comme disait maintenant Quint, sur son identité de mère et il avait tout étalé jusqu'à ce qu'on ne reconnaisse plus rien. Qu'avait-elle fait, ou manqué de faire ? Elle aussi, ne méritait-elle pas d'être punie ? Cette salissure, elle ne pourrait jamais vraiment s'en débarrasser, même à grands jets de liquide vaisselle.

Il n'y avait plus rien à faire maintenant qu'à redouter le lendemain. Le moment où Quint apprendrait sa trahison et serait placé face à un choix qu'elle n'aurait jamais voulu lui imposer. Ouvrir les doigts et laisser aller... elle, ou Jake.

Ahn Liên Van.

Sitôt que Paul eut bouclé sa ceinture, Anh Liên démarra en trombe et le regarda s'accrocher nerveusement à la poignée avec une satisfaction presque sadique. Si seulement ça pouvait mettre à cet imbécile un peu de plomb dans la cervelle, et dans la langue surtout.

– Vraiment ? explosa-t-elle alors qu'ils rejoignaient le trafic dense des périphériques. Si je te revois t'adresser à la mère d'une victime de cette façon, je te fais bouffer ta cravate.

– La mère d'une victime présumée. C'est un coup monté, ça se voit à des kilomètres. Jake Longfield, rien que lui ? Et pourquoi pas le Président. Elle croit nous faire avaler ça ?

– Tu me perds, là. On a bien entendu le même enregistrement ? Celui où son gamin se torture dix minutes avant d'admettre qu'il est violé tous les samedi soir, avec tous les détails croustillants ?

– Elle l'a manipulé. De la manipulation de haute volée, d'accord, mais ce ne serait pas la première fois que ça arrive.

Ahn Liên grilla un feu et tourna à droite dans un dérapage tonitruant. Paul se recroquevilla dans son siège, grimaçant.

– "En fait, la première fois que j'ai juté, c'était dans sa bouche. Il était tellement surpris qu'il a failli s'étrangler avec." Ce genre d'horreur, ça ne s'invente pas.

– Jake Longfield, Ahn.

– Quoi, Jake Longfield ? Tu es fan de *Farrell Cosma* ? Il est beau, riche, talentueux, c'est une star, on voudrait le même en peluche, donc ça ne peut pas être un pervers ? Surprise, Paul. On est dans la vraie vie. Les méchants n'ont pas forcément des têtes de méchant, ce serait tellement facile.

– Ne me traite pas comme un débutant. Je déteste ça.

– Dans ce cas, arrête de te comporter comme un putain de débutant.

– Excusez-moi, docteur es pédocriminalité. Le plus grave que j'aie jamais traité dans les collines, c'est du trafic de blanche. Je connais ces gens. Ils ont leurs vices, mais des pédo ? C'est un mythe.

Traite-le de sataniste ou d'Illuminati, pendant que tu y es.

L'inspectrice souffla doucement par le nez. Paul n'avait pas douze ans d'expérience dans la protection des mineurs. Il n'était qu'un jeune détective oisif, dans un quartier où il servait de taxi à des gosses de riches intoxiqués. Il n'avait pas vu ce qu'elle avait vu. Et elle en avait vu assez pour renifler l'odeur de la déviance sous le parfum de luxe d'un grand acteur.

– Tu n'es pas habitué, je le conçois. Alors fais-moi confiance. La façon dont il a pris ce gamin sorti de nulle part sous son aile, la façon dont il les a déterrés de Seattle, la possibilité qu'il ait commencé sur son propre enfant... Merde, je ne savais même pas qu'il avait un gosse. Tout chez Longfield doit faire sonner notre alarme.

– Deux mots. Michael. Jackson.

Ahn Liên freina brutalement au beau milieu de la chaussée, ignorant complètement les klaxons qui retentissaient derrière elle. Colbert frotta sa gorge, là où sa ceinture de sécurité s'était douloureusement enfoncée dans sa peau.

– Sérieux ? s'écria-t-elle. Tu vas oser me sortir le joker Michael Jackson ?

– Star mondiale, encore plus riche que Longfield. Le même statut, les mêmes familles qui gravitaient autour de lui et ont cherché à profiter de lui et l'escroquer. Il a été innocenté par la justice. Point à la ligne.

– Quoi qu'il ait fait exactement, Michael Jackson ne tournait pas rond. Mais il ne risquait rien, il avait le monde entier à ses pieds.

Paul se mit à rire nerveusement.

– Parce que Longfield risque quelque chose, peut-être ? Admettons qu'il ait quelque chose à se reprocher. Comment tu comptes t'y prendre pour le mettre en examen ? Il est intouchable.

Ahn Liên redémarra en douceur et prit la direction des quartiers généraux du LAPD.

– Crois-moi, s'il a touché à un cheveu de ce gosse, je vais le toucher. Et bien le toucher.

Colbert lutta un moment avec un paquet de chewing-gum qu'il rangea ensuite sans lui en proposer et ne dit plus rien du trajet, se contentant de mâcher bruyamment.

Van guida son collaborateur temporaire jusqu'au cinquième étage du Central de la Police de Los Angeles, dans l'open-space où travaillaient ses collègues de terrain. Une odeur de shawarmas imprégnait la salle, rappelant péniblement à son estomac que l'heure du déjeuner lui faisait coucou de loin. Dès leur arrivée, Gonzalez incita par un sifflement ses partenaires, presque tous masculins, à relever la tête avec curiosité.

– Van s'est trouvé un nouveau chihuahua ! commenta Gonzalez en essuyant ses doigts gras dans une serviette en papier. Alors, il est aussi docile que Burke ?

– Accroche-toi à tes couilles, le nouveau ! Un pas de travers et elle les bouffe avec des baguettes !

Dans un éclat de rire général, sifflements et aboiements retentirent. Van leva les yeux au ciel. Le niveau intellectuel ici continuait de raser le sol de près, et on comptait sur ces beaufs pour protéger les enfants de Los Angeles. Le regard perplexe de Colbert se promena sur les autres inspecteurs ; il avait cessé pour un moment de ruminer son chewing-gum.

– Je ne suis pas sûr de bien comprendre. C'est toi qu'ils insultent, ou moi ?

– Tout ce qu'ils parviennent à insulter, c'est leur badge.

Elle le mena jusqu'à la station de travail à quelques pas de la sienne, alluma l'ordinateur et tira le fauteuil pour qu'il s'y installe.

– C'est le bureau de Foster Burke, mon binôme. Il est en congé, ce veinard. Paul, tu sais quoi ? Désolée d'avoir crié, d'accord ? Sincèrement.

– C'est bon, ne t'excuse pas. J'ai été maladroit. Tout ce que je voulais dire, c'est qu'on veut faire un bon travail de police. C'est ce qu'on veut tous les deux, pas vrai ?

Van s'autorisa un sourire. Peut-être qu'ils allaient parvenir à travailler ensemble, en fin de compte.

– Ça roule pour moi. On s'y met.

– Pas de pause déjeuner ?

Elle le fusilla du regard. Il fit éclater une bulle de chewing-gum.

– Compris, on oublie. Dis-moi ce que tu veux que je fasse.

– Tu épluches la vie de Longfield. Tout ce qu'on peut savoir sur lui, on doit le savoir. Commence par les antécédents judiciaires. Famille, parcours. Ses relations amicales, sentimentales, tout ce qu'il a pu dire en interview sur sa vie amoureuse, son orientation sexuelle, sur les enfants. Essaie de retrouver ce que des gens qui l'ont côtoyé ont pu dire à son propos. Recoupe, trouve un schéma cohérent s'il y en a un. Et surtout, débrouille-toi pour que tes interlocuteurs ne sachent pas précisément ce que tu cherches. Au moindre faux pas, on pourrait mettre le petit ou un autre enfant en danger. J'envoie la déposition de la mère et l'enregistrement du gosse sur ta boîte mail.

Paul passa une main lasse dans ses cheveux, épuisé par la seule perspective du travail qui l'attendait.

– Et pendant ce temps-là, tu vas faire quoi ?

– Mettre au clair cette histoire de première victime. Tu préfères qu'on échange ?

– Nan. C'est parfait comme ça.

Van alla se caler dans son fauteuil en plastique et démarra sa propre machine.

– Euh, Ahn Liên ?

L'inspectrice soupira. Eh bien, ça n'avait pas mis longtemps.

– Le mot de passe de ton partenaire ?

Burke n'était pas très au fait des problématiques de sécurité informatique et sa mémoire commençait à lui faire défaut. Son mot de passe était noté sur un Post-it collé à l'angle de l'écran d'ordinateur. La

journée allait être longue.
– Tu es inspecteur, Colbert. Tu vas trouver, j'en suis certaine. Courage.
Son propre mot de passe, elle le connaissait par cœur. Le post-it affiché à l'angle de son écran ne lui servait pas à ça. Lentement, elle le décolla et relut chacun des douze noms qui y étaient inscrits.
– J'ai trouvé.
– Bon garçon.
Douze noms.
Douze ans à la protection des mineurs, dans l'unité d'enquête sur les maltraitances physiques et sexuelles. Douze affaires dans lesquelles justice ne serait jamais rendue, dans lesquelles les accusés ne paieraient jamais pour les vies qu'ils avaient détruites.
Politiciens. Juges. Hauts fonctionnaires. Producteurs musicaux, exécutifs d'agences ou de studios. Vedettes. Sur les douze affaires, quatre s'étaient réglées au tribunal civil. Les huit autres n'avaient jamais abouti à la moindre arrestation. Toutes avaient été étouffées.
Tous "intouchables". Tous coupables.
Personne ne l'avait prise au sérieux quand elle avait reçu son badge de détective et intégré la section, douze ans auparavant. Elle avait dû faire ses preuves deux fois plus que ses collègues masculins. Quand les autres travaillaient sur des dossiers de trafic d'enfants à l'échelle internationale, elle sillonnait la ville pour recueillir les témoignages de familles brisées par les actes d'un professeur, d'une mère, d'un frère, d'un entraîneur. Elle perquisitionnait à tour de bras, refusait de détourner le regard devant les photos et les vidéos retrouvées. Elle accompagnait les jeunes victimes à l'hôpital, notait consciencieusement chaque marque de sévices, chaque irritation, chaque élargissement, chaque déchirure, chaque infection. Elle interrogeait ceux qui avaient désacralisé une chair platonique. Jamais elle n'avait eu peur de les regarder dans les yeux. Elle avait appris à reconnaître la salissure sur leur visage. Ce n'était pas les victimes qui portaient la souillure.
En douze ans, elle avait mis beaucoup de personnes en prison, parfois pour ne plus en ressortir.
Mais elle n'avait rien pu faire contre les intouchables qui, en plus de la tache indélébile, arboraient le sourire de ceux qui se savaient à l'abri. L'aura terrible de l'invincibilité. L'équivalent d'un crachat dans son œil. D'une chiure sur les blessés qui espéraient réparation.
Ces douze noms avaient tiré des torrents de larmes, et un tonnerre de hurlements furieux à la nuit.
Jake Longfield serait le plus puissant de tous, sans hésitation. Treize était un nombre symbolique. Il pouvait être le Jésus de cette Cène perverse, celui qu'elle sacrifierait sur la croix au nom de tous les autres.
Ahn Liên recolla le post-it au coin de son écran et se fit un serment : elle aurait définitivement quitté ce bureau avant d'écrire le nom de Jake Longfield sur sa liste.

Elle tapait le nom d'Aviya Johnson dans sa barre de recherche quand le commandant Torres entra et se dirigea directement vers son bureau. Malgré la climatisation, il suait à grosses gouttes et Ahn Liên savait pourquoi. C'était lui qui avait reçu l'appel de la police de Beverly Hills en début de matinée, demandant de dépêcher un "spécialiste" dans une affaire impliquant une célébrité. Torres appuya ses deux bras sur le bureau de l'inspectrice, la plaçant en contact visuel direct avec les poils de son torse qui émergeaient du haut de sa chemise. Elle leva les yeux vers lui avec un bref sourire qu'il ne lui rendit pas.

– Qui c'est ?

Ahn Liên hésita un instant. À ce stade, elle devait se méfier de tout le monde. N'importe qui ayant vent de l'investigation en cours pouvait passer un coup de fil. Elle devait agir vite et discrètement. Mais elle n'avait pas d'autre choix que de tenir son chef informé.

– Jake Longfield, répondit-elle à voix basse.

– Tu te fous de ma gueule.

– J'aimerais bien.

– Ahn Liên, c'est beaucoup trop haut. On va se ramasser.

– Chef, si vous voulez que je laisse tomber, prenez le téléphone et dites-le vous-même à la mère.

Torres sortit un mouchoir en tissu de sa poche de chemise et s'essuya consciencieusement le visage. Ahn Liên savait comment cela allait se terminer : la lâcheté rendait prévisible. L'inconvénient, c'était qu'il ne la soutiendrait pas en cas de carambolage sur une pente glissante. L'avantage, c'était qu'il la laissait faire à peu près tout ce qu'elle voulait.

– C'est sérieux, au moins ?

– On ne peut plus sérieux, je le crains.

– Combien de victimes ?

– Une déclarée, sans doute deux. Peut-être plus, je ne sais pas encore.

– Merde. Fais ce que tu as à faire, mais si ça vire au carnage, je n'étais pas dedans. Et le flic de Beverly Hills, comment il s'en sort ?

– Vous n'avez pas Eddie Murphy sous la main, je suppose ?

– Si seulement, on rigolerait un peu.

– Alors il fera l'affaire, chef.

– Bon. Au boulot, et ne me tenez pas au courant. Je ne veux rien savoir.

Elle s'était détournée vers son écran avant même qu'il n'ait terminé sa phrase. La force de l'habitude. Le premier résultat de sa recherche l'envoya sur le site d'un cabinet d'avocats new-yorkais à l'allure prestigieuse : Johnson And Associates. La photo de couverture étalait une brochette de quinze personnes vêtues de costumes ou de tailleurs luxueux, rassemblés autour du maître des lieux, David

Johnson, requin des affaires à la stature imposante qui avait les soixante-dix ans dans sa ligne de mire mais ne semblait pas prêt à raccrocher.

À ses côtés rayonnait son héritière : Aviya Feinstein-Johnson, une jolie trentenaire aux longs cheveux auburn et aux yeux clairs. On ne pouvait qu'en conclure que l'homme à sa gauche, Howard Feinstein, qui avait subtilement glissé une main dans le creux de son dos, était son nouvel époux. En cliquant sur elle, Ahn Liên tomba sur un portrait encore plus flatteur. Diplômée de Columbia en mille-neuf-cent-quatre-vingt-dix-huit, major de sa promotion. Une tête. Pourtant elle n'avait commencé à travailler comme avocate qu'en deux-mille-six. Un break de huit ans qui trouva son explication dans le lien suivant : son profil IMDb, le portail du cinéma. Aviya Johnson y était enregistrée comme scénariste de trois films sous le nom de Longfield-Johnson.

Les liens suivants menaient vers des archives numériques de journaux, certains abordant des dossiers qu'elle traitait au sein de son cabinet, et d'autres titrant l'information suivante datée de novembre deux-mille : Jake Longfield officialisait son mariage avec une jeune scénariste, qui avait eu lieu huit mois auparavant dans la plus stricte intimité. Des photos du couple, lointaines et de mauvaise qualité, accompagnaient les articles. Même en plissant les yeux, on n'apercevait aucun *baby bump.* Sur les photos officielles et les tapis rouges, Longfield apparaissait toujours seul.

En troisième page, l'inspectrice trouva son profil Facebook, en mode privé ; Ahn Liên n'avait pas accès à ses publications.

Aucune trace d'un enfant, nulle part. Si Jake et Aviya étaient vraiment devenus parents ensemble, ils en avaient fait un véritable secret défense. Il était plus que temps d'ouvrir la boîte de Pandore.

Ahn Liên retourna sur le site du cabinet et composa le numéro central. Il allait être dix-sept heures à New York, elle l'intercepterait bien avant qu'elle ne quitte le bureau.

Une secrétaire répondit dès la deuxième sonnerie. Bien sa veine : Aviya et son mari ne travaillaient pas le lundi.

– C'est la police, je dois lui parler de l'un de ses anciens clients. Il doit bien y avoir un moyen de la contacter dans ce genre d'urgence.

– *Vous auriez dû le dire plus tôt. Vous devriez réussir à la joindre sur son portable professionnel, il est allumé sept jours sur sept.*

Elle gribouilla le numéro en vitesse, remercia la réceptionniste et appela.

Messagerie. Elle tenta à nouveau sa chance. Elle allait à nouveau être basculée sur le répondeur quand enfin, le téléphone fut décroché et une voix légèrement agacée se fit entendre.

– *Aviya Feinstein, j'écoute.*

– Mrs Feinstein, ravie de vous entendre. Inspectrice Van, du LAPD. Vous auriez un moment pour qu'on discute toutes les deux ?

Un long silence intervint à l'autre bout du fil, au terme duquel la voix s'était troublée.

– Je ne pense pas pouvoir vous être d'une quelconque aide. Bonne après-midi.

– Ne raccrochez pas, s'il vous plaît. Vous savez pourquoi j'appelle, n'est-ce pas ? Votre aide pourrait tout faire basculer. J'imagine la souffrance que cela doit vous causer de revenir sur cette histoire, mais la vie d'un petit garçon est en jeu.

– ... Laissez-moi une minute.

Ahn Liên entendit de l'agitation, puis plusieurs voix trop éloignées du combiné pour qu'elle puisse percevoir ce qui se disait. Enfin, Aviya revint à son portable.

– Excusez-moi, je me suis isolée. Ma famille était dans la pièce, je ne voulais pas... Ils n'ont pas à entendre tout ça.

– Je comprends. Aviya... Je vais me permettre de vous appeler Aviya. Quand je me suis présentée, vous avez su tout de suite de quoi il s'agissait.

– J'ai reçu un appel il y a huit jours. Je suis au courant.

– Au courant de quoi ?

– Il a recommencé.

L'avocate éclata en sanglots. Ahn Liên trépignait en attendant qu'elle se recompose.

– Pourriez-vous préciser vos propos ? Qui vous a appelée ? Qui est "il" et qu'a-t-il fait ?

– La personne qui m'a appelée ne souhaitait pas que son identité soit dévoilée, elle risque gros. Je parle de mon ex-mari, Jake Longfield. Il a molesté un enfant.

– Et selon vous, ce n'est pas la première fois ?

– Il a abusé de Chaïm, notre... L'enfant que nous avons eu ensemble.

– Qu'est-ce qui vous fait dire ça ?

– Je l'ai vu de mes propres yeux, inspectrice.

Ahn Liên entendit une grande inspiration dans le combiné. Une femme se préparait à plonger en apnée, au cœur d'un souvenir susceptible de faire s'effondrer l'édifice mental qu'elle avait passé des années à reconstruire. Il existait peu de choses plus difficiles que ce qu'elle lui demandait à présent ; elle respecta donc son silence.

– Chaïm avait quatre ans. C'était une soirée calme, Jake était en période de relâche. Comme tous les soirs cette semaine-là, il a voulu s'occuper du bain de Chaïm. Il fermait toujours la porte. Je la fermais également à cause des employés qui pouvaient passer, ça ne m'a pas inquiétée. La salle de bains de Chaïm jouxtait sa chambre, au premier étage de la maison. Quand je passais devant, je n'entendais que des bruits ordinaires. Des rires, des éclaboussures. J'étais en bas quand notre cuisinier a eu une urgence familiale. J'ai demandé à notre chauffeur de le raccompagner. Je me suis dit... "Tiens, et si on commandait quelque chose ? Et si on bouffait mal, pour une fois ? Pizza

ou chinois ?"

Aviya s'interrompit pour pleurer doucement.

– Pizza ou chinois, c'était tout ce qui me préoccupait. Je suis montée dans la chambre de Chaïm. Les bruits s'étaient arrêtés. Je n'ai pas eu le temps de m'alarmer. J'ai ouvert la porte, et j'ai vu..

Elle s'étrangla avec un sanglot. Ahn Liên se mordit les lèvres jusqu'au sang. Elle avait fait ça des dizaines de fois ; à chaque fois, une petite fraction de son cœur volait en éclats.

– Prenez votre temps, Aviya. Vous vous débrouillez très bien.

– Jake était assis sur le tapis de bain... Chaïm, nu entre ses jambes. Il avait sorti son sexe. En érection, et il se... frottait, il se masturbait contre Chaïm. En même temps, il caressait le sexe de Chaïm. Mon fils... Mon fils reposait contre lui, complètement inerte. Je n'oublierai jamais son regard. Ailleurs. Vide, absent. Comme s'il lui avait fallu quitter son corps pour supporter... Ça a duré une seconde à peine. Jake m'a vue, il a aussitôt écarté Chaïm et s'est rhabillé. Mais c'était trop tard. Il est resté là, assis, incapable de me regarder, de dire le moindre mot. Alors j'ai pris Chaïm dans mes bras et j'ai refermé la porte. Je lui ai mis son pyjama, je l'ai couché, je lui ai lu une histoire comme tous les soirs. Il a fini par s'endormir. Jake n'avait pas bougé.

– Et que s'est-il passé ensuite ?

– Jake a fini par m'adresser ses derniers mots : "Emmène-le loin de moi." J'ai fait mes valises. Lui, il s'est couché comme si rien de tout ça n'était en train de se passer. Chaïm et moi avons pris le premier vol pour New York. Mon père nous a accueillis et m'a trouvé un représentant pour le divorce. Je n'ai plus jamais parlé avec Jake, tout s'est fait par l'entremise de nos avocats. Tout ce qu'il a demandé, c'est que je garde le silence sur ce qui s'était passé. En échange, il n'a plus jamais tenté de nous contacter.

– Je vois. Vous pensez que c'était une impulsion d'un soir, ou que cela durait depuis longtemps ?

– Je n'ai aucune preuve de ce que je vais avancer, mais je pense qu'il a commencé après son accident en deux-mille-trois. Leurs relations ont changé. Quelques mois après, Chaïm a recommencé à mouiller ses draps. Il m'est arrivé de me réveiller en pleine nuit et Jake n'était pas à côté de moi. Il recevait souvent des coups de téléphone tardifs alors jamais je n'ai fait le lien.

– Vous m'êtes d'une grande aide, Aviya. Dites-moi, quel âge a Chaïm maintenant ?

– Dix ans. Il est d'avril deux-mille-un.

– Comment arrivez-vous à expliquer qu'aucun organe de presse n'ait été informé de la naissance du fils de Jake Longfield ? C'était déjà une star à l'époque, on ne cache pas un enfant si facilement.

– Vous seriez étonnée de tout ce qu'on peut cacher si on a l'argent nécessaire. Jake verrouille tout. Je l'ai toujours connu ainsi. Je dois avouer que ça m'arrangeait, je ne voulais pas que mon enfant grandisse dans le chaos médiatique qu'était sa vie. Mais Jake n'agissait pas pour les mêmes

raisons. Il ne voulait pas de Chaïm. Je lui ai forcé la main, je l'admets, et il m'a menacée de mort pour que j'avorte. C'est un homme dangereux, inspectrice. J'ai dû me réfugier chez une amie. Il a fait une overdose médicamenteuse pour tenter de me faire obéir. Du chantage au suicide, en somme. Et d'après ce qu'on m'a raconté il y a huit jours, ça reste une de ses techniques favorites.

Ahn Liên commençait à avoir des crampes dans la main à force de noter les éléments fascinants qui surgissaient de la fontaine qu'était devenue Aviya, maintenant inépuisable.

– Vous a-t-il dit pourquoi il ne souhaitait pas avoir votre enfant ?

– C'était moins l'idée d'avoir un enfant que d'être père, je crois. Avec le recul, je suppose qu'il avait peur de lui-même, de ce qu'il pouvait faire. C'était ce qui se rapprochait le plus de la pitié chez lui.

– Peut-être vais-je vous apprendre qu'un tiers des pédocriminels ont été eux-mêmes victimes d'abus sexuels dans leur enfance. Vous pensez que ça pourrait être son cas ?

Le ton monta dans le téléphone.

– Je n'en ai aucune idée, il ne parlait pas de son enfance. Même si c'était le cas, et alors ? Est-ce que ça excuse ce qu'il a fait ? Est-ce qu'on devrait excuser un homme qui tue sa femme, juste parce que sa mère lui a refusé un jouet quand il était petit ?

– Je ne parle pas de l'excuser. S'il est en effet coupable des faits qui lui sont reprochés, il devra comparaître devant un tribunal et payer. Il s'agit de m'aider à le cerner. Mieux je le comprendrai, plus ce sera facile de déterminer ce qu'il a fait ou n'a pas fait.

– Je vais vous dire ce que vous devriez faire, inspectrice Van. Vous devriez aller trouver ce fils de pute et lui mettre une balle dans la nuque avant que d'autres gens ne soient blessés. Il n'y a plus rien de bon en lui, s'il y a jamais eu quelque chose à sauver. Oh il est charmant, c'est certain. On se laisse tous avoir. Mais c'est un monstre. Il ne ressent rien. C'est un menteur, un manipulateur, pervers narcissique, psychopathe, sadique. Collez-lui toutes les étiquettes que vous voulez, vous aurez forcément bon.

Ahn Liên se recula dans son siège, soufflée par la haine qui lui était soudain projetée. Aucune animosité de cette sorte ne pouvait naître sans son équivalent en souffrance, une souffrance encore brûlante malgré la distance et les années.

– Est-ce qu'il vous a déjà maltraitée personnellement, Aviya ?

– Il n'a jamais levé la main sur moi, il était bien trop malin pour ça. Jake fonctionne par emprise psychologique. Il analyse les plans de votre mental, relève minutieusement chaque point faible. Ensuite il le détruit brique par brique, tout en vous faisant croire qu'il veut votre bien. Et quand il ne reste rien de vous, quand il vous a pris tout ce que vous aviez, il piétine vos cendres et part à la recherche d'un nouveau joujou. C'est bien pire que n'importe quel uppercut.

– Je le conçois. Vous connaissez d'autres personnes qui auraient pu être victimes de son fonctionnement, ou qui pourraient attester du traitement que vous et votre fils avez subi ?

– Il a commencé à voir d'autres personnes quand notre relation s'est dégradée. Des femmes, des hommes, dans notre maison, dans l'espoir de me faire souffrir. Plusieurs fois, les choses se sont mal passées. Il n'est pas pour tout le monde. Mais il ne revoyait jamais la même personne deux fois. Impossible de vous donner des noms.

– L'amie qui vous a hébergée pourrait nous confirmer certains de vos dires, sans doute.

– ... Non, je ne peux pas lui faire ça. L'impliquer pourrait mettre fin à sa carrière. Jake a trop d'influence.

– Ses employés seraient peut-être enclins à parler.

– Vous rigolez ? Il les tient tous par les couilles. C'est comme ça qu'il assure sa sécurité, en ne leur laissant pas d'autre choix que de lui rester fidèles. C'est un miracle que quelqu'un travaillant là-bas soit prêt à se mettre en danger.

Ahn Liên nota en majuscules : "PAS DE CONFIRMATION" et souligna les mots trois fois. Le témoignage d'Aviya était inappréciable mais elle était trop à fleur de peau. La détective aurait été rassurée si d'autres personnes avaient pu soutenir sa version.

– D'accord, Aviya. Il me reste quelques questions. J'aurais besoin d'en savoir plus sur les pratiques sexuelles de Jake. Avec vous, comment ça se passait ? Avait-il des particularités, des préférences que vous pensez utiles de souligner ? Des choses... Disons, qui sortaient de l'ordinaire.

– ... Je ne crois pas être prête à parler de notre vie intime.

– Notre entretien n'est pas enregistré et croyez-moi, j'en ai entendu des vertes et des pas mûres. Je ne suis pas là pour vous juger, je suis là pour le comprendre, encore une fois.

– ... Eh bien, tout ce que vous imaginez, je suppose.

– Il va falloir être plus précise. Pratiques sado-masochistes, peut-être ?

– ... C'est un dominant. Le contrôle total, c'est ça qui le fait jouir. Bondage. Sodomie. Mouthfucking. Humiliations, gifles. Parfois il m'étouffait ou m'étranglait. Et il avait... ce masque.

– Il portait un masque ?

– Non, il m'en faisait porter un. Un masque en tissu, avec seulement une fente pour respirer. Pour ne pas voir mon visage. La première fois qu'il me l'a mis, il m'a dit qu'il aimait imaginer... que je pouvais être n'importe qui. Si j'avais su.

Les larmes revenaient dans la voix d'Aviya.

– Vous étiez d'accord pour tout ?

– Aussi bizarre que ça puisse paraître, il me demandait toujours si j'étais consentante. Et aussi... Je pense que c'est important. Il était impuissant. Pas tout le temps, bien sûr, la plupart du temps, tout allait bien. Mais il lui arrivait régulièrement de ne pas la lever et ça le rendait furieux.

– Tout ça va être d'une importance capitale pour nous, Aviya. Merci beaucoup. Si vous livrez le même témoignage le jour du procès, ça pourrait bien faire basculer le jury.

– Je préfère vous arrêter tout de suite, inspectrice. Il est hors de question que je témoigne à un quelconque procès. Mon nom et celui de mon fils ne doivent pas être mentionnés.

Ahn Liên lâcha son stylo et contempla les feuilles qu'elle venait de noircir de notes. Elle ne pouvait pas entendre maintenant qu'elle ne pourrait pas les utiliser.

– Aviya, si vous me permettez, prenez le temps de réfléchir à cette décision.

– C'est tout réfléchi. D'ailleurs à votre place, je retournerais voir les plaignants et je leur recommanderais de lâcher l'affaire. Jake ne sera jamais condamné. Vous ne connaissez ni son avocat, ni ses connexions si vous croyez le contraire. Je n'exposerai pas mon fils au foutoir que ça va être, surtout si c'est perdu d'avance. Chaïm est heureux aujourd'hui. Il sait qui est son père biologique, mais il n'a aucun souvenir de lui ni de ce qu'il a subi. Il porte mon nom et considère Howard comme son père. Il est... Il va bien. Ma famille va bien. Je ne veux pas mettre ça en péril.

– Les chances de faire condamner Longfield sont faibles avec votre témoignage, elles deviennent nulles si vous refusez de le donner. La famille concernée n'a pas vos moyens. Et si on laisse tomber, on laisse à votre ex l'opportunité de recommencer indéfiniment, avec d'autres enfants. Combien de vies gâchées avant que ça s'arrête ? Pensez-y.

– ... Je suis vraiment désolée.

– Mrs Feinstein...

– Je vous donnerai juste un conseil. Je ne peux rien faire de plus. Jake est addict à la cocaïne et surtout au fentanyl. En temps normal, il change l'un de ses patchs vers dix heures et vers dix-huit heures, pour faire remonter la dose dans son sang. S'il n'a pas la possibilité de changer de patch...

Aviya n'avait pas besoin de terminer sa phrase. Un accusé en manque serait moins armé pour résister à des heures d'interrogatoire. C'était une indication précieuse.

Moins précieuse cependant que le témoignage de la jeune femme.

– Vous êtes certaine de ne pas changer d'avis ? Votre milieu inspire la confiance sur un plan judiciaire. Vous n'imaginez pas ce que vaudrait votre parole.

– S'il vous plaît, transmettez tous mes sentiments à cette famille. Et dites-leur de laisser tomber. Bon courage, inspectrice.

Ahn Liên enfonça le téléphone dans son socle et lâcha un juron si bruyant que la moitié de la salle se retourna vers elle. Gonzalez s'apprêta à faire un commentaire, mais le regard qu'elle lui lança le dissuada d'ouvrir sa grande gueule.

L'inspectrice vint s'accouder au bureau de Burke, où Colbert faisait défiler des pages et des pages de liens Google. Il s'était arrêté de mâcher le chewing-gum coincé dans sa joue.

– Tu as trouvé quoi ?

Elle visa alors les feuilles de notes de Paul. Trois lignes y avaient été écrites, en tout et pour tout.

– Quelque chose de louche.

– Ce qui est louche, c'est que que tu n'aies absolument rien trouvé pendant ma très longue conversation téléphonique.

– Exactement.

Anh Liên fronça les sourcils. Elle ignorait si c'était le témoignage pénible qu'elle venait de recueillir, le fait qu'elle n'avait rien dans le ventre ou Colbert qui se fichait vraiment d'elle, mais elle n'arrivait plus à suivre. Paul fit pivoter son fauteuil vers elle, le regard intense.

– Aucun crime ou délit au nom de Jacob Albert Longfield en Californie. Une simple contravention pour excès de vitesse en deux-mille-huit. Mais il a mentionné dans plusieurs interviews qu'il n'est arrivé en Californie qu'à l'âge de dix-sept ans. Il affirme qu'il est né à Lima, dans l'Ohio. Alors j'ai...

– Si tu prenais un raccourci, l'interrompit Ahn Liên avec un soupir, et que tu passais directement à la partie où tu découvres quelque chose ?

Paul cliqua sur une fenêtre de son écran et fit apparaître le scan du permis de conduire de Jake Longfield, renouvelé en deux-mille-quatre. Le détective désigna la photo d'identité de Longfield d'un doigt accusateur.

– Ce que j'ai découvert, c'est que cet homme, apparemment né le premier mars mille-neuf-cent-soixante-huit, comme tu le peux le lire, n'existe pas avant mille-neuf-cent-quatre-vingt-cinq, soit son arrivée en Californie à l'âge de dix-sept ans.

Ahn Liên rendit à Paul son regard un peu fou. Voilà qui était intéressant.

– Précise ta pensée.

– Tout le temps que tu as passé au téléphone, je l'ai passé à rechercher une trace de lui dans ce foutu pays. Avant mille-neuf-cent-quatre-vingt-cinq, il n'y a strictement rien. Aucune trace de lui à Lima. Aucune trace de ses parents. Deux Longfield ingénieurs dans un coin paumé de l'Ohio, ça ne devrait pas se perdre comme ça, et pourtant. Rien, dans aucun fichier administratif. C'est comme s'il était apparu par magie à Los Angeles à l'âge de dix-sept ans. Venu d'une autre planète ?

Abasourdie, Ahn Liên se tourna pour, cette fois, fixer le regard serein de Longfield qui s'affichait sur le moniteur. Les mots d'Aviya résonnaient sous son crâne, prenant soudain une dimension différente. "Menteur, manipulateur". "Il ne parlait jamais de son enfance."

– Jake Longfield, vous n'êtes donc pas Jake Longfield, murmura-t-elle pour elle-même.

– Et toi, ton coup de téléphone a donné quelque chose ?

– Il y a bien une première victime. Son fils, dont il a habilement caché l'existence au grand public. Et avec ce que tu viens de m'apprendre, je n'en suis plus si surprise.

– C'était la mauvaise ou la très mauvaise nouvelle ?

– Le petit n'a aucun souvenir et la mère, qui a tout vu, refuse de témoigner.

De dépit, Paul cracha son chewing-gum dans la poubelle.

– Si je comprends bien, on a un accusé... quel que soit son véritable nom, qui est une star mondiale, deux victimes qui ne parleront pas, un témoin mystère qui, par conséquent, ne parlera pas non plus, et aucune preuve matérielle. Je ne sais pas pour L.A, mais à Beverly Hills, on appelle ça une affaire classée sans suite.

– C'est vrai, on n'a pas grand-chose.

Colbert haussa des sourcils éloquents en enfournant un nouveau chewing-gum.

– C'est pour ça qu'il nous faut des aveux, ajouta Ahn Liên.

Son collègue avala son chewing-gum tout rond et fut pris d'une violente quinte de toux. Elle lui tapota le dos avec compassion.

– Réfléchis. Quel est le minimum syndical pour qu'un juge émette un acte d'inculpation ? Une plainte et un aveu. Si on a ça, on n'a pas besoin du reste. Notre seule chance, c'est le témoignage de Quint et les aveux de Longfield. Et on va leur soutirer les deux, demain matin.

– Demain matin ? Ahn Liên, on vient seulement de commencer.

– Et on va continuer, toute la nuit s'il le faut. Le bruit ne va pas tarder à se répandre qu'on enquête sur lui ; tôt ou tard, il l'apprendra et qui sait ce qu'il pourra entreprendre contre la famille. On ne peut pas tergiverser.

Paul la dévisagea. Il ne croyait pas une seconde à ce qu'ils faisaient mais il la suivrait à présent, suffisamment secoué par les révélations des dernières heures.

– Le petit en premier ? demanda-t-il finalement.

– Les deux en même temps. Le petit est sous influence, ils sont comme cul et chemise. À la minute où on quittera l'un, l'autre sera au courant.

– Le procureur ne t'autorisera jamais à arrêter Longfield sur la base de l'enregistrement. Enfin, j'ose espérer que tu comptes appeler le bureau du procureur ?

– Pas avant demain matin.

– Laisse-moi deviner, tu as peur qu'il soit prévenu ? Tu sais que ça frise la parano.

– Je ne pense pas, non. Tu as raison sur un point : le procureur n'autorisera pas l'arrestation. Mais si je lui arrache même une simple conversation au domicile, je peux tenter le tout pour le tout avec Longfield. C'est notre seule chance.

– Tu réalises à quel point ton plan est dingue ?

Avec un sourire, Ahn Liên lui donna une claque sur l'épaule et rejoignit son propre bureau.

– Bon boulot, Paul. Allez, on a du pain sur la planche.

Jake.

Les mains de Jake tapotaient vigoureusement le scénario ouvert devant lui. Autour de lui, quatre autres hommes attablés regardaient avec insistance le cinquième, qui lui, regardait la table, la mine affligée. Seule Amanda, les yeux rivés au téléphone, ne semblait que de très loin intéressée par le jeu de pouvoir qui se déroulait.

Jake vérifia sa montre. Neuf heures quarante-huit. Ils étaient coincés sur cette affaire depuis huit heures et rien n'avait avancé. Il avait d'autres choses à faire, et son patch à changer en tout premier lieu. L'une de ses jambes tressautait vigoureusement, une agitation familière le gagnait.

Sam releva finalement la tête vers lui et le gratifia d'un énième regard suppliant.

– Jake, cette histoire, c'est mon bébé.

– Je sais. Et on te l'a tous dit, l'histoire est béton. Je parle pour tout le monde.

Les quatre autres approuvèrent dans un murmure.

– Mais c'est notre argent. Si tu veux qu'on t'approuve comme scénariste et réalisateur, on ne demande qu'un changement. Juste un changement, ce n'est pas si terrible.

– Ce changement affecte toute l'intrigue. Je devrais tout récrire.

– Alors récris le tout. C'est ton métier, non ? Quelle est ton audience ? On l'a définie sur les quinze-trente-cinq ans, libéraux. Je me trompe, Dev ?

– C'est exactement ça, Jake.

– Ils en ont plus qu'assez des histoires de *rape and revenge*. Il est de temps de donner au public des rôles féminins plus complexes que d'éternelles victimes assoiffées de vengeance. Amanda, tu fais partie de l'audience cible. Dis-le à Sam.

Amanda accorda à peine un coup d'œil au scénariste en question.

– Si j'avais le temps d'aller au cinéma, ce ne serait pas ma came.

– Tout le reste a un potentiel de dingue. Sans blague. Mais il faut trouver à Michelle une *backstory* un peu moins démodée.

Stewart pénétra dans le second salon à petits pas pressés et, sans cacher sa préoccupation, vint se pencher à son oreille.

– Un agent en civil du LAPD demande à vous parler. Je l'autorise à entrer ?

Amanda baissa lentement son portable et échangea un regard neutre avec Jake. Ce n'était pas la première fois qu'il devait recevoir la police mais il avait toujours eu affaire à la section de Beverly Hills, qui cherchait à collecter des informations sur des faits ayant eu lieu non loin de chez lui. En revanche, le département de Los Angeles n'avait en principe que bien peu de raisons valables de se déplacer jusqu'ici.

– Tu ne vas pas laisser la police à la porte, Stewart. Il a dit ce qu'il voulait ?
– C'est une femme, monsieur. Elle n'a rien dit. Je l'introduis.
Stewart s'éclipsa à nouveau. Des regards intrigués pesaient sur Jake ; le moment était particulièrement bien choisi pour mettre un terme à leur session de brainstorming.
– Écoute, Sam. On va te laisser quelques jours pour réfléchir, mais si tu restes sur tes positions, on se verra dans l'obligation d'engager un *script doctor*. C'est ton choix. Messieurs, on va en rester là si vous le voulez bien.
L'inspectrice du LAPD fit son entrée alors qu'ils rangeaient leurs affaires, suivie de près par Stewart, qui tordait ses mains d'angoisse, et un officier en uniforme qui demeura en retrait. Lisant le visage fermé et presque féroce de la nouvelle venue, une femme en jeans et blouson, Jake comprit qu'il ne s'agissait pas d'une querelle de voisinage ou d'une Porsche abîmée. Il se leva et l'accueillit avec un sourire charmeur.
– On s'est tous rencontrés aux Narcotiques Anonymes. Alors à moins que vous ne soyez récemment encartée, j'ai du mal à saisir le motif de votre présence.
Ses collègues, y compris Sam qui essuyait discrètement une larme, partirent d'un grand éclat de rire complaisant. La policière ne décrocha pas un sourire. Elle dégaina brièvement son badge.
– Inspectrice Van du LAPD, Mr Longfield. J'ai besoin d'avoir une discussion privée avec vous. Soit vous renvoyez immédiatement vos petits amis abstinents, soit vous nous trouvez un endroit tranquille pour parler. Maintenant.
Son ton était si sec, ses manières si agressives que, comme il le craignait, tous les autres ralentirent le rythme, soucieux de la tournure que prenaient les choses.
– S'il s'agit du PV de stationnement d'il y a six mois, un coup de téléphone suffisait.
À nouveau, il y eut quelques rires autour de la table mais le cœur n'y était plus. Longfield essuya discrètement son front qui se perlait de sueur.
– Je ne suis pas certaine que vous ayez envie que vos collègues entendent pourquoi je suis venue.
Cette fois, personne ne rit. Plus personne n'osait même se regarder. Derrière lui, Jake entendit Wyatt s'avancer d'un pas tranquille, lui rappelant qu'il n'était pas seul.
– Je ne suis pas certain que vos manières me plaisent, inspecteur. Corrigez-moi si je me trompe, mais il semblerait que vous n'ayez pas de mandat d'arrestation, j'ai donc tous les droits de vous demander de quitter ma propriété. Stewart vous montrera la sortie.
– Oh. Dois-je comprendre que vous refusez de coopérer ?
– Très perspicace. Envoyez quelqu'un de plus aimable et je changerai peut-être d'avis.
Stewart se racla la gorge et posa une main prudente sur son bras, qu'elle repoussa.
– Pas de chance, vous êtes coincé avec moi. Puisque vous m'y forcez, vous êtes en état d'arrestation,

Mr Longfield, pour atteintes sexuelles et viols multiples sur mineur. Vous avez le droit de garder le silence. Si vous renoncez à ce droit, tout ce que vous direz pourra être et sera retenu contre vous devant une cour de justice.

La panique s'empara de Sam et des autres, des éclats de voix fusèrent de toutes parts.

– C'est une gigantesque méprise, les rassura-t-il. Je vous appelle ce soir. Stewart, s'il te plaît.

Tandis que Stewart poussait ses invités dehors avec force exhortations, Jake serra le bord de la table pour empêcher ses mains de trembler. C'était impossible. Il ne pouvait pas être arrêté. Si un mandat avait été émis contre lui, son avocat en aurait forcément été informé. Il avait des entrées partout, y compris au bureau du procureur du comté de L.A. Jake aurait dû être mis au courant.

– Vous avez le droit à un avocat et d'avoir un avocat présent lors de l'interrogatoire, continua l'inspectrice. Si vous n'en avez pas les moyens, un avocat vous sera fourni gratuitement.

Jake se tourna vers Amanda, qui avait porté le téléphone à son oreille.

– Appelle Burns, marmonna-t-il.

– Je ne suis pas en train de commander une pizza, Jake.

– Durant chaque interrogatoire, vous pourrez décider à n'importe quel moment d'exercer ces droits, de ne répondre à aucune question ou de ne faire aucune déposition. Vous avez également le droit à une assistance médicale si nécessaire. Avez-vous compris vos droits ? Avez-vous des questions ?

– Je veux parler au procureur. Il est illégal de m'arrêter si aucune autorisation n'a été émise par un juge ou par le bureau du procureur.

– Tout vous sera expliqué au central de Los Angeles, pas d'inquiétude.

– Pourquoi le LAPD ? Vous êtes hors de votre juridiction.

– La division de Beverly Hills a requis notre collaboration. Grosses accusations, gros moyens.

Amanda discutait déjà d'une voix basse et précipitée avec son avocat. La détective détacha ses menottes et s'approcha de lui à grandes enjambées.

– Contre la table, les mains loin du corps, bien en évidence.

– Je ne crois pas que les menottes soient nécessaires.

– C'est moi qui décide de ce qui est nécessaire.

– Je ne sortirai pas menotté de...

Van l'empoigna par le dos de sa veste et le plaqua contre la table avec une force qu'il ne lui soupçonnait pas.

– Hey ! intervint Amanda. Pas besoin d'être brusque, il ne résiste pas.

– Il a refusé d'obtempérer à un ordre direct. Rappelez le chien de garde, je réagis mal à la menace.

Jake ne voyait plus ce qui se passait derrière lui, mais du coin de l'œil il avait aperçu le policier en uniforme poser une main préventive sur son arme. Il en déduisit que Wyatt ne prenait pas très bien

son interpellation.
– Tout va bien, Wyatt, lança-t-il d'une voix qui sonnait bien plus assurée qu'il ne l'était en réalité. Je serai de retour dans quelques heures. Ne fais rien sans mon autorisation, compris ?
– Compris, boss.
Van se colla à lui pour le palper, son bas-ventre frottant sans gêne contre son cul tendu vers l'extérieur. Il grinça des dents et supporta l'humiliation sans un mot. C'était exactement ce qu'elle cherchait : une réaction violente au traitement qu'il subissait. Il ne lui laisserait pas le plaisir d'entendre la moindre protestation. Lorsqu'elle eut terminé sa fouille, elle tordit douloureusement ses bras dans son dos. Le contact glacé des menottes contre ses poignets le fit frissonner de la tête aux pieds. Le métal entama sa peau, il réprima une plainte et fut relevé sans ménagement. Elle s'apprêtait à le sortir de la pièce quand une pensée terrifiante le figea sur place.
– J'ai besoin de passer aux toilettes.
– Il fallait y penser avant. On n'est pas des bêtes, on vous laissera aller pisser au commissariat. C'est sans doute moins propre qu'ici, mais il faudra vous en contenter.
En quittant la maison, Jake évita précautionneusement les regards de Stewart et d'Azrah. La honte et la colère lui brûlaient le visage. Dehors, pas moins de trois autres uniformes attendaient, appuyés contre leur voiture siglée. On cherchait à lui faire peur. Lui fut dirigé vers une voiture banalisée. Au moment où Van ouvrait la portière, il lui glissa :
– Je vais exercer mon droit à garder le silence et faire appel à mon avocat, inspecteur. Laissez-moi tout de même vous féliciter. Un tel spectacle pour votre fin de carrière, quel tour de force.
– Ce n'est pas inspecteur, c'est inspectrice, rétorqua-t-elle. Vous ne m'intimidez pas. Vous souhaitez garder le silence ? Fermez-la.
Il se tut et profita du silence durant le trajet pour penser. À comment il se retrouvait, lui, à l'arrière d'une voiture de police avec une *inspectrice* déterminée à lui en faire baver et de telles charges sur les épaules. Il n'avait pas particulièrement peur d'être interrogé ; il avait confiance en ses capacités et celles de Brett Burns, ce serait une affaire d'heures, peut-être même de minutes avant qu'il ne soit libéré, lavé de tout soupçon. Avec un peu de chance, il n'aurait pas le temps de ressentir le manque.
Non, ce qu'il redoutait, c'était ce que cette arrestation signifiait. Il avait été vendu.
Jamais un jour il n'aurait pensé espérer que la trahison venait d'un membre de son personnel. Parce que si ça n'était pas le cas, et il refusait obstinément d'écouter la petite voix dans son esprit qui lui promettait que ça n'était pas le cas, il n'était pas certain que son cœur tiendrait le coup. La structure ne tenait plus que par des agrafes et des pansements. Elle saignait par tous les côtés.
Un choc de plus et tout partirait en morceaux.

Jake (2003).

Quatre étages, douze mètres de hauteur. Trois pas à reculons entre le lieu d'impact et la bordure du toit qui le ferait trébucher. Il avait juste à se laisser tomber. Derrière lui le vide, puis une autre façade d'immeuble recouverte d'échafaudages, où les combats du film débutaient. Ils s'étaient amusés comme des petits fous sur les édifices ébranlés par la moindre bourrasque, tous harnachés comme des canassons. Mais aujourd'hui, c'était la vraie montée d'adrénaline. Au sol l'attendait le gigantesque matelas gonflable sur lequel il atterrirait. La technique de réception, il la connaissait par cœur. Cascade maîtrisée.

– Tu sais qu'on peut encore mettre ta doublure en place si tu ne le sens pas. Avec ce soleil de merde, on a perdu un temps dingue sur l'éclairage. On ne tourne pas avant une bonne demi-heure et Nathan connaît la choré.

John V, le réalisateur, un quadra exhibant des rouflaquettes d'un charme désuet, son casque audio coincé sous une vieille casquette de baseball, jetait des coups d'œil méfiants vers le vide.

– J'ai déjà sauté de plus haut.

– Avec une ligne de survie.

– Qui n'a jamais servi à rien, puisque je contrôle.

John leva les mains et les frotta en Ponce Pilate.

– Je te fais confiance. C'est la prod' qui préférerait que Nathan s'en charge.

– Pourquoi est-ce qu'ils s'obstinent à engager une doublure cascade ?

– Des histoires d'assurances, tu sais comment ça se... Qu'est-ce qu'ils sont chiants à gueuler dans ce truc. Bref, comme tu veux, Jake. L'ambulance est là, au cas où tu meures.

Satisfait de sa plaisanterie, John lui administra une claque sur l'épaule et s'éloigna en hurlant dans son micro contre un électricien qui avait déplacé un câble sur les mauvais marquages.

Dix minutes avant qu'ils ne fassent tourner les caméras, Jake aligna deux poutres de blanche, afin de faire monter le rythme cardiaque et disparaître les restes d'anxiété naturelle qui pourraient gâcher la prise. Ce genre de plan exigeait des dépenses exorbitantes, ils ne pouvaient pas se permettre de le recommencer dix fois. Pas de droit à l'erreur.

Cinq minutes avant le coup de feu, le coordinateur des cascades vint leur faire répéter une dernière fois la chorégraphie.

– On reprend au point six. Pare, pare, pare... Frank, tu as encore un temps d'avance. On recommence. Pare, pare, pare, pare, pare et *front pushing kick*, sans force ! Réception abdo, Jake, un, deux, trois pas... Tu es en place. On recommence, les gars.

Ils s'assurèrent de leur synchronisation parfaite jusqu'à l'appel de mise en place du premier assistant. Une seule chose le gênait : le coup de pied rectiligne qu'il devait recevoir dans le ventre de la part de Frank, celui-là même qui était censé l'envoyer voltiger au bas de l'immeuble, il n'allait pas le sentir. Comme sur la plupart des productions, acteurs et cascadeurs simulaient les coups portés. Jake ne pourrait éviter une micro-seconde de décalage entre le faux impact et la réception.

La chute devait être réussie. Elle serait filmée de trois angles différents, elle lui rongerait longtemps l'esprit s'il avait le sentiment de ne pas s'y être investi. Il connaissait Frank depuis douze ans. Un nounours dans la vie, une montagne de muscles devant la caméra, une vraie tête de vilain. Frank avait déjà accepté de déroger légèrement aux règles de sécurité pour lui filer un coup de pouce.

– Dolly en place. Grue un en place. Grue deux en place. Jake, Frank, en place !

Jake s'approcha une dernière fois de son partenaire et se hissa sur la pointe des pieds pour approcher sa bouche de l'oreille du géant.

– Ne me ménage pas.

– Sûr ? C'est une longue chute.

– Quelle différence ça fera avec le matelas ? On rend ça réel.

– Comme tu veux, Jake. Tu vas me maudire ce soir.

Ils échangèrent une discrète poignée de main et Jake vint reprendre sa position initiale.

– Moteur. Ça tourne, caméra un. Caméra deux et trois. Ça tourne au son.

– Et... Action !

Pare, pare, pare, pare, pare... *Pushing kick.*

Le choc se répercuta dans le moindre de ses os. Souffle coupé. Il sut immédiatement qu'il n'avait pas bandé sa ceinture abdominale à temps. Il reçut la pleine force de l'impact, sans résistance. Les trois pas qui devaient le mener à la bordure se transformèrent en vol plané.

Il tomba. Beaucoup trop loin.

Jake reprit lentement conscience dans un flou intégral. Des visages sans traits flottaient au-dessus de lui. Des sons lui parvenaient de très loin, comme s'il était là sans être présent, perdu entre le monde réel et des limbes éthérées. Il essaya de bouger, en vain. Il avait été détaché de son corps.

Puis une douleur à l'arrière de son cou perça les brumes dans lesquelles il s'était égaré avec une lance chauffée à blanc. Il entendit un gémissement, cette fois bien trop fort, comme lâché dans un micro, et comprit qu'il s'échappait de ses propres lèvres.

– Il s'est réveillé. Jake. Jake, tu m'entends ?

L'un des visages se pencha sur lui. Il aurait reconnu les rouflaquettes entre mille. Articuler ses premiers mots représenta un effort terrible.

– J'ai mal.

Quelqu'un d'autre arriva dans son champ de vision. Uniforme orange.

– Mr Longfield, vous avez eu un accident. Vous êtes sédaté dans une civière immobilisante.

Détendez-vous et surtout n'essayez pas de bouger la tête, d'accord ? On s'occupe de vous.

Il tenta d'attraper le bras de John, mais il ne savait plus où était sa main.

– Qu'est-ce qui s'est passé ?

Sa propre voix lui faisait mal aux oreilles. La douleur sous sa nuque enflait de seconde en seconde.

– La cascade, tu te souviens ? Trop fort, trop loin. Tu as heurté une barre des échafaudages. On pense que tu as perdu conscience sur le coup et tu t'es mal réceptionné sur le matelas.

Il se souvenait de l'impact dans son ventre. Plus rien après.

– C'est grave ? J'ai mal au cou.

– Ils vont t'emmener à l'hôpital et te remettre sur pied. On reprendra quand tu pourras.

La souffrance devenait si intolérable que les larmes lui montaient aux yeux. Personne ne l'écoutait. Il voulut tourner la tête, mais la tentative de mouvement lui arracha un hurlement. Il essaya de se lever, sans succès. Ses jambes avaient disparu, elles aussi.

– Où est... Qu'est-ce qu'ils ont fait de mon corps ?

– Ton corps est là, vieux. Tout est là. Juste une fracture du poignet de rien du tout.

– Je sens rien... Je sens plus rien.

Tout à coup, les fils se nouèrent dans son esprit. Blessure au cou. Moelle épinière. Paralysie.

L'image de Laurence Sebastiani, bloqué dans son fauteuil, s'imposa à lui. Impossible. Laurence était mort, il s'était débarrassé de lui pour de bon. Il n'existait plus. Jake ne pouvait pas devenir comme lui, il n'était pas comme lui. Mais il ne sentait plus ses membres. Il ne pouvait plus bouger.

Laurence l'avait poussé, d'une manière ou d'une autre. Son fantôme était responsable de ce qui se passait, de ses pleurs, de sa souffrance.

– C'est sa faute. C'est sa faute ! C'est sa faute...

– Calme-toi, Jake.

– Rendez-moi mon corps ! J'ai mal !

Ce furent les derniers mots qu'il fut capable de prononcer de façon intelligible. Le reste se perdit dans un magma épais de cris et de gémissements. Il voulait qu'on l'achève, mais il souffrait trop pour le leur dire.

– Donnez-lui plus de morphine, bordel.

– Il est branché sur du fenta, on ne peut pas lui donner plus puissant.

– Augmentez la dose !

Chambre d'hôpital. Quand et comment la transition s'était opérée, il l'ignorait. Mais il savait une chose : il se sentait bien, anormalement bien ; enveloppé dans un nuage de coton tiède, une sorte d'état intermédiaire entre une transe méditative et une ivresse raisonnable. Il était apaisé, à l'abri et sans aucune envie de revenir à la conscience aiguë que les autres êtres humains avaient

d'eux-mêmes. Comme les soirs où pour chasser le spectre d'une journée mouvementée, on se glissait dans des draps propres, sur un matelas moelleux, près d'un autre corps chaud.
– Mr Longfield. Heureux de pouvoir vous parler, enfin. Je suis le Professeur Stone, et vous êtes à l'Hôpital Cedars-Sinaï de Los Angeles. Comment vous vous sentez ?
Il avait une vue claire sur son corps et au-delà, la télévision et un meuble qui croulait sous les bouquets de fleurs. Il tenta de tourner la tête vers la voix, mais quelque chose bloqua. Le médecin entra dans son champ de vision : un petit bonhomme à lunettes et aux cheveux grisonnants, arborant un sourire aimable.
– Comme vous, professeur, répondit-il.
Son rire pulsa contre ses tympans.
– C'est-à-dire ?
– Stone. Complètement stone.
– Je vois que le fentanyl fait finalement effet. Mais ne vous attendez pas à garder ces sensations euphorisantes très longtemps. Mr Longfield, vous vous souvenez de ce qui s'est passé ?
Jake tâcha d'organiser ses pensées alors que le docteur passait une lampe de poche devant ses yeux. Son dernier souvenir... John, matelas, *pushing kick*. L'ensemble des images et des sensations revint en se bousculant sous son crâne, repoussant le *high* opiacé au second plan. Son premier réflexe fut d'essayer de bouger ses bras et ses jambes. Tout fonctionnait, même si son bras gauche était alourdi par un plâtre. Le soulagement fit rouler en lui une deuxième vague d'extase.
– Je peux bouger.
– En effet. Nous ferons une batterie de tests quand vous serez reposé, mais il semblerait que vous ayez également conservé toute votre sensibilité. Vous êtes un miraculé. Au vu de la blessure, on a forcément craint une lésion de la moelle épinière. Mais les IRM sont formels : aucun dommage neurologique.
– Mais je ne pouvais plus bouger, plus rien...
– Oui, c'est ce qui est noté dans le rapport. Vous étiez en état de choc. Nous pouvons seulement faire l'hypothèse d'une sorte d'hallucination kinesthésique complexe. Enfin, peu importe. Le principal, c'est qu'avec du temps, vous vous remettrez complètement de cet accident.
– Combien de temps ?
Stone tapota sa jambe à travers le drap.
– Le temps qu'il faudra. Nous reviendrons sur les détails ensemble à un moment plus opportun. Je vous laisse avec votre famille, vous devez avoir des tas de choses à vous dire.
Le médecin sortit ensuite de son champ de vision et la porte s'ouvrit puis se referma. Le silence se fit à nouveau. Jake fronça les sourcils, perplexe.

– ... Aviya ? Tu es là ?

– Nous sommes là, dit une voix fatiguée. Est-ce que tu as envie de nous voir ?

– Oui, bien sûr.

Il se surprit à trouver la réponse évidente. Un fauteuil racla contre le sol et Aviya apparut, les traits tirés. Chaïm était profondément endormi contre elle, sa tétine dans la bouche. Sa femme allongea délicatement l'enfant au bout du lit, puis s'assit à son chevet et serra brièvement sa main.

Il agita les doigts, essayant de retenir entre eux le fantôme des siens, mais en vain. Là, tout de suite, les raisons de leur séparation officieuse se paraient de futilité et leur rupture lui provoquait une douleur inédite. Sûrement un effet du fentanyl.

– Je ne vous avais pas entendus.

Aviya jeta un regard tendre vers Chaïm.

– Il est épuisé. Je l'ai emmené te voir tous les jours. Crois-le ou non, mais il était inquiet. Il n'arrêtait pas de répéter : "Papa dort", "Papa dort", "Pourquoi Papa dort".

– Tous les jours ?

– Tu es ici depuis cinq jours. Ils t'ont opéré dès ton arrivée. Dès que tu te réveillais c'était une torture, alors ils ont fini par te placer en coma artificiel, pour te laisser le temps de récupérer.

Jake cligna lentement des yeux. Beaucoup trop d'informations à intégrer pour un cerveau liquéfié. Il leva des mains maladroites pour toucher son cou et son visage, à la recherche de ce qui entravait sa tête. Il sentait des bouts de métal et de plastique ici et là mais ne parvenait pas à les identifier. Tout contact avait quelque chose d'étrange, de non familier.

– Qu'est-ce que... Qu'est-ce qu'ils m'ont fait ?

– Ils t'ont mis un appareillage, une minerve à base thoracique. Une sorte de gilet qui emprisonne tout ton cou et ton crâne. Tu ressembles un peu à Robocop, c'est impressionnant.

– Quand est-ce qu'ils l'enlèvent ?

Aviya soupira et se frotta longuement les yeux.

– Tu devras parler de ça avec le professeur Stone, Jake. Mais je préfère te prévenir maintenant. Ils ont annulé le tournage. Ton manager est débordé. Frank a été viré de la guilde et inculpé. Ils lui ont mis tout le code pénal sur le dos.

Frank ? Il avait dit à Frank de frapper fort. Frank était uniquement coupable d'avoir obéi à ses instructions.

– C'était un accident.

– C'est ce qu'ils ont cru au début, mais tout a été filmé. Ils ont constaté que Frank n'a pas arrêté son coup de pied. Il t'a frappé réellement. Tu n'arrêtais pas de hurler que c'était sa faute.

– Non, pas Frank... C'est moi qui lui ai demandé de frapper. J'ai mal réceptionné le coup.

Aviya sourit tristement.

– C'est ce qu'il leur a dit aussi. Tu crois que ça a une quelconque importance pour eux ? C'est une histoire de gros sous, ils ont besoin d'un bouc émissaire.

– Je dois les appeler.

– Tu les appelleras. Jake, je sais que tu te fiches pertinemment de ce que je peux ressentir, mais ton fils a eu peur. L'hôpital, toi qui ne te réveillais pas... S'il te plaît, repose-toi et écoute les médecins. Plus vite tu guériras, plus vite sa vie retrouvera son cours normal.

Jake contempla le petit garçon de vingt-huit mois endormi à ses pieds. Ses belles boucles brunes lui tombaient sur les yeux. Il ne ressemblait pas à sa mère ; c'était lui, son portrait craché. Impossible de le renier. Il avait tout fait pour que le gamin ne s'attache pas à lui. Il ne lui adressait pas la parole, ne le touchait pas, ne lui signifiait aucun amour. Malgré tout, son premier mot il l'avait prononcé en regardant Jake : Papa. Le petit le suivait comme un chiot qu'on frappait et qui revenait après chaque coup, avec une énergie et une affection redoublées.

Le Professeur Stone l'autorisa à rentrer dix jours plus tard, à condition de ne pas quitter le lit ni sa minerve pendant trois semaines. Le choc contre la barre d'échafaudage avait fissuré l'une de ses cervicales et partiellement rompu plusieurs ligaments, obligeant les chirurgiens à intervenir.

Les mesures prises pour une guérison complète – trois mois de collier rigide après le retrait de la minerve, puis six mois de rééducation avant de reprendre la moindre activité physique – l'enfoncèrent dans une dépression dont personne ne devait prononcer le nom. Comme l'avait prédit Stone, il s'accoutuma au fentanyl à une vitesse galopante. La douleur revint au point de le réveiller en sueur dans la nuit, le forçant à augmenter les doses. Puis l'abattement devint une autre douleur, plus accablante, plus résistante. Il renforça les doses uniquement pour échapper à sa réalité.

Il se dénonça pour protéger Frank et les indemnités qu'il devait recevoir pour sa blessure sur le lieu de travail lui passèrent sous le nez. Une production se retira de leur engagement pour un prochain film. Il perdit le job. Il haïssait la douleur. Il haïssait le monde. Il détestait pisser et chier dans une bassine, et voir son corps fondre comme neige au soleil. Plus que tout, il détestait ceux qui l'entouraient et le choyaient comme un nouveau-né.

La seule personne qu'il tolérait autour de lui était Chaïm. Il ignorait la raison de cette soudaine indulgence, mais ces trois semaines où il demeura prisonnier de son corps en convalescence virent les choses se métamorphoser peu à peu. Il n'acceptait personne dans la pièce à moins d'une affaire urgente mais laissait le petit garçon y jouer aussi longtemps qu'il le voulait. Il le contemplait des heures durant, réalisant seulement maintenant qu'il avait contribué à créer un être humain. Il y avait tant de potentiel en Chaïm et il en était responsable. Cette idée le réconfortait dans ses moments les plus sombres. C'était de l'amour qui se développait en lui, contre toute attente.

Un jour qu'il s'assoupissait comme un petit vieux devant une émission abrutissante, Chaïm fit une entrée fracassante dans la chambre qu'ils avaient aménagée pour ses soins. Tout nu et brandissant une figurine, il se mit à courir tout autour du lit en hurlant à pleins poumons, se cognant contre les meubles au passage. Sa nourrice le suivit dans la pièce et l'intercepta entre ses bras.
– Je suis tellement désolée, Mr Longfield, souffla-t-elle. J'allais le mettre au bain et il m'a échappé. Si vous saviez comme il est tonique !
Chaïm fit voler sa figurine dans les airs en imitant le bruit d'un avion.
– Papa Robocop ! s'exclama-t-il avec un hourra.
– Chaïm, ne dis pas ça à ton papa. Allez, c'est l'heure du bain.
– Pas le bain ! Je veux Papa Robocop !
– Laissez-le, intervint Jake. Il aura son bain tout à l'heure. Donnez-le moi.
La nounou déposa prudemment Chaïm sur ses genoux. Déséquilibré, le petit garçon s'écrasa sur lui en riant aux éclats.
– Bon, ça a l'air d'aller, sourit la nourrice. Sonnez-moi quand vous voulez que je le reprenne.
Lorsque la porte fut refermée, Jake redressa Chaïm et l'assit contre lui. Le garçon fit voleter sa figurine de Robocop devant ses yeux.
– C'est toi ! Tu es Papa Robocop !
– Ah bon ? Qui a volé ma cape de Superman ?
– C'est Maman Superman !
– Maman est Superman ? Alors Robocop est mal barré, mon grand. Tu sais ce que je pense ? Je pense que tu as mérité des guilis.
– Même pas !
Trop tard. Jake lui chatouilla les flancs, savourant chaque éclat de rire, chaque tortillement et chaque frottement, jusqu'à ce que Chaïm s'écroule en criant grâce.
Le petit lui avait donné une érection. Il le regardait à présent par-dessous, de ses deux grands yeux de biche, encadrés de longs cils, faussement innocents. Jake caressa ses cheveux, dégagea son front. Si seulement il avait pu se pencher pour y déposer un baiser. C'était son héritier. Il serait spécial.
Jake le caressa. Le petit garçon s'était soudainement calmé, il paraissait sur le point de s'endormir.
– Ça fait encore des chatouilles, dit-il en tortillant ses fesses contre lui.
– Des chatouilles spéciales, pour te donner la force de Robocop. Ne le dis surtout pas à Maman Superman ou elle sera jalouse. Tu as compris, Chaïm ?
– Oui, j'ai compris. Faut pas dire à Maman Superman.
– Je t'aime, mon cœur.
– Moi aussi, papa.

15

La glace à la pistache

Quint.

Quint terminait son petit-déjeuner en silence quand on sonna à la porte. Tendue à se rompre, sa mère sursauta et lâcha l'éponge avec laquelle elle frottait le plan de travail depuis son réveil. Elle n'était plus elle-même depuis qu'il lui avait parlé, elle essayait de faire semblant mais rien ne collait. Il regrettait d'avoir ouvert sa bouche, une fois de plus. Il aurait dû s'en tenir à ce que Jake lui disait toujours : parfois, il valait mieux mentir pour protéger les siens plutôt que de dévoiler une vérité qui ferait souffrir.

Il était un peu tôt pour une visite de voisinage ; c'était un jeune inconnu en costume-cravate qui se tenait dans l'encadrement. La mère de Quint le laissa entrer dans la maison sans un mot. Il cacha ses mains dans ses poches et resta à une distance respectable du garçon, en lui adressant un léger sourire. Pancake le renifla à peine, dénonçant une familiarité coupable.

Quint avait flairé le piège trop tard.

Taisha s'assit à côté de lui et caressa son bras.

– Ma puce, ce monsieur est de la police. Il est ici pour bavarder avec toi, surtout de ce que tu m'as raconté sur Jake.

Quint la fusilla du regard. Elle avait osé le trahir. Cette colère qui le bouffait de l'intérieur remonta une nouvelle fois à la surface, écarlate, aveuglante, déchirante.

– Tu m'avais promis...

– Crois-moi, je n'en suis pas fière. Mais j'avais besoin que tu me dises la vérité. Et maintenant, c'est à ce monsieur qu'il faut raconter la vérité.

– Quelle vérité ?

– Quint... Tu ne t'en rends peut-être pas compte, mais ce que Jake t'a fait, c'était très mal. Il n'avait pas le droit. Et... La police est là pour lui rappeler ce qu'il n'a pas le droit de faire, tu comprends ? Ils ont besoin de ton aide pour ça.

L'homme en costume s'avança enfin et lui tendit la main.

– Enchanté de te rencontrer, Quint. Je suis l'inspecteur Colbert de la police de Beverly Hills. Tu peux m'appeler Paul.

Quint baissa les yeux sur ses genoux et garda obstinément ses mains pour lui.

– Pas grave, je comprends. Je vais m'asseoir, si ça ne te dérange pas. Ta mère m'a dit que tu te plais beaucoup à Pasadena.

Le garçon serra les lèvres.

– Il paraît que tu fréquentes une école d'art. Tu veux me parler un peu de ce que tu y fais ?

– Non, lâcha Quint d'un ton provocateur. On m'a appris à ne rien dire aux flics. Les flics manipulent ce qu'on dit, ils le déforment, ils s'en servent contre nous pour contourner nos droits civiques.

L'inspecteur se fendit d'un rire embarrassé.

– Waouh. Qui est-ce qui t'a appris ça ?

– Elle.

Quint pointa un doigt accusateur sur la traîtresse assise à ses côtés.

– Eh bien, ça ne va pas nous aider, c'est certain.

– Oui, c'est vrai, rétorqua Taisha sans honte. Je lui ai appris à se défendre contre les méthodes fascistes d'une institution raciste. La faute à qui, inspecteur ?

Sans attendre sa réponse, elle se tourna à nouveau vers Quint.

– Je sais ce que j'ai dit, ma puce, et c'est toujours vrai. Mais l'inspecteur Colbert n'est pas là pour te faire du mal. C'est le contraire. Il veut la vérité pour te protéger, toi et peut-être d'autres enfants. Tu n'as rien à te reprocher, il le sait déjà. Mais il faut lui parler de ce dont tu m'as parlé.

Le portable de Colbert vibra bruyamment. Son visage se durcit alors qu'il lisait le message qui venait de lui être envoyé. Taisha lut par-dessus son épaule avec un regard nerveux.

– Quint, Jake Longfield est au commissariat en ce moment-même. Tu ne dois plus te sentir obligé de le protéger, tu comprends ?

– Vous mentez ! Vous mentez tous !

Le garçon courut se réfugier dans sa chambre. Il claqua la porte derrière lui, sauta sur son lit et remonta les draps par dessus de sa tête. S'il restait là une heure, deux heures, cinq heures, toute la journée, toute la vie, le policier finirait bien par se lasser. Jamais il ne le forcerait à parler contre Jake. Il mourrait plutôt que de trahir sa confiance une fois de plus.

Il entendit la porte s'ouvrir, un froissement de vêtement. L'inspecteur s'était assis à côté de lui.

– Eh bien, il est partout dans ta chambre. Tu l'aimes vraiment beaucoup, hein ?... Moi aussi. C'est un super acteur.

– Ce n'est pas la même chose, cracha Quint depuis sa cachette.

– Non. Malheureusement, c'est très différent. Vous vous aimez énormément, tous les deux. Je sais. Ta maman m'a raconté. Cet... amour-là ne doit pas exister entre un adulte et un enfant. Toi, tu es une victime. J'ai pensé que tu voudrais savoir que tu n'es pas le premier. Jake a déjà fait toutes ces choses graves avant toi ; ça veut dire qu'il pourrait recommencer après toi. Alors si on veut être sûr que Jake arrête de faire du mal à des enfants, j'ai besoin d'entendre de ta bouche ce qu'il a fait. Tu comprends ?... Écoute, je vais te laisser tranquille, pour réfléchir. Quand je reviendrai, on en reparlera. Et si tu as envie de parler avant, je serai juste à côté.

La porte se referma doucement derrière lui.

Combien de temps il sanglota sous les draps, Quint l'ignorait. Mais les pleurs finirent par se tarir pour laisser place à une détermination d'acier. Il repoussa le drap au bout de son lit. Lorsque Paul revint enfin et s'assit sur le matelas, il se redressa contre ses oreillers.

– Je suis prêt à vous dire, murmura-t-il.

– Me dire quoi, Quint ?

– La vérité.

Ahn Liên.

Téléphone en main, l'inspectrice observait Jake Longfield à travers la caméra d'angle de la salle d'interrogatoire. Il avait posé sa veste sur le dossier de sa chaise, défait les deux premiers boutons de sa chemise et remonté ses manches : un homme qui s'apprêtait à transpirer. Il se levait sans cesse pour faire les cent pas avant de se rasseoir, grattait compulsivement ses bras, loin d'être aussi calme et composé que sa réputation aurait pu le laisser penser.

Si elle avait réussi à le surprendre avant qu'il prenne sa dose d'opioïdes, c'était une case cochée de plus. Elle avait besoin de tous les atouts possibles dans son jeu. Depuis qu'elle avait embarqué l'acteur, elle n'avait reçu que des textos dubitatifs de la part des officiers laissés sur place. Interrogés, les employés permanents s'étaient montrés particulièrement peu bavards. Rien vu, rien entendu, rien remarqué, monsieur l'agent. Le témoin mystère ne se manifestait pas.

Ahn Liên n'avait qu'une hâte : foncer dans cette salle d'interrogatoire et écraser le visage de John Doe dans sa propre merde. Ni lui, ni son avocat Brett Burns ne lui faisaient peur. Le plus difficile allait se dérouler dans les prochaines secondes. Elle avait arrêté Longfield sans mandat : au vu des éléments, le procureur du comté lui avait uniquement accordé un entretien à domicile. C'était une faute de sa part et elle devrait probablement en répondre quand tout ça serait terminé. Elle assumerait de ne pas avoir su se retenir d'effacer le sourire arrogant de cette enflure, pas de problème. Mais elle avait besoin de s'assurer le soutien du procureur.

Luke Martinez ne tarda pas à lui répondre, la voix basse et anxieuse.

– Qu'est-ce que vous avez pour moi ?

– J'ai dû procéder à une arrestation, monsieur.

Il s'étrangla dans le combiné.

– Mes ordres étaient limpides !

– Il s'est montré agressif et non coopératif. Je ne pouvais pas le...

– Van, vous avez arrêté... Vous l'avez arrêté, lui, sans mandat et sans aucune preuve. Vous serez

suspendue avant la fin de cette journée, faites-moi confiance.

– Je comprends, monsieur. Mais il est au Central maintenant et si nous le libérons, il tentera d'exercer une pression sur l'enfant, voire de lui faire du mal. Vous le savez aussi bien que moi.

– S'il est coupable. Jusqu'à preuve du contraire, inspecteur, la présomption d'innocence tient toujours. Vous avez obtenu la déposition du gamin ?

– Mon collègue de Beverly Hills est sur le coup. C'est une question de minutes.

Au moment même où elle prononçait ces mots, elle croisait les doigts pour que sa confiance en Colbert ne soit pas mal placée.

– J'espère vraiment, pour nous tous d'ailleurs, que vous savez ce que vous faites.

Ahn Liên ne put retenir un soupir de soulagement.

– Merci beaucoup, monsieur.

– Ne me remerciez pas trop vite. Je vous donne trois heures, pas une minute de plus.

– Trois heures ? J'ai besoin de plus que ça pour le faire craquer. Donnez-moi au moins la journée.

– Trois heures pour avoir une déposition de la victime qui tienne la route. Si ce n'est pas le cas, et que votre accusé ne vous a pas lâché des aveux nets et précis, vous devrez le libérer immédiatement. Vous êtes sur la sellette, est-ce que c'est clair ?

– ... Très clair, monsieur.

– Maintenant faites votre boulot. Et faites-le correctement, nom de Dieu.

Il lui raccrocha au nez. Bon, la menace était explicite, elle savait ce qui l'attendait ; raison de plus pour ne pas faire dans la dentelle. Elle envoya un texto à Paul et reçut une réponse dans la seconde : "Ok." Passif-agressif. Il ne devait pas être réjoui. Quelques minutes plus tard, elle pénétra dans la salle d'interrogatoire et déposa trois bouteilles d'eau sur la table avec son dossier.

Le compte à rebours avait commencé.

– Nous sommes au commissariat, démarra Longfield sur-le-champ. J'estime avoir le droit qu'on me présente un mandat d'arrêt valide.

– Décidément, quelqu'un est procédurier. Asseyez-vous, s'il vous plaît. Je n'ai pas besoin d'un mandat d'arrêt si le bureau du procureur estime que les éléments contre vous sont suffisamment accablants pour que vous soyez mis hors d'état de nuire.

– C'est complètement grotesque. Où est mon avocat ?

– Il n'est pas détenu dans nos services, si c'est là votre question. Que puis-je vous dire ? Coincé dans les bouchons, il faut croire. Vous êtes toujours résolu à garder le silence ?

Jake désigna la place vide à côté de lui.

– Très bien. Je préfère vous prévenir que ce choix ne joue jamais en faveur de l'accusé devant un jury. Un petit conseil, pour quand vous serez présenté devant une cour d'assises.

– Vous voulez que je dise quelque chose ? Je pense que vous n'avez rien sur moi. Quelle que soit l'accusation, je n'ai rien fait de criminel. Ce n'est pas en me malmenant et en vous frottant à moi comme une chienne en chaleur que vous me ferez avouer des actes que je n'ai pas commis.

Ahn Liên sourit et se recula tranquillement sur sa chaise. Pour quelqu'un qui ne souhaitait pas parler, cela faisait beaucoup de mots d'un coup.

– Me frotter à vous comme une chienne en chaleur ? C'est intéressant pour l'enregistrement. Si je comprends bien, vous estimez avoir été violenté durant votre arrestation.

– Je ne jouerai pas à votre jeu, inspectrice. Si j'avais été une femme et vous un homme, nos places seraient échangées en ce moment. Vous savez ce que vous avez fait et pourquoi vous l'avez fait.

– Donnez-moi votre théorie, je suis tout ouïe.

Longfield lui rendit soudain son sourire.

– Je n'ai pas envie d'être impoli avec vous. Je comprends. Être une quadra célibataire si castratrice qu'aucun type ne la toucherait, même avec des gants, ça ne doit pas être facile tous les jours.

– Je ne pensais pas qu'un mâle alpha tel que vous aurait peur pour sa virilité. Pas d'inquiétude, Mr Longfield, je ne peux utiliser aucun objet tranchant dans cette pièce.

La porte s'ouvrit à la volée derrière Ahn Liên. Elle n'avait pas besoin de se retourner pour savoir qui venait de pénétrer dans la salle : l'odeur musquée de son luxueux after-shave le précédait.

– Mon client a demandé à garder le silence, aussi dois-je vous rappeler qu'il vous est interdit de le questionner en dehors de ma présence.

– Quel plaisir, Me Burns.

L'avocat prit son siège aux côtés de Longfield. Soigné et élégant, il frisait la soixantaine, entretenait une coupe poivre et sel et un bouc d'où aucun poil ne dépassait, et arborait deux bagues en or à chaque main. Il déposa sa serviette en cuir à côté de lui et défroissa sa veste Armani.

Van avait déjà eu affaire à lui quelques années auparavant. Son client de l'époque faisait partie des douze noms. Burns était un excellent pénaliste, l'un des meilleurs de la ville, en fait. Il n'avait qu'une faiblesse : il n'appréciait pas qu'une femme lui tienne tête.

– À partir de cet instant, vous n'adresserez vos questions à mon client que si son représentant, moi, est assis à ses côtés. Inspecteur.

– Je crois qu'elle préfère *inspectrice*, intervint Jake, les bras croisés sur sa poitrine.

– Oh, je sais.

Sans se démonter, Ahn Liên leur adressa à tous deux un sourire aimable.

– Quand j'aurai besoin de votre secours, Mr Longfield, je n'hésiterai pas une seconde. Me Burns, je ne suis pas certaine que vous soyez capable de répondre aux questions que j'ai pour votre client.

– Laissez-moi donc en juger. Je suis très cher pour une bonne raison.

– Un échantillon, alors. Votre client a-t-il une sexualité épanouie ? Est-ce qu'il se masturbe souvent et avec quels fantasmes ? Consomme-t-il de la pédopornographie ? Depuis combien de temps se sait-il attiré sexuellement par les enfants ? Considère-t-il qu'essayer d'enfoncer son pénis d'adulte dans l'anus d'un enfant de dix ans fait partie d'une sexualité normale ?

Le client en question avait sensiblement pâli. Ses narines palpitaient. Il décroisa les bras, posa les mains sur la table puis sur ses genoux, laissant des traces de sueur sur le métal. Quant à Brett, il soupira ostensiblement.

– Vous êtes un clown, inspecteur. Vous ne croyez pas que mon client a été assez humilié pour aujourd'hui ? Il a sollicité mon conseil. Au vu des circonstances et si vous ne voulez pas qu'un vice de procédure entache votre dossier, je vous conseille de nous laisser un moment en tête-à-tête, sans enregistrement.

Ahn Liên essaya de capter le regard de Longfield, mais ça n'était plus possible. Il avait trouvé un point fixe au plafond derrière elle et s'y accrochait fermement. Le moindre doute demeurant quant à sa culpabilité s'envola à cet instant. Elle se leva, satisfaite.

– Cinq minutes.

Jake.

Aussitôt que la porte se fut refermée sur la flic, Brett s'approcha à quelques centimètres inconfortables de son client.

– Qu'est-ce que vous n'avez pas compris dans l'expression "garder le silence" ? siffla-t-il entre ses dents. Ça veut dire que vous la bouclez tant que je ne vous dis pas le contraire, *a fortiori* quand je suis absent.

– C'est de votre faute, répliqua Jake sur le même ton. Vous vous êtes arrêté au Starbucks du coin ? Je ne serais même pas ici si vous aviez fait votre job correctement.

– Je n'ai pas été prévenu avant l'appel d'Amanda. En fait, j'étais sur le chemin quand mon contact m'a envoyé un message. Votre arrestation a sans doute été autorisée plus tard qu'ils ne le prétendent. Peu importe maintenant, vous êtes ici et cette garce a bien l'intention de vous garder. Elle vous a lu vos droits ? Vous connaissez les charges qui pèsent contre vous ?

Jake hocha la tête, les mâchoires serrées. Ces dernières secondes lui avaient prouvé que Van connaissait beaucoup trop de détails pour que la fuite soit venue d'un membre de son personnel. C'était Quint qui avait lâché la bombe. Il avait l'impression de se vider de plusieurs litres de sang à la minute.

– Les accusations sont-elles fondées ? demanda platement Brett.

– Non ! Non, bien sûr que non ! s'indigna Jake. Je ne l'ai jamais violé !

– Ne vous scandalisez pas. Ce n'est pas moi le juge, je suis là pour vous défendre. Et vous savez qui est la victime présumée, visiblement.
– Oui, un gamin de dix ans que je fréquente depuis un an. Mon... protégé, appelez ça comme vous voulez. Mais nos relations sont absolument consenties.
L'avocat le dévisagea longuement, comme pour déterminer son degré exact de sérieux.
– Des relations consenties, vous dites ?
– Oui.
– Avec un enfant ? De dix ans ?
– Je sais, dit comme ça, on saute tout de suite au plafond, mais...
– Mais rien du tout ! gronda Burns. Jake, des relations consenties avec un enfant, ça n'existe pas ! Aux yeux de la loi, cela vous rend coupable à deux cents pour cent.
– Alors il y a un problème avec la loi.
– Oh, la ferme. Vous vous croyez où ? Vous êtes dans un commissariat, pas à la fac de droit. Ce qui se passe maintenant, ce n'est pas un débat sur la morale et la justice. Ce qui se passe, c'est ce qui va faire la différence entre vous, sortant libre d'ici, et vous enfermé en centrale pour le reste de votre vie. Est-ce que je me fais bien comprendre ?
Jake ravala son fiel et se contenta d'opiner. Jusqu'ici, il n'avait eu recours aux services de Burns que pour quelques affaires de photos publiées sans son consentement, des dossiers rondement menés où il se trouvait être le plaignant. Cette fois, son avocat était nerveux et ne cherchait pas à le lui cacher. Pour la première fois, il s'imagina de façon vivace dans l'uniforme orange du Département de Correction de Californie, pieds et mains enchaînés à une ceinture de cuir. Il s'imagina être poussé dans une cellule minuscule qu'il partagerait avec deux autres hommes, des hommes qui savaient qui il était et ce qu'il avait fait.
Ça ne devait pas arriver. Il ne voulait pas terminer lardé de coups de couteau, s'étouffant dans son sang sur le sol d'un réfectoire pénitentiaire.
– La situation n'est sans doute pas si grave qu'elle ne le paraît, reprit Brett. Aucun de vos employés n'a fourni d'information qui aggraverait votre cas. Ils n'ont pas fouillé la maison, ils n'ont donc pas de mandat de perquisition. Si le procureur était sûr de son coup, ils seraient en train de tout retourner. Cette arrestation sent le fioul. Leur dossier est vide, ils ont besoin de vos aveux et vous n'allez pas leur faire ce plaisir. L'inspecteur Van bouffe des types comme vous au petit-déjeuner depuis plus de dix ans. Elle a perdu la dernière fois que nous nous sommes rencontrés, c'est sa chance d'obtenir une revanche. Elle est déjà convaincue de votre culpabilité et va vous provoquer pour que vous lâchiez le morceau. Elle déteste les hommes. Probablement une lesbienne ou une féministe frustrée. Quoi qu'il arrive, parlez avec calme et conservez votre sang-froid.

– Ça risque d'être compliqué. J'ai été arrêté avant de prendre ma dose de fentanyl.

Brett massa sa tempe avec lassitude.

– Et je suppose que votre fentanyl n'est pas légalement prescrit ?

– À votre avis ?

– Combien de temps vous pensez pouvoir tenir avant les premiers symptômes de sevrage ?

Jake jeta un coup d'œil à ses mains tremblantes. La peur de manquer pouvait être aussi déstabilisante que le manque lui-même mais il était en capacité de surmonter cette peur, pour quelques temps au moins.

– Six ou sept heures, peut-être. Difficile à dire.

– Alors on doit faire en sorte que ça dure moins longtemps. Ne lui donnez aucune prise sur vous. Le silence ne vous sera d'aucun secours, alors dites la vérité quand c'est possible, sinon mentez. Elle n'hésitera pas à le faire de son côté. Soyez toujours le plus bref possible afin d'éviter les incohérences. Pas de détails. Ne l'aidez pas. Forcez-la à venir vous chercher. Si je sens qu'on entre dans une zone sensible, je vous demanderai de vous taire. Si vous avez des doutes sur une question, ne dites rien et j'interviendrai. Rien d'autre que j'aurais besoin de savoir ? Il vaudrait mieux que je ne sois pas surpris.

– Il y a bien une chose.

Il bégaya au moment de prononcer les mots que ses lèvres auraient préféré ne jamais articuler.

– J'ai dérapé avec un garçon, il y a quelques années. Mon fils. Mon ex-femme le sait. J'en serais étonné, mais elle a pu parler.

– Il ne manquerait plus que ça. Ça fait onze ans que j'ai arrêté de fumer, Jake. Vous savez quelle est la première chose que je vais faire quand on sera sortis d'ici ?

Brett se redressa sur sa chaise et lui jeta un dernier regard noir avant de se détourner.

– M'en griller une, putain.

Ils ne s'adressèrent plus la parole dans la minute qui suivit. Van refit bientôt son apparition avec un gobelet de café dans la main et vint s'asseoir.

– Cinq minutes, comme promis. Vous êtes disposé à répondre à mes questions ?

– Tant qu'elles sont pertinentes, rétorqua Burns.

– L'interrogatoire débute à dix heures quarante-deux. Sont présents DC Ahn Liên Van, Me Brett Burns, représentant de l'accusé, et l'accusé... Votre nom complet pour l'enregistrement.

Jake inspira profondément. La partie avait commencé. Il était temps d'avancer ses pions.

– Jacob Albert Longfield.

Van se mit à rire.

– Si vous commencez à mentir à ce stade de l'interrogatoire, je ne donne pas cher de votre peau.

– Je vous demande pardon ?

– Quelle est l'origine de votre nom de famille, Jake ?

Ce n'était pas du tout ainsi qu'il avait envisagé les choses. Il jeta un coup d'œil perplexe à Brett, qui prit le relais.

– Je me trompe ou j'ai spécifiquement demandé que vos questions soient pertinentes, inspecteur ?

– Oh, mais elles le sont. Vous allez comprendre, Maître. Je suis certaine que même vous ne savez pas tout de votre client du jour. Jake, ma question est simple. Moi, par exemple, je suis d'origine vietnamienne et cela se reflète dans mon nom. Mes parents m'avaient appelée Kelly dans un effort d'intégration, mais qui veut s'appeler Kelly, franchement ? Le concept d'origine vous parle, ça y est ? Quelle est l'origine du vôtre ?

– Europe de l'Ouest, répondit Jake en haussant les épaules. Je ne sais pas exactement.

– Ce n'est pas un nom de famille très courant. Rappelez-moi où vous êtes né.

– Lima, Ohio.

– La petite ville de Lima. Et vous avez habité là toute votre enfance, c'est bien ça ?

– C'est ça.

– Il est intéressant de constater qu'il n'y avait pas de Longfield à Lima, Ohio, en mille-neuf-cent-soixante-huit, pas plus que dans les années qui ont suivi. Comment expliquez-vous cela ?

– Je ne l'explique pas. Vous avez peut-être fait une erreur.

– Il s'agit sans doute d'une erreur de recensement, comme il en existe beaucoup, ajouta Brett qui semblait s'ennuyer.

– Sur une période aussi longue ? Peu probable. Je vais vous montrer une photo, Jake, si vous le voulez bien. Excusez la piètre qualité, la cartouche magenta était vide.

Van sortit une feuille A4 de son dossier et la fit glisser jusqu'à Jake. Il était présent sur un tapis rouge avec quatre autres personnes. Jeune, élégant, souriant.

– Quel âge vous donneriez-vous sur cette photographie ?

– Vingt ans. Peut-être vingt-et-un. C'était mon premier tapis rouge.

– Tout à fait. Qui a négocié ce premier rôle important pour vous ?

– Mon agent de l'époque, je suppose. Will Graham, comme le flic de *Hannibal Lecter.*

– Là, vous avez tort. Will Graham vous a signé à la suite de ce rôle et non avant. Il s'agissait de l'agent qui vous représentait quand vous étiez inscrit à la guilde des doublures de cascade. Étonnant que vous ayez confondu alors que vous vous êtes répandu à son sujet en interview. L'homme qui vous a, je cite, "repéré et sorti de la rue. Il a lancé ma carrière, je lui dois tout." Quel était son nom ?

– Mr Morris. C'était il y a longtemps, mes souvenirs ne sont plus aussi clairs.

– Et son prénom ? Le prénom de l'homme à qui vous devez tout ?

– Al.
– Un diminutif pour ?
– Albert.
– Albert. Comme votre deuxième prénom.
Brett éclata de rire. Van déplaça son regard sur lui, lâchant un moment Jake qui reprit une goulée d'air frais. Il commençait déjà à transpirer. Les chose s'annonçaient mal. La détective attendit avec un sourire poli la fin de l'hilarité de Burns.
– Quelque chose de drôle, Maître ?
– Je n'ai jamais rien entendu d'aussi ridicule, inspecteur. Vous m'avez habituée à mieux. Mais continuez, je vous en prie. Pour l'instant, je prends du bon temps et vous en perdez.
– Ravie de vous divertir. Jake, ça ne vous fait pas rire. Un commentaire ?
– Qu'est-ce que vous voulez que je dise ? C'est une bête coïncidence.
– La première chose qu'on apprend dans mon métier, c'est de toujours prendre le temps de vérifier qu'une coïncidence en est bien une. Sachant qu'une "erreur de recensement" vous a apparemment effacé de la surface de la Terre pendant dix-sept ans, vous comprendrez que j'aie dû vérifier. Mais soit. Maintenant je vous demande de prêter attention à un détail sur la photo, que je vais entourer pour vous aider.
Elle s'empara d'un stabilo et traça un cercle rose autour de son poignet gauche, orné d'un bracelet de cuir noir.
– Vous vous rappelez ce bijou ?
– Vaguement.
– Le design est assez inoubliable. Vous l'avez acheté vous-même ?
– Honnêtement, ça doit faire vingt ans que je n'ai pas mis ce truc. Je ne me souviens pas.
– On le voit sur de nombreuses photos de l'époque. C'était une édition limitée de quatre-vingt-cinq, facile à reconnaître. Vous vous souvenez de quelle marque il était ?
Jake leva les yeux de la photo et croisa le regard en amande de l'inspecteur Van. Il y lut la satisfaction anticipée de l'avoir piégé.
– Oui, Longchamp. Je m'en souviens. C'était d'ailleurs pour ça que je l'avais acheté, pour la coïncidence, j'ai dû trouver ça marrant.
– Ce qui nous fait maintenant deux coïncidences. Vous pouvez deviner quelle est la deuxième chose qu'on apprend dans mon métier. Lorsqu'on commence à cumuler les coïncidences, c'est probablement que ce ne sont pas des coïncidences. Je ne sais pas encore qui vous êtes, Mr Longfield, mais je sais qui vous n'êtes pas. Vous n'êtes pas Jacob Albert Longfield.
Burns tapota la table du bout de ses ongles manucurés.

– C'est n'est pas que je n'apprécie pas votre absurde démonstration, inspecteur, mais mon client n'est pas accusé d'utilisation d'un faux patronyme. Qu'essayez-vous de prouver, au juste ?
– Ce que je viens de prouver, c'est que votre client n'est pas qui il prétend être et qu'il a recouvert ses traces de la plus grossière des manières, sans doute comme un jeune de dix-sept ans le ferait. Le pire, c'est que s'il ne s'était jamais retrouvé sous le coup d'une enquête, personne ne s'en serait jamais rendu compte. Vous mentez sur votre propre identité, Jake. Et un homme qui ment sur son identité a forcément des choses à cacher. Nous pouvons nous attendre à encore beaucoup de mensonges aujourd'hui, n'est-ce pas ?
– Question non pertinente, intervint Brett. Passez à la suite.
Jake but quelques gorgées à sa bouteille d'eau.
– Que faisaient vos parents, déjà ? reprit aimablement Van, comme si rien ne venait de se passer.
– Ils étaient ingénieurs.
– En quoi ?
– Chimie. Ils travaillaient dans les engrais et les pesticides, si je me souviens bien.
– Dans quelle entreprise ?
– Je ne sais plus.
– Où est né votre père ?
– Je ne me souviens pas.
– Votre mère ?
– Je... ne me souviens pas.
– Vous ne connaissiez pas vos grands-parents ?
– Ils sont morts avant ma naissance.
– De quoi ? Quels étaient leurs noms ?
– Aucune idée. C'est loin, tout ça.
– Et moi qui trouvais que vous aviez bonne mémoire, cela fait beaucoup de manques à combler.
– Je n'avais pas de bonnes relations avec mes parents. Ils venaient d'un milieu où on ne se parlait pas. Ce n'est pas pour rien que je suis parti de chez moi aussi tôt.
– Pourquoi ces mauvaises relations ?
– J'étais un enfant à problèmes. Je ne l'ai jamais caché. J'étais un cancre à l'école, je traînais dans la rue, j'avais de mauvaises fréquentations. Et mon père était un homme dur. On s'engueulait.
– Un homme dur à quel point ?... Au point de vous faire du mal ? De vous frapper ?
– Ce n'était pas la même époque. J'ai reçu plus de mandales que je ne pourrais en compter, mais c'était comme ça qu'on éduquait les sales gosses.
– Mais lui et votre mère vont ont "éduqué" suffisamment brutalement pour que vous quittiez le

foyer familial avant de finir le lycée.
– J'avais un rêve que je n'avais aucune chance d'accomplir en restant là-bas.
– Hmm. Pas de frères et sœurs ?
– Non.
– Et vos parents sont...
– Morts. Accident de voiture en quatre-vingt-neuf.
– Accident qui n'a pas été retrouvé dans les archives des services de secours de Lima ou dans les villes alentour. Curieux.
– Les erreurs de scan sont courantes lors des procédures d'informatisation des archives, marmonna Brett, les yeux mi-clos.
– Ils étaient peut-être en voyage, ajouta Jake. Je ne sais pas, je ne me suis pas rendu aux funérailles.
L'inspecteur Van croisa les bras sur sa poitrine et le scruta pendant un long moment sans rien dire.
– Vos parents sont tués dans un accident de la circulation et vous ne vous déplacez pas pour leurs funérailles ? Je n'appellerais pas ça de mauvaises relations, c'est une rupture totale. J'ai rarement vu quelques gifles expliquer qu'une famille en arrive à telles extrémités. Il y a quelque chose que vous ne me dites pas. Est-ce stupide de ma part d'attendre que vous vous exprimiez ?
– Au vu des charges qui pèsent contre moi, j'ai une idée de ce que vous attendez. Je suis désolé de vous décevoir, mais mes parents n'ont jamais eu de geste sexuellement inapproprié envers moi. Ni personne d'autre, d'ailleurs. Je détestais mon père et ne nourrissais qu'une vague indifférence pour ma mère, ça ne veut pas dire qu'ils étaient des monstres.
– Je me doute que vous vous passeriez bien de mon avis sur la question, mais je vais vous le donner quand même. Votre enfance est un gigantesque trou noir. Rien de tangible, rien de palpable, jusqu'à votre nom. Quelque chose s'est passé qui vous a incité à partir et commencer une nouvelle vie en Californie. Tant de personnes rêvent de refaire leur vie et n'ont jamais le courage de quitter ce qu'ils ont construit. Vous, vous avez tout jeté, votre père, votre mère, et même l'enfant que vous étiez dans ce trou noir sans fond, et vous l'avez refermé pour que plus jamais personne ne puisse jeter un œil à l'intérieur. Qu'est-ce qui a créé ce terrible trou noir, Jake ? Qu'est-ce qui est arrivé ?
– C'est votre interprétation, pas la réalité.
– Vous savez, je ne fais pas ça pour vous. Nous avons assez de recul scientifique pour savoir que de nombreux pédocriminels reproduisent ce qu'ils ont vécu dans l'enfance. L'explication que je soupçonne vous aiderait à obtenir la clémence d'un jury. Mais je pense avant tout au petit garçon que vous avez blessé. Vous ne pouvez pas défaire ce que vous avez fait, mais il mérite ces éclaircissements. Ce serait un premier pas vers sa guérison.
– Je ne peux rien vous dire, si ce n'est que je n'ai blessé personne.

– Quant à moi, s'immisça Burns, je serais assez tenté que vous cessiez de jouer et que vous nous présentiez vos éléments contre mon client. On bavarde, on bavarde, mais ni vous ni nous ne sommes plus avancés qu'au début de cet entretien.
– Quint nous a tout dit, Jake. C'est terminé.
– J'ignore de quoi vous parlez.
– Vous savez très bien de quoi je parle. Je serai franche avec vous : quoi que vous décidiez de faire, vous ne rentrerez pas chez vous ce soir. Il vous a donné. Le procureur a de quoi vous inculper.
Jake essuya la sueur qui gouttait sur son visage. On étouffait tant dans l'air renfermé de la pièce qu'il en perdait haleine. Se souvenir des conseils de Brett : elle avait le droit de lui mentir pour le pousser dans ses retranchements.
– Je ne sais pas de quoi vous parlez.
– Si vous avez de quoi l'inculper, pourquoi sommes-nous ici ? la défia Brett. Soyez cohérente avec vous-même.
Van ignora proprement l'avocat et se pencha vers Jake.
– C'est le moment de soulager votre conscience. Vous en avez bien une, je me trompe ? Si je devais écouter certaines personnes qui vous connaissent bien, vous en seriez misérablement privé, mais ce n'est pas ce que je crois. Elle est bien là, cette petite chose recroquevillée à l'intérieur, qui grattouille, cette petite voix énervante qui vous murmure : "C'est mal, Jake. C'est mal, ce que tu fais à ce petit garçon". Pas vrai ?
– Je ne sais pas de quoi vous parlez.
– Je parle des viols. Je parle de ce que vous avez forcé Quint à faire.
– Je ne l'ai pas forcé !... Je ne l'ai pas touché. Je ne sais pas de quoi vous parlez !
Jake se leva subitement et dégourdit ses jambes tremblantes. Il aurait dû interrompre cette foutue réunion plus tôt. Il aurait dû faire une pause et aller coller son patch. Il sentait physiquement la chaleur quitter ses veines et pourtant, c'était entièrement dans sa tête.
– Jake, venez vous asseoir, le rabroua Burns.
– Qu'est-ce que Quint a dit ? Qu'est-ce qu'il a dit sur ce que j'aurais fait ?
– Asseyez-vous et je vous le dirai, Mr Longfield.
Il obéit, tâchant de résister au besoin de frotter ses patchs qui le démangeaient comme jamais.
– Vous me semblez bien nerveux, commenta Van.
– Qu'est-ce que Quint a dit ?
– Il a dit que ça lui coûtait énormément. Il vous aime mais c'était devenu trop lourd à porter.
– Qu'est-ce qu'il a dit, précisément ?
– Je préférerais que ce soit vous qui me le disiez, puisque vous savez aussi bien que moi ce qui se

passe lors des fameuses "soirées film" du samedi.
– Ou alors, railla Brett, vous n'osez pas rapporter les propos de l'enfant parce que vous n'avez pas de quoi prouver la culpabilité de mon client, et vous avez peur qu'on vous accuse d'avoir mis des mots dans sa bouche.
Pour la première fois, l'inspecteur Van concéda un regard irrité vers l'avocat. Un point pour Brett Burns. Jake devait continuer à se taire. Van changea soudain de sujet.
– Racontez-moi comment vous avez rencontré Quinton, comment cette relation s'est développée.
– Il y a presque un an, au Comic-Con, j'étais juré d'un concours de cosplay et Quint y participait. Son costume était nul mais lui, il m'a tapé dans l'œil.
Van haussa les sourcils.
– Il vous a tapé dans l'œil. Carrément. Vous avez ressenti une attirance physique pour lui.
– Non, ce n'est pas ce que j'ai dit.
– Vous avez dit qu'il vous a tapé dans l'œil.
– Dans le sens... Ne me faites pas dire ce que je n'ai pas dit. Je l'ai repéré. Enfin, disons que je l'ai remarqué. Il avait quelque chose de spécial, je voulais en apprendre plus sur lui.
– Qu'avait-il de spécial ?
Jake repensa à Quint et son bégaiement et ses sourires et la joie qui pétillait dans ses yeux le jour de leur rencontre, et ses tremblements s'apaisèrent légèrement.
– Ce n'est pas quelque chose qui s'explique. Il y avait... une connexion entre nous.
– Une connexion de quelle sorte ? Filiale ? Amoureuse ?
– Non... De mentor à apprenti. C'est ce qui s'en rapproche le plus.
Lentement, Jake raconta, les yeux fixés sur la table. Faire attention à chaque mot qu'il prononçait. Utiliser des phrases courtes. Aussi peu de détails que possible. Se montrer lisse, imprenable. Il admit avoir payé des hommes pour intimider Sayon Hayes, délit justifié par la sécurité de Quint et de sa mère. Ce n'était pas grand-chose en comparaison de ce dont il était accusé. Et quand elle l'interrogea sur les soirées films du samedi, il tint bon. Calme. Raisonné. Que faisaient-ils ? Ils regardaient un film.
– Vous regardez un film. C'est tout.
– Oui. En mangeant des Malt Balls, parfois. Il adore ça.
– Il s'endort devant la télévision comme à Grenade, ou il reste éveillé jusqu'à la fin du film ?
– Ça dépend.
– Donc, il arrive qu'il soit éveillé à la fin du film. Qui décide qu'il dormira dans votre lit ?
– Personne n'a jamais décidé. Je ne le réveillais pas quand il s'endormait, et il a pris cette habitude.
– Que porte-t-il quand il dort ?

– Un pyjama.
– Tout le temps ? Même en ce moment, alors qu'il fait vingt-sept degrés la nuit ?
– Quand il fait chaud, il enlève le haut. C'est tout.
– Et vous ? Comment dormez-vous ?
– En caleçon.
– Et l'idée qu'un adulte en caleçon dorme avec un enfant en bas de pyjama ne vous perturbe pas ?
– Ça me perturberait si ce n'était pas lui et moi. Il n'y a jamais eu aucune ambiguïté.
– Aucune ambiguïté, vous êtes certain ? Il n'y a jamais eu... d'approches de sa part ? Des... tentatives de contact physique, de séduction ?
– Rien d'inapproprié.
– Vous pensez qu'il pourrait y en avoir eu et que vous ne les ayez pas repérées ?
– Des approches ? Je suppose que non.
– Vous supposez.
– Non, j'en suis sûr.
– Et de votre part ? Pas d'approches, pas d'attouchements ? Pas même un petit plaisir de votre côté, pendant qu'il dormait ?
– Non. Jamais. Je ne suis pas... Ce n'est pas comme ça.
– Comme quoi ?
– Je ne suis pas pédophile.
– Comment expliquez-vous que Quint ait rapporté des attouchements et des viols de votre part, tous les week-ends depuis novembre dernier ?
– Je ne l'ai jamais touché.
– Donc selon vous, il ment ?
– Ce n'est pas ce que j'ai dit.
– Mr Longfield, soit il ment, soit il dit la vérité. Il n'y a pas d'entre-deux. Dans le portrait que vous avez fait de Quint, la malhonnêteté et le mensonge ne me frappent pas comme des traits habituels. Il est même plutôt trop candide, naïf. Alors, est-ce que Quint ment ?
– Peut-être confond-il des rêves avec la réalité. Ou il a pu être manipulé par quelqu'un pour me faire du mal. C'est à lui qu'il faut le demander.
– Et si je vous dis qu'un témoignage corrobore ses dires ?
– Non. Non, ce n'est pas possible.
– Pourquoi ?
– Je ferme toujours la porte.
– Mon client vous a répété à maintes reprises qu'il n'est pas coupable d'agression sexuelle sur le

garçon qui l'accuse, intervint Brett. Je ne vois pas l'utilité de le lui faire répéter encore et encore, passez à autre chose.

Jake regarda son avocat, qui ne lui rendit pas son regard. Il avait glissé.

– Il ne peut pas y avoir de témoin, reprit doucement l'inspecteur Van, parce que vous prenez toujours soin de fermer la porte. C'est bien ça, Mr Longfield ?

– Il n'y aurait rien eu à voir. Je ne l'ai jamais touché.

– Pourquoi fermer la porte dans ce cas ?

– Parce que... Parce que. Je ne sais pas, c'est comme ça !

– La chambre de Mr Longfield se situe au même étage que celles de ses employés. Il est normal de préserver un minimum de vie privée, passée une certaine heure. Rien de criminel là-dedans. Passez à autre chose, s'il vous plaît.

– Puisque votre avocat me paraît très pressé de changer de sujet, parlons un peu de votre fils, Chaïm, issu de votre mariage avec Aviya Johnson. Celui-là même dont vous avez occulté l'existence d'une façon pour le moins singulière.

C'était exactement ce qu'il avait craint, elle avait parlé avec Aviya. Jake serra les poings pour contenir ses tremblements. Elle était au courant de son erreur avec Chaïm, une faute morale qui ne l'avait jamais lâché.

L'heure passée seul dans la salle de bains du petit garçon, après qu'Aviya les avait surpris, avait sans doute été le pire moment de sa vie. Le regard de sa femme lui avait fait prendre conscience de ce qu'il avait toujours refusé de sentir : le poids inerte de Chaïm contre lui à chaque fois qu'il le touchait. Comme si toute vie l'avait quitté. Son fils n'était alors plus qu'un paquet de chair morte et c'était lui qui le tuait chaque jour un peu plus. Soudain, il se donnait envie de vomir.

Il avait cru pouvoir échapper à son héritage. Cru qu'il pouvait construire avec Chaïm, son propre sang, ce qu'Al avait construit avec lui. Aveugle et sourd à ses propres biais. Chaïm était trop jeune, pour comprendre, pour accepter. Beaucoup trop jeune. Il s'était laissé surprendre par une forme de bestialité qui demeurait en lui, vivace, dévorante – celle du père tout-puissant et destructeur. Il n'avait pas fait mieux que son propre géniteur.

Les choses étaient si différentes avec Quint. Mais Aviya ne saurait pas voir ça, pas plus que Van ne le pouvait. Peu de monde pouvait l'appréhender. La confusion était faite, et maintenant c'était à lui de dresser les barrières nécessaires pour que cette confusion ne vienne pas l'abattre.

– Je n'ai rien à dire sur le sujet.

– Nous avions une conversation sympathique, Jake. Pourquoi vous braquer tout à coup ?

– Si vous voulez me parler de Chaïm, c'est que vous avez communiqué avec mon ex-femme. Elle a probablement déversé tellement de venin sur mon compte que je ne vois pas l'intérêt d'en discuter.

– Qu'est-ce qui la pousserait à mentir ?

– Écoutez, j'ai été un mauvais mari. Je l'ai trompée, je l'ai négligée, j'étais trop absent. Je ne l'aimais pas assez. Elle a beaucoup de raisons de m'en vouloir, mais aucune de ces raisons n'est criminelle. Le divorce a été une période difficile pour nous deux. Je n'ai pas d'autre commentaire à faire.

– Vraiment ? Y compris sur le fait que vous n'avez jamais cherché à revoir votre fils ?

– Aucun commentaire.

– Je comprends qu'un divorce puisse être conflictuel, un mariage, raté... Mais votre enfant reste votre enfant. Qu'est-ce qui a motivé l'attribution de la garde exclusive à votre ex ? Et les droits de visite, ils vous ont été refusés ou vous n'en avez pas réclamé ?

– Je n'ai pas de commentaire à faire.

– Ça devient répétitif. Tout comme la tendance qui se dessine chez vous, celle qui consiste à radicalement éjecter les gens de votre vie après usage. Je suis en train de vous parler de votre fils, Jake. La personne pour qui vous devriez être capable de tout. Tout faire, tout donner, tout sacrifier. Et vous l'avez abandonné.

– Ce n'est pas... Je ne veux pas parler de ça.

– J'essaie de comprendre. Aidez-moi à comprendre comment quelqu'un, avec les moyens dont vous disposez, peut renoncer aussi facilement à voir grandir la chair de sa chair. Que s'est-il passé ?

Jake demeura silencieux. Burns combla le vide.

– Mon client vous a dit à plusieurs reprises qu'il ne fera pas de commentaire. Il s'agit d'une période de sa vie particulièrement pénible, et qui n'a par ailleurs aucun lien avec l'affaire dont nous parlons. C'est de l'acharnement.

– Vous pouvez en parler, Jake. Comme le souligne votre avocat, il ne s'agit pas de l'affaire que nous traitons. Aviya n'a jamais souhaité vous poursuivre en justice. Dites simplement la vérité. Vous ne pouvez pas imaginer le bien que ça peut faire. Peut-être était-ce juste... une main qui s'est égarée, involontairement. Peut-être était-ce une pulsion unique et incontrôlable, quelque chose que vous ne pouvez pas vous expliquer. Peut-être que ça a duré plus longtemps que ça, parce que vous pensiez que c'était la meilleure façon de lui montrer votre amour. Dans tous les cas, vous n'avez visiblement toujours pas réglé vos comptes avec vous-même. En parler est le premier pas. Peut-être serez-vous rassuré de savoir que Chaïm ne garde aucun stigmate. Vous êtes le seul, aujourd'hui, à vous punir. Vous ne pensez pas qu'il est temps que ça cesse ? Il suffit de dire les mots.

Jake frappa sur la table du plat de la main. Dans son esprit, une image très claire de cette gifle sur le visage de l'inspecteur. Il avait besoin qu'elle se taise. Besoin d'air. Besoin de liberté. Brett serra son bras en guise d'avertissement.

– Je ne veux pas parler de mon fils. Je ne parlerai pas de Chaïm. J'ai besoin de prendre l'air.

– Vous avez une mine affreuse, en effet. Souhaitez-vous solliciter une assistance médicale ?

Il ne pouvait pas demander à voir un médecin maintenant. Il dissimulait l'équivalent d'une seringue d'héro plantée dans son coude, et il soupçonnait que Van en avait parfaitement conscience.

– Je ne veux pas de médecin. Je veux juste prendre l'air, juste quelques minutes.

– Tant que vous ne vous montrerez pas honnête avec moi, cet interrogatoire continuera. Comment expliquez-vous votre état d'agitation extrême ?

– Vous m'avez arrêté devant mes amis, je suis enfermé dans un réduit de trois mètres sur quatre depuis... Je ne sais même pas depuis combien de temps, parce que vous avez confisqué ma montre et mon portable. Et vous êtes là à... parler et parler, et réveiller des souvenirs auxquels je ne veux pas penser et poser des questions qui n'ont aucun sens et m'accuser de choses que je n'ai pas faites, parce que ce n'est pas moi. Tout le monde vous le dira, je ne suis pas... Vous essayez de me faire passer pour quelqu'un que je ne suis pas. Je pense avoir le droit d'être agité.

– Vous n'avez pas volé votre Oscar, Mr Longfield. Nous avons démontré ensemble au début de l'entretien que vous êtes un menteur organisé. Mais vos tours de passe-passe, votre écran de fumée, ça ne fonctionne pas ici. Vous êtes trahi par votre propre corps. Je parie que si vous étiez disposé à vous soumettre à un test de polygraphe, vous exploseriez tous les scores. Oh, et le fait que vous n'ayez pas remplacé votre patch de fentanyl ne doit pas aider non plus.

Il ferma les yeux. Ses pensées naviguaient dans le noir, se cognaient les unes contre les autres. Réfléchir devenait une souffrance. Une seule trace de cocaïne aurait éclairci le brouillard. Mais ce qu'il voulait, tout de suite, maintenant, plus que tout, c'était s'allonger, enfiler son scaphandre et disparaître tout au fond de l'océan.

– Je me doute de ce qui se déroule dans votre tête en ce moment. Plus le temps passe et plus vous y pensez. Ça s'infiltre dans tous les recoins de votre esprit, même les plus lointains, les plus profonds. Vous avez froid, à cause des sueurs. Vous tremblez de trouille parce que cette situation vous échappe, et oh, si seulement j'avais un peu de ce produit sans lequel je ne peux plus fonctionner au quotidien. En prendre, en prendre, en prendre. Tout serait tellement plus simple. Combien de temps, Jake ? Combien de temps avant que votre organisme se mette à gémir ? Vous êtes déjà passé par ce genre de phase, vous connaissez cette torture. Les yeux et le nez qui ne s'arrêtent plus de pleurer, comme si votre corps expulsait un poison qui irrite votre peau. Le sommeil qui vous quitte, votre cerveau qui fait des ricochets contre votre crâne. Et ensuite vient le pire. Le manque, ce fils de pute, s'immisce dans l'ensemble de votre corps. Le moindre de vos muscles, la moelle de vos os. Vous n'êtes plus qu'une gigantesque boule de douleur. Vous suppliez pour une dose, juste une dose. Vous seriez prêt à n'importe quoi. Et pour couronner le tout, on doit vous enchaîner aux WC parce que vous vous videz par tous les trous. Votre corps se purifie de l'immondice avec lequel vous le nourrissiez depuis des années, et comme vous ne vous préoccupiez pas de lui, il ne se préoccupe pas de ce que vous ressentez. Un réflexe de survie qui ne vous appartient pas. C'est ça que vous redoutez, n'est-ce pas ? Et qui ne le redouterait pas ?

Jake rouvrit les yeux et sourit. La transpiration inondait son cuir chevelu et dégoulinait sur son front et ses tempes, mais il ne cherchait même plus à la camoufler.

– Vous feriez mieux de fermer votre gueule pendant que vous pouvez, *inspectrice*. Je serai votre fin.

– Jake, taisez-vous, avertit Brett d'un ton sévère dont il ne prit absolument pas compte.

– Vous n'avez aucune idée de l'erreur que vous avez commise en vous attaquant à moi. Je peux claquer des doigts et magie ! vous disparaîtrez. Vous n'existerez plus que dans la mémoire de quelques-uns, jusqu'à ce que j'efface votre souvenir. Vous n'êtes rien de plus qu'un cafard, qu'un misérable acarien dans une rainure de mon parquet. Personne n'en a rien à foutre de vous. Moi, je possède le monde dans le creux de ma main. Cette planète est un putain de bateau, et c'est moi qui suis au gouvernail et vous savez pourquoi ? Parce que les gens m'aiment. Vous ne contrôlez rien. Je contrôle. Moi, pas vous. Moi.

– Jake, il est plus que temps de vous taire, réitéra Brett d'une voix plus péremptoire encore.

– On y est, marmonna Van. Le masque tombe. Vous me montrez enfin qui vous êtes vraiment. Je comprends que vous le cachiez aussi bien, ce n'est pas joli à voir. Ne vous voilez pas la face, les gens aiment celui que vous leur présentez. Celui que je vois maintenant ? Cette créature égocentrique, bouffée par la haine, ce petit garçon de quarante-trois ans, croque-mitaine qui avale d'autres enfants sans défense pour étancher sa soif pathologique de maîtrise ? Personne n'aimerait ça. Vous êtes un grand malade, Mr Longfield. Le genre de malade qu'aucun jury sensé ne laisserait ressortir de prison. Je ne vais pas fermer ma gueule. Nous ne faisons que commencer.

Ahn Liên.

Dans les heures qui suivirent, Ahn Liên abandonna toute courtoisie et procéda à des attaques au bélier, afin de défoncer les portes derrière lesquelles Jake se dissimulait. Les méthodes habituelles ne la mèneraient à rien. La ruse ne lui avait apporté que de petites victoires, des dérapages, des contradictions : un coût immense de temps pour des résultats minimes qui avaient à peine déstabilisé Longfield. C'était un bon joueur d'échecs, au moins aussi talentueux qu'elle. Il voyait arriver les coups et les esquivait avec adresse. Elle ne parviendrait pas à le faire plier sur ce terrain, pas dans le peu de temps qui lui était imparti.

En revanche, il n'appréciait pas les assauts frontaux. Elle assistait à une métamorphose physique et mentale chaque fois qu'elle faisait sauter une défense. Le pauvre Jake Longfield, immaculé, décent, poli malgré la situation, injustement tourmenté par la méchante policière, se transformait en cette chose qui n'avait ni nom, ni âge, et se dévoilait malgré elle dans d'arrogants sursauts de colère ou de terreur. Dans ces moments quasi-dissociatifs, elle comprenait que sa métaphore en début d'entretien avait visé à côté. Il n'avait rien jeté dans un trou noir ; le trou noir, c'était lui.

Ahn Liên jeta donc toutes ses forces dans la bataille et démolit le mur pierre après pierre. Quint. Chaïm. Quint, à nouveau. La mère de Quint. Son passé. Quint. La drogue, les tentatives de suicide. Sa sexualité, ses paraphilies. Quint. Quint. Quint.

Ça fonctionnait. De plus en plus, le personnage s'effaçait et laissait place à des sourires provocants, des silences et des demi-vérités, juste assez vagues pour être inutilisables, juste assez limites pour faire frémir Me Burns. Ils étaient entrés dans une tout autre arène de jeu. Il ne s'agissait plus de le faire glisser par erreur, mais bien de le prendre au piège de son propre narcissisme.

Mais trois heures n'étaient pas suffisantes. Plus son échéance approchait, plus Ahn Liên s'en rendait compte. C'était une marche dangereuse, minée ; trop de branches s'emmêlaient entre elle et la racine du mal.

– Quelque chose m'interroge, Jake. Pensez-vous qu'une relation sexuelle soit possible entre un adulte et un enfant ? Et j'entends par là, une véritable relation consentie.

– Mon client connaît la loi, répondit Brett. Et la loi est la loi. Un enfant n'est pas apte à donner son consentement de manière éclairée, il le sait.

Burns s'était mis à transpirer, lui aussi, et il tentait maintenant systématiquement de répondre à la place de son client, grimaçant quand ce dernier décidait malgré tout d'ajouter son grain de sel.

– Merci pour votre éclairage, Maître. Néanmoins, ce n'était pas le sens de ma question. Pense-t-il moralement, et au-delà bien sûr de ce qu'il ferait lui-même ou non, qu'une telle relation est envisageable ?

– Demandez à Elvis Presley, répondit Jake avec un haussement d'épaules.

– Il est mort. C'est à vous que je le demande.

– Est-ce qu'il y a un aliment que vous n'aimez pas, inspectrice ? Quelque chose que vous ne supportez pas de manger ?

– ... Les pistaches.

– Imaginez que vous ayez dix ans, que votre mère rentre du travail le soir et vous dise : "J'ai acheté de la glace à la pistache pour le dessert. On va se régaler." Si vous avez dix ans et que vous êtes en pleine possession de vos moyens intellectuels, vous n'allez pas vous asseoir devant la télé et bouffer un bac de glace à la pistache, je me trompe ? Vous allez dire à votre mère : "Non merci, maman. Je vais prendre un autre dessert." Et s'il n'y a pas d'autre dessert, vous vous passerez de dessert pour ce soir. Un enfant de dix ans n'est pas une pauvre chose débile. Il ne mange pas ce dont il n'a pas envie. Si vous avez mangé de cette glace, c'est soit parce qu'on a fourré la cuillère dans votre gosier, soit...

parce que vous en vouliez. C'est aussi simple que ça, en vérité.

Ahn Liên retint un sourire. C'était un pur délice pour l'enregistrement.

– J'apprécie beaucoup votre analogie, mais les choses ne sont malheureusement pas aussi simples. Permettez-moi d'y apporter une touche de nuance. Vous avez dix ans et vous détestez les pistaches. Ou bien vous n'en avez jamais mangé, mais on vous a dit que c'était très mauvais pour la santé. Votre mère arrive avec son bac de glace à la pistache. "Regarde ce que j'ai amené pour le dessert !" Maintenant, ajoutons quelques facteurs à votre situation. Comme tous les enfants, vous aimez votre mère plus que tout. Elle est en plein divorce, vous vivez seul avec elle, vous êtes la seule personne qui lui donne le sourire. Elle vous aime et vous protège. Elle est tout pour vous, et vous feriez n'importe quoi pour lui faire plaisir. Elle a l'air tellement content d'avoir acheté cette glace et vous savez, au fond de vous, que vous allez la blesser si vous refusez de la partager avec elle. En plus, la voilà qui vous dit : "Tu vas voir, la glace à la pistache c'est délicieux. Ça va te rendre plus fort, plus beau, plus intelligent." Votre mère ne peut pas vous mentir. Alors que faites-vous, vous enfant de dix ans ? Vous mangez de la glace à la pistache, Jake. Même si vous n'en voulez pas. Et votre mère est tellement heureuse que vous pensez avoir bien fait. Et votre mère vous dit : "Puisque tu as aimé ça, j'en achèterai un bac tous les samedi soir et on en mangera devant un film." Et vous vous retrouvez à manger cette glace une fois par semaine, et parfois votre cerveau finit par vous faire oublier que vous n'aimez pas ça, parce que ça voudrait dire que l'adulte que vous aimez ne veut pas votre bien. Vous mangez la glace. Pas parce que vous le voulez, parce que l'adulte en qui vous avez confiance vous manipule en ce sens. C'est ainsi que le consentement disparaît.

Pour la première fois depuis le début de l'interrogatoire, elle sentit que le véritable Jake, orgueilleux, colérique et si sûr de son bon droit, venait d'être sérieusement ébranlé. Son demi-sourire avait enfin disparu. Il avait suffi d'une grotesque métaphore alimentaire.

– Il faut croire que nous n'avons pas la même perspective sur les choses, marmonna-t-il.

– Et nous ne parlions que de glace à la pistache, c'est assez inoffensif. Mais ma question ne portait pas sur ça. C'est ça qui est arrivé, un problème de perspective ? Vous vous êtes laissé croire que Quint était consentant parce qu'il ne vous a jamais opposé de refus ?

– Ne mettez pas de mots dans la bouche de mon client, accourut Brett. Il n'a jamais admis une quelconque relation sexuelle avec l'enfant. Il parlait de glace à la pistache.

– De quoi me parliez-vous exactement, Jake ?

Il y eut un long silence. Ahn Liên y crut. Elle y crut vraiment.

– De pistaches.

– Allons, nous savons tous les deux que ce n'était pas le sujet. Terminons-en. Un jury comprendra que vous puissiez vous être trompé.

Pouvait-elle pousser plus loin ? Le devait-elle ? Les yeux baissés, Longfield se trouvait en équilibre sur le tranchant d'un couteau et ses pieds saignaient. Il ne pourrait y rester éternellement. Jamais elle n'aurait pu prévoir ce qui venait de se passer. La créature innommable et innommée venait d'être mise à terre par un sentiment si bête et méchant qu'elle n'avait osé l'exploiter jusqu'ici contre quelqu'un qui en était apparemment dénué. L'amour. Ou plutôt, ce qui en était un ersatz hideux et malformé.

– Jake...

La vibration de son portable l'interrompit. Colbert. Ahn Liên jura : impossible de rejeter l'appel, mais elle perdrait sans doute la connexion qu'elle venait enfin d'établir avec un homme capable de remords. Elle en profita pour vérifier l'heure : ils venaient de dépasser l'échéance des trois heures.

– Profitez de cette pause pour réfléchir.

Elle trouva un banc dans le couloir et décrocha juste avant que le téléphone ne bascule sur messagerie.

– Paul. Dis-moi que tu as de bonnes nouvelles, parce que tu viens peut-être de griller la seule chance que j'avais de le faire craquer.

– Peu importe. Les trois heures sont passées et... Bon Dieu, je suis vraiment désolé. J'aurais vraiment voulu que ça se passe autrement. J'ai foiré le coup.

La poitrine d'Ahn Liên se gela.

– Comment ça ?

– Le gamin a raconté que sa mère l'avait forcé à inventer toute l'histoire pour soustraire de l'argent à Longfield. Il refuse d'en démordre.

– Mais ce n'est pas vrai. On est d'accord là-dessus, non ? Bordel, je le tiens, Paul. J'y suis presque. Tu dois y retourner.

– Je suis déjà en voiture. Rien de ce que je pourrais dire ne le ferait bouger. Sa mère n'a pas réussi non plus. Tu tiens peut-être Longfield, mais Longfield le tient. Et sans lui, pas de plainte. Écoute... J'ai été content de bosser avec toi, même si ça doit être ma dernière affaire.

Ahn Liên essuya une larme de rage qui perlait au coin de son œil. C'était sans aucun doute leur dernière affaire, à tous les deux. Mais ils n'auraient pas lâché.

– Moi aussi, Paul. Tu as fait ce que tu as pu. Bon courage.

Elle raccrocha et rentra comme une furie dans la salle d'interrogatoire. Jake se redressa ; elle prit appui sur la table et s'approcha au plus près de lui, interdisant toute fuite de son regard.

– Pensez à votre réputation, à votre image. Pensez à votre carrière, à tous les sacrifices auxquels vous avez consenti pour en arriver là. Pensez à ce que vous possédez, aux gens que vous faites travailler, qui comptent sur vous. Pensez à votre liberté. À votre vie. Vous y pensez maintenant ?

Jake ne répondit pas. Son regard racontait : il était fatigué. Exsangue, en fait.
– Maintenant dites-moi. Est-ce que tout ça vaut la peine de briser irrémédiablement ce petit garçon ? À quoi êtes-vous prêt à renoncer pour son bonheur ?
Le portable de Brett sonna. Ahn Liên s'accrochait à ses dernières secondes.
– À tout, murmura Jake. Et plus encore.
– Alors prouvez-le moi. Prouvez-nous que vous l'aimez. Renoncez à lui.
L'acteur enleva ses lunettes et se frotta longuement les yeux.
– Aidez à réparer ce que vous avez cassé. Aidez-le à aller mieux. Agissez en adulte. Payez le prix de vos actes. Demandez pardon. Je suis certaine que vous avez ça en vous.
Les mains de Jake chutèrent sur la table, lui livrant enfin une vue sans filtre sur ses iris noisette, humides, perdus.
– Je n'ai ja-ja-jamais voulu lui faire de mmal.
Son avocat raccrocha et se leva brusquement, mettant un terme brutal à leur aparté.
– Plus un mot. Inspecteur, vous allez regretter cette petite stratégie toute votre vie. Nous allons vous poursuivre en justice et vous prendre jusqu'aux vêtements sur votre dos. C'est un scandale, le plus mauvais travail de police dont j'aie jamais entendu parler. Jake, levez-vous. Vous êtes libre, bon sang. Debout.
Après un moment d'hésitation, Jake renfila ses lunettes. Elle l'avait perdu. La porte qu'elle avait ouverte venait de se refermer sous son nez, verrouillée à double tour. Épuisée, elle les laissa quitter la pièce. Au moment où Jake franchissait le seuil, elle se tourna vers lui.
– Avez-vous besoin de ces lunettes, Mr Longfield ? Sont-elles simplement un accessoire de spectacle ou ont-elles le pouvoir de vous montrer la réalité telle que vous souhaitez la voir ?
Il la jaugea froidement.
– Profitez de vos dernières minutes au LAPD.
Ahn Liên resta quelques minutes de plus dans la pièce d'interrogatoire. De là, impossible d'entendre le tumulte au-dehors. Des dizaines, peut-être des centaines de journalistes devaient faire le planton depuis que la nouvelle avait filtré, parce qu'elle avait forcément filtré. Un uniforme avait sans doute pris une photo discrète de Longfield menotté et l'avait vendue à tous les charognards du pays.
Il fallut bien sortir de sa bulle, rejoindre l'open-space. Rien n'avait changé ici, à part l'odeur – ce midi, c'était pizza. Ahn Liên s'affala sur son fauteuil, éteignit son ordinateur et décrocha son post-it.
Douze noms.
Son téléphone de bureau se mit à sonner. Sonner, sonner. Elle finit par le débrancher. Il n'y avait rien à dire. Elle regarda sa liste sans ciller, jusqu'à ce que ses yeux larmoient.
– Hey, Van.

Gonzalez enfourna un morceau de pizza froide dans sa bouche.
– Ça fait partie du job. Impossible de tous les avoir.
Elle hocha vaguement la tête, déchira le post-it, chiffonna les deux moitiés et les jeta dans sa corbeille à papier. Puis elle débarrassa son bureau. Personne ne lui prêta attention lorsqu'elle se dirigea vers la porte, son carton sous le bras.
Impossible de tous les avoir, avait dit Gonzalez.
– Peut-être, murmura-t-elle pour elle-même. Peut-être pas.

Taisha.
Avec une sorte de réticence, la voiture de l'inspecteur Colbert s'éloigna de leur maison. Taisha laissa retomber le rideau sur la fenêtre. Le cœur dans l'estomac. Vidée de toute énergie vitale.
Quint était assis à la table, et son regard l'assassinait. Elle ne le blâmait pas : elle avait simplement sous-estimé Jake. Même dans ses cauchemars les plus fous, elle n'aurait pu imaginer qu'il pouvait transformer son fils en ce garçon qu'elle ne reconnaissait pas. Un animal effrayé, obsédé, prêt au mensonge, prêt à livrer sa propre mère à la vindicte judiciaire et populaire pour mettre son marionnettiste à l'abri.
– Pourquoi tu as fait ça, Quint ? demanda-t-elle doucement.
Pas de réponse. Elle connaissait déjà la réponse.
– Tu te rends compte que si Jake est mis au courant de ce que tu as dit, il peut retourner la justice contre moi ? On perdrait tout.
– J'ai déjà tout perdu.
– C'est faux.
Quint se leva si brutalement qu'il renversa sa chaise. Lui-même stupéfait par l'accès de rage dont il venait d'être la proie, il hésita un instant, puis cela parut faire sens. Il renversa une deuxième chaise. Une troisième, en la lançant violemment contre le mur. Pancake s'était recroquevillé dans un coin de la pièce et gémissait, sa patte valide recouvrant son museau. Taisha se réfugia sur le canapé et laissa l'orage la submerger.
– Tu m'avais promis !!! Tu m'avais promis !!! Tu as menti, sale menteuse !!! Menteuse !!! Jake ne voudra plus jamais me voir et c'est ta faute !!! Il me déteste !!! C'est ta faute !!!
Puisqu'il n'obtenait aucune réaction, il souleva la table au prix d'un lourd effort et la renversa, faisant tomber les tasses qui y étaient disposées. La vaisselle éclata par terre. Pancake alla se terrer dans la chambre de Taisha.
– Je te déteste !!! Je te déteste !!! Je te déteste !!! Je te déteste !!! Je te déteste !!! Je te déteste !!!
Elle le laissa hurler, jusqu'à ce que sa voix s'écorche. Jusqu'à ce qu'il manque d'air. Jusqu'à ce que

son corps même l'arrête. Jusqu'à ce que la fureur ait sucé ses ultimes forces, ne lui laissant que quelques larmes, les vagues du typhon qui continuaient d'inonder les quais lorsque le pire de l'ouragan s'était éloigné. Alors seulement, elle parla.

– Tu te rappelles quand je t'ai demandé si tu m'aimais plus que Jake ? Tu te rappelles ce que tu m'as répondu ? "Si je devais choisir, je te choisirais, toi."

– J'avais tort.

Taisha avala les mots et les laissa s'installer dans sa poitrine, perçants, aigus, une douleur glacée qui ne s'en irait plus jamais. Sans un mot de plus, Quint courut s'enfermer dans sa chambre. Elle se leva, redressa les chaises, remit la table sur ses pieds, balaya le sol.

Quand tout fut de nouveau propre et rangé, elle se rassit.

Elle pouvait tout réparer, tout nettoyer à l'extérieur. Elle pouvait faire en sorte que tout soit comme avant. Mais il lui manquait les outils pour faire de même en dedans, là où les dégâts étaient tels qu'on n'identifiait plus rien.

Taisha finit par allumer la télévision, le son à faible volume. Toutes les chaînes d'information tournaient en boucle sur l'affaire, bien sûr. "Jake Longfield entendu par le LAPD dans une affaire de pédophilie", titraient les émissions les plus sérieuses. "Le loup se serait-il déguisé en mouton ?" ironisaient les sensationnalistes. On spéculait déjà sur l'identité de la victime présumée, et des photos volées de Jake et Quint sur le tournage de Grenade ou sur le port circulaient.

Elle arrêta de zapper lorsque tous les présentateurs se tournèrent vers leurs reporters qui se massaient aux portes du Central du LAPD. Lourd et imposant, le Suburban se faufilait aussi près que possible des portes coulissantes du commissariat, avec l'aide d'une vingtaine d'officiers mobilisés pour l'occasion. Sur CNN, le cameraman parvenait à filmer par-dessus le cordon de policiers. Quelques minutes s'écoulèrent puis la porte passager s'ouvrit et Wyatt sortit de la voiture. Il s'engouffra dans le Central. Nouvelle attente. Enfin, d'autres silhouettes furent discernées par les journalistes les plus proches et aussitôt, cris, interpellations et questions fusèrent en une cacophonie insupportable. Taisha passa en mode muet au moment où Jake apparaissait, encadré par Wyatt et un autre homme, sans doute son avocat. Cela dura moins de dix secondes ; d'un pas pressé, la tête baissée, Jake atteignit la voiture et y disparut.

Ils ne l'avaient pas gardé. Personne n'était sûr de ce que cela signifiait. Il fallait maintenant déterminer qui s'exprimerait publiquement en premier sur la décision qui avait été prise : le procureur du comté ou Longfield lui-même, sans doute par l'intermédiaire de son représentant.

Taisha éteignit la télé et s'empara de ses clés. Reconnaissant leur tintement, Pancake sortit de sa cachette et lui lança un regard plein d'espoir, la langue pendante. Une balade sur la plage, peut-être ? Elle enfouit son nez dans son cou.

– Veille sur lui, mon bonhomme, murmura-t-elle. Je ne serai pas longue.

Par une magie toujours inexplicable, le chien comprit ce qui était attendu de lui. Il clopina jusqu'à la porte fermée de la chambre de Quint et s'allongea sur le palier. Son regard paraissait lui dire de ne pas s'inquiéter.

Verrouillant derrière elle, Taisha prit la Honda jusqu'à Beverly Hills, accélérant, grillant feux et stops dès qu'elle le pouvait, aiguillonnée par la peur d'arriver trop tard. À plus d'un kilomètre de la propriété de Jake, elle fut obligée de se garer sur le bas-côté. La rue était encombrée de vans de chaînes de télévisions, de voitures civiles et de camionnettes de police. Des centaines de personnes avaient envahi la chaussée. Autour du portail en fer forgé qu'elle avait si souvent franchi, c'était le chaos. Les policiers devaient retenir non seulement les journalistes, photographes et cameramen mais aussi une foule de fans indignés, dont certains avaient trouvé le temps d'inventer des slogans qu'ils chantaient à présent avec ferveur : "Jake, l'Amérique te croit" et autres imbécillités dignes d'un meeting politique. Leur faisant face, un autre groupe criait ses propres formules contradictoires : "Violeurs à Hollywood, police et justice complices". Eux n'étaient qu'une quinzaine.

Taisha se fraya un chemin parmi ce dernier groupe : cela faisait moins de monde à bousculer avant de se cogner à un colosse du Département de Police de Beverly Hills. Des agents de sécurité privés stationnaient derrière les grilles. Il fallut un quart d'heure de plus pour que le Suburban, forcé de rouler au pas, parvienne enfin jusqu'à l'entrée du domaine. Il franchit les grilles et s'arrêta quelques mètres plus loin.

Le bruit se réduisit à un bruissement excité. Comme les autres, Taisha attendit sur la pointe des pieds, le corps nerveux.

Tout au long du trajet, elle s'était demandé pourquoi elle s'infligeait cela au lieu de rester devant son poste. Maintenant, elle comprenait. Elle avait besoin d'entendre la sentence de la bouche même de Jake, ou bien l'irréalité de son échec l'empêcherait de faire une croix sur sa soif de justice.

Mais seul l'avocat franchit à nouveau les grilles. Une trentaine de caméras et de micros fut autorisée à se bousculer autour de lui. Lorsque les exclamations se furent éteintes, il prit la parole.

– Il n'y aura ni questions, ni commentaires. Les charges ridicules d'abus sur mineur pesant sur mon client, Jake Longfield, dévoilées plus tôt aujourd'hui ont été abandonnées.

Une salve d'applaudissements l'interrompit un moment.

– Il a été révélé au grand jour qu'elles n'étaient qu'une vaste escroquerie orchestrée par une poignée d'individus mal intentionnés, à la recherche de promotion et d'argent facile. Au vu des manquements flagrants à l'éthique et à la procédure judiciaire dont mon client a fait les frais au sein des locaux du LAPD, nous n'attendons pas moins qu'une démission du procureur du comté. Nous déciderons dans les prochains jours des suites que nous souhaitons apporter à cette affaire. En attendant, Jake

Longfield désire remercier chaleureusement les personnes qui l'ont soutenu dans cette courte mais pénible épreuve, et demande humblement que son intimité soit respectée afin qu'il puisse se reconstruire dans la tranquillité. Ce sera tout, bonne fin de journée.

Les applaudissements reprirent, couvrant les questions lancées à l'avocat par les journalistes.

Taisha tremblait de tout son corps. Elle ne savait pas à quoi elle s'était attendue.

Les grilles s'ouvrirent à nouveau pour laisser passer l'homme de loi. Avant d'avoir pu réfléchir une seule seconde à ce qu'elle faisait, elle se glissa sous le bras du policier face à elle et prit toutes les forces de sécurité de vitesse. Elle parvint à se dégager de la prise du seul agent qui avait réussi à l'intercepter et se jeta contre la vitre arrière du Suburban. Elle ne voyait pas à l'intérieur mais elle savait que Jake, lui, pouvait la voir, et elle espérait qu'il la regardait bien.

– Il vous aimait, s'écria-t-elle. Il vous a protégé jusqu'au bout, Jake. C'était à vous de le protéger. Honte sur vous. Honte sur vous.

Des mains fermes l'empoignèrent et elle se sentit tirée en arrière, incapable cette fois de résister.

– Honte sur vous ! hurla-t-elle. Plus jamais vous ne serez en paix, Jake ! Plus jamais !

Taisha fut refoulée au-delà des grilles et regarda le Suburban disparaître au coin du chemin de graviers. Deux journalistes, la prenant sans doute pour la représentante des détracteurs de Longfield, l'approchèrent pour une interview. Elle les ignora. Personne n'avait pu l'entendre clairement, sauf peut-être un seul homme.

La foule les engloutit, elle et ses larmes, dans une indifférence totale.

16

La Justice des Hommes

Taisha.

Le sommeil du juste, c'était ainsi qu'on appelait un sommeil si profond que ni les bombes, ni les rafales des mitrailleuses, ni les cris des mourants, ni le galop de l'Apocalypse ne pouvaient le perturber.

La nuit qui suivit la libération de Jake, Taisha dormit du sommeil du juste. Lorsqu'elle se leva, tard dans la matinée, elle réalisa bien vite que cela n'avait pas suffi à ramener un quelconque sentiment de justice dans cette maison triste et silencieuse. Elle prépara deux sandwiches, ne réussit qu'à avaler quelques bouchées du sien et s'introduisit dans la chambre de Quint.

Les cernes mangeaient son visage d'ange et ses yeux étaient rougis par les larmes et le manque de sommeil ; lui n'avait pas l'air de trouver le repos. Il jouait sur sa console – pour autant qu'elle sache, il avait peut-être joué toute la nuit. Le garçon lui adressa un regard coléreux. Taisha se retira, laissant l'assiette derrière elle et la porte entrouverte, nourrit le chien, s'allongea dans le canapé et alluma la télévision. Pancake se hissa à ses pieds et se roula en boule, morose.

Les chaînes d'information continuaient de titrer sur l'Affaire Longfield. Elle se regarda plusieurs fois prendre d'assaut le Suburban sur des plans mal cadrés et chaotiques, présentée comme une complotiste hystérique venue avec ses fervents disciples gâcher la parade triomphale de l'acteur. Le procureur venait de donner sa démission, annonçant que les inspecteurs à l'origine de l'arrestation avaient été démis de leurs fonctions. Brett Burns multipliait les apparitions sur les plateaux, tout à son bonheur de cracher son fiel, sortant les violons dès qu'on l'interrogeait sur l'état mental de son client. Jake n'avait fait aucune apparition publique depuis sa sortie du commissariat. Des journalistes et des fans, par nombres effarants, continuaient de camper devant les grilles de sa villa dans l'espoir de l'apercevoir ou d'être les premiers à recueillir ses propos.

Taisha se laissa bercer par les voix, les images, le chagrin. La luminosité avait déjà baissé quand elle s'éveilla à nouveau, lui indiquant que l'après-midi toucherait bientôt à sa fin. Elle avait dormi quatre heures au moins. Pancake n'était plus à côté d'elle ; sa place était froide. Sans pouvoir sortir, la pauvre bête avait dû se soulager quelque part et devait se cacher de peur d'être grondée.

– Pancake ? Au pied ! Pancake !

Le chien ne réapparut pas. Elle fit le tour de ses refuges habituels sans apercevoir le bout de sa queue. Elle s'aperçut alors que la porte d'entrée était entrouverte. Elle était pourtant certaine de l'avoir verrouillée la veille au soir. Son cœur bondit entre ses lèvres.

– Quint ! Quint !

Taisha se précipita dans la chambre, redoutant de retrouver les meubles retournés, son fils enlevé, peut-être même des traces de sang. Allongé sur son lit, Quint se tourna à moitié dans sa direction pour lui jeter un regard bizarre.

– Quoi ?

Elle s'appuya contre le chambranle, le souffle court, malade de ces quelques secondes de terreur.

– Tu as vu Pancake ?

– Il n'arrêtait pas de gratter à la porte. Il voulait pisser, alors je lui ai ouvert.

– Il y a combien de temps ?

– Je ne sais pas. Une demi-heure, une heure.

Le garçon se détourna et pencha la tête vers ses mains.

– Tu peux sortir maintenant ?

– Qu'est-ce que tu fais ?

– Rien de spécial.

Taisha soupira. Quint pouvait mentir à la police autant qu'il le voulait, il ne lui mentirait jamais à elle parce qu'il en était tout bonnement incapable. Elle contourna le lit alors qu'il essayait sans succès de camoufler quelque chose sous ses draps. Sans ménagement, elle le repoussa et découvrit l'objet du délit. Son iPhone, qu'elle avait confisqué la veille et mis à l'abri sur la plus haute étagère de son placard, se trouvait là, allumé sur une série de textos à destination de "Meilleur ami." Horrifiée, elle fit défiler les messages.

Je n'ai rien dit

Appelle-moi stp

Je te jure c'est ma mère qui a dit des trucs à la police

stp

rappelle stp

Jake on est toujours meilleurs amis

?

Pardon

Je t'aime stp réponds

Et ainsi de suite.

– Tu as fouillé dans mes affaires pendant que je dormais ? s'indigna-t-elle.

– C'est pas tes affaires, c'est mon portable ! Jake me l'a donné, tu ne peux pas me le prendre !

– J'en ai parfaitement le droit. Et c'est ce que je vais faire, encore une fois.

– Arrête ! Donne-le moi ! Il va me répondre !

Quint se rua sur elle. Taisha l'attrapa par le poignet et le secoua dans tous les sens.

– Ça suffit ! Il ne va pas répondre ! Plus jamais, c'est terminé ! Tu comprends ça ? Tu n'existes plus pour lui et c'est tant mieux. Tu sais quoi ? Je vais le jeter, ce truc.

Elle attendit qu'il ait terminé de se débattre pour le lâcher. Assis sur son lit, il frotta son poignet là où elle l'avait agrippé et la gratifia d'un regard noir.

– Je te déteste.

– Je sais, Quint. Tu me l'as déjà dit, et c'est ton droit le plus absolu. Seulement, ça me désole que tu ne me détestes pas pour les bonnes raisons.

Une fois hors de la chambre, elle dut prendre un instant pour se recomposer. Ce n'était pas des mots auxquels elle pourrait s'habituer. Elle s'était préparée à une période difficile à l'aube de l'adolescence, mais ce n'était pas ça. C'était un enfant, si jeune, qui se battait avec des émotions qu'il ne comprenait pas. Il aurait dû lui faire payer ses erreurs, pas ses tentatives de les réparer. Jake avait fait grandir son petit garçon de travers.

Taisha retira la carte SIM et la batterie du téléphone, afin que Quint ne soit pas tenté d'aller fouiller la poubelle dans son dos, et sortit sur le palier. Trouver Pancake, jeter ce truc infernal.

– Pancake ! Viens ici, bonhomme !

Elle fit le tour de la maison en sifflant, mais Pancake n'était pas occupé à creuser un trou ou regarder les écureuils. Le portillon donnant sur la rue était fermé mais la clenche était abîmée ; si Pancake le voulait vraiment, il pouvait au prix d'un effort se retrouver sur la chaussée. Taisha dévala le chemin de gravillons. La rue était vide de voitures, de passants et de Pancake.

Avec sa patte invalide, il ne pouvait être allé bien loin. Elle repéra Eileen, qui arrosait sa pelouse dans la maison d'en face, et lui fit de grands signes du bras. Quelques instants plus tard, Eileen éteignit son tuyau.

– Tu as vu passer mon chien ? Pancake, je ne le trouve pas.

Eileen haussa les épaules dans ce qui ne ressemblait même pas vraiment à une réponse, laissa tomber son tuyau et rentra chez elle sans un mot.

Certains dans le quartier avaient sans doute reconnu Quint à la télévision.

Taisha allait devoir faire le tour du bloc pour retrouver cet idiot de chien, en espérant qu'il ne se soit pas fait renverser quelque part. Elle s'apprêtait à aller enfermer Quint quand elle se souvint du téléphone toujours niché dans sa main. Elle souleva le couvercle de la poubelle sur le trottoir et le laissa tomber dans un fracas métallique.

Il lui fallut quelques secondes interminables pour appréhender ce qu'elle voyait. L'odeur de sang et de mort avait envahi sa gorge et menaçait de la faire vomir.

Les sacs d'ordures qui avaient amorti la chute du cadavre baignaient dans le sang. Les mouches qui tournaient autour de la poubelle profitèrent de son temps d'arrêt pour se précipiter à l'intérieur et se poser, l'une sur un œil, l'une sur la truffe, les autres sur les plaies ouvertes aux quatre vents.

Ils avaient coupé la mauvaise patte de Pancake et la lui avaient fourrée dans la gueule. Avant ou après lui avoir tranché la gorge ? Le pauvre chien avait dû s'éteindre dans la terreur et l'incompréhension. Elle ne pouvait que prier pour qu'il n'ait pas été torturé, prier qui, elle l'ignorait aujourd'hui.

Une feuille tachée de sang reposait sur le corps. Taisha s'en saisit et la déplia. Deux lignes avaient été inscrites à la hâte.

"*Souvenez-vous, Dieu ne vous juge pas pour vos péchés. Mais certains vous saigneront à blanc pour vous en purger.*"

Même sans signature, le doute n'était pas permis sur l'identité des auteurs du massacre. La jeune femme jeta des coups d'œil angoissés autour d'elle. Elle n'apercevait aucun des trois hommes, ni leur Hummer ; pour autant, elle se savait maintenant observée. Elle laissa retomber la feuille et enfouit sa main dans le pelage du chien, qui dégorgea du sang. Quelques larmes éclatèrent sur sa robe sable, dérangeant les mouches. Elle ne pourrait pas lui offrir une sépulture décente.

– Je te demande pardon, gémit-elle. Dors bien, bonhomme.

Les adieux durent être brefs. Elle jeta le portable, remonta chez elle et ferma à double tour.

Elle avait laissé une empreinte sanglante sur la poignée. Quint sortit de sa chambre alors qu'elle allait laver ses mains à l'évier.

– Où est Pancake ?

Elle était censée revenir avec le chien et la voilà qui revenait avec des mains pleines de sang, et cela n'échappa pas au garçon dont les yeux s'élargirent. Quint se précipita vers la porte, elle l'intercepta et le prit dans ses bras.

– Ne sors surtout pas. C'est dangereux.

– Je veux voir Pancake. Laisse-moi voir mon chien !

– Il est parti, mon cœur. Tu ne peux plus rien faire.

Quint sanglotait sur son épaule et s'arc-boutait contre elle dans l'espoir vain de la renverser.

– C'est moi qui l'ai fait sortir. J'aurais dû le surveiller. Laisse-moi le voir. Laisse-moi le voir, s'il te plaît. Je veux le voir... Je veux mon chien...

Il finit par s'effondrer entre ses bras, acceptant son étreinte même s'il ne la lui rendait pas, et pleura enfin comme un enfant de son âge le devait. Elle caressa longuement son dos.

– Ma puce, il va falloir être brave. Laisse-moi le temps de trouver une solution.

Le message de Jake était clair. Prends quelque chose qui est à moi, et je prendrai quelque chose qui est à toi. Tout ce que je t'ai donné, je peux le confisquer. Il suffisait d'une seconde d'inattention. Elle n'avait aucune idée de jusqu'où il irait pour se venger ou récupérer ce dont il se considérait le propriétaire légitime. Elle ne savait même pas s'il était encore temps de le faire reculer.

Ça ne l'empêcherait pas d'essayer.

Lorsque le chagrin eut enfin assommé Quint, Taisha prit une longue douche pour se nettoyer de ce qu'elle avait vu, senti, touché. Réfugiée dans sa chambre, elle s'empara de son téléphone. Il n'y eut aucune hésitation dans ses gestes quand elle accéda au contact et composa le numéro. Le téléphone fut décroché après quatre sonneries.

– Il faut qu'on parle.

Amanda.

Installée dans le bureau de Jake, Amanda nourrissait le sentiment perturbant d'être revenue cinq ans en arrière, à son invraisemblable entretien d'embauche. Elle avait en face d'elle le même homme : le même dégaine merchandising de Cyndi Lauper, la même mine défaite, la même aura de déprime minable. La seule différence, c'était qu'il ne cherchait plus à donner le change. Ils avaient débuté le briefing moins de cinq minutes auparavant et il avait déjà vidé deux verres de whisky. Sa tablette de cocaïne était posée bien en évidence sur le bureau. Pas assez forte pour le hisser hors du marais visqueux dans lequel il s'enfonçait. Par la fenêtre, il contemplait son parc verdoyant sous le soleil de juillet. Dans le lointain, entre les arbres, on apercevait l'étang et ses cols-verts. Rien de neuf à voir, mais ce qu'il regardait vraiment, elle n'était pas sûre de vouloir le savoir.

"Je prends une semaine de vacances." C'était les seuls mots qu'il lui avait adressés lorsqu'il était rentré du commissariat, quatre jours auparavant. Depuis, elle n'avait pas entendu le son de sa voix, sauf dans des plaintes pathétiques au cœur de la nuit.

Elle finit par donner un coup de pied dans le bureau. Il tourna des yeux absents vers elle.

– Je n'écoutais pas.

– J'ai remarqué. J'ai pris rendez-vous avec Mervin. Vous devez vous parler de toute urgence.

– Hmm.

– Je suis sérieuse. Des rumeurs ont filtré dans la presse. Ils parlent d'une annulation de *Farrell 4*, et Inside Pictures n'a publié aucun communiqué de démenti. Vous savez ce que ça veut dire.

Aucun d'eux n'avait besoin de le formuler à voix haute : pas de nouvelles, mauvaises nouvelles.

– C'est bon, j'irai, soupira Jake d'une voix éraillée par la fatigue. Quand ça ?

– Aujourd'hui.

Il bascula la tête en arrière avec un gémissement.

– Dans une heure trente.

– Non !

– Si. Ça vous forcera à prendre une douche, mettre des vêtements dignes de ce nom et, oh, arrêter de boire dès maintenant, à moins que vous vouliez faire de la concurrence aux ivrognes qui chantent des sérénades aux lampadaires.

Jake descendit le reste de son verre et le déposa sur le bureau d'un geste dégoûté.

– Tu es vraiment chiante, tu sais ça ?

– Je sais. Mais moi au moins, je n'ai pas violé un enfant.

Les mots avaient quitté sa bouche avant qu'elle ait pu les retenir. En prenant un peu de recul pendant le silence qui suivit, Amanda réalisa qu'elle ne regrettait pas de les avoir prononcés. Ils gravitaient dans son esprit depuis l'arrestation de Jake et n'attendaient que d'en sortir. C'était un soulagement de constater qu'il lui restait assez de pouvoir sur elle-même pour faire plus que les penser.

– C'est bas, marmonna Jake. Même venant de toi.

Peut-être. Mais Amanda ressentait soudain l'urgence impérieuse de faire éclater les apparences. Car il en demeurait beaucoup trop, malgré leur contrat stipulant qu'il ne devait rien lui cacher. Le sommeil la fuyait depuis quatre nuits. Jamais ce qu'elle savait ou ce dont elle se doutait à propos de Jake ne l'avait empêchée de dormir. C'était le problème de Jake, pas le sien. Maintenant, tout était différent. Elle se retrouvait les yeux grand ouverts dans son lit, à tâcher de chasser des pensées horrifiantes qui ne voulaient plus la lâcher.

Elle était terrorisée à l'idée d'avoir su.

Elle n'avait aucun moyen de s'assurer de l'innocence ni de la culpabilité de Jake, à moins qu'il avoue les faits devant elle. Elle n'arrivait plus à détourner les yeux. Ce petit garçon venait tous les week-ends, elle avait appris à le connaître et l'apprécier. Elle savait que la relation que Jake entretenait avec lui était malsaine. Plusieurs fois, elle avait essayé en vain de le persuader de s'en séparer.

Pourquoi ? Qu'avait-elle senti qui l'avait suffisamment alertée pour s'opposer à son patron ? Avait-elle senti ? Avait-elle *su* et refusé de se l'avouer ? Avait-elle essayé assez fort ? Ou bien était-il réellement innocent et, dans ce cas, elle n'avait rien à se reprocher non plus ?

Une seule personne avait le pouvoir de la libérer du doute affamé qui la rongeait.

– Je me souviens des mots exacts que vous avez prononcés, ici, le jour où vous m'avez engagée. "Vous devez tout savoir. Vous devez me connaître mieux que je ne me connais moi-même." J'ai une question à vous poser, Jake, et je vous implore de me répondre sincèrement. Est-ce que j'ai bien fait mon job ? Est-ce que je savais tout ?

Silencieux, Jake reporta son regard sur le domaine derrière la fenêtre. Quand il revint finalement à elle, ses prunelles s'étaient recouvertes d'une brume mélancolique. Il comprenait ce qui était en train d'arriver ; comme l'homme sur le point de se noyer comprenait soudain que ceux qui tentaient de le sauver allaient lâcher la corde, pour ne pas être entraînés à sa suite dans l'abîme. Et il n'avait d'autre choix que de l'accepter parce qu'ils avaient fait de leur mieux, tout simplement.

– Je crois que tu as besoin de voir ton pasteur, Amanda.

La jeune femme ravala un sanglot ; ç'aurait été trop lui concéder que de pleurer devant lui. Quel bien lui ferait un pasteur aujourd'hui ? Elle ne pouvait plus se tenir face à Dieu, pas même supplier Dieu à genoux de lui pardonner ce qu'elle n'avait pas fait. Jake lui avait enlevé cela comme tant d'autres choses.

Elle n'avait pas cherché à savoir. On disait de partout que Dieu accordait sa miséricorde à quiconque se repentait. Mais elle ne voyait pas l'intérêt de croire en un Dieu qui serait prêt à la pardonner.

– Je crois que j'ai besoin de démissionner.

Jake ne répondit pas. Quoi qu'il dise, il ne pourrait plus la retenir. Elle se leva et déposa son portable professionnel sur le bureau. Au moment de sortir, elle se retourna et ajouta une dernière chose :

– N'envoyez pas les chiens après moi. Je veux juste vous oublier. Laissez-moi cette possibilité.

Dans le salon, Stewart essuyait des verres derrière son bar, les traits aussi neutres qu'ils pouvaient l'être en ces temps moroses.

– Je m'en vais, lui lança-t-elle.

– Eh bien. Quel dommage, tu vas nous manquer, Amanda.

Elle les scruta, lui et sa chemise hawaïenne, et ses mains qui essuyaient sans doute le même verre depuis dix minutes. Son envie de pleurer redoubla.

– Tu pourrais partir aussi.

– Mr Longfield a besoin de moi ici.

– Oublie Jake un instant et pense à toi. Tu as de l'argent. Tu pourrais aller te faire bronzer aux Maldives pour le restant de tes jours.

– Non, non. J'ai passé l'âge de tout recommencer. Je suis bien ici.

Amanda hésita, puis s'approcha du bar.

– Stewart. Il l'a fait.

L'intendant la regarda par-dessous. D'un geste très lent, il posa le verre, s'empara du suivant et recommença le même processus.

– Moi, je n'en sais rien.

Elle hocha la tête, lui accorda un bref sourire. Impossible de le juger. Elle avait attaché le même bandeau sur ses yeux. Parfois, c'était simplement plus agréable de rester aveugle. Stewart voyait la fin se profiler et n'avait personne hors de cette maison. Sa peur de regarder la vérité en face, elle la comprenait mille fois.

Avec un peu de chance, il finirait par oublier.

Dans sa chambre, elle s'accorda un quart d'heure pour pleurer. Puis quand elle estima s'être assez apitoyée sur elle-même, elle tamponna ses yeux, appela un taxi et rassembla ses affaires.

Azrah passait la serpillière en bas des escaliers. Elle se mit hors de son chemin et l'observa un moment. C'était la seule habitante de la Baraque qu'elle regretterait, celle à qui elle n'avait jamais rien osé dire. Trop de fois, leurs mots et leurs mains s'étaient frôlés sans se toucher. Enfin, Azrah releva la tête et aperçut la valise qu'elle portait.

– Tu pars ?

Elle avait l'air catastrophé.

– Oui. J'ai démissionné.

Le regard d'Azrah papillonna dans tous les sens, perdu. Elle ne savait pas quoi dire. Amanda cessa de réfléchir. Elle s'approcha de l'autre femme, prenant garde à ne pas glisser sur le sol mouillé.

– Mon taxi n'arrivera pas avant vingt minutes. Si tu décides que tu en as assez... Je vais attendre dans la cour.

Elle déposa le fantôme d'un baiser sur sa pommette. Si c'était tout ce qu'elle devait emporter d'elle, ce serait le trésor le plus précieux des cinq années passées en sa compagnie. Avant de devoir entendre sa réponse, elle se dirigea vers la porte.

– Désolée pour les traces.

Azrah.

Cela faisait bien vingt minutes qu'Amanda s'était excusée pour les traces de pas, et pourtant Azrah continuait de frotter au même endroit, espérant peut-être les voir réapparaître.

Le taxi devait avoir quitté la cour à présent. Elle n'était pas sortie pour vérifier, Amanda aurait pu se faire des illusions. En toute franchise, elle l'aurait suivie si elle avait pu et son cœur saignait à l'idée de continuer ici, sans elle. Mais rien ne l'attendait en dehors de ces murs. Amanda ne pouvait pas la protéger comme Mr Longfield. Plus important encore, elle ne pouvait pas la protéger *de* Mr Longfield. Si Azrah partait, elle attirait les soupçons sur elle et Jake pouvait faire échouer sa demande d'asile d'un coup de baguette magique. Elle n'avait d'autre choix que de rester.

C'était pour cela qu'elle s'était montrée plus lâche que jamais lorsque l'officier de police l'avait interrogée. Rien vu. Rien entendu. Je comprendre pas question. Je parler pas bien. Et pour sa propre sécurité, elle avait bien fait : Quint s'était tu, Jake avait été libéré. Cela lui brisait le cœur, mais elle avait fait ce qu'elle pouvait.

– Ces dix centimètres carrés n'ont jamais été aussi immaculés. Vous pouvez passer à ceux d'à côté, avant de détacher le sol.

Surprise, elle leva la tête vers les escaliers. Jake descendait en ajustant ses boutons de manchette, suivi de près par Wyatt. Propre et apprêté, il avait retrouvé une apparence normale après quatre jours de sinistre laisser-aller. Elle lui offrit un sourire pâle.

– Pardon, monsieur. Je suis dans mes pensées.

– Vous avez l'air fatigué, Azrah. Ces derniers jours ont été éprouvants pour nous tous.

Jake et Wyatt échangèrent un regard impénétrable. Derrière leurs lunettes, seuls eux semblaient à même de se comprendre.

– Vous devriez songer à prendre des vacances, continua-t-il. Vous avez toujours de la famille au Pakistan, si je me souviens bien ?

Azrah immobilisa sa serpillière et scruta le visage de son employeur, qui lui renvoya un sourire poli. Il savait. Privée de sa voix, elle hocha faiblement la tête.

– Si j'étais vous, je leur enverrais une carte pour leur annoncer votre retour imminent. On ne voudrait pas qu'ils soient pris au dépourvu.

Tour à tour, les deux hommes passèrent à côté d'elle sans un regard en trop et quittèrent la villa, laissant de nouvelles traces de chaussures sur le sol qu'elle avait tout juste lavé.

Azrah lâcha son balai et s'effondra sur la première marche, tremblante. Son état de paralysie terrifiée ne dura cependant qu'une courte minute. Elle bondit soudain sur ses pieds comme si une mouche l'avait piquée et courut à la porte d'entrée, finissant de gâcher son travail de nettoyage. Tout ça n'avait plus d'importance, si jamais c'en avait eu.

Elle repéra le Suburban qui tournait au coin de l'allée gravillonnée. Dans la cour, un taxi avait mis le contact et opérait une marche arrière pour le suivre.

Elle se précipita devant la voiture et frappa sur le capot. Le chauffeur leva les bras en gueulant des amabilités qu'elle n'était pas sûre de vouloir comprendre. Mais son intervention eut l'effet escompté : Amanda descendit.

Pendant quelques secondes, elles se regardèrent en silence.

– J'ai attendu, finit par dire Amanda. J'ai cru que tu ne viendrais pas.

– J'ai peur, répondit Azrah.

Et c'était vrai. Après des années à se réveiller sans savoir si elle vivrait pour voir le soleil se coucher, elle avait trouvé ici un havre pour soigner les blessures de ce voyage traumatisant. Cinq ans de répit, à peine. Aujourd'hui, l'incertitude se réinstallait dans sa vie.

– Je sais, dit Amanda. Mais je suis là. Je ne te laisse pas tomber.

L'incertitude ? Pas entièrement. Elle voulait croire à la femme en face d'elle qui lui demandait de lui faire confiance. Elle voulait croire aux battements effrénés de son cœur, ceux qui n'étaient pas créés par la peur.

Leur première étreinte avait quelque chose d'inéluctable. Dans ses bras, Azrah se sentit moins

vulnérable.
– Va chercher tes affaires.
Azrah l'embrassa. Sur les lèvres, cette fois, et il n'était plus question de se faire légère ou trop pudique. Les joues d'Amanda se teintèrent d'un rose discret.
– Attends-moi.
– J'ai attendu cinq ans. Je peux attendre dix minutes de plus.

Wyatt.
Le garde du corps s'installa sur le siège passager et éteignit immédiatement la radio que Lewis avait mise à fond. La porte claqua derrière eux.
– Eh bien, messieurs, il semblerait qu'on doive bientôt se retrouver entre messieurs.
Wyatt renifla avec mépris.
– Pas plus mal. Vous avez besoin de personnes qui ne flanchent pas, pas de jambes en coton.
Lewis se retourna et lança un regard déterminé à Jake.
– Moi j'aurai jamais les jambes en coton, patron. Jamais.
– Je sais, Lewis. On y va.
Le taxi d'Amanda avait mis le contact, mais ne semblait pas prêt à partir. À tous les coups, elle attendait sa petite copine la Paki. Wyatt avait toujours soupçonné que quelque chose marinait entre ces deux-là. Peut-être ne s'agissait-il pas d'une mais de deux taupes. Peu importait au final : toutes deux paieraient le prix de ne pas avoir été à la hauteur.
La nuit tombait lorsque, quatre jours auparavant, Jake et Wyatt s'étaient assis dans le bureau pour écouter ce que Burns avait à dévoiler. Il avait fallu plusieurs heures au patron pour se remettre de ses émotions. Burns avait attendu, après tout pourquoi pas : à chaque heure qui passait, il ramassait une petite fortune. Lorsque Jake était enfin descendu, rafraîchi mais visiblement épuisé, l'avocat avait insisté pour le voir seul à seul ; le boss avait imposé la présence de Wyatt.
– Voici ce que j'ai appris de mon contact au bureau du proc', avait expliqué Brett. Ils ont fondé l'arrestation sur la déposition de la mère à qui son fils aurait confié les faits. Le témoignage du garçon a été enregistré à son insu et était donc irrecevable. Ce n'est pas suffisant pour justifier une arrestation. Le procureur devra en répondre. Ils ont essayé de tirer les vers du nez au gamin pendant votre interrogatoire, Jake, mais l'enfant a accusé sa mère de vouloir vous extorquer de l'argent. Il est à l'origine de ce qui est arrivé, mais il est aussi celui qui vous a sauvé. Vous avez la possibilité de demander qu'une enquête soit diligentée contre la mère et contre le procureur.
Longfield avait regardé Wyatt. Pas besoin de mots.
– Non, nous allons prendre des dispositions privées, avait répondu Jake.

– Comme vous voudrez. Encore autre chose : le dossier parle d'un témoin mystère. Quelqu'un sous anonymat se disait prêt à témoigner si le garçon parlait et que vous étiez en effet inculpé. Je dois hélas en déduire qu'il s'agit de quelqu'un de l'intérieur, Jake. Il va falloir faire le ménage chez vous.

Après le départ de Burns, Jake avait invité Wyatt à s'asseoir.

– J'ai été trahi, avait-il dit tout simplement.

Wyatt n'avait même pas jugé utile de se défendre. Longfield le savait innocent ou il ne l'aurait pas invité à leur briefing en petit comité.

– Je ne vois pas le vieux l'ouvrir, avait-il répondu. Il a de l'expérience pour ce qui est de détourner le regard en territoire hostile.

– Je suis d'accord. Stewart n'a rien à voir là-dedans.

– Lewis, en revanche.

Mr Longfield avait écarté sa suggestion d'un revers de la main.

– Lewis sauterait d'une falaise si je le lui demandais.

– Mais le gamin lui a parlé. Et s'il avait lâché le morceau sans le faire exprès ?

– Non, je n'y crois pas.

Wyatt avait cédé en apparence, mais n'avait pas exclu Lewis de la liste des suspects. Demeuraient Amanda et Azrah, qui habitaient la Baraque en permanence. Amanda était le suspect numéro un évident. Jake, néanmoins, était réticent à considérer cette option. Surtout réticent, Wyatt le savait, à envisager de se séparer de sa béquille.

– Si c'est elle, pourquoi maintenant ? réfléchissait-il tout haut. Elle a des soupçons depuis des mois, presque depuis le début. Et ça la prendrait comme ça ? Je ne sais pas. Et Azrah ?

Wyatt avait haussé les épaules.

– Difficile à cerner. Mais après tout, elle est toujours là où ne l'on attend pas.

Ils avaient conclu qu'Azrah devait être bâillonnée en priorité. La renvoyer à l'autre bout du monde était le moyen le plus simple de s'assurer qu'elle ne parlerait plus. Quant à Amanda, elle venait des les prendre de court en démissionnant comme seule une innocente le ferait, d'après les dires de Jake.

– Qu'est-ce qu'on fait de la mère et du gosse ?

Wyatt avait hésité à aborder le sujet, mais c'était de là que provenait le péril le plus pressant.

– Ne touchez pas à Quint, avait ordonné Mr Longfield. Ni à Taisha, pour l'instant. Laissons-lui une chance de comprendre où se situe son intérêt. Faites un geste, net et sans ambiguïté.

Secrètement, Wyatt avait laissé Omar tranquille ; il se rappelait trop bien les craintes que son ami entretenait de devoir un jour leur rendre "une vraie visite". Celui-là avait toujours eu un certain flair. Le travail avait été fait par Jimmy et Alonso et la famille était sous surveillance rapprochée.

Wyatt ne lâcherait plus Jake d'une semelle. On lui avait prouvé qu'il ne pouvait faire confiance à

personne d'autre pour protéger Jake aussi bien que lui. La police comme l'équipe de la compagnie privée appelée en renfort avaient échoué à empêcher Taisha Rogers d'atteindre la voiture.
Même lourdement armée, elle n'aurait rien pu faire. Le Suburban était blindé et renforcé de tous côtés pour résister à des tirs de n'importe quel calibre. Pour autant, Wyatt n'aurait jamais dû permettre une telle erreur. La villa était assiégée depuis que l'affaire avait éclaté. Ils étaient suivis en ce moment même. Des journalistes allaient forcément tenter de s'infiltrer dans le bâtiment d'Inside Pictures, et qui pouvait savoir ce qui se cachait derrière une caméra ou entre deux micros.
Alors quand Lewis arrêta le véhicule devant les portes d'Inside Pictures, Wyatt fit courir Jake tête baissée sur la distance entre la voiture et le bâtiment lui-même. Amanda n'était plus là pour leur dire que ce n'était pas bon pour son image. Il suivit Jake dans l'ascenseur et dans les couloirs jusqu'à la porte du bureau de Mr Byrd. Là, il ne consentit à laisser la porte se refermer sur lui qu'après avoir procédé à un scan de la pièce où Mr Byrd accueillait le patron. Il demeura debout juste derrière, prêt à dégainer au moindre pressentiment.

Lewis.

Garé dans une rue adjacente, Lewis tenait son portable, prêt à décoller à la moindre vibration. Pas une seconde à perdre, avait dit Wyatt. Plus on attendait et plus la foule s'amassait, et plus il deviendrait difficile d'extraire Jake en toute sécurité.
Le jeune homme appréhendait mal la vitesse à laquelle les choses avaient été bouleversées. Il se sentait tellement triste pour son patron. Jake était l'homme le plus extraordinaire qu'il ait jamais rencontré, il ne méritait pas ce qu'il avait subi et les mots horribles et cruels qu'on pouvait dire sur lui. Il l'avait dit au policier qui l'avait interrogé : cherchez quelqu'un de mieux que lui. Vous pourrez chercher un an ou même dix ans, vous ne trouverez jamais. Oui, il avait des problèmes, qui n'en avait pas ? Mais il n'aurait jamais fait de mal à une mouche.
Bien sûr, il n'avait pas raconté ce que Quint lui avait dit au square. Même lui était assez intelligent pour comprendre que ça n'aurait pas aidé le cas de Jake. Il avait voulu rassurer son patron, lui dire qu'il s'était tu, mais il n'en avait pas trouvé l'occasion, Jake était tellement triste.
Et dire qu'il avait fait confiance à ces gens. Quint, sa mère Mrs Rogers. Ce n'était pas bien de faire ça à quelqu'un, vraiment pas bien. Jake avait été trop généreux avec eux. Il donnait, il donnait et il ne voyait pas que plus il donnait, plus la convoitise s'intensifiait chez les autres. Et voilà le résultat : il était sali, blessé. Triste. Plus lui-même. Lewis détestait le voir dans cet état de déprime qu'il traînait depuis quatre jours.
Le chauffeur avait vu Amanda faire sa valise et partir tout à l'heure. Visiblement, elle ne croyait pas Jake et aurait préféré qu'il reste en prison. Il se sentait trahi, comme si c'était lui qu'Amanda

remettait en question. Un comportement inacceptable, même venant d'elle. Tant pis. Il l'avait laissée partir sans lui dire au revoir.
Son téléphone vibra. *Dépêche. Sors nous aider.* À lui de jouer. Il mit le contact, lança le disque de Cyndi Lauper – une petite attention spéciale pour remonter le moral de Jake, au cas où son entrevue se serait mal passée. Il dégagea l'énorme voiture en faisant vrombir le moteur.

Jake.
Comme Mervin prenait toujours autant de temps pour tracer ses rails, Jake s'autorisa à laisser ses pensées vagabonder.
En passant dans le couloir, il avait remarqué que la plaque sur la porte de Taisha avait été retirée. Des traces de glu ornaient encore la peinture. Bien entendu, leur arrangement à propos de la maison était caduc. Elle et Quint allaient devoir déménager, mais pas loin. Il serait prévenu si elle montrait le moindre signe de vouloir quitter la région ; ça ne se passerait pas sans son accord.
Il ignorait encore quand il reverrait Quint. Ce n'était pas raisonnable d'essayer de rentrer en contact avec lui maintenant. Si ça venait à se savoir, on le lui ferait payer cher. Mais d'ici quelques semaines, quelques mois, peut-être... Quand le fracas médiatique engendré par ce désastre se serait dissipé. Jake refusait l'idée de l'abandonner.
Il avait reçu tous ses messages, le lendemain de son arrestation. Seule une volonté de fer l'avait empêché d'y répondre. Tout pouvait être réparé, y compris leur relation. S'ils y mettaient les moyens tous les deux. Certes, Quint l'avait à nouveau trahi en révélant tout à sa mère, mais elle avait dû lui mener la vie dure. Il y avait forcément une explication. Il était prêt à tout entendre.
Il se sentait même prêt à reconnaître qu'il avait fait quelque chose de mal. Peut-être qu'il avait été trop vite, trop fort, peut-être qu'il ne l'avait pas assez écouté, qu'il n'avait pas été assez attentif. S'il lui avait fait du mal, il avait besoin de comprendre là où il avait échoué, pour que ça n'arrive plus jamais. Mais ils partageaient ensemble quelque chose de plus fort que la mauvaise volonté de quelques-uns. Ils pouvaient encore s'en sortir.
– Je l'ai licenciée, tu t'imagines bien.
Jake se secoua et accepta la tablette de Mervin.
– J'ai remarqué. Ç'aurait fait tache de la garder.
– Qu'est-ce qui me vaut le plaisir, Jake ?
La voix de Mervin était calme et détachée, mais Jake y percevait le malaise crispé qu'il essayait vainement de dissimuler. Il sniffa deux traces avant de répondre.
– Tu le sais bien, les titres sur *Farrell.* C'est devenu complètement délirant, d'où est-ce que ça sort ?
– D'ici, ça sort d'ici.

C'était bien ce qu'il craignait, ce qu'Amanda avait craint.
– Et tu trouves ça normal que moi, le premier intéressé, j'en sois informé par voie de presse ?
– Rien n'est encore officiel. Et puis j'ai pensé que tu avais d'autres chats à fouetter en ce moment. Pour tout te dire, je ne te voyais pas sortir de chez toi avant encore une semaine ou deux. Déjà au travail, quatre jours après ce qui s'est passé, ça...
– ... Ça montre au public que je n'ai pas peur de son jugement, puisque je suis innocent. Les charges ont été abandonnées. Dans les faits, il ne s'est rien passé.
– Tu ne peux pas dire ça, Jake. Tu sais que tu ne peux pas faire comme si de rien n'était. Ils ont dit que tu avais violé un enfant. Que ce soit vrai ou pas, tu portes une marque.
Mervin avait raison. Mais cette marque, on pouvait la nettoyer, l'effacer. Le producteur avait du culot de lui tourner le dos après tout ce qu'il avait fait pour lui. Si Farrell était l'alter ego de Jake, Inside Pictures seule détenait les droits de la franchise. À moins d'une offre impossible à refuser venue directement de la major qui les soutenait, il voyait mal Farrell Cosma renaître de ses cendres si Mervin décidait de l'enterrer.
– C'est sérieux ? Annuler *Farrell 4* ? Tu te rends compte de tout l'argent dont tu vas priver la boîte ?
– Je n'étais pas seul. Le conseil d'administration était réuni au complet pour statuer. Et je précise que si je ne t'avais pas défendu bec et ongles, ils envisageaient aussi de repousser, voire d'annuler la sortie de *Farrell 3*.
Ça n'avait aucun sens. *Farrell Cosma: Operation Nemesis* sortait dans quinze jours, c'était le meilleur volet de la saga et celui qui allait produire le plus de recettes selon toutes les prévisions.
– Vous marchez tous sur la tête.
– Rien de personnel là-dedans, Jake. Mais toi non plus, je ne pouvais pas te garder, ce n'est pas bon pour les affaires. Comme tu l'as si bien exprimé, ça fait tache.
– Ce sont des accusations infondées, Merv ! Du vent ! Tu as entendu de quoi on me traite là-dehors, un peu de soutien ne ferait pas de mal. C'est absurde. Le public sait, lui.
Merv esquissa un sourire malheureux.
– Ça fait combien d'années que je remplis tes poches ? continua Jake. Tu m'enfonces la tête sous l'eau.
– Écoute, fais confiance aux moutons. Attends six mois, max. Les médias auront oublié l'affaire, et par conséquent, le public aussi. Mais l'audience cible de Farrell est majoritairement adolescente et les parents vont être... Tu vois ce que je veux dire. Il est trop tard pour *Operation Nemesis*, on s'attend à un flop et on assumera. Mais je ne peux pas continuer avec toi.
Le producteur se leva et lui tendit la main.
– Encore une fois, rien de personnel. Mais je dois gérer ce studio, mon ami.

Jake se leva à son tour, avec l'énergie d'un vieillard qui aurait pris la foudre. Un autre pan de sa vie venait de s'envoler en fumée. Il écrasa la main que lui tendait Mervin.

– Va te faire enculer, "mon ami".

– Pas par toi, en tout cas. Je suis un peu trop vieux à ton goût, paraît-il. Je plaisante, bien sûr.

Mervin le rappela au moment où il ouvrait la porte du bureau.

– Tu devrais songer à changer de lunettes. Le poids de Farrell sera lourd à porter.

– Il a emprunté mes lunettes, je n'ai pas emprunté les siennes. Ne l'oublie pas quand tu songeras à me remplacer.

Jake se dirigea vers l'ascenseur sans un mot. Le monde pesait lourd sur ses épaules. C'était l'un de ces moments de lassitude extrême, où il se demandait s'il avait fait les bons choix. Tant de charnières auraient pu le mener sur un autre chemin. Quelle aurait été sa vie ? Il n'aurait peut-être pas été aussi riche, célèbre, puissant. Mais peut-être aurait-ce été plus facile de continuer à mettre un pied devant l'autre, et encore, et encore, tout recommencer à chaque pas sans ce souffle court, sans cette envie qui le tenaillait de simplement s'allonger là où il était et ne plus bouger.

Dans le hall, Wyatt et lui acquirent une bonne impression de ce qui les attendait. Les reporters s'amassaient derrière la porte et les flashes crépitaient déjà. Attirés par le rassemblement de presse, des passants venaient grossir la foule à chaque seconde.

Quelques minutes plus tard, Wyatt reçut la confirmation de Lewis.

– La voiture est là. Lewis va se placer devant, et je serai derrière vous. Je ne vous lâche pas.

Lewis fendit bientôt le rideau de journalistes et leur adressa un signe rassurant. Jake se sentit poussé légèrement vers l'avant, souffla et pénétra dans la jungle.

– Les rumeurs sont-elles avérées ? Les suites de *Farrell Cosma* sont-elles annulées ?

– Mr Longfield, que répondez-vous à ceux qui mettent en doute votre version de l'histoire ?

– La sortie d'*Operation Nemesis* va-t-elle être repoussée ?

– Jake, avez-vous un message à adresser à la victime présumée ?

– Confirmez-vous votre décision de ne pas poursuivre en diffamation ?

Wyatt donnait le rythme, poussant contre Jake qui poussait à son tour contre Lewis, qui faisait de son mieux pour pousser à son tour les gêneurs. L'attroupement se fit bientôt si dense que leur progression se comptait en centimètres. Wyatt aboyait des instructions à peine écoutées et repoussait avec fermeté les mains qui agrippaient les manches de Jake.

Lewis atteignait la portière quand le premier BANG se fit entendre, accompagné d'un tintement métallique. Jake ressentit aussitôt une brûlure intense au niveau de sa tempe. Il était américain et avait grandi dans un quartier où les armes à feu faisaient partie du quotidien. Il savait parfaitement distinguer un coup de feu d'un simple pétard.

Il savait parfaitement qu'on venait de lui tirer dessus.

Pourtant, alors que la foule autour de lui se baissait dans un seul mouvement réflexe, que les premières personnes se jetaient à terre et poussaient des hurlements de panique, ses rouages s'enrayèrent. Il ne réagit pas.

Quelqu'un se jeta alors sur lui, ami ou ennemi ? Un second BANG retentit, quelque chose explosa dans son champ de vision, recouvrant ses lunettes d'écarlate. Puis, alors que plusieurs autres coups retentissaient – quatre, cinq ? – le corps s'écroula sur lui et il heurta le sol avec violence. Son crâne ricocha contre le bitume et ses lunettes volèrent au loin.

De là où il était, à moitié coincé sous un poids mort, Jake voyait les gens se bousculer et fuir. Des personnes étaient jetées à terre, se relevaient, péniblement mais se relevaient car il fallait rester en mouvement. Des cris et des gémissements lui parvenaient de partout à la fois, exactement comme il imaginait une scène de guerre. Le sang dégoulinait sur son oreille, dans son cou et au-delà.

Il n'arrivait pas à avoir peur. L'instinct de survie dont il s'était si souvent targué avait disparu. Son cœur, défiant toute logique, continuait à battre calmement. Sa respiration était entravée, pour autant il ne cherchait pas à repousser le corps inerte.

Il regarda le ciel au-dessus de lui, d'un bleu intense, sans nuages. Ses lunettes lui avaient été arrachées, mais il était encore baigné par sa lumière. Il vivait toujours, sous le même ciel qui rejoignait la mer sans ligne d'horizon, quand il sortait en bateau avec Quint.

S'il avait dû mourir, il aurait voulu que ce soit à cet instant précis.

Mais ce n'était pas son heure. Le corps fut soudain soulevé pour le dégager et deux mains fermes empoignèrent sa veste. Wyatt ouvrit la porte arrière du Suburban et l'éjecta sur la banquette.

– À plat ventre sur le sol, ordonna-t-il. Appuyez sur la blessure.

Jake obéit, parce qu'il ne pouvait rien faire d'autre. La douleur se réveilla dans son crâne quand il apposa sa veste sur la plaie ; il serra les dents, pressa et s'allongea sur le plancher du Suburban.

Le sol tremblait, le moteur était encore en marche. Cyndi Lauper s'époumonait dans les enceintes sur *Money Changes Everything*.

Peu à peu, dans le calme tout relatif du véhicule, la réalité reprit le dessus et vint dissiper son apathie. La douleur, d'abord, ancra Jake dans l'instant présent, et l'odeur fraîche du sol, que Lewis avait dû aspirer et éponger peu avant leur départ.

Puis les premières pensées rationnelles réémergèrent. On avait essayé de le tuer. On avait visé sa tête avec une arme à feu et tiré. Sa tête. Pas de pardon possible. Il ne devait sa vie qu'à la chance, et à la personne projetée contre lui qui avait reçu le projectile à sa place.

Quelqu'un était mort de l'autre côté de la portière. Peut-être plusieurs. À sa place.

Ce fut à ce moment-là, et il n'avait alors aucune idée du temps qui s'était écoulé depuis que Wyatt l'avait poussé dans la voiture, qu'il lui vint à l'esprit qu'il n'était pas à la bonne place. Il leva son bras libre et tenta d'ouvrir la portière, en vain. Wyatt avait actionné le verrouillage de sécurité. Seuls lui et Lewis détenaient le badge nécessaire pour le désactiver.

L'angoisse le frappa comme un marteau de plomb sur une enclume de sable. Il suffoqua. Pas assez d'air dans la voiture, il avait tout consommé. Les bruits extérieurs étaient largement étouffés mais il percevait un trop grand nombre de voix, des cris, encore, et des sirènes. Ils avaient oublié qu'il était là. Ils allaient l'oublier et il allait mourir ici, seul, enfermé dans cette voiture si propre qu'il souillait de son sang.

Renonçant aux ordres de Wyatt, il se redressa à genoux et regarda par la fenêtre. Des gens passaient en courant. Civils, secouristes, policiers. Personne ne pouvait le voir, les vitres teintées s'en assuraient. Il laissa tomber sa veste et frappa sur la vitre des deux mains.

– Hey ! Hey ! Est-ce que quelqu'un m'entend ? Ouvrez-moi ! Wyatt ! Wyatt ! Lewis ! Ouvrez-moi !

Il hurla jusqu'à ce que sa gorge le brûle, frappa des mains puis des poings contre le verre renforcé, jusqu'à ce que ses phalanges rougissent puis bleuissent. Il se sentait sur le point de défaillir quand la portière se déroba enfin. Les bras forts de Wyatt le récupérèrent comme il tombait en avant, le tirèrent à l'extérieur et l'assirent contre le pneu du Suburban.

– Tout va bien, respirez. Vous êtes vivant. Calmez-vous.

Il inspira l'air chaud, les vapeurs qui montaient de l'asphalte, l'odeur de sueur qui émanait de lui comme de Wyatt, couvert de transpiration.

– Désolé. Il a fallu que le LAPD s'assure qu'il n'y avait pas d'autre tireur. On va pouvoir examiner votre tête. Le cuir chevelu, ça saigne toujours beaucoup.

Jake articula péniblement :

– Où est Lewis ?

Les yeux de Wyatt furent saisis d'un tic nerveux.

– Je suis désolé, boss. Vous... En fait, vous avez des morceaux de lui sur votre... visage. Vous aurez besoin d'un nouveau chauffeur.

Incrédule, Jake passa ses mains sur son visage. Elles revinrent ensanglantées. Ici et là, des débris visqueux de matière organique collaient à ses paumes. C'était Lewis. Des petits bouts de Lewis.

– Il a fait barrière de son corps, continua Wyatt. La balle a traversé le cerveau, du gros calibre. Il est mort sur le coup. Vous aviez raison, patron, je n'aurais pas dû douter de lui.

Jake regarda ses mains. Wyatt. Ses mains. Wyatt. Il fondit en larmes.

– Ne le laisse pas sur moi. S'il te plaît, ne le laisse pas sur moi. Enlève-le !

Wyatt enleva sa propre veste et lui essuya mains et visage avec une délicatesse que l'on n'aurait su soupçonner de lui, sans oser trop appuyer, comme par peur de casser un petit garçon de porcelaine.

Il retira les larmes et le sang ; et néanmoins, lorsque Jake contempla ses mains débarrassées de la majorité des impuretés, il lui sembla que les larmes dégoulinaient encore de ses yeux et que le sang dégoulinait encore du bout de ses doigts.

– Je veux le voir, implora-t-il d'une voix qui retrouvait seulement un peu de solidité.

– Il est juste derrière moi. C'est une scène de crime, personne ne l'a encore touché.

Wyatt lui offrit son aide pour se relever, puis il s'écarta.

Lewis faisait face au ciel lui aussi, à l'endroit même où Wyatt l'avait retourné pour libérer Jake. Son crâne baignait dans une flaque de sang et de matière cérébrale. Une partie de son front avait explosé lorsque le projectile inarrêtable était ressorti, ravageant tout sur sa route. Peau, muscles, éclats d'os se mêlaient en une bouillie informe. À quelques centimètres près, Jake se serait retrouvé sur la même trajectoire et son cerveau mêlé à celui de Lewis aurait tapissé le bitume.

Ne disait-on pas que les sacrifices les plus inutiles étaient aussi les plus purs ?

Dieu était un concept. Tout pouvait s'appeler Dieu et exiger vénération, pour peu qu'on s'en remette à ce grand mystère qu'était la foi. Jake n'avait jamais cru. Ce jour-là, les yeux fermés, il décida de croire et pria Dieu pour que Lewis soit accueilli dans la grâce qu'il méritait.

– J'ai trouvé ça, boss. Vous ne pourrez pas les récupérer non plus.

Wyatt lui tendit sa paire de lunettes. Sans doute piétinée à maintes reprises, la monture était tordue. L'un des verres était criblé d'impacts ; l'autre avait tout bonnement disparu. c'était un miracle qu'elles tiennent encore en un seul morceau.

Jake déposa l'objet sur la poitrine de Lewis. C'était ce pourquoi il s'était sacrifié. Un monde, une personne qui n'existaient que parce que Jake l'avait décidé.

Autour de lui, d'autres personnes étaient étendues ou assises, assistées par les secouristes arrivés sur place. Derrière une barrière dressée par les forces de l'ordre cent mètres plus loin, la presse se bousculait.

Seul un autre corps ne bougeait plus, gardé non loin par deux agents en uniforme. Il s'approcha lentement, les policiers le reconnurent et s'écartèrent légèrement.

La main droite du tireur était encore crispée sur son impressionnant pistolet. Quatre trous propres et nets perçaient son visage et et son torse, là où les balles de Wyatt l'avaient mortellement atteint. Son bras gauche était replié sur l'une de ses blessures, comme s'il avait essayé dans son agonie de retenir le sang qui s'en échappait. Le bras se terminait par un moignon de poignet.

Jake s'éloigna sans montrer le moindre signe de reconnaissance. Wyatt le suivit de près.

– C'est bien la personne à qui vous pensez, confirma-t-il entre ses dents.

– Il n'aurait pas agi de son propre chef, ajouta Jake.

– Non. Il y a été incité, poussé même. Soumis à un chantage, peut-être.

Jake opina doucement. Il avait gravement sous-estimé Taisha, encore une fois. Décidément, il n'apprenait jamais sa leçon.

– L'adjoint du proc' va arriver d'une minute à l'autre, continua Wyatt. On les laisse enquêter ou on étouffe ? Mes gars sont à Pasadena, prêts à intervenir sur votre ordre.

L'acteur ne répondit pas tout de suite. Il réalisait un peu tard qu'il n'aurait d'autre choix que de subir le deuil qu'il pensait pouvoir éviter. S'il faisait du mal à Taisha, il détruisait Quint. Les mots de l'inspectrice Van lui revinrent en mémoire.

Pouvait-on aimer et renoncer ?

Peut-être était-il temps d'arrêter les dégâts.

– C'était un déséquilibré lambda. Ils ne réussiront jamais à l'identifier. Promets au proc' ce qu'il veut, l'argent, l'élection, tout ce qu'il réclame.

– Compris. J'appelle les garçons.

– Qu'ils rentrent chez eux.

– Mais patron...

– Qu'ils rentrent chez eux. J'ai un appel à passer.

Lorsque le garde du corps se fut éclipsé, Jake sortit son portable et se dépêcha de composer le numéro avant que sa volonté ne faillisse. Il tomba sur le répondeur, laissa sur la messagerie les mots les plus durs qu'il ait jamais eus à prononcer et raccrocha.

Pour de bon.

– Monsieur ?

Un secouriste avait respectueusement attendu qu'il termine son appel pour s'approcher.

– Vous allez avoir besoin de points de suture. Et je crois que la police souhaite vous interroger.

– Je vous suis.

Jake rangea son portable. Peut-être que cette nuit, enfin, il n'aurait pas besoin de drogue pour dormir d'un sommeil sans rêves.

Quint.

Pour la huitième fois, CNN repassa les images de leur équipe devant Inside Pictures. On y voyait Jake progressant au milieu d'une foule compacte, entre Lewis et Wyatt. Les coups de feu éclataient, le cameraman tombait à terre, sauvant de justesse son outil de travail qu'il redressait au bout de quelques secondes, juste assez pour distinguer Wyatt qui rengainait et repoussait le corps de Lewis affalé sur Jake. Là, quelqu'un donnait un coup de pied éteignant pour de bon la caméra.

"Tentative d'assassinat de J. Longfield dans les rues de L.A : un bilan provisoire de deux morts et neuf blessés légers."

Sur MSNBC, l'équipe avait obtenu un autre angle de l'attaque, sur lequel l'assassin était brièvement aperçu, juste assez longtemps en fait pour que Quint le reconnaisse.

Derrière le canapé, Taisha éteignit la télévision. Ses yeux étaient secs et durs.

– Tu en as assez vu.

– Tu crois que je ne sais pas que c'est toi qui as fait ça ?

Elle soutint son regard sans fléchir.

– C'est toi qui as dit à Sayon de tuer Jake, continua-t-il. À cause de ce qu'ils ont fait à Pancake.

Il n'avait plus la force de crier. Sa colère était un feu blanc qui s'entretenait dans sa poitrine et ne mourrait plus jamais.

Taisha ne chercha même pas à démentir.

– À cause de ce que Jake t'a fait, à toi, corrigea-t-elle. Pour te protéger de lui. Il l'a raté de toutes façons, alors qu'est-ce que ça peut te faire ?

– J'espère que Jake dira à la police de t'arrêter. Sayon et Lewis sont morts à cause de toi.

Sa mère se contenta de hocher la tête. Ils avaient tous les deux perdu le courage de se battre l'un contre l'autre. Ils ne retrouveraient plus ce qui était perdu ; hurler et pleurer ne leur ramènerait pas la famille qui s'était dissolue dans leurs souffrances individuelles.

La sonnerie du téléphone de Taisha interrompit leur silence fatigué. Quint allait retourner dans sa chambre quand il constata que l'expression de sa mère s'était figée. Son cœur manqua un battement dans un immense saut d'espoir entre sa gorge et son estomac.

– C'est Jake ? Passe-le-moi ! Passe-le-moi, il veut me parler !

Mais Taisha rejeta l'appel sans scrupule.

– Il va laisser un message.

Et en effet, une minute plus tard, une vibration leur signala qu'un message avait été laissé sur le répondeur. Sans attendre, Taisha interrogea sa messagerie vocale.

– Taisha. Je comprends que vous n'ayez pas envie de décrocher. Maintenant que tout le monde souffre, je suppose qu'on est quittes. Gardez vos munitions, je garde les miennes. J'espère que vous donnerez ce message à Quint. Cookie... Ce n'était pas censé se terminer comme ça. On méritait mieux, tous les deux. Mais je suppose que ta mère avait raison dès le premier jour : toutes les bonnes choses ont une fin.

Et juste comme ça, Jake avait raccroché.

L'espoir dans le cœur de Quint se flétrit, se décrocha, tomba au feu et se dispersa en cendres dans ses poumons. Jake ne reviendrait pas le chercher. En fait, il ne paraissait même pas si affecté que ça par leur séparation. C'était dommage. Juste dommage.

Il regarda sa mère. Il ne pourrait pas lui pardonner ce qui était arrivé, mais il apprendrait à composer avec. Elle restait sa mère. Tant que cela demeurait vrai, ensemble, ils pouvaient se débrouiller comme ils l'avaient toujours fait : rien que tous les deux.

– Qu'est-ce qu'on va faire maintenant ? marmonna-t-il.

Faire le deuil de Jake aurait nécessité une disponibilité qu'ils n'avaient pas en réserve. Les voisins les plus fouineurs avaient fini par lâcher la presse sur l'enfant ayant pointé Longfield du doigt. Ils étaient littéralement assiégés par des journalistes et des camionnettes de télévision, et ne savaient pas quand ils pourraient ressortir en toute sécurité.

– On va s'en sortir, répondit Taisha. Comme toujours, ma puce. Tant que tu es là avec moi, je suis capable de tout.

Quint baissa la tête. Il ne voulait pas qu'elle voie ses yeux mouillés et ses lèvres tremblantes et le chagrin qui lui déchirait la gorge.

– Relève le menton, Quint. Les cœurs brisés ne guérissent jamais. Mais avec des clous et du scotch, ils tiennent. Ils tiennent.

17

Et de la colle extra-forte.

Lisa Hawkins. (2025)

La jeune femme regarda Quint prendre une grande inspiration et lancer le message de Jake Longfield sur son téléphone. Après un temps d'hésitation, ses mains se mirent en marche.

– Hey, cookie. C'est moi. N'essaie pas de comprendre comment j'ai eu ton numéro, tu sais bien que j'ai mes petites astuces. Ça fait quinze ans aujourd'hui. J'envisage la retraite depuis quelques temps, mais aujourd'hui... semble être le bon moment. ... Je voulais juste te demander pardon. Je pense beaucoup à Dieu depuis ces événements. Il est trop tard pour mon ticket vers le paradis, mais si ça peut t'être d'une quelconque aide, sache que je donnerais tout pour revenir en arrière et t'aimer autrement. T'aimer mieux. Je ne sais pas si j'y serais arrivé. Mais j'aurais essayé, je te le jure. Il n'y en a pas eu d'autre après toi. Si tu as envie d'en parler publiquement, ne te gêne pas. Les gens iront pisser sur ma sépulture et ils auront raison. Mais ils ne comprendront jamais ce que nous avions. Je te souhaite le meilleur, Quint. Pardonne-moi.

Il se massa les poignets un moment. Il avait soutenu sa parole avec des signes quand le bégaiement, très souvent, devenait impossible à maîtriser. Quant à Lisa, elle eut besoin de ces instants de silence pour digérer. Elle se remémorait l'époque de l'Affaire Longfield et tentait d'y insérer Quint, de trouver une place au petit garçon qu'il avait été. Elle se rappelait l'interview que Longfield avait donnée à la télévision, un mois après la fusillade qui avait coûté la vie à son chauffeur. Il portait une nouvelle paire de lunettes, identique à l'ancienne. Elle se souvenait d'un homme dévasté par le mensonge et la violence qui en avait résulté, mais qui trouvait en lui la force de pardonner à ceux qui avaient cherché à le piéger. Il avait même versé quelques larmes, pour la forme. Elle avait totalement adhéré à son escroquerie.

Aujourd'hui, elle découvrait que son fiancé était l'ombre derrière l'Affaire, cette silhouette d'enfant dont personne ne se rappelait le nom ; et que le menteur n'était pas celui qu'elle pensait. Cela faisait beaucoup à absorber.

Lisa avait envie de le prendre dans ses bras, et en même temps, tout de suite elle ne s'en sentait pas capable. Quint contenait trop de souffrance, même pour elle qui avait toujours tenu bon face aux créatures cauchemardesques errant dans sa psyché. Pendant quelques secondes, elle se surprit même à lui en vouloir de poser cela sur ses épaules, alors qu'elle s'apprêtait à mettre au monde une vie qui accaparerait toutes ses réserves d'amour, ne lui en cédant pas une seule goutte à redistribuer. Bien sûr, ce n'était pas le choix de Quint. Mais il était de son devoir de demeurer à l'écoute d'elle-même et disponible au reste du monde.

Elle se leva et mit de l'eau à bouillir sur la cuisinière.

– Comment sais-tu tout ce qu'il ne t'a pas dit ? signa-t-elle pendant que l'eau chauffait. Son passé. Ce qu'il n'a jamais évoqué avec toi.

– L'inspectrice Van. Elle s'est reconvertie dans le privé, mais elle n'a jamais tourné la page. Avant que nous ne quittions Pasadena, elle a laissé le dossier dans la boîte aux lettres et continué d'enquêter pendant des années. Régulièrement, ma mère recevait des rapports à ajouter au dossier. Elle ne m'en parlait pas. Jusqu'à mes dix-sept ans, j'ai continué à nourrir ma colère contre elle. Même quand j'ai commencé à... devenir fou et me taper la tête contre les murs, c'était toujours elle. J'étais incapable de concevoir l'idée que Jake ait pu m'abîmer. Ton eau.

Lisa éteignit le feu, remplit une tasse ébréchée, y ajouta un sachet de tisane à la réglisse, une rasade de jus de citron et une bonne cuillère de miel. La tasse chaude dans les mains, elle revint s'asseoir face à Quint.

– C'est là que le cancer est arrivé, continua-t-il. Comme les médecins ne pouvaient lui donner aucune garantie, elle m'a confié le dossier et m'a laissé lire tout ce que Van avait découvert. Et elle s'est battue, pendant quatre ans. Moi, je me suis redressé. J'ai fait en sorte d'être là pour elle. Mais en quatre ans, je n'ai jamais osé aborder le sujet. Je ne lui ai jamais dit que j'avais compris. Peut-être que ça l'aurait aidée à... Je ne sais pas. À résister plus longtemps.

– Ne sois pas ridicule. Tu n'es pour rien dans la mort de ta mère. Tiens, bois ça. Pour ta voix.

Quint l'avait peut-être oublié, mais il avait une première cruciale ce soir. Lisa était déterminée à ce qu'il y soit : elle ne laisserait pas Jake Longfield compromettre une nouvelle fois son futur. Il avait parlé pendant presque trois heures, ses cordes vocales avaient besoin d'un peu de douceur.

– S'il y a une seule personne responsable, reprit-elle, c'est Longfield. C'était lui, le cancer. Il vous a envahis sans que vous vous en rendiez compte et vous a détruits de l'intérieur.

– Mais il m'a demandé pardon. La culpabilité l'aura emporté, comme une longue maladie. Ça devrait compter pour quelque chose, non ?

Lisa secoua la tête avec mépris. Ce dernier message lui donnait envie de vomir.

– Il est sorti par la petite porte, comme un lâche. Tu sais ce qu'il aurait dû faire s'il s'en était vraiment voulu. Se rendre à la police. Dire la vérité, pour une fois. Purger sa peine. Là, peut-être, j'aurais admis sa belle histoire de rédemption. Pardonne-le ou ne le pardonne pas, c'est ton choix, Quint. Mais ça ne change rien à ce qu'il t'a fait. On ne peut pas faire ce qu'il a fait et s'en sortir avec des excuses.

– Je sais. Tu as raison.

Quint se concentra sur sa tisane. Il n'avait jamais été capable de lui mentir, comme avec sa mère : il n'était pas convaincu. Elle lui tapota la jambe pour recapter son attention.

– Est-ce que tu veux le faire ? Rendre ton histoire publique ? Parler à la presse ?

– Non. Non, je ne pense pas que... Ça ne serait pas bien. C'est sans doute mieux de ne pas remuer tout ça, de le laisser reposer en paix, tu vois ?

Elle soupira. En dépit des apparences, elle l'entendait mieux qu'il ne s'entendait lui-même, et ce qu'elle entendait lui faisait mal dans sa chair. Quinze ans après, Jake Longfield n'avait pas relâché son emprise sur Quint. Un ectoplasme portant son nom vagabondait dans les recoins sombres de sa tête et lui refusait l'air qu'il avait tant besoin de respirer.

Lisa prit la tasse de ses mains, la posa sur le sol et s'approcha de lui.

– Quint... C'est ton choix. Mais ce choix, tu dois le faire pour toi, pas pour lui. Il ne le mérite pas. C'était un monstre.

Quint secoua la tête.

– Non. Il m'aimait. Ce n'était pas un monstre, c'était juste un homme. Les monstres n'existent pas.

Des larmes apparurent au coin de ses yeux.

– Si j'aimais un monstre, si je l'aimais vraiment, alors qu'est-ce que ça fait de moi ? Hein ? Il a brisé l'enfant, mais je crois qu'il a façonné l'homme avec les fragments. Tu comprends ? Il était là au moment où j'en avais le plus besoin. Et quand je ferme les yeux... Quand je ferme les yeux il m'arrive de le voir encore, il est encore là, et je ressens de la colère bien sûr, mais je n'ai pas de haine. Je n'ai pas de haine. On ne peut que détester un monstre, pas vrai ?

Il s'effondra dans ses bras et ses larmes inondèrent son épaule. Gardant un œil sur l'heure qui défilait, elle le laissa pleurer tout son soûl, jusqu'à ce qu'elle le sente se calmer peu à peu. Alors elle l'écarta et riva ses yeux dans les siens.

– Il n'a pas façonné l'homme que je connais, signa-t-elle. Finis ta tisane, on sort.

Stewart.

Il ignorait depuis combien de temps il était assis sur ce lit. Des minutes, des heures ? La main dans la sienne n'était plus tiède. Le froid rampait sous la peau, remontait le cours des veines, gelait le sang. Son sang. Sa chair.

Depuis combien de temps ? Des minutes, des heures ? Mais parfois les minutes duraient des heures et les heures n'étaient que des poussières de minutes. Il avait eu une absence. Le vieil homme regarda autour de lui, dans la semi-pénombre de la chambre. Les volets fermés, les flacons de médicaments qui traînaient sur les draps, vidés. Oui, il se rappelait. C'était lui qui l'avait trouvé. Le corps immobile, privé d'oxygène depuis trop longtemps. Fini, depuis... Des minutes, des heures ? Les yeux vitreux qu'aucun verre teinté ne protégeait plus, rivés au plafond. Les lunettes gisaient sur la table de nuit, près du téléphone, plus mortes que leur propriétaire.

Depuis combien de temps ?

Lentement il se pencha, préservant ses articulations douloureuses, et referma les paupières du mort. Elles se rouvrirent. Peut-être avait-il déjà essayé ça. Une odeur de vomi et de merde planait dans la pièce. Ce n'était pas lui. Il devrait changer les draps. C'était la première chose qu'il ferait, quand son fils se serait réveillé.

Il fronça les sourcils. Attendait-il qu'il se réveille ? Il ne parvenait plus à s'en souvenir.

On frappa doucement à la porte et deux jeunes hommes en uniforme blanc entrèrent à pas discrets.

– Stewart ? dit le premier. Comment tu te sens ?

L'intendant cligna des yeux, agrippa la main de son fils.

– Qui êtes-vous ?

– Stewart, c'est moi, Jordan. Je viens te voir tous les jours depuis deux ans, tu te rappelles ? Et ça, c'est mon collègue Linus. Tu l'as vu tout à l'heure.

Jordan ? Oui, Jordan, il l'avait déjà rencontré, ça faisait longtemps.

– Qu'est-ce que vous voulez ? grogna-t-il.

– Écoute... Les gens de la morgue attendent. Il va falloir les laisser emmener Mr Longfield.

– Arrête de marmonner, jeune homme. Je ne comprends rien à ce que tu racontes. Laissez-moi tranquille. Laissez-moi avec mon fils.

Il se retourna et les ignora délibérément.

La main dans la sienne n'était plus tiède. Le froid rampait sous la peau, remontait le cours des veines, gelait le sang. Son sang. Sa chair.

Depuis combien de temps ? Des minutes, des heures ? Il avait eu une absence.

– Stewart...

Stewart sursauta. Deux jeunes hommes en uniforme blanc se tenaient sur le seuil de la porte.

– Qui êtes-vous ?

– C'est Jordan, Stewart. Ton aide-soignant. Et Linus, mon collègue. Tu sais, Mr Longfield nous a chargés de veiller sur toi s'il lui arrivait quelque chose.

– Ah, oui. Ma mémoire n'est plus ce qu'elle était, hmm. J'ai au moins... au moins soixante ans. Toute ma vie, j'ai travaillé ici. Toute ma vie. Le spécial tequila, c'est son préféré. Je me souviens. Le spécial tequila, c'est le préféré de...

Il avait oublié son prénom. Le jeune homme qui dormait sur le lit. Sa main dans la sienne n'était plus tiède. Le froid rampait sous la peau, remontait le cours des veines, gelait...

– C'est son préféré.

– On sait. On ne va pas te sortir de la maison, c'est promis. Mais il faut venir avec nous. On va prendre un goûter ensemble, d'accord ?

Une main se posa sur son épaule. Il tressaillit violemment.

– Ne me touchez pas !

– Il faut sortir. Il faut qu'ils évacuent le corps, on n'a pas le choix.

– Laissez-le, il va se réveiller. Il veille sur moi, je veille sur lui.

– Mr Longfield est décédé, Stewart. Je suis désolé. Allez, viens avec nous.

Les deux hommes en blanc le prirent par les bras. Sa main lâcha celle de... Quel était son prénom, déjà ? Il l'avait sur le bout de la langue.

– Qu'est-ce que vous faites ? Lâchez-moi ! Au secours ! Je veux rester avec...

Quel était son prénom, déjà ? Il était certain que ça commençait par un J. Ou bien un R.

– Lâchez-moi.

– Stewart, laisse Jake terminer sa sieste. Il a besoin de calme. Tu reviendras le voir plus tard.

Le vieil homme réfléchit, puis hocha la tête. Cela faisait sens. Il se leva de son propre chef et suivit les deux hommes en blanc.

– Après la sieste, marmotta-t-il. On reviendra après la sieste.

Amanda.

Azrah se tenait sur le seuil de sa porte, les cheveux masqués par le hijab violet qu'elle lui avait offert quinze ans plus tôt. Amanda sourit avec une pointe de nostalgie. Depuis leur séparation, c'était la première fois qu'elle la voyait le porter.

Elle se retourna vers l'intérieur de la maison.

– Zareen ! Ta mère est là !

– J'arrive !

– Elle n'a pas encore fini sa valise, comme d'habitude.

Elles rirent toutes les deux, timidement. Elles avaient fait ça des dizaines, peut-être des centaines de fois, et pourtant aujourd'hui quelque chose résonnait étrangement entre elles : une corde tendue qui n'avait pas été pincée depuis longtemps.

C'était ce hijab. Elle ne l'avait pas choisi au hasard.

Amanda se souvenait de leur fuite comme si elle s'était déroulée la veille. Elle se rappelait Azrah descendant dans la cour avec son petit sac sous le bras et ce voile chatoyant qui encadrait son visage. Elle se rappelait s'être dit que personne n'était aussi magnifique qu'elle, et que peu importait ce qu'elles allaient faire, où elles se rendaient, ce qui leur arriverait. Les chaînes étaient tombées. Elles étaient ensemble et pouvaient adresser leur plus beau troisième doigt à Jake Longfield.

Bien plus tard, elles avaient réalisé que ce n'était pas si simple, que les fers étaient solides autour de leurs poignets. Mais ce jour-là, elles étaient libres comme jamais. Le taxi les avait emmenées jusque chez les parents d'Amanda. Elle ne les avait pas vus depuis cinq ans, mais sa mère les avait accueillies dans la plus grande banalité du monde et les avait installées devant une tasse de thé brûlant, malgré la chaleur qui régnait dehors.

– On savait que tu n'allais pas rester, avait-elle dit. Même ton père l'a dit. "C'est peut-être une foutue tête de pioche" il a dit, "mais elle en a sous la calotte. Jamais elle ne se laissera enfermer dans ce nid de guêpes."

– Où est-ce qu'il est ?

– Avec ses hortensias. Quand tu es partie, il s'est pris d'une passion pour le jardinage et il a fait pousser des hortensias. Une véritable obsession, mais je dois admettre que je n'ai jamais vu des hortensias aussi beaux.

Amanda ne pouvait imaginer son père jardiner, alors elle était allée le constater de ses propres yeux. En effet, elle l'avait trouvé accroupi devant un buisson d'hortensias fuchsia, de la même teinte que le foulard d'Azrah. Le buisson devait faire deux fois sa taille et florissait de toutes parts. Le reste du jardin était en jachère, mais les hortensias...

– Papa ?

Il s'était retourné brusquement et avait lâché son sécateur. Ces cinq ans lui avaient coûté. Elle voyait chaque jour qui les composait dans les sillons creusant ses sillons. Pendant un moment, ils s'étaient regardés sans rien dire.

– On savait que tu n'allais pas rester, avait-il finalement soupiré. Je lui ai dit à ta mère, tu n'as qu'à lui demander. Je connais ma fille comme si je l'avais faite.

– Vraiment ?

– Ouais. T'es une vraie tête de pioche, mais il y a des choses qui sont sacrées. Et tu comprends ça. J'ai peut-être fait des erreurs, mais c'est au moins un truc bien que je t'ai inculqué. Alors quoi ? Tu vas venir embrasser ton vieux, oui ou merde ?

Ils s'étaient rencontrés à mi-chemin et étreints, comme sans doute ils ne s'étaient jamais étreints. Son père avait chuchoté à son oreille :

– Je vois que tu m'as encore amené une surprise.

– Je croyais que tu me connaissais par cœur.

– Je te connais par cœur, je sais que tu es pleine de surprises. C'est quoi, alors ? Un test ?

– Seulement si tu le prends comme tel.

Azrah se tenait dans l'encadrement de la porte vitrée qui donnait sur le jardin. Amanda lui avait fait signe d'approcher.

– Papa, je te présente Azrah.

– C'est ta... Enfin, tu sais ?

– ... Oui, c'est ma.

– Eh bien. Azrah, vous êtes accordée à mes hortensias. Connor, je suis son... Enfin, vous voyez.

Amanda et Azrah s'étaient mariées deux ans plus tard, dès que la législation californienne le leur avait permis, obtenant à Azrah le précieux sésame vert qui l'autorisait à ne plus s'inquiéter du sol que foulaient ses pieds. Comme elle l'avait toujours ambitionné, Amanda avait finalement trouvé une place dans l'équipe de communication du Parti Démocrate en Californie, où elle gravissait rapidement les échelons. Quant à Azrah, elle avait effectué une formation et trouvé un poste aux Services de Protection de l'Enfance.

Pendant des années, leur univers n'avait été que béatitude et éléphants roses, et elles n'avaient plus jamais reparlé de Jake. Il n'avait jamais cherché à les poursuivre ou les intimider. Et pourtant, il était venu se réinstaller dans leurs vies quand Azrah avait voulu un enfant.

Amanda n'en voulait pas. Sa vie professionnelle lui prenait de plus en plus de temps et elle ne comptait pas s'arrêter là. Simplement, le désir n'était pas présent.

Parce qu'elle ne voulait pas perdre Azrah, elle avait toutefois accepté. Plus jeune, elle avait même porté le bébé pour elles deux. Une petite Zareen était née, adorée de ses deux mamans. Mais le mal était fait. La première fois qu'Azrah lui avait reproché de ne pas être assez là, ç'avait été une question de minutes avant que leur passé ne soit remis sur la table. Azrah avait posé la question qu'elle n'aurait jamais dû poser.

Elles s'étaient séparées lorsque Zareen avait deux ans, officiellement pour cause de différences éducatives irréconciliables. Elles le pensaient toutes deux, même si elles n'avaient jamais eu besoin de l'exprimer. La réalité, c'était que la blessure créée par les événements à la Baraque s'était rouverte. Entre elles, ça n'avait plus jamais cessé de saigner.

Azrah avait agi pour sauver Quint. Amanda, elle, avait fermé les yeux jusqu'à la fin.

Zareen avait six ans. Aujourd'hui, Jake était mort. Amanda avait l'impression que le nuage d'orage qui avait plané au-dessus d'elle pendant quinze ans venait d'être soufflé au loin par une bourrasque, dévoilant pour la première fois la lumière du soleil au milieu de cieux cléments. Elle ne pouvait s'empêcher de se demander si Azrah le ressentait aussi.

– Tu as eu la nouvelle ? demanda-t-elle finalement, comme Zareen prenait tout son temps.

– Oui, j'ai vu, répondit Azrah. Overdose. Tu crois que c'était volontaire ?

Amanda eut un sourire éloquent.

– De sa part, et comme par hasard aujourd'hui ? Aucun doute. La culpabilité est une salope.

Au moment même où elle prononçait ces mots, son sourire devint douloureux et elle laissa échapper quelques larmes qui avaient guetté sa première faille. La culpabilité était une vraie salope. Amanda se détourna, tentant sans vraiment y croire de cacher sa douleur à Azrah.

– Oh, Amanda. Ne pleure pas, s'il te plaît.

Azrah la prit dans ses bras. Elles n'avaient pas eu de contact aussi intime depuis quatre ans. Son ex la laissa s'épancher contre elle, une main caressant gentiment son dos.

– Tant de personnes vont trouver la paix. C'est signe qu'il est temps de laisser les fantômes s'en aller. Laisse-les partir avec lui. Pardonne-toi.

Azrah ne la lâcha pas jusqu'à ce qu'une petite voix derrière elles demande timidement :

– Pourquoi tout le monde pleure ?

Aussitôt, elles se séparèrent et essuyèrent rapidement leurs yeux.

– Ma fleur ! s'exclama Azrah. Ce n'est rien. Viens me dire bonjour ! Tu m'as manqué !

Zareen laissa tomber sa valise à roulettes et se précipita dans les bras d'Azrah.

– Et tu as grandi ! Comment on peut grandir autant en trois semaines, ma fleur ? Comment c'était, les vacances avec Maman ?

– Trop bien ! s'enthousiasma la petite. On est allées en Italie, tu connais l'Italie ? C'est très loin, il faut au moins cinq jours d'avion !

– Cinq jours ! Tu vas me raconter tout ça dans la voiture.

– Tu peux entrer prendre un thé, intervint Amanda. Vous n'êtes pas obligées de partir tout de suite.

Azrah piétina sur place. Elle hésitait. Puis elle se redressa avec un sourire navré.

– Non, merci. Ben nous attend. Une autre fois, peut-être.

Amanda hocha la tête, retenant une nouvelle fois ses larmes. Benjamin, bien sûr. Azrah avait retrouvé le bonheur auprès de quelqu'un d'autre et c'était pour le mieux.

– Une autre fois. Reen, un câlin ?

Elle se pencha et laissa la petite s'accrocher à son cou.

– On se voit dans deux week-ends, d'accord ? Fais bien tes croix sur le calendrier.

– Promis.

Azrah prit la poignée de la valise, Zareen prit la main d'Azrah. Quelques secondes plus tard, elles disparaissaient au coin de la rue. Sur le palier, Amanda fit face à sa grande maison vide.

Vide, pas tout à fait. Azrah avait raison. Il était temps de virer les fantômes, à coups de pied au cul s'il le fallait, et de remplir à nouveau l'air de rires bien vivants.

Wyatt.

Wyatt sonna à deux reprises avant qu'on ne l'entende à travers la cacophonie de voix derrière la porte. Tout le monde criait dans cette maison et il y avait une bonne raison à cela : un vagissement caractéristique noyait tout le reste derrière la force inattendue de deux minuscules poumons.

Ce fut Omar lui-même qui ouvrit. Ils ne s'étaient pas vus depuis plus d'années qu'ils ne voulaient l'admettre. Les cheveux d'Omar avaient blanchi et il avait pris trente kilos. Wyatt savait bien ce qu'Omar voyait en retour : un quinqua au front dégarni et au ventre rebondi, qui n'avait certes pas démérité mais que l'âge avait fini par rattraper, lui aussi. Comme Mr Longfield le disait souvent : le temps ne s'écoulait jamais que dans un sens.

La créature qui faisait tant de vacarme se trouvait dans les bras d'Omar ; un bébé de quelques mois à peine qu'il berçait un peu brutalement contre son épaule.

– Je savais que tu viendrais, dit Omar d'un ton bourru.

– Je ne peux même pas crier surprise. Ne me dis pas que tu t'y es remis.

Omar fronça les sourcils puis jeta un coup d'œil sur le chiard.

– Oh ! Non, certainement pas. Terminé, ces conneries. C'est celui de Sharon.

Sharon était la fille aînée d'Omar et s'il faisait le calcul, elle devait avoir vingt-et-un ans. Seigneur, Omar était grand-père ; ça ne les faisait pas rajeunir. Son vieil ami visa les deux valises à ses côtés.

– Bon. Eh ben, rentre. Pas besoin d'attendre d'être assez bronzé pour franchir mon seuil.

Wyatt le suivit à l'intérieur. Rien n'avait changé, tout faisait simplement plus vieux. Dina jaillit de la cuisine en tablier et ouvrit les bras avec une exclamation de joie.

– Wyatt ! Dis, ça fait un bail ! Oh, tu dois être... C'est dur, hein. Viens.

L'épouse d'Omar le serra jusqu'à l'étouffer contre son ample poitrine. Elle lui tapotait la nuque en pleurant et semblait s'attendre à ce qu'il fasse de même. Il espérait qu'il avait au moins l'air triste. Il *était* triste ; simplement, il n'avait jamais su comment faire fonctionner les muscles de son visage.

– Laisse-le respirer, chérie. Sharon !!!

Dina s'écarta et lui pinça gentiment les joues.

– Pose tes affaires ici, je m'en occupe. Tu restes ici aussi longtemps que tu veux, d'accord ?

– Merci, Dina, ça me touche.

Elle disparut à nouveau dans la cuisine d'où s'échappait une odeur alléchante. Omar s'était éclipsé. Wyatt suivit les pleurs du bébé pour le retrouver dans le salon.

– Je t'offrirais bien un verre, mais c'est compliqué avec ce puant. Sharon !!! Ramène-toi !!!

Ils entendirent des pas dévaler les escaliers, et un jeune homme longiligne au crâne rasé accourut.

– Un problème, Omar ? Oh ! Bonjour, monsieur. Je ne vous avais pas entendu entrer. Sharon !!!

Le garçon lui tendit la main avec un sourire poli.

– Wyatt, voici Julian, le copain de Sharon. C'est Wyatt, un vieil ami à moi. Ce type, mon gars, a été le garde du corps de Jake Longfield pendant... combien d'années, déjà ?

– Vingt-cinq ans, répondit Wyatt.

Julian posa la main sur son cœur.

– Mec, je suis désolé, ça doit être un choc. Vingt-cinq ans... Merde, je suis désolé.

– Ouais, ouais, grommela Omar. Dis voir à ta copine de changer la couche de son gosse, il est en train de nous asphyxier.

– Pas de souci, Omar. Vous pouvez me le passer, je m'en occupe.

– Comment ça, tu t'en occupes ?

Omar le dévisagea, bouche bée, et serra le bébé dans ses bras dans un réflexe de protection incongru. Ce fut le moment choisi par Sharon pour débouler à son tour. La dernière fois que Wyatt l'avait croisée, c'était une adolescente boudeuse et introvertie. Aujourd'hui, c'était une jeune femme au visage rayonnant qui lui sauta au cou.

– Oncle Wyatt, ça fait tellement longtemps ! C'est horrible, ce qui est arrivé. Il était comment ? Je veux dire... Le cadavre.

– Sharon, gronda Omar. Garde tes questions débiles pour toi. C'est quoi, cette histoire ? Julian change les couches de ton fils ?

– *Okay, boomer*. Bien sûr qu'il change ses couches, c'est son père. Papa, t'es vraiment ringard.

Sharon tchipa violemment son père et lui reprit délicatement le bébé des bras en roucoulant à grand renfort de "Oui, Papi est un vieux ringard". Omar les suivit des yeux, stupéfait, jusqu'à ce qu'ils soient sortis du salon. Il ouvrit ensuite un placard de son buffet.

– Ringard... Cette jeunesse me perd complètement. Tu tournes toujours au gin ?

– Toujours. Et mon petit filleul, comment il va ?

– Yusef ? Sa carcasse est plus grande que la tienne, figure-toi. Il me mène la vie dure en ce moment. Je ne sais même pas où il est, probablement à traîner avec des amis. Ils sont peut-être allés au mémorial. Je te jure, ces gosses me rendent barge.

– Mais tu n'échangerais ta vie pour rien au monde, pas vrai ?

Omar déposa leurs deux verres sur la table et s'affala dans le fauteuil, un sourire au coin des lèvres.

– Pas plus que tu n'aurais échangé la tienne, vieux frère. On trinque ? Au patron, puisse-t-il trouver son chemin dans l'autre vie ?

Wyatt fit tournoyer le gin dans son verre. Mr Longfield tournait au whisky. La veille au soir, Jake avait ouvert pour eux une bouteille d'une cuvée rare et ruineuse. Ils savaient tous deux qu'il n'y aurait plus d'autre occasion. L'homme leva son verre et le fit tinter contre celui d'Omar.

– Au patron. Qu'il repose en paix.

Ils burent et se turent un moment, savourant le calme retrouvé, de s'être retrouvés. Lorsque leurs chemins s'étaient séparés, aucun d'entre eux ne pouvait prédire s'ils se reverraient un jour. Ce fut Omar qui brisa en premier le silence.

– Alors... C'était comment ?

– ... Silencieux. Il m'a dit ce qu'il comptait faire hier soir, il m'a demandé de faire en sorte qu'il y arrive. Ce n'était pas comme les autres fois. Pas du chiqué. Il ne voulait pas être réveillé.
– Tu n'as rien tenté ?
– Non, tu me connais. J'ai signé un contrat. Alors j'ai fait en sorte qu'il ne soit pas dérangé. Quand on l'a découvert, il était mort depuis bien une heure.
Omar engloutit le reste de son gin et se resservit généreusement.
– Et il a choisi aujourd'hui, comme par hasard. Il s'est fini à cause du gamin, non ?
Wyatt haussa les épaules.
– Il était malade et ça n'allait pas en s'arrangeant. Si on me demande mon avis, je pense qu'il voulait choisir quand et comment. Il ne cédait jamais rien au hasard.
– Malade ? Ce n'est jamais sorti, ça.
– Il a fait un minuscule infarctus, il y a dix-huit mois. Insuffisance cardiaque. Son chirurgien esthétique se chargeait des dégâts extérieurs, mais en dedans, quand ça pourrit, il n'y a rien à faire. Ils ont voulu l'opérer pour poser un pacemaker, ils lui ont dit qu'il ne tiendrait pas longtemps s'il refusait. Il a refusé. Il s'en est tenu aux médicaments et il a dégringolé. Ces derniers temps, il ne pouvait plus monter jusqu'à sa chambre sans s'asseoir pour récupérer. À sa place, je crois aussi que j'aurais préféré en finir avant de me retrouver sur un lit, branché à une dizaine de machines.
– Mais il aurait pu accepter l'opération, même sur le tard. Tu ne m'enlèveras pas de la tête que l'histoire avec le gamin a quelque chose à y voir. Wyatt... Maintenant qu'il est mort, tu peux me dire. C'était vrai, ce qu'ils ont dit ? Qu'il le... enfin, tu vois ?
Wyatt humecta sa bouche avec une gorgée de gin. Il avait une idée claire de ce qu'Omar pensait à cet instant : c'était lui qui avait remis le petit entre les mains de Longfield.
Lui-même n'avait jamais remis en cause ce qui se passait dans l'intimité de son patron. Ce n'était pas à lui de juger de la moralité de ce qui se passait entre les murs de la Baraque, il n'était là que pour en protéger le propriétaire. Ses failles, ses vices, ses déviances, ses écarts vis-à-vis de la loi, tout ça ne le concernait pas et il n'avait jamais ressenti la moindre difficulté à dormir en toute conscience de ce qu'il permettait ou facilitait. Il avait commis des crimes pour cet homme et n'en concevait pas le moindre remords.
Mais Omar ne fonctionnait pas de la même façon. Il avait une famille qui accaparait son attention émotionnelle. Wyatt ne pouvait s'autoriser à lui insuffler une culpabilité débilitante.
– Il n'a jamais posé la main sur le petit, répondit-il. Tout était orchestré par la mère. Et il adorait ce gamin. Ce qui s'est passé l'a détruit, il ne s'en est jamais vraiment remis.
– Tu m'étonnes. Et dire que j'avais de la sympathie pour cette femme.
– Elle a hypnotisé tout le monde, lui le premier. Après ça, il n'a plus jamais été le même.

Complètement parano, et seul. Plus de soirées, ni même de simples visites, depuis des années.

À l'étage, le mioche avait recommencé à pleurer, et la voix de velours de Dina qui chantonnait en cuisinant avait peine à recouvrir ses gémissements.

– Et toi ? finit par demander Omar. Qu'est-ce que tu vas faire, maintenant ? Tu peux rester aussi longtemps que nécessaire, tu le sais. Mais avec tout ce que tu as amassé en vingt-cinq ans, tu pourrais peut-être... Enfin, je n'en sais rien.

Wyatt contempla le fond de son verre. Il n'en savait rien non plus. En vingt-cinq ans de service, il n'avait jamais acheté ou investi dans quoi que ce soit. L'argent avait dormi au lieu de fructifier, pour une simple raison : il avait choisi de ne jamais envisager le jour où il quitterait le service de Jake Longfield, puisque ça ne pouvait que signifier la mort de Jake Longfield. Et sa mission était de prolonger sa vie aussi longtemps que possible.

Il avait échoué en respectant la volonté de son patron. Maintenant qu'il se retrouvait sans aucun but, il ne pouvait s'en prendre qu'à lui-même.

Voyant que la réponse tardait à venir, Omar changea de sujet.

– Et le testament ? Il t'a laissé quelque chose ?

– Il a tout laissé aux charités avec lesquelles il bossait.

– Grand homme.

– Sauf la maison. Il l'a léguée à Stewart, notre intendant. Le pauvre vieux déraille sévère. Alzheimer. Mais Jake le laissait vivre à la Baraque et faire semblant de travailler. Il avait engagé des aide-soignants, et les choses resteront en l'état jusqu'à ce que Stewart passe l'arme à gauche. Ensuite, tout sera vendu aux enchères.

– Tout un héritage, envolé aux quatre coins du monde. C'est bizarre.

Wyatt rit doucement et termina son verre. Tout un héritage ? Non. En partant, Jake Longfield leur avait laissé bien plus qu'une villa et des statuettes en or. C'était un homme exigeant, imprévisible, capricieux, colérique, névrosé, violent. Mais seule une poignée de personnes retiendrait cela de lui. Pour le reste du monde, il passait à la postérité comme un homme talentueux, drôle, charismatique, généreux, respectueux, engagé. Une étoile hollywoodienne comme rarement il en avait brillé.

Une légende.

Si Wyatt avait connu le patron aussi bien qu'il le pensait, c'était exactement ce que Jake avait voulu. D'une manière ou d'une autre, il obtenait toujours ce qu'il voulait.

Ahn Liên.

Devant le minuscule téléviseur accroché au mur de son bureau de Santa Monica, Ahn Liên suivait vaguement les reportages de MSNBC sur la mort de Longfield. Abonnée à tous les hashtags en relation avec Longfield, elle avait fini par désactiver le son de son téléphone, assommée par ses vibrations surexcitées. C'était la folie furieuse sur tous les réseaux.

Cet enfoiré avait choisi la porte de sortie la plus facile et elle n'était même pas étonnée. Elle était au courant de sa maladie, elle savait ce qui le guettait. Jusqu'au bout, il s'était accroché à ce qu'il pouvait maîtriser. Constant et pathétique.

Quand elle estima en avoir assez vu, elle éteignit la télévision et détacha le post-it collé à l'angle de son écran d'ordinateur.

Un nom.

Celui qui l'avait hantée pendant quinze ans. Elle avait ouvert son bureau de détective privé quelques mois après avoir été licenciée du LAPD et l'entreprise avait bien tourné rapidement. Mais ce nom avait continué de transcender les affaires du quotidien, même les plus sordides. Elle avait surveillé Longfield de loin, s'assurant qu'aucun enfant ne soit plus jamais profané. Elle avait continué à enquêter, et morceau par morceau, rencontre après rencontre, témoin après témoin, elle avait réussi à reconstituer le puzzle de Laurence J. Sebastiani. Il avait laissé derrière lui des traînées de cendres et de sang indélébiles, impossibles à manquer lorsqu'on savait comment chercher.

Les informations qu'elle avait soigneusement compilées, elle ne les avait jamais transmises à la justice. Elle n'avait pas besoin d'une nouvelle déception. Elle s'était contentée de tout communiquer à Mrs Rogers une fois par an, puis, après le décès prématuré de Taisha, à son fils. Le petit Quint, qui avait tant grandi, avait poliment accusé réception de chaque enveloppe, et l'avait toujours prévenue de ses changements d'adresse.

Ahn Liên ignorait si elle l'aidait ou si elle nourrissait une obsession qui lui faisait plus de mal que de bien. Mais elle ne s'était jamais donné le choix. Son serment tenait toujours : celui de ne pas laisser le nom de Jake Longfield rejoindre la liste des douze autres intouchables.

Jake ne pourrait plus jamais être traîné devant les tribunaux. La justice populaire l'avait également épargné : l'attentat perpétré contre lui avait fait remonter en flèche sa cote de popularité. Le troisième et dernier volet de *Farrell Cosma* avait explosé tous les scores au box-office et son interview larmoyante quelques semaines plus tard avait achevé de lui faire remonter la pente.

Pour autant, il semblait à la détective que l'avoir mis à nu ne lui laissait plus aucun endroit où se cacher, même dans la tombe. Elle avait fait son travail. Tous les secrets avaient été révélés. Quint était adulte désormais ; à lui de décider ce qu'il voulait en faire.

Avec cette pensée en tête, Ahn Liên s'empara d'un feutre noir et barra le nom de Jake Longfield d'un trait vif. En dessous, elle apposa quelques mots.

Quoi que vous fassiez, vous êtes votre propre maître. Avec mon amitié. A.L.V.

Satisfaite, elle glissa le post-it dans l'enveloppe craft déjà timbrée et adressée à Quinton Hayes.

La dernière.

Affaire résolue.

Aviya.

New York, deux heures du matin. À la lueur des flammes factices de la cheminée décorative, Aviya contemplait les photos de famille encadrées sur le manteau de pierre.

Des visages sépulcraux, des sourires figés dans une éternelle jeunesse, luisant d'une blancheur étrange dans la pénombre. L'amour dans les gestes et les étreintes, illuminé par-dessous, se faisait timide ; les bras passés autour des épaules ne tenaient plus mais retenaient, possessifs, effrayés, comme elle lutterait jusqu'à son dernier souffle pour retenir les souvenirs qui menaçaient de s'effilocher dans les méandres de sa mémoire. Car la mémoire était traîtresse, s'évaporant quand on avait le plus besoin d'elle, s'imposant quand on avait besoin d'oublier.

– Maman ?

Elle sursauta et fit volte-face. La silhouette de son fils se découpait dans le décor figé de leur salon.

– Parle moins fort, Papa dort, chuchota-t-elle. Qu'est-ce que tu fais debout ? Tu devrais dormir.

– Je pourrais te dire la même chose.

Il vint se poster à ses côtés et dans la lueur du feu, ils purent respectivement distinguer leurs traits fatigués et leurs yeux rougis.

– Tu as pleuré, dit-il à voix basse. Je n'arrive pas à dormir. Je regardais la télévision.

D'un geste tendre, elle repoussa les mèches brunes qui lui tombaient sur le front. Physiquement, c'était tout le portrait de son père.

– Il est temps de te prendre un rendez-vous chez le coiffeur, mon amour.

Il repoussa sa main d'un geste frustré.

– Maman, arrête. Putain, il y a des gens qui campent devant chez lui. Ils vont passer la nuit là-bas. Tu sais comment ils le traitent ? Comme un héros, une légende. Le même type qui a bousillé notre famille est vénéré par des millions d'inconnus.

Si seulement elle avait connu le moyen d'effacer la souffrance dans son beau regard. Mais qu'y pouvait-elle ? Il n'y avait pas de gomme pour la douleur. Elle ne pouvait pas revenir en arrière, défaire ce qui avait été fait. Elle ne pouvait que retenir les souvenirs.

– Je sais. Ce n'est pas juste.

Pendant un long moment, son fils promena son regard sur les photos. Des larmes filtrèrent au coin de ses paupières.

– Si seulement il avait attendu, Maman, gémit-il. Je veux dire, peut-être que s'il avait juste attendu aujourd'hui, il aurait...

Mais le garçon s'effondra sans pouvoir terminer sa phrase. Elle pleura avec lui.

– Moi aussi, j'aurais voulu qu'il attende, Simon. Mais peut-être que ça n'aurait rien changé. Peut-être qu'il était trop tard pour lui quoi qu'il en soit.

– On aurait dû être là pour lui. Il devait se sentir tellement seul.

– Nous avons fait tout ce qui était en notre pouvoir. Ne t'en veux pas. Chaïm était perdu.

Elle essuya les larmes sur les joues de son fils de seize ans.

– Regarde les photos, sourit-elle. Souviens-toi de comment il était, avant. C'est ce qu'il voudrait.

Ils se tournèrent ensemble vers les photos et invoquèrent les souvenirs d'avant.

Avant que Chaïm ne change, à quinze ans, et qu'il s'égare hors de la sécurité de son chemin. Avant que sa bipolarité ne lui soit diagnostiquée. Avant qu'il ne tombe dans l'addiction et que le crack n'accomplisse son œuvre de destruction.

Avant cette fatidique cure de désintoxication, durant laquelle un psychiatre avait extirpé de sa mémoire verrouillée des événements si longtemps refoulés. Avant cette terrible visite où il avait regardé sa mère en sanglotant : "Est-ce que tu savais ce qu'il m'a fait ?" Les derniers mots qu'il avait jamais adressés à Aviya avant de disparaître dans la nature pendant une longue année. Jusqu'au jour sinistre où la nouvelle les avait cueillis au saut du lit. Chaïm s'était pendu dans un squat minable et crasseux, à l'âge de vingt ans. Une figurine Robocop tombée à ses pieds.

Elle avait écrit à Jake pour lui annoncer la mort de son fils et n'avait jamais reçu aucune réponse.

Mais il y avait eu un avant. Chaïm avait jadis représenté tout ce qu'un parent pouvait rêver pour son enfant : il respirait le bonheur par bouffées. De son père biologique, il avait indéniablement hérité le physique, un charme ravageur et une capacité troublante à mener tout le monde par le bout du nez. Il était aussi turbulent, volontiers filou et doté d'une forte sensibilité artistique.

C'était tout ce qui le reliait à Jake. Car jamais Chaïm n'utilisait ses habiletés pour faire du mal à autrui. La confiance en soi lui faisait cruellement défaut, il avait toujours peur de décevoir. Le jour où il leur avait annoncé qu'il ne ferait pas son droit parce qu'il voulait chanter, il avait éclaté en sanglots tant la terreur de les blesser le paralysait. Il avait eu du mal à croire que tout le monde le savait déjà. Chaque fois qu'il s'installait au piano et donnait de la voix, c'était comme si le temps s'arrêtait pour quelques minutes. Il avait commencé en interprétant des chants liturgiques à la synagogue, très jeune, et ça ne l'avait plus lâché. Ce garçon avait du talent. Il aurait pu réussir, si le sort n'en avait décidé autrement.

Simon avait douze ans quand son aîné avait mis fin à ses jours. Il était l'opposé de son frère en presque tout. Sage, consciencieux, rêveur, une sorte de philosophe introverti, il avait l'intention de faire son droit pour perpétuer la tradition familiale, mais pas de reprendre le cabinet de ses parents. Depuis qu'il avait appris la vérité sur Chaïm, il était résolu à devenir pénaliste et rendre justice aux victimes que la Justice avait méprisées. La mort de Chaïm avait constitué un séisme dans son univers. En dépit de leurs différences, seule la mort avait pu briser le lien qui les unissait. Plus que tous les autres, il s'était senti responsable. Pendant quelques semaines, Aviya avait eu peur de le perdre, lui aussi.

Pourtant, à présent qu'elle le regardait, à la lumière des événements de la journée, il lui semblait que Chaïm ne les avait jamais vraiment quittés. Quand il avait succombé, une particule de son âme, la plus brillante et la précieuse, s'était soudée à celle de Simon.

– Réjouis-toi, mon amour, murmura-t-elle en lui serrant la main. Réjouis-toi pour lui. C'est fini, maintenant. Il peut être en paix et veiller sur nous tous. C'est exactement ce qu'il doit faire, non ?

Simon sourit à travers ses larmes.

– Ça, et bien d'autres choses. M'est avis que ça déménage là-haut.

Quint.

La tombe de Taisha n'était pas recouverte d'une pierre tombale. Le long et douloureux traitement pour son cancer du sein avait exigé tous les revenus d'enfant acteur auxquels Quint avait accédé à sa majorité ; il avait dû gratter le fond de ses poches pour lui offrir une simple plaque adhésive apposée directement sur la dalle de béton. Son nom, l'année de sa naissance et celle de sa mort. Quarante ans, en tout. L'indécence de cet âge ne choquait que lui car personne ne venait se recueillir ici, sur cette sépulture sans croix et sans pierre, aux allures de fosse abandonnée.

Un jour, se promit-il. Dès qu'il aurait l'argent, il lui offrirait une tombe digne de ce nom. Si elle l'avait pu, elle lui aurait enjoint de conserver ses sous pour quelque chose de plus important. Pas grave, elle n'avait plus son mot à dire. Quand son enfant serait en âge, il l'emmènerait ici pour lui raconter sa grand-mère, et il était hors de question de lui montrer une dalle de béton.

Quint s'assit à l'angle de la dalle et y déposa une délicate rose blanche. D'ordinaire lorsqu'il se rendait au cimetière, il se contentait de ce geste et partait aussitôt. Maintenant il se sentait timide, et il se sentait ridicule de se sentir timide.

– Alors, soupira-t-il, le regard sur ses mains. Je suis censé te parler. Tu sais comme c'est simple pour moi de parler avec les vivants, alors si je me mets à causer aux morts, on est mal barré.

Il se tut pour lui laisser le temps de répondre, se gifla mentalement quand rien ne vint.

– Je sais que je n'ai pas été à la hauteur. Tu évoquais toujours la belle machine que j'avais dans la tête. Il faut croire que la mécanique s'est grippée pendant des d'années. Je n'ai pas vu, pas entendu. Pas compris. Je n'ai pas voulu. J'ai préféré m'accrocher à l'idée que j'étais trop "spécial" pour toi. J'ai été con. Cruel. Je t'ai fait du mal.

Comme il aurait souhaité qu'elle réponde maintenant. Son silence heurtait plus que tout le reste, comme le silence qu'elle lui offrait chaque fois qu'il lui disait à quel point il la détestait. Parce qu'elle ne pouvait pas répondre "Moi aussi.", ni même "Tu as tort."

– C'est ce que je suis venu te dire, Maman. Je te demande pardon. Je comprends aujourd'hui que tu as fait avec tes armes, face à quelqu'un de bien plus armé que toi. Jamais tu n'aurais dû t'en vouloir pour ce qu'il a fait. Et jamais je n'aurais dû t'en vouloir pour ce que tu as fait. Tu m'as défendu comme une lionne.

Il était revenu à la raison lorsque Taisha lui avait confié le dossier de Van, mais il ne le réalisait vraiment qu'aujourd'hui : toutes ses luttes et ses tourments d'adolescent, qu'il avait hâtivement attribués aux manquements de Taisha, étaient des conséquences de ce que Jake lui avait fait subir. Des liens si énormes, si évidents, si solides qu'il les avait ratés.

À l'heure habituelle des premiers émois sexuels, affaibli par des années d'incendie silencieux, il s'était brutalement effondré. Il ne ressentait aucun désir pour les filles ; après une période de doute, il avait constaté qu'il ne manifestait aucun désir pour les garçons non plus. Pire, le sexe, son imagerie, sa simple évocation verbale créaient en lui un malaise et une honte intolérables. C'était devenu le tabou suprême. Le moindre effleurement d'une main était un motif suffisant pour frapper, couper ou mutiler ce corps qui le trahissait. Le contact physique avec les autres était devenu insupportable.

L'alcool lui avait fourni une échappatoire à l'omniprésence du sexe dans son environnement. Il s'était mis à boire quotidiennement. Black-outs, renvois de cours, soirées où il avait préféré se biturer dans un coin plutôt que de se laisser approcher, réveils sans savoir où il se trouvait, dévalisé de la moitié de ses affaires... Il avait arrêté de les compter. Sa mère en était folle d'inquiétude mais elle n'avait plus aucun pouvoir sur lui.

Tout ce temps, il s'était dit que si Taisha s'était gardée d'interférer dans l'éducation que Jake lui procurait, il n'en aurait pas été là.

Puis le diagnostic était tombé. Du jour au lendemain, il avait cessé de boire la moindre goutte d'alcool, parce que Taisha le lui avait demandé. "Je n'ai pas l'intention de mourir avant un âge avancé", avait-elle dit. "Mais l'énergie que j'ai, je dois la consacrer à ce combat, Quint. Je veux être là pour toi, mais il va falloir que tu m'aides en arrêtant les conneries." Aussi simplement que ça, il était rentré dans le rang, terrifié à l'idée de la perdre et se retrouver tout seul.

Le théâtre l'avait forcé à se confronter aux autres, à leurs corps, au sien. Peu à peu, le désir était apparu. Craintif, farouche même, mais sain.

Lisa était sa première. Elle n'avait pas exigé d'explication à sa virginité tardive, l'avait apprivoisé aussi lentement que nécessaire, s'était laissé découvrir avec une patience de sainte. Sous ses mains, il n'était plus un enfant déraciné, détaché de toute réalité. Il était devenu adulte et cela impliquait d'être présent avec elle et seulement elle, de ne laisser personne forcer un ménage à trois. Communiquer. Communier. Respectueux et respecté, aimant et aimé.

Quint aurait tout donné pour que sa mère rencontre Lisa et leur enfant. Il aurait alors été entièrement comblé, entouré des personnes qui l'avaient sauvé.

– Merci, Maman, murmura-t-il. J'espère que tu m'entends. J'espère que tu me regardes et que je te rends fier, parce que c'est tout ce que j'ai jamais voulu, qu'on soit fier de moi. Tu me manques tous les jours. Je t'aime.

Pas de réponse. Mais ça faisait moins mal qu'avant.

Lisa l'attendait au bout de l'allée, comme elle lui avait promis, un sac plastique dans les mains.

– Comment tu te sens ? demanda-t-elle.

– Je ne sais pas. Je ne crois pas trop... L'âme, tout ça. J'aurais dû le lui dire avant.

– Mais tu ne fais pas ça pour elle. Tu fais ça pour toi. C'est un début.

Il ne savait pas vraiment de quoi était-ce le début, mais si Lisa le disait, il voulait bien la croire. Il déposa un baiser léger sur ses lèvres.

– J'ai pris des sandwiches. On a encore un arrêt à faire et il faut que tu arrives à l'heure pour la pièce. Oh, et ça aussi.

De son sac, elle tira un paquet de Malt Balls. Il fronça les sourcils, mal à l'aise.

– Je n'en mange pas. Tu le sais bien.

– Ce n'est pas pour les manger, idiot. Viens avec moi.

Sur les hauteurs de Beverly Hills, malgré la présence policière censément dissuasive, la foule était digne d'un grand jour de festival, à la différence près que la tête d'affiche était déjà partie les pieds devant. Ils croisèrent des touristes du monde entier, des radicaux qui installaient des tentes Quechua et des réchauds sur le trottoir, des musiciens qui branchaient leurs enceintes sur un générateur pour un récital improvisé. Des journalistes circulaient dans la masse, armés de micros et de caméras, recueillant propos et témoignages. Une folie.

Quint avait remonté sa capuche sur sa tête. En compagnie d'une Blanche, il prenait moins de risques. Celui qu'il ne voulait surtout pas prendre, c'était qu'un petit malin l'identifie comme le garçon accusé d'avoir diffamé leur héros à tous.

Il devint bientôt impossible d'avancer à moins de bousculer quelqu'un, un peu comme lorsqu'on essayait de se faufiler au plus près de la scène avant l'arrivée des artistes. Contrairement aux publics de concert, toutefois, cette assemblée les autorisa à se frayer un chemin jusqu'au mémorial à simple force de politesse. Solennels, les gens s'écartaient aussitôt pour lui laisser le passage avec des sourires compatissants, des "Je t'en prie, vieux" voire des tapes amicales sur l'épaule. Tous unis dans la même douleur, tous ensemble dans le même deuil.

Quint demeura un moment interdit par la taille de l'autel au pied des grilles. C'était une chose de s'en faire une idée à la télévision et une autre de le contempler de ses propres yeux. Jake était partout, sur les photos, sur les tee-shirts, dans les têtes et dans les cœurs. Il était bel et bien présent, et c'était ce que Lisa avait espéré pour Quint.

Elle lui glissa le paquet de Malt Balls et serra son bras.

– Ils sont à toi. Ne te laisse plus faire.

Quint s'avança légèrement au devant du premier rang et ouvrit le paquet de Malt Balls.

Il était temps de dire au revoir.

Au revoir à Jake. Au revoir à sa souffrance. Au revoir à un Quint qui devait mourir aujourd'hui.

Lui aussi changerait d'identité, mais il garderait son nom et tout ce qu'il y avait de bon en lui. Il ne jetterait que le pourri, le lourd, le douloureux, et en ressortirait purifié. Un cœur flambant neuf.

Soudain réticent, il se tourna à nouveau vers Lisa. C'était moins facile qu'il ne se l'était imaginé.

– Tu es sûre ? signa-t-il.

Elle se contenta de sourire. Confiante. Quint coinça le paquet de chocolats sous son bras et inspira profondément, comme s'il allait prononcer ces mots qu'il n'avait jamais prononcés à voix haute. Seules ses mains parlèrent, et c'était bien suffisant.

– Le jour de mon dixième anniversaire, je me suis rendu malade avec des Malt Balls.

Une pause.

– Et Jake Longfield a abusé sexuellement de moi.

Lisa hocha la tête, les larmes aux yeux.

– Et je t'aime, ajouta-t-elle.

Quint pivota face au mémorial. Maintenant les choses semblaient beaucoup plus simples.

Il était temps de dire au revoir.

D'un ample geste et sans se soucier des cris stupéfaits autour de lui, il vida le paquet de Malt Balls sur les amas de fleurs, de photos, de lettres et de bougies, et les regarda rouler hors de portée.

Il en avait gardé un dans la poche ventrale de son sweater. Le chocolat fondait déjà.

Alors qu'il disparaissait à nouveau dans la foule, il le récupéra et s'en délecta.

Epilogue

Dernier et premier saluts

Quint.

Au théâtre de Thousand Oaks, le public entrait déjà en salle. Quint laissa Lisa aux portes principales et se précipita en coulisses par la porte des artistes. Il était vingt heures quarante-cinq quand il déboula sur la scène, derrière le rideau fermé. Ses partenaires étaient tous là, en tenue, occupés à s'échauffer. Quelques exclamations enjouées exprimèrent le soulagement général. Sekai s'approcha de lui d'un pas affairé.

– Merci d'avoir prévenu que tu arrivais. Il y a une heure, on était prêts à tout annuler.

– Sekai, je suis tellement désolé. J'ai dû...

Elle l'interrompit d'un geste calme de la main.

– Je ne veux pas de tes excuses maintenant. Tu es là. Est-ce que tu es prêt à jouer ?

Il opina dignement.

– Alors va te changer, tout de suite. On commence à l'heure.

Un quart d'heure plus tard, les lumières s'éteignirent. Derniers murmures excités dans le public. Le rideau coulissa lentement.

Dans le noir, Quint stabilisa sa respiration. Il commençait à genoux, seul en scène.

– Qui est ton personnage ?

– Mon petit frère.

– Aime-le, montre-lui tes jouets, laisse-le jouer avec, mais...

– Ne le laisse jamais penser qu'ils lui appartiennent.

– Et tout ira bien.

Il avait confiance. Il n'avait rien oublié de ses leçons. Après tout, pour ce qui était de se glisser dans une autre peau que la sienne, il était allé à la meilleure école.

Le projecteur l'inonda de lumière.

Une heure trente-sept plus tard, très exactement, la scène fut une fois encore plongée dans l'obscurité. Il finissait debout, seul en scène.

Il y eut un moment de flottement. Et puis les applaudissements, les sifflets, les pieds qui frappaient contre le sol, la clameur émerveillée. Les lumières illuminèrent la salle, révélant des centaines de spectateurs qui avaient quitté leurs sièges pour l'ovation.

Quint se releva, en sueur, épuisé, heureux. Un à un, les autres comédiens le rejoignirent. L'un prit sa main gauche, un autre sa main droite.

Quint leva des mains impuissantes.

– Qu'est-ce que ça veut dire ? Que je ne devrais jamais te pardonner ?

Jake imita sa posture avec un sourire rieur.

– Pardonne-moi si tu veux. De là où je suis, ça me fait une belle jambe. Je suis le méchant de notre livre, me pardonner ne changera rien à ça. Toi, en revanche... La vie ne t'a pas aidé non plus. Des cartes pourries, j'étais probablement la plus merdique de toutes. Et pourtant, regarde où tu en es aujourd'hui. Ton rêve est à portée de main. Tu as la meilleure fiancée qui soit, et tu vas être père – et un père formidable.

– Je ne sais pas ce qu'il faut pour être un bon père.

– Tu trouveras. Ce n'est pas dans la nature d'un père de faire du mal, Quint. C'était ce que je préférais me dire, pour pouvoir recoller des morceaux qui ne tenaient pas ensemble. Tout se passera à merveille.

Quint hocha la tête. Il aurait voulu franchir l'espace qui les séparait pour étreindre Jake. Il savait que c'était impossible et c'était sans doute mieux comme ça.

– Merci, murmura-t-il.

– Remercie-toi. Je ne suis qu'un petit rouage coincé dans la belle machine sous ton crâne.

– Est-ce que je te reverrai ?

Jake haussa les épaules, soudain un peu mélancolique.

– Je vais sûrement traîner dans les parages quelques temps. Je te rendrai visite. Mais tu finiras par faire sauter le mécanisme, et les engrenages fonctionneront à nouveau. À ce moment-là, je prendrai ma retraite dans un petit coin poussiéreux de ta mémoire et avec un peu de chance, je n'en ressortirai pas. On a bien mérité un peu de repos, tous les deux. Pas vrai ?

– Si, c'est vrai.

Jake le salua bien bas.

Le vacarme ressurgit comme un raz-de-marée dans ses oreilles. Quint cligna des yeux. Ses partenaires s'inclinaient.

Il laissa un sourire joyeux se dessiner sur ses lèvres, et salua.

Et soudain, tout le monde disparut. Le public comme ses partenaires. La lumière demeura sur scène et s'éteignit dans le reste de la salle. Il avait si chaud tout d'un coup. Sa tenue de scène avait également disparu, remplacée par une combinaison en plastique gris. Ses mains étaient enveloppées dans des gants de Skaï et sur son nez, il sentait la monture en plastique de fausses lunettes.

Des applaudissements solitaires retentirent à l'extrémité gauche de la scène. Jake se tenait là, dans un fauteuil rouge ; il avait quarante-deux ans, ses cheveux étaient encore bruns et épais, il portait l'élégant costume du jour de leur première rencontre et ses fameuses lunettes, bien entendu.

– Une *standing* un jour de première ! s'exclama-t-il avec une moue impressionnée. Ils n'y arrivent pas tous, loin de là. Mais je ne suis pas surpris. J'ai su dès la première seconde que tu l'avais en toi.

– Qu'est-ce que tu fais là ? demanda Quint, hébété.

– Cookie, tu ne croyais quand même pas que j'allais gentiment me barrer sans qu'on ait une discussion, toi et moi. Avant que tu t'inquiètes, rien de tout ça n'est réel. Je suis vraiment mort. Pas de tour de magie, cette fois. Je ne suis qu'une projection de ton imagination.

– Je suis en train d'imaginer tout ça ? Alors pourquoi c'est toi qui te pointes et pas ma mère ? Je voulais voir ma mère.

Jake se leva, enfonçant les mains dans ses poches avec désinvolture.

– Je l'ai croisée sur un chevauchement de neurones. Elle a du sacré mètre carré dans ta mémoire. Je crois que tu as fait la paix avec elle, le petit discours sur la tombe, un classique mais ça fait son effet. Elle a de bonnes idées, ta copine. Elle a raison sur pas mal de choses. Fais-lui confiance.

Ils se regardèrent un moment en silence.

– Je suis fier de toi, finit par dire Jake.

– Je suis désolé, dit Quint au même instant. Je suis désolé que tu sois mort. Sincèrement.

– Oh, ne le sois pas. À trop flirter avec la mort, il faut s'attendre à l'avoir séduite.

Il s'interrompit et plissa les yeux.

– Elle est pas mal, celle-là. Pense à mon copyright quand tu la mettras dans le bouquin.

– Quel bouquin ?

– Celui que tu projettes d'écrire sur nous deux. Oups. Aurais-je ouvert une porte qui devait rester fermée un moment ? Non, tu peux commencer à y réfléchir dès maintenant. Ce serait un beau point final à notre histoire, tu ne crois pas ? Et quand je parle de notre histoire, tu sais maintenant que ce n'était pas un beau conte de fées. Tu as compris.

– Je sais ce que tu as vécu. Tu ne pouvais pas...

– Ne me cherche pas d'excuses, cookie. La vie est un jeu de cartes, et la main qu'on te distribue à la naissance peut être complètement moisie. Pour autant, c'est toi qui choisis comment la jouer. J'ai fait des choix. Les mauvais. Je suis responsable, personne d'autre.